Fundamentos da psicanálise
de Freud a Lacan

Transmissão da Psicanálise
diretor: Marco Antonio Coutinho Jorge

Marco Antonio Coutinho Jorge

Fundamentos da psicanálise de Freud a Lacan

Vol.3: A prática analítica

2ª edição revista e ampliada
1ª reimpressão

 ZAHAR

1ª edição: 2017
2ª edição revista e ampliada: 2022

Grafia atualizada segundo o Acordo Ortográfico da Língua Portuguesa de 1990, que entrou em vigor no Brasil em 2009.

Capa
Bloco Gráfico

Imagem de capa
Sem título, 2007, de Maria Lynch. Caneta hidrográfica sobre papel.
Coleção particular.

Preparação
Angela Ramalho Vianna

Revisão
Adriana Bairrada
Luciane H. Gomide

Dados Internacionais de Catalogação na Publicação (CIP)
(Câmara Brasileira do Livro, SP, Brasil)

Jorge, Marco Antonio Coutinho
    Fundamentos da psicanálise de Freud a Lacan : Vol. 3 : A prática analítica / Marco Antonio Coutinho Jorge.— 2ª ed. rev. e ampl. — Rio de Janeiro : Zahar, 2022. — (Fundamentos da psicanálise de Freud a Lacan; 3)

    ISBN 978-65-5979-083-8

    1. Freud, Sigmund, 1856-1939 2. Lacan, Jacques, 1901-1981 3. Psicanálise I. Título. II Série.

22-120240   CDD: 150.195

Índice para catálogo sistemático:
1. Psicanálise   150.195

Eliete Marques da Silva – Bibliotecária – CRB-150.195

Todos os direitos desta edição reservados à
EDITORA SCHWARCZ S.A.
Praça Floriano, 19, sala 3001 — Cinelândia
20031-050 — Rio de Janeiro — RJ
Telefone: (21) 3993-7510
www.companhiadasletras.com.br
www.blogdacompanhia.com.br
facebook.com/editorazahar
instagram.com/editorazahar
twitter.com/editorazahar

O paciente nunca torna a esquecer o que vivenciou sob as formas da transferência.

Sigmund Freud

É de meus analisandos que aprendo tudo, que aprendo o que é a psicanálise.

Jacques Lacan

Sumário

Prefácio à série Fundamentos da psicanálise de Freud a Lacan   9

Introdução   13

PARTE I **O poder da palavra**   19

1. O método psicanalítico   21

2. O ciclo da técnica   79

3. O desejo do analista   131

PARTE II **A ética do desejo**   177

1. A direção da análise   179

2. Da angústia ao desejo   231

3. Luto e culpa   266

PARTE III **Reinventar a prática**   285

1. A invenção da clínica estrutural   287

2. O lugar do analista   309

3. O desejo de despertar   323

Notas   345
Referências bibliográficas   374

Prefácio à série *Fundamentos da psicanálise de Freud a Lacan*

O MOMENTO EM QUE ESTA SÉRIE, *Fundamentos da psicanálise de Freud a Lacan*, se completa, com a publicação de seu quarto volume, coincide com a reedição dos três volumes anteriores em versões inteiramente revistas, ampliadas e com novas ilustrações. Nesses cerca de vinte anos entre o surgimento do primeiro e do último volumes, foi com grande satisfação que vi se firmar a receptividade desta obra junto a psicanalistas e estudantes de psicologia.

Em um processo de ressignificação tão caro à psicanálise, tive oportunidade, assim, de dirigir um novo olhar para o conjunto e revisitar cada volume da série. Há aqui um trabalho construído de acordo com movimentos que nitidamente se impuseram, ao longo do tempo, pelo aprofundamento da pesquisa teórico-clínica. Não por acaso demarquei a obra de Sigmund Freud em períodos que permitem ordenar sua evolução de forma gradativa e rigorosamente obediente ao avanço da experiência analítica: o ciclo do inconsciente, o ciclo da fantasia e o ciclo da técnica. Mostrei que esses três ciclos estão intimamente articulados e seguem um eixo de construção bastante notável, cuja consistência emana certamente da ênfase na soberania da clínica que norteou seus três grandes passos teóricos: pulsão sexual, narcisismo, pulsão de morte.

O primeiro volume trata das bases conceituais da psicanálise, a pulsão e o inconsciente. Com uma revisão minuciosa e completa, seu texto ganhou maior clareza e o sequenciamento das ideias foi aperfeiçoado — elementos importantes para um livro que condensa significativa gama de conteúdos teóricos complexos e consistentes. Nesse *As bases conceituais*, resgatei o esquecido conceito de recalque orgânico na obra de Freud, com o intuito de acrescentar elementos para elucidar o próprio mecanismo do recalque — pedra angular do edifício teórico da psicanálise, segundo seu criador —, e introduzi, como consequência dessa investigação, a noção de pulsão olfativa, única pulsão que não encontrou tematização consistente na psicanálise, embora sua manifestação na clínica e na vida cotidiana seja inegável.

A ordenação dos achados teóricos relativos ao inconsciente e à pulsão, com os múltiplos conceitos deles derivados, visou oferecer com a maior fidedignidade possível um retrato nítido, embora denso, da importância da leitura lacaniana da descoberta freudiana. Sem Lacan, não teríamos hoje tão bem definidas suas concepções absolutamente inéditas da sexualidade humana e do conhecimento sobre o inconsciente a partir da estrutura da linguagem. Um novo anexo foi acrescentado ao volume, em que o jogo de futebol é analisado como paradigma das exigências da pulsão e dos limites da sublimação imposta pela cultura.

O segundo volume, *A clínica da fantasia*, concentrou-se em um dos mais poderosos núcleos temáticos da psicanálise desde sua criação, o conceito freudiano de fantasia (*Phantasie*). Como consequência direta das elaborações do volume anterior, introduzi a definição da fantasia como a articulação entre a pulsão e o inconsciente. Percorri o conceito em suas variadíssimas manifestações e isolei um período de estudo sobre a fantasia na obra de Freud — que denominei ciclo da fantasia —, para demonstrar o lugar central que ele ocupa na maneira singular pela qual a psicanálise concebe o aparelho psíquico.

Isolei no matema lacaniano da fantasia seus dois polos — amor e gozo —, que orbitam em torno do núcleo vazio do desejo, o que nos permitiu detectar as duas fantasias de desejo que norteiam a vida erótica de modo universal. Mostrei como a clínica da separação amorosa, causa frequente das mais variadas formas de profunda desestabilização psíquica, pode ser considerada emblemática da desfusão pulsional produzida quando a fantasia sofre um golpe e sua potência é rarefeita a ponto de abalar, com maior ou menor duração, a estrutura subjetiva.

Criei uma forma inédita de conceber a relação entre a fantasia e a pulsão de morte, que reorganiza de modo fecundo um sem-número de ocorrências clínicas e lhes fornece inteligibilidade analítica. Mostrei como a localização de gozo propiciada pela fantasia fundamental — verdadeiro núcleo do aparelho psíquico — é fonte da realidade psíquica, e como sua ausência, mesmo momentânea, é o fator desencadeante de estados de enlouquecimento, passíveis às vezes de serem considerados erroneamente como psicóticos. A vida e a história clínica do grande dançarino russo Vaslav Nijinsky, um capítulo acrescentado ao volume 2 nesta nova edição, ilustram esse ponto de maneira impressionante.

O terceiro volume, *A prática analítica*, focalizou, especialmente tendo em mente a noção de ciclo da técnica, os elementos que considero os mais relevantes do método psicanalítico criado por Freud. Quis concentrar em uma única obra os termos fortes que definem a especificidade da experiência analítica, tal como construída por Freud, e que foram objeto da atenção de Jacques Lacan ao longo de todo seu ensino. Visitei o período de exatos dez anos em que o jovem neurologista Sigmund, após retornar de seu estágio com Jean-Martin Charcot no hospital da Salpétrière, em Paris, voltou toda sua atenção para a clínica da histeria, com a qual gestou e erigiu a ciência psicanalítica. Nessa nova edição, acrescentei um capítulo sobre o longo percurso de Freud na criação das balizas de uma clínica estrutural.

Indicando o enraizamento do ciclo da técnica naquele que o antecedeu, percorri-o como a expressão da maturidade alcançada por Freud com o estudo minucioso da estrutura da fantasia em suas várias apresentações. Os conceitos introduzidos por ele para tematizar as questões relativas à direção da análise foram estudados a partir das férteis interrogações e elaborações que o ensino de Lacan forneceu. Assim, apoiado no conceito lacaniano de desejo do analista e na ética que ele implica, acompanhei as principais balizas da prática analítica — a relação entre angústia e desejo, as duas faces da repetição, a distinção entre interpretação e construção em análise, a dialética entre luto e culpa, o lugar do analista e o sujeito suposto saber —, e introduzi a noção de deliberação analítica.

O quarto volume, *O laboratório do analista*, além de complementar temas pouco aprofundados nos anteriores — como o estudo da lógica da interpretação e do tempo da sessão analítica a partir de Lacan, assim como a genealogia do objeto *a* e o discurso psicanalítico —, tem o mérito de fornecer a luz mais intensa com a qual passei a conceber a posição do analista em sua prática: entre ciência e arte. Em seu consultório, a cada sessão o analista está em um verdadeiro laboratório, lidando com duas dimensões distintas e ambas imprescindíveis: uma em que o conhecimento teórico e científico se mostra necessário e subjacente à prática em toda a sua extensão; e outra em que a experiência real com seus analisandos o conduz a desenvolver um *savoir-faire* atravessado por seu estilo, mas também comprometido com a marca do encontro singular que cada paciente produz, em suas diversas manifestações transferenciais, e exige como escuta e resposta analítica.

Todo conhecimento é pouco para um analista, assim como toda prudência e humildade também — os analistas, mundialmente, são unânimes em reconhecer isso. Como afirma Lacan, o analista nada sabe do saber que lhe é suposto pelo seu analisando, mas isso não o exime de percorrer continuamente os mais variados saberes dos quais a teoria psicanalítica se nutre. Ao contrário, a posição de não saber ocupada pelo analista na direção do tratamento de seus pacientes só tem legitimidade, e pode produzir as consequências almejadas, quando é construída em uma referência ao saber. É o que Lacan nomeou de douta ignorância.

O relançamento dos três primeiros volumes junto à publicação do mais recente e último volume da série foi uma proposta entusiasmada do editor Ricardo Teperman, a quem devo essa fantástica oportunidade. Pude contar com a experiência de Ana Cristina Zahar, editora apaixonada por seu ofício e pela psicanálise, na leitura e sugestões de cada volume, o que deu à série uma nova vida textual. A eles, não poderia haver agradecimento maior que o da alegria de um autor diante do caloroso acolhimento a uma obra que expressa seu desejo de criar no campo teórico inaugurado por Sigmund Freud e continuado pelo ensino de Jacques Lacan.

Rio de Janeiro, setembro de 2022

Introdução

ESTE VOLUME, *A prática analítica*, foi originalmente concebido como o último dos *Fundamentos da psicanálise de Freud a Lacan*, mas o inesgotável interesse do público leitor me estimulou a escrever um quarto título, *O laboratório do analista*. Nesta, então, tetralogia, apresento as contribuições teórico-clínicas da psicanálise dando total relevo à leitura lacaniana de Freud. Ao longo do percurso, quis sempre mostrar que o retorno a Freud empreendido por Jacques Lacan desde os anos 1950 teve como móbil principal retomar os fundamentos da psicanálise[1] para resgatar a ética inerente à prática analítica.

O resultado foi uma profunda renovação dos construtos teóricos psicanalíticos e suas derivações clínicas. Lacan reelaborou as categorias conceituais freudianas de diversos modos: enfatizando conceitos que nomeou de fundamentais; salientando noções que nunca tinham sido valorizadas e dando novo relevo para outras que haviam sido esquecidas; e, talvez mais essencialmente, retificando os desvios teóricos dos pós-freudianos. É o próprio Lacan quem — advertindo numa breve nota de seus *Escritos* que seu trabalho teórico foi semelhante ao de uma análise, o de tirar o excesso para fazer aparecer a estrutura do sujeito — define sua obra nos seguintes termos: "Uma obra que menos introduz do que questiona".[2]

As investigações que nortearam o primeiro volume desta obra, intitulado *As bases conceituais*, centraram-se em torno dos conceitos de inconsciente e pulsão. Esses não apenas são dois dos quatro conceitos fundamentais da psicanálise: são também os que contêm toda a novidade inerente à abordagem psicanalítica. Articulei ali o conceito de pulsão com a noção freudiana de objeto perdido, relida por Lacan enquanto falta real constituinte do núcleo do inconsciente. Mostrei que é em torno dessa falta que o inconsciente se estrutura — no simbólico, pois não há outra estrutura — como linguagem.[3]

Condensei esses elementos em dois eixos principais e intimamente articulados: pulsão e falta; inconsciente e linguagem. Pensei favorecer, com essa articulação entre linguagem e sexualidade, que a teoria psicanalítica seja abordada de modo transdisciplinar. Numa época em que a cultura prossegue revelando a cada dia a força da diversidade sexual, transmitir o alcance e a radicalidade da teoria freudiana da sexualidade adquire dimensões francamente políticas e éticas.[4] Meu trabalho desembocou no conceito de sublimação, privilegiado por representar aquela vicissitude da pulsão que, ao reintroduzir o impossível no campo do proibido veiculado pelo recalque, dá a ela seu legítimo estatuto — a impossibilidade de sua total satisfação.

Amor, desejo e gozo surgem então como as três dimensões essenciais da sexualidade humana, cujo centro é constituído por uma falta. Esses são os termos que se conjugam para dar sentido à célebre formulação lacaniana "Não existe relação sexual", sobre a qual já foi dito que resume toda a obra de Freud no que tange à questão da sexualidade.

No segundo volume, *A clínica da fantasia*, tratei do conceito freudiano que permitiu a criação de uma nova forma de tratamento psíquico denominado psicanálise: a fantasia. Concebida essencialmente como fantasia inconsciente, a fantasia é, de fato, fantasia de relação sexual. Onipresente na obra de Freud e no ensino de Lacan, mostrei que esse conceito se destacou em todos os momentos nos quais se realizaram os mais importantes avanços da psicanálise. Para citarmos dois deles, extremos: a fantasia emerge com toda sua importância em absoluta sincronia com a descoberta do inconsciente, quando Freud abandona a teoria da sedução e do trauma e dá a ela um lugar preponderante na clínica da histeria; e revela seu estatuto fundamental na concepção lacaniana de fim de análise, tributária do que Lacan denominou de travessia da fantasia — fantasia nomeada por ele justamente de fantasia fundamental.

Dei especial destaque, ali, a uma propriedade da fantasia que ainda não tinha sido claramente demarcada: a de freio ao empuxo-ao-gozo da pulsão de morte. Demonstrei ainda, nessa mesma direção, sua íntima aliança com a função estruturante do Nome-do-Pai, de cuja operação — o recalque originário — ela é o principal efeito.

E pude isolar, na sequência dos diversos tempos da construção teórica freudiana, um eixo que permite renovar a visão que temos dessa obra, ao estabelecer um encadeamento lógico que corresponde rigorosamente aos avanços produzidos pelo aprofundamento da experiência analítica. Em resumo: o período no qual Freud se debruçou sobre o tema da fantasia, que denominei de "ciclo da fantasia" (1906-11), sucede o "ciclo do inconsciente" (1900-5) e antecede o que proponho chamar aqui de "ciclo da técnica" (1912-5).

Assim, ao mesmo tempo que o ciclo da fantasia é, evidentemente, efeito direto das poderosas conquistas conceituais do ciclo do inconsciente, ele as condensa em proposições teóricas cruciais — em especial a oposição entre princípio de prazer e princípio de realidade.

Neste terceiro volume, *A prática analítica*, o leitor verá por que considero as elaborações do ciclo da fantasia como aquelas que permitiram a Freud, finalmente, colocar no papel sua minuciosa e ponderada reflexão sobre a técnica analítica. Ainda que haja na obra de Freud o segmento que denomino "ciclo da técnica", podemos considerar todo o conjunto de sua obra como sendo uma reflexão sobre a prática da psicanálise e sua forma de operar. Não há uma página sequer em que as questões postas pela prática analítica não surjam direta ou indiretamente. Mas, para poder redigir seus famosos "Artigos sobre técnica", Freud precisou de um longo tempo de experiência clínica durante o qual elaborou com precisão e pôs à prova sua concepção do aparelho psíquico: é de se entender que não seria possível acionar qualquer forma de tratamento a não ser tendo-se previamente definido qual a estrutura que acreditamos poder manejar.

Neste volume, então, abordo detidamente não só o "ciclo da técnica" como também alguns momentos essenciais da obra de Freud em que a questão da prática analítica e seu método estão no primeiro plano de suas preocupações. Ver-se-á que a psicanálise, por seu aparato teórico e por seu método clínico, não pode ser incluída no rol das psicoterapias, que operam todas, em maior ou menor grau, através da sugestão, sendo oriundas da mãe-modelo de todas as psicoterapias, a hipnose, da qual justamente Freud se desvencilhou para poder criar o método analítico. Para a psicanálise, o sujeito já está hipnotizado pelo desejo do Outro e seu objetivo é desipno-tizá-lo, o que Lacan chamou de despertar. A psicanálise opera de modo pontual e se furta às generalizações próprias ao saber psicológico, que servem para adormecer o sujeito ainda mais e fazê-lo caminhar sonambúlico nas redes da aliança contemporânea entre ciência e capitalismo.

Isso não implica de modo algum que a psicanálise não produza efeitos terapêuticos mais eficazes do que qualquer outra forma de psicoterapia. Pelo fato de operarem pela sugestão que lida com a resistência (efeito do recalque) de modo artificial, as psicoterapias não obtêm um efeito tera-pêutico profundo nem duradouro: as modificações que elas produzem são passageiras e muitas vezes reforçam de tal modo os mecanismos de defesa que conseguem apenas acentuar conflitos.

Quando Freud recomenda ao psicanalista esquecer o objetivo terapêu-tico, que ele qualifica ironicamente de *furor sanandi*, ele não está dizendo que a psicanálise não o inclui em sua perspectiva, mas sim que ter o objetivo terapêutico na mira do tratamento obscurece a visada do analista e focaliza os processos de elaboração num escopo demasiado reduzido da constelação simbólica do sujeito. Em suma, perde-se o essencial: o fato de que há uma sobredeterminação inconsciente responsável por uma estrutura psíquica única e singular de cada analisando. E é o acesso a essa estrutura simbólica inconsciente, rica e complexa, que a psicanálise pretende dar ao sujeito. Uma analogia simples permite entender o que está em jogo aqui. Quando temos diante de nós uma grande pintura e estamos muito próximos a ela, não vemos senão aquele pedaço da tela que nosso foco permite. Mas se cami-nharmos aos poucos para trás, até chegarmos a uma distância que permita ver a tela por inteiro, poderemos situar aquele pequeno pedaço no conjunto da obra e assim dar a ele a significação que ele jamais terá isoladamente.

Assim, a psicanálise é bem mais ambiciosa do que as psicoterapias que visam curar sintomas: ela pretende obter uma transformação da posição subjetiva congruente com a máxima freudiana *Wo Es war soll Ich werden*, que implica tornar o Eu mais maleável às exigências do Isso. A análise propicia condições para lidar com os conflitos sem que o lugar do sujeito seja anulado pelo sintoma, mas a cura dos sintomas vem por acréscimo; ela é efeito da tarefa analítica, e não um fim em si mesma.

Percorro neste livro os pontos cardeais da prática analítica, explorando-os na maior sintonia possível com as filigranas da experiência. Investigo as questões clínicas através do diálogo que fomento continuamente entre a obra de Freud e o ensino de Lacan, para apresentar a minha visão pessoal da prática construída ao longo de um percurso que se iniciou na minha formação médico-psiquiátrica. A ênfase consistiu em dar vida aos pontos fortes que a constituem: entre outros, o dispositivo analítico que, sustentado pelo desejo do analista e regido por uma única regra, dá acesso ao inconsciente; a transferência, em sua dupla face de motor do tratamento e resistência; a distinção entre o eu e o sujeito, entre o imaginário e o simbólico, que norteia a escuta do analista; a dialética entre angústia e desejo; a finalidade da análise em sua relação com o pulsional.

O percurso de escrita deste *A prática analítica* contou com a colaboração de muitos psicanalistas que acompanharam sua realização. Como gosto de sublinhar, o processo de construção teórica em psicanálise jamais se dá de modo isolado. Desde a singela Sociedade Psicológica das Quartas-feiras, em que Freud se reunia com seus discípulos iniciais, até os seminários de Lacan, nos quais uma enorme plateia participou passo a passo de três décadas de elaborações, a psicanálise sempre ganhou muito com a troca renovada entre seus operadores. É impressionante ver Freud nas reuniões das quartas-feiras construindo seu pensamento sempre em conjunto com seus alunos, interrogando e, em suma, se abrindo para a palavra e as descobertas do outro.[5]

Essa troca entre analistas deve ser feita de modo sistemático, contínuo, em que um saber se constrói à medida que certas questões são simbolizadas por eles. Por isso a importância das escolas de psicanálise e de seu trabalho cotidiano de formação permanente dos analistas. Cartéis, seminários, grupos de estudo, e também simpósios, congressos, jornadas, são todos atividades que fornecem ocasião para esse trabalho de construção conjunta. Produzindo uma inversão no sintagma freudiano do trabalho de transferência, Lacan nomeou o vínculo que une os analistas nessas instâncias de transferência de trabalho. A transferência de trabalho orbita em torno do trabalho obtido como fruto do desejo de saber, desejo no qual Lacan condensa o desejo do psicanalista.

A natureza dessa produção teórica é bastante particular; ela requer dos analistas uma abertura sem a qual a teoria se esteriliza recoberta pelo manto dos dogmas, tão adequados para fazer das escolas de psicanálise verdadeiras igrejas. Tive a oportunidade e a sorte de realizar bons encontros, com colegas que sustentam uma posição de liberdade compatível com o núcleo candente da livre associação que rege todas as operações clínicas.

Agradeço a meus queridos parceiros das diversas Seções e Núcleos do Corpo Freudiano Escola de Psicanálise, no Brasil, na França e nos Estados Unidos, por partilharem comigo seu entusiasmo e dedicação à ética psicanalítica; aos caros colegas do Círculo Psicanalítico de Minas Gerais, pelo refinado diálogo que sempre me proporcionaram; à Rede Americana de Psicanálise e à Convergência, Movimento Lacaniano para a Psicanálise Freudiana, que têm constituído lugares especiais para excelentes trocas com colegas de diferentes regiões do Brasil e de outros países. Agradeço ainda à Uerj pela bolsa de pesquisa da Prociência, que me foi concedida durante os anos de escrita desta obra.

A forma final do texto contou com diversas sugestões de Clarice Zahar. Meu agradecimento a ela, assim como à querida amiga Ana Cristina Zahar, essa leitora especial que estimula com entusiasmo meus projetos. Meu agradecimento afetuoso a Cláudio Piccoli, sempre atento para conseguir as melhores condições para o difícil processo de criação. Com sua palavra e seu riso salutares, Eliane Maria Soares Gomes ocupa um lugar decisivo no modo como concebo a prática analítica.

Dedico este livro a meus analisandos, por consentirem no saber analítico de que há um sujeito que diz mais do que sabe. As duas epígrafes que escolhi para emoldurá-lo se complementam: ambas se encontram no núcleo da transferência que sustenta a experiência analítica e a paixão pela psicanálise.

PARTE I

O poder da palavra

1. O método psicanalítico

> Preocupo-me com o fato isolado e espero que dele jorre, por si mesmo, o universal.
>
> SIGMUND FREUD

NESTE CAPÍTULO, abordarei os principais momentos da obra de Freud em que ele constrói, passo a passo, o método psicanalítico. Trata-se de um período de mais ou menos vinte anos, que se estende de 1890 a 1910, durante o qual, defrontado com o real da experiência clínica, Freud mapeia os elementos essenciais da prática psicanalítica, ao mesmo tempo que elabora os conceitos de inconsciente, pulsão, fantasia e sintoma. Nessa construção, o papel desempenhado pela regra da associação livre não poderia ser maior, razão pela qual Freud a denominará regra fundamental da psicanálise.

Palavras: instrumento essencial

Iniciaremos com a abordagem de um artigo de Freud bastante surpreendente, intitulado "Tratamento psíquico (ou mental)", pois até 1966 acreditava-se que ele havia sido escrito em 1905, e por isso sempre figurava na edição das *Obras completas* de Freud no volume VII. Mas em 1966 Saul Rosenzweig, da Washington University em St. Louis, descobriu que ele havia sido escrito em 1890, o que, como veremos, lhe fornece um caráter altamente precursor.[1] O impressionante é que esse artigo parece conter todo um projeto clínico que Freud desenvolverá minuciosamente ao longo de sua obra.

Nesse texto de vinte páginas, Freud percorre com bastante mestria alguns caminhos que depois constituirão vários aspectos importantes da experiência psicanalítica: a transferência (sem, contudo, nomeá-la ainda) e, sobretudo, o poder da palavra no tratamento físico e mental. Em 1890, Freud já tinha estagiado na Salpêtrière em Paris, com Jean-Martin Charcot, o que se deu durante o inverno de 1885-86, e presenciara a forma como este tratava as pacientes histéricas pela hipnose; acabara também de passar algumas semanas em Nancy, onde frequentou Ambroise-Auguste Liébeault e Hippolyte Bernheim, que tratavam os pacientes com sugestão e hipnose profunda.

Em Paris, numa das festas que Charcot oferecia semanalmente em sua estupenda mansão no boulevard Saint-Germain, Freud narra tê-lo ouvido comentar certa vez com Paul Brouardel que a sexualidade era o mais importante em casos de histeria. O mesmo sucedera com comentários que Freud ouvira de Josef Breuer e de Rudolf Chrobak, que insinuavam, muitas vezes de modo jocoso, a importância da sexualidade na gênese dos sintomas histéricos. Em seu ensaio sobre "A história do movimento psicanalítico", Freud menciona que só depois pôde se dar conta de que tais comentários fortuitos de seus mestres mais importantes ficaram ressoando nele durante muito tempo. Mas o próprio Freud faz questão de sublinhar que eles o faziam de uma maneira que parecia cínica, que não levava a sério o fato mesmo com o qual se defrontavam: "Dou-me conta muito bem de que uma coisa é externar uma ideia uma ou duas vezes sob a forma de um *aperçu* passageiro, e outra bem diferente é levá-la a sério, tomá-la ao pé da letra e persistir nela, apesar dos detalhes contraditórios, até conquistar-lhe um lugar entre as verdades". E prossegue, dando vazão a sua constante tendência a apreender na língua uma sabedoria maior: "É a diferença entre um flerte fortuito e um casamento legal, com todos os seus deveres e dificuldades. *Épouser les idées de…* [esposar as ideias de] não é uma figura de linguagem pouco comum, pelo menos em francês".[2] Como Lacan gostava de observar, ser sério não é se vestir de cinza e ter ar carrancudo, mas sim "fazer série", agir com seriedade e consequência, ou seja, insistir com seu desejo numa determinada direção, seja ela qual for. O fato é que esses médicos reconheciam a importância da sexualidade, mas não levavam suas observações para a sala de apresentações científicas e só faziam comentários maliciosos nos corredores. Numa entrevista dada para um grupo de psicanalistas lacanianos, Michel Foucault ressaltou que o grande escândalo da abordagem freudiana da sexualidade não foi o fato de Freud falar de sexualidade — coisa que muita gente fazia na época —, mas sim de abordá-la com uma determinada lógica — do inconsciente —, isto é, levá-la à sala dos debates científicos:

> No fundo, Freud não fez senão tomar ao pé da letra o que ele um dia ouvira Charcot dizer: é justo da sexualidade que se trata. O forte da psicanálise é ter desembocado numa coisa inteiramente diferente, que é a lógica do inconsciente. E aí, a sexualidade não é mais o que ela era no início.[3]

Mas em 1890, embora ainda não faça qualquer alusão à dimensão da sexualidade, surpreendentemente Freud já é capaz de afirmar de forma categórica a importância da linguagem e ponderar que, se o tratamento psíquico denota aquele que é realizado por medidas que atuam indispensável e imediatamente sobre a mente, "de primeira importância entre tais medidas é o uso das palavras, [que] são o instrumento essencial do tratamento mental".[4] Freud menciona o poder "mágico" das palavras de uma forma que evoca *avant la lettre* o célebre artigo de Claude Lévi-Strauss "A eficácia simbólica", que foi essencial para a elaboração da categoria do simbólico por Lacan. Mas Freud adianta que esse poder "mágico" não decorre de nenhum fato obscuro ou oculto e pode ser compreendido através da ciência, de forma que se possa entender como "os distúrbios patológicos do corpo e da mente podem ser eliminados por 'meras' palavras".[5] Freud constata com veemência aquilo que constituirá muito mais tarde o cerne dos desenvolvimentos estabelecidos por Lacan a partir de seu ensaio "Função e campo da fala e da linguagem na psicanálise", no qual afirma: "O sintoma se resolve por inteiro numa análise linguajeira, por ser ele mesmo estruturado como uma linguagem, por ser a linguagem cuja fala deve ser libertada".[6]

Na verdade, o que surpreende nesse artigo tão precoce é a sua atualidade: as críticas que Freud faz aos hipnotistas e à técnica da sugestão são

próximas daquelas hoje dirigidas às terapias de cunho cognitivo-compor-
tamental, que insistem em tentar curar através de comandos e contraco-
mandos que apenas reforçam a estrutura neurótica do sujeito. Sublinhando
que a medicina moderna já estabelecera, através das conquistas obtidas na
segunda metade do século XIX, com o abandono da escola de "Filosofia
natural", a relação entre corpo e mente, mostrando o efeito do primeiro
sobre a segunda, Freud assinala que o contrário — a ação da mente sobre
o corpo — fora deixado de lado, sobretudo pelo fato de a medicina temer
abandonar as suas bases científicas recém-conquistadas, tais como a descoberta das células e dos micro-organismos. Mas os pacientes histéricos,
com sua "copiosidade e variedade de sintomas",[7] que se incluem nos casos
de doentes que apresentam um distúrbio "funcional" do sistema nervoso,
obrigaram os médicos a se deter na relação "mútua" entre corpo e mente.

Voltado então para o estudo da histeria com a qual se deparara em
Paris, Freud chega a conceber uma tênue fronteira entre sintoma histérico e psicossomático; para ele trata-se aí de uma via de mão dupla: há
uma ação igual da mente sobre o corpo, e não apenas do corpo sobre a
mente, o que pode ser exemplificado através do fenômeno da "expressão
das emoções".[8] Além disso, o estado afetivo — tristeza, preocupação,
alegria — possui comprovadamente alguma ação sobre a resistência física das pessoas, por exemplo, em sua "capacidade de resistir a moléstias
infecciosas".[9] Um choque violento, de contentamento ou desgraça, pode
chegar até mesmo a terminar com uma vida. Entre nós, temos o trágico
registro do escritor João Guimarães Rosa, que temia a forte emoção ao
ser empossado como imortal na Academia Brasileira de Letras, para a
qual foi eleito por unanimidade. Ele adiou essa cerimônia por quatro
anos, mas morreu de um ataque cardíaco três dias após ela ter se realizado. Em seu discurso de posse, ele chegou a dizer, num tom de despe-
dida que só depois se revelaria profético: "A gente morre é para provar
que viveu". Provavelmente, para Rosa, cuja obra magistral demonstra
que ele atribuía importância crucial à linguagem, ser nomeado imortal
só faria atrair a morte.

O fator da sugestão, cuja grande força mental pode reverter a favor da cura do crente, é destacado por Freud nas chamadas "curas milagrosas". Mas ele opera também, por exemplo, quando alguém busca tratamento com um médico da moda. E em ambos os casos a ação da influência do grupo é proeminente. Na verdade, esse fator pessoal, ligado à "personalidade do médico" (que reside, sabemos hoje, na transferência que o paciente desenvolve com determinado médico e não com outro), é que fornece à sugestão todo o seu alcance, e às palavras, seu poder:

> Agora, também, começamos a compreender a "mágica" das palavras. As palavras são o mais importante meio pelo qual um homem busca influenciar outro; as palavras são um bom método de produzir mudanças mentais na pessoa a quem são dirigidas. Nada mais existe de enigmático, portanto, na afirmativa de que a mágica das palavras pode eliminar os sintomas de doenças, e especialmente daquelas que se fundam em estados mentais.[10]

Assim, em 1890, ao demonstrar uma particular apreensão da relação íntima entre os fenômenos transferenciais e o poder da palavra, Freud já está estabelecendo as bases do método psicanalítico.

Mas não se pode esquecer que Freud está nesse momento envolvido com a hipnose, a qual ele qualifica de "estranho e imprevisível método".[11] Em 1890, ele está no centro de suas pesquisas sobre a hipnose, que se desenrolaram entre 1888 e 1892: acabara de traduzir para o alemão, em 1888, o livro *Suggestion*, de Hippolyte Bernheim, que conhecera em Nancy, e de resenhar, em 1889, o livro *Hipnotismo*, de Auguste Forel. O interesse de Freud pela hipnose nesse período — nele suscitado alguns anos antes em seu estágio com Charcot em Paris, que fazia experiências de tratamento das histéricas por meio dela — desempenhou um papel essencial no seu percurso de criação da psicanálise e na sua concepção do inconsciente. Ao retornar de Paris, sua visão clínica havia sofrido uma reviravolta radical. A histeria se tornara seu foco de interesse a partir do encontro com um grande mestre.

Charcot e a soberania da clínica

Não é por acaso que Jean-Martin foi o nome que Freud escolheu para um de seus filhos, ele que sempre escolhia os nomes com o intuito de homenagear alguém. A importância da estada de Freud em Paris durante quatro meses, entre a primeira quinzena de outubro de 1885 e fevereiro de 1886, nos quais ele frequentou o serviço neurológico de Jean-Martin Charcot na Salpêtrière, não poderia ser maior.

Charcot criara ali, a partir de 1870, "um serviço especial reservado a um número bem grande de mulheres que sofriam de convulsões; algumas delas eram epilépticas e outras histéricas haviam aprendido a imitar as crises epilépticas".[12] Charcot se dedicou então a estabelecer critérios para distinguir as convulsões e decidiu "estudar a histeria com o mesmo método que aplicava às afecções neurológicas orgânicas, e, com seu discípulo Paul Richer, forneceu uma descrição da crise histérica completa e típica (a grande histeria)".[13] Foi em 1878 que estendeu suas pesquisas para a hipnose, e sua comunicação em fevereiro de 1882 na Academia de Ciências levou essa instituição a reconhecer a hipnose, que, sob o nome de magnetismo, fora condenada por ela muitas vezes antes, desde que Franz Mesmer foi considerado um charlatão. Assim, Freud estagia no serviço de Charcot quando este estava em plena pesquisa da histeria e da hipnose.

Como sintetizou Ola Andersson, um dos fundadores da historiografia erudita da psicanálise,[14] nas abordagens iniciais que fez do campo psicopatológico, Freud foi exposto a duas posturas científicas diferentes: a de Theodor Meynert, para quem as explicações dos distúrbios psíquicos eram de natureza anatomofisiológica (método fisiológico explicativo), e a de Charcot, que sustentava que a observação clínica deveria se manter independente em relação à medicina teórica, isto é, à anatomia e à fisiologia.[15]

A ênfase na independência da descrição clínica pode ser percebida nos escritos de Charcot, e é possível notar o quanto ela marcou desde cedo as pesquisas do jovem Freud, que tinha o hábito de citar com prazer o seu dito "A teoria está muito bem, mas isso não impede que os fatos existam".

Oito meses após seu retorno do estágio em Paris, Freud escreve de modo muito significativo, numa carta a seu amigo Carl Koller:

Você tem razão ao supor que Paris significa para mim um novo início na existência. Lá eu encontrei um mestre, Charcot, tal como eu sempre o havia representado para mim, aprendi a ver clinicamente, na medida em que sou capaz disso, e trouxe comigo uma boa quantidade de conhecimentos positivos. Fui apenas bastante tolo por ter tido dinheiro só para cinco meses.[16]

Esse apego à soberania da clínica constituirá doravante a grande força do método freudiano. Ele dirá muito tempo depois: "Preocupo-me com o fato isolado e espero que dele jorre, por si mesmo, o universal".[17] Diante da clínica da histeria que lhe foi apresentada por Charcot, Freud parece ter se sentido de algum modo designado para prosseguir um caminho aberto pelo mestre parisiense, do qual ele conta ter ouvido um dia: descrevo as formas clínicas e anatômicas das patologias, mas, em relação aos mecanismos psicológicos, "aguardo que algum outro o faça".[18] Não à toa, no "Relatório sobre meus estudos em Paris e Berlim", Freud faz questão de assinalar: "Charcot costumava dizer que, falando de modo geral, o trabalho da anatomia estava encerrado e a teoria das doenças orgânicas do sistema nervoso podia ser dada como completa: aquilo que a seguir precisava ser abordado eram as neuroses".[19] O próprio Freud salienta que dedicou nesse relatório um espaço considerável para os fenômenos da histeria e do hipnotismo porque teve de abordar "aquilo que era totalmente novo e constituiu o objeto de estudos particulares de Charcot".[20] Estudos empreendidos por Gladys Swain sobre o amplo percurso de Charcot na clínica da histeria — desde o primeiro artigo sobre o tema publicado em 1865 até a derradeira aula que proferiu em 1893, algumas semanas antes de sua morte, na qual trata dos sonhos e do poder das representações sobre o corpo — revelaram que "suas etapas e seus estratos nos recordam o trabalho de desbastamento e de acúmulo de material necessário para chegar à evidência do que chamamos de 'psiquismo' e que identificamos pela especificidade de suas perturbações".[21]

Depois de ter abandonado a hipnose, Freud inaugura a via para uma outra clínica, não mais aquela de Charcot, de ver clinicamente, mas a de ouvir. E, como frisou Peter Gay, o dito charcotiano *"La théorie, c'est bon, mais ça n'empêche pas d'exister"* ("A teoria está muito bem, mas isso não impede que os fatos existam") "imprimiu-se como ferro ardente na mente de Freud... e foi a principal lição que Charcot tinha a transmitir: a obediência submissa do cientista aos fatos não é a adversária, mas a fonte e a servidora da teoria".[22] Esse dito pode ser considerado o móbil profundo que impede Freud de hesitar em produzir suas grandes reformulações teóricas: dois amplos dualismos pulsionais; duas tópicas, interpoladas pela construção da teoria do narcisismo. Mais ainda, numa espécie de radicalização espetacular da fórmula de Charcot, no final da vida Freud chegará a aproximar o processo de teorização da produção de fantasias: "Sem especulação e teorização metapsicológicas — quase disse: fantasiar — não daremos outro passo à frente".[23] Não à toa é a fantasia o conceito que irá percorrer a obra de Freud do início ao fim.

O enigma da sugestão

Chama a atenção o fascínio exercido sobre Freud pela apreensão embrionária do fenômeno da transferência, vislumbrado aqui através da sugestão. Ele é o elemento que mais se destaca nas suas observações sobre a teoria e a prática da hipnose. Ele sublinha que "o indício mais significativo da hipnose, e o mais importante, do nosso ponto de vista, está na atitude do paciente hipnótico em relação ao hipnotizador". E acrescenta: "Embora o paciente se comporte em relação ao resto do mundo externo como se estivesse dormindo, isto é, como se todos os sentidos dele estivessem desviados, ele está *desperto* em sua relação com a pessoa que o hipnotizou; ouve e vê apenas a ela, a ela entende e responde".[24] Ao utilizar a hipnose — que se vale da sugestão —, Freud parece igualmente salientar que esse tratamento requer uma preparação que reside, em última instância, em estabelecer uma boa relação de transferência inicial com o paciente, conquistar sua confiança, deixar que sua desconfiança e seu senso crítico se neutralizem. E, como ele afirma, os casos em que o médico ou o hipnotizador possuem uma grande reputação dispensam essa preparação![25]

Freud ressalta ainda a docilidade do paciente em relação ao hipnotizador, que o torna obediente e crédulo, assim como a extraordinária influência que a mente obtém nesse estado sobre o corpo: "A ideia que o hipnotizador deu ao paciente com suas palavras produziu nele precisamente o comportamento físico mental correspondente ao conteúdo da ideia.... As palavras ganham uma vez mais seu poder mágico".[26] A credulidade do hipnotizado é, surpreendentemente, comparada por ele à atitude da criança em relação a seus pais adorados e ao estado amoroso: "Uma combinação de afeto exclusivo e obediência crédula é, em geral, uma das características do amor".[27] Esse mesmo tipo de observação, que situa a relação (transferencial) entre médico e paciente como a base da hipnose, é onipresente nas produções de Freud dessa época. Em seu artigo sobre "Hipnose", de 1891, por exemplo, ele assinala que antes de iniciar o tratamento por hipnose é necessário "conquistar a confiança do paciente".[28]

É ainda mais relevante ver como Freud, ao indagar de modo incisivo "o que *é* realmente a sugestão",[29] questiona precisamente o ponto nevrálgico da prática da hipnose. Foram Liébeault e seus discípulos (Bernheim, Henri Beaunis, Jules Liégeois) que formularam a teoria da sugestão para explicar a hipnose sem recorrer a algum pretenso fator somático, como o haviam feito anteriormente Mesmer (magnetismo animal)[30] e Charcot (reflexos medulares). Freud critica Bernheim, que escreveu um livro dedicado ao tema da sugestão, por não se deter nessa questão essencial (o que *é* a sugestão) e se contentar em indicar o importante papel que ela desempenha na vida cotidiana.

E, buscando responder ele próprio a essa questão, Freud postula, com simplicidade e precisão cirúrgica, que o que distingue a sugestão de outros tipos de influência psíquica, como dar uma ordem, uma informação ou orientação, é o fato de que a sugestão corresponde à ocorrência de uma ideia que é despertada numa pessoa por outra e que passa a ser considerada como dela própria.[31] Além disso, seu questionamento sobre o que é a sugestão vai incidir precisamente na ideia de que a sugestão não pode ser considerada apenas um fenômeno psíquico patológico. Para Freud — como para Bernheim —, é impossível negar a frequência e a facilidade com que o fenômeno da sugestão se produz nas relações humanas, e trata-se apenas de se poder discernir os métodos normais de influência psíquica entre as pessoas e a sugestão.[32]

Muitos anos depois, Freud voltaria ao fenômeno da sugestão ao estudar a psicologia das massas, para confessar que considera a sugestionabilidade um "fenômeno irredutível e primitivo, um fato fundamental na vida do homem".[33] Em especial, ele reafirmaria o mistério ligado a ela — "Agora que mais uma vez abordo o enigma da sugestão, depois que me mantive afastado dele por cerca de trinta anos, descubro que não houve mudança na situação" —, para concluir: "Não houve explicação da natureza da sugestão, ou seja, das condições sob as quais a influência sem fundamento lógico e adequado se realiza".[34]

Com sua concepção do inconsciente estruturado como linguagem, Lacan permitirá que a questão colocada por Freud sobre o que é a sugestão seja respondida, pelo menos parcialmente, de modo satisfatório. É a partir do discurso do Outro parental — inconsciente-linguagem — que o sujeito se constitui: é dele que recebe até seu nome "próprio" e tudo o que possibilita sua existência no mundo humano. "A alienação é própria do sujeito",[35] diz Lacan referindo-se à alienação inarredável pela qual o sujeito passa ao entrar no mundo simbólico: para o sujeito se constituir como falante, não há como não se alienar nos significantes do Outro.

Assim, a teoria lacaniana permite esclarecer, através da lógica do significante, que "o significante comanda; o significante é, de saída, imperativo",[36] e que, como o sujeito é estruturalmente dividido pela linguagem — que o representa mas não-todo —, ele tende a se submeter à força, ao império dos S_1 (significantes-mestres). Este é, no fundo, o princípio que rege a sugestão: a busca frenética de todo sujeito de apagar sua divisão através de um significante que se sobreponha a ela: $S_1/\$$. Dito de outro modo, a posição estruturalmente histérica, dividida, do sujeito o coloca inarredavelmente em busca do mestre que lhe permita colmatar sua divisão.

Alguns exemplos marcantes permitem que se entenda como a sugestão pode atingir uma dimensão inesperada e até mortífera. Seitas como a do Templo do Povo, comandada por Jim Jones, que em 1978 levou mais de novecentas pessoas, entre adultos e crianças, ao suicídio coletivo, mostram como a abertura do sujeito — fundamentalmente histérico em sua estrutura — à sugestão pode adquirir uma proporção inacreditável. Nesse caso, um discurso paranoico com um delírio sistematizado consistente consegue mobilizar a adesão de fiéis que irão segui-lo sem exercer nenhum discernimento. Tudo se passa pela força de indução que um delirante consegue obter junto a sujeitos que, fragilizados por uma excessiva sugestionabilidade, podem ser induzidos a partilhar o delírio.

O caso das irmãs Papin, que causou comoção na França em 1932, foi igualmente revelador da ação do delírio de uma paranoica sobre sua irmã mais nova, culminando na chacina que ambas perpetraram assassinando de forma bárbara sua patroa e a filha dela. A história trágica das irmãs Léa e Christine Papin, retratada no filme *Entre elas*, fez um grande estardalhaço e foi inicialmente considerada crime de ódio suscitado pela diferença de classes, até que a voz de Lacan se ergueu para dizer que se tratava de um crime tipicamente paranoico, motivado por uma atividade delirante.

Descrevendo uma situação extrema, na qual um sujeito paranoico consegue envolver pessoas em torno de construções absolutamente delirantes, o filme *O mestre*, de Paul Thomas Anderson, mostra como a sugestionabilidade, fator estrutural inerente a todo sujeito, pode assumir proporções alarmantes. Ao término da Segunda Guerra Mundial, o marinheiro Freddie Quell tenta reconstruir sua vida. Traumatizado pelas experiências em combate, ele sofre de crises de angústia e violência e não consegue controlar seus impulsos sexuais. Um dia, por acaso, ele conhece Lancaster Dodd, figura carismática e líder de uma organização religiosa conhecida como A Causa. Reticente no início, ele se envolve cada vez mais com esse homem e com suas ideias, centradas na noção de vidas passadas, cura espiritual e controle de si mesmo. Freddie torna-se cada vez mais dependente desse estilo de vida e das ideias de seu mestre, a ponto de não conseguir mais se dissociar do grupo. É impactante ver como ele se submete a tipos de experiência inteiramente despropositados, tudo pela necessidade de se curvar diante do poder envolvente de Dodd, que o manipula como a uma marionete.

O personagem do mestre, Lancaster Dodd, parece ter sido inspirado na vida de L. Ron Hubbard, fundador da polêmica seita norte-americana denominada Cientologia, baseada na fusão delirante de preceitos religiosos com fundamentos pseudocientíficos. Como mostrou o psicanalista Thierry Lamote, a Cientologia não deve ser considerada meramente uma empresa dirigida por um escroque que visa extrair lucros de incautos; ela é, antes de tudo, o produto de um sistema delirante construído por Hubbard, cuja subjetividade psicótica deixou profundas marcas na organização e na doutrina. Mais espantoso ainda é o fato de que seu delírio "dianético" (nome derivado de sua teoria que obteve maior repercussão) "inspirou-se" nos *Estudos sobre a histeria*, de Breuer e Freud, numa leitura delirante que preservou justamente apenas a concepção catártica de Breuer — resistente ao inconsciente.[37]

Nesse sentido, estudar a vida de Franz Anton Mesmer pode ser instrutivo, porque revela como esse médico do século XVIII anteviu a dimensão da transferência nos tratamentos, nos quais a sugestão era o móbil principal de curas consideradas milagrosas. Vendo-o como um precursor da psiquiatria dinâmica, Henri Ellenberger assinala com agudeza o caráter desbravador desse médico, lembrando que ele já fora comparado a Cristóvão Colombo: "Ambos descobriram um mundo novo, ambos persistiram no erro até o fim da vida quanto à natureza exata de sua descoberta, ambos morreram decepcionados amargamente. Outro traço que possuem em comum é a ignorância relativa que temos quanto aos detalhes de suas vidas".[38] Entre 1773 e 1774, aos quarenta anos de idade, Mesmer curou uma jovem gravemente doente utilizando ímãs que, colocados em seu corpo de certo modo, fizeram-na sentir "estranhas correntes, como um fluido misterioso, que atravessavam seu corpo de cima a baixo".[39] Ele deduziu daí sua teoria do "magnetismo animal", concebido como um fluido acumulado no corpo do próprio paciente que podia ser reforçado e redirecionado pelos ímãs. Daí em diante, sucedeu-se uma série de curas, inclusive grupais, através da utilização de uma bacia d'água, e experiências de produzir sintomas em pessoas sadias que lhe deram celebridade e fortuna. Da sacada de seu palacete na Place Vendôme em Paris, Mesmer chegou a realizar tratamentos magnéticos para multidões que se acotovelavam buscando cura para suas doenças.

Com sua fama cada vez mais alastrada, formou-se uma comissão no intuito de comprovar ou não a existência de um novo fluido físico. O resultado foi que "os membros da comissão concluíram que não se possuía qualquer prova da existência física de um 'fluido magnético'". O interessante é que "eles não negaram a possibilidade de efeitos terapêuticos, mas atribuíam-nos à imaginação".[40] O filme *Dr. Mesmer, o feiticeiro*, de Roger Spottiswoode, retrata a vida desse médico que, depois de ter ficado rico e célebre por suas práticas, foi considerado charlatão e perseguido, tendo morrido no ostracismo na Áustria, onde se refugiou.[41]

Da sugestão à transferência

Retornemos ao texto de 1890, sobre o qual é preciso assinalar que nele Freud toca, surpreendentemente de forma direta e franca, na questão da transferência e do amor transferencial, e ainda insinua seu caráter infantil intimamente ligado ao drama edipiano. Ele ressalta o poder que o médico detém na prática da hipnose e a dependência que esta pode ocasionar. O método visa sugerir que o paciente não está doente e que, "após acordar, não sentirá os sintomas".[42] A hipnose parte do princípio de que o sintoma neurótico pode ser curado pela palavra do médico. Vê-se o quanto a estada de Freud em Paris, com Charcot, com sua terapêutica hipnótica das pacientes histéricas, deixou marcas indeléveis e colocou-o na estrada que o levaria depois até a psicanálise: a transferência. Esta por sua vez o poria em contato com o inconsciente, pois, como afirma Lacan, "a transferência é a atualização da realidade do inconsciente".[43] E, como enfatizei no volume 2 desta obra, *A clínica da fantasia*, em geral não se tem um acesso direto ao inconsciente, mas indireto, por meio dos fenômenos transferenciais.[44]

Freud finaliza seu artigo sobre o "Tratamento mental" mencionando que a experiência hipnótica dá início a uma "compreensão interna mais profunda dos processos da vida mental",[45] deixando claro que sua descoberta do inconsciente passou por esse caminho da prática da hipnose e da sugestão. Contudo, foi preciso que ele abandonasse essa prática para poder construir, aos poucos, sua visão teórica que concebia o inconsciente como a base do aparelho psíquico.

Elisabeth Roudinesco chama a atenção para o fato de que, a cada vez que ocorre uma crise no movimento psicanalítico, há uma espécie de retorno da hipnose, como se aquilo que a psicanálise deixou para trás em sua própria constituição tendesse a retornar a cada momento em que ela é atingida por alguma forma de ameaça ou de dissolução. Pode-se acrescentar, nesse sentido, que a hipnose é uma forma poderosa de resistência à análise.[46] Talvez ela constitua a expressão máxima de resistência, e, por isso mesmo, a cada vez que a psicanálise atravessa alguma espécie de crise, é a hipnose que se insinua com seus poderes milagrosos, que preconizam vencer as resistências do paciente num estalar de dedos. A isso Roudinesco denominou "sintoma hipnótico".[47]

De fato, veremos que o abandono da hipnose e a concepção e a entronização da associação livre como regra fundamental da psicanálise estão interligados, pois aquilo que a hipnose pretende suplantar de forma artificial — a resistência —, a psicanálise não abre mão de vencer passo a passo ao longo do processo do tratamento. A hipnose arrebata o sujeito e o lança num lugar ideal em que a resistência é reduzida a zero, mas, passada a hipnose, ele retorna ao mesmo lugar. A psicanálise, ao contrário, pretende levar o sujeito a vencer realmente as resistências internas que a aproximação do recalcado coloca, pois, assim fazendo, o sujeito conquista algo que não perderá jamais. Freud se dá conta disso muito cedo e por isso abandona a hipnose. É com essa constatação que ele encerra o ensaio precursor de 1890: "É verdade que a sugestão pode provocar a cessação dos sintomas de uma doença — mas apenas por pouco tempo. Ao fim desse tempo, eles retornam e têm de ser repelidos uma vez mais por hipnose e sugestão renovadas".[48] O que Freud proporá com a psicanálise será bastante diferente, o acesso ao inconsciente através da transferência, que lhe permitirá afirmar: "O paciente nunca torna a esquecer o que vivenciou sob as formas da transferência; ela tem um poder de convencimento maior do que qualquer coisa que [ele] possa adquirir por outros modos".[49]

"O psicanalista deve cuidar de nunca agir por sugestão",[50] afirmou Ferenczi concluindo um importante artigo dedicado a esse tema, no qual enumera os principais obstáculos que impedem que "a terapêutica por hipnose e sugestão seja um procedimento maravilhoso, um verdadeiro milagre para contos de fadas": o fato de que nem todas as pessoas podem ser sugestionadas e a duração geralmente curta de sua ação terapêutica.[51] Mas o problema da sugestão, e a necessidade de mantê-la distante da prática analítica, sempre esteve presente para Freud; basta ver que num de seus últimos ensaios ele ponderou que

> o perigo de desencaminharmos um paciente por sugestão, persuadindo-o a aceitar coisas em que nós próprios acreditamos, mas que ele não deveria acei-tar, decerto foi enormemente exagerado. Um analista teria de se comportar muito incorretamente antes que tal infortúnio pudesse dominá-lo; acima de tudo, teria de se culpar por não permitir que seus pacientes tenham oportu-nidade de falar. Posso garantir, sem me gabar, que tal abuso de "sugestão" jamais ocorreu em minha clínica.[52]

Freud é taxativo quanto à distinção fundamental entre transferência e sugestão. Não se deve esquecer que uma das grandes divergências entre Freud e Carl Gustav Jung se deu em torno da utilização maciça da suges-tão por parte do segundo, conforme Freud aponta em 1914, em *História do movimento psicanalítico*.[53]

Lacan reafirmará esse posicionamento freudiano ao dizer que o que especifica a psicanálise como prática é o fato de que o analista não utiliza o poder que a transferência lhe outorga, o que é feito, precisamente, pelas técnicas psicoterápicas que se valem da sugestão: "O psicanalista certa-mente dirige o tratamento. O primeiro princípio desse tratamento, o que lhe é soletrado logo de saída, que ele encontra por toda parte em sua formação, a ponto de ficar por ele impregnado, é o de que não deve de modo algum dirigir o paciente".[54] Como sublinha Jacques-Alain Miller nessa mesma direção, a ação analítica coloca em jogo a escolha entre o poder ou a verdade: "Há que se escolher entre os dois, não se pode ter ambos ao mesmo tempo".[55] Se o analista abre mão do exercício do poder sobre o analisando, é na medida em que ele exalta o poder da palavra associada à verdade, ou seja, do significante inconsciente.

Não surpreende que apenas um ano depois de escrever o artigo sobre o "Tratamento mental", no qual o poder da palavra no campo das psicoterapias é exaltado por Freud, ele enverede pela reflexão sobre a origem dos problemas relacionados às afasias, ou seja, aos distúrbios relacionados à perda da linguagem, na obra *Sobre a concepção das afasias: um estudo crítico*. Vamos abordar esse livro em seguida, mas não sem antes tratar da origem do conceito de simbólico em Lacan; ele é o nome que Lacan deu a essa conexão íntima, profunda e indissociável entre inconsciente e linguagem.

A eficácia simbólica

Sabe-se como Lacan ressaltou o que devia a Claude Lévi-Strauss. Em seu maravilhoso ensaio "A eficácia simbólica", publicado em 1949, ao abordar as "implicações gerais" em jogo num ritual de encantamento indígena cujo objetivo era obter a cura xamanística das parturientes em sofrimento na tribo dos índios cuna do Panamá, Lévi-Strauss iguala e compara a importância do simbólico para o xamanismo e para a psicanálise. O xamã é convocado pela parteira nas raras situações em que um parto se revela particularmente difícil. O parto difícil se explica porque Muu, potência responsável pela formação do feto,

> ultrapassou suas atribuições e se apoderou do *purba* ou "alma" da futura mãe. Assim, o canto consiste inteiramente numa busca: busca do *purba* perdido, e que será restituído após inúmeras peripécias, tais como demolições de obstáculos, vitória sobre animais ferozes e, finalmente, um grande torneio

realizado pelo xamã e seus espíritos protetores contra Muu e suas filhas, com a ajuda de chapéus mágicos, cujo peso estas últimas são incapazes de suportar.[56]

Os abusos de Muu são combatidos, mas não ela própria, indispensável à procriação, e as relações entre Muu e o xamã voltam a ser amistosas no fim do ritual.

Lévi-Strauss salienta que o ritual parece ser banal assim resumido:

O doente sofre porque perdeu seu duplo espiritual, ou mais exatamente um de seus duplos particulares, cujo conjunto constitui sua força vital; o xamã, assistido por seus espíritos protetores, empreende uma viagem ao mundo sobrenatural para arrancar o duplo do espírito maligno que o capturou e, restituindo-o ao seu proprietário, assegura a cura.[57]

Contudo, o interesse que Lévi-Strauss vê nesse canto é o fato de que MuIgala, isto é, "o caminho de Muu e a morada de Muu, não são, para o pensamento indígena, um itinerário e uma morada míticos, mas representam literalmente a vagina e o útero da mulher grávida".[58]

A cura se inicia repertoriando minuciosamente acontecimentos que a precederam e caminha no sentido de "passar da realidade mais banal ao mito, do universo físico ao universo fisiológico, do mundo exterior ao corpo interior".[59] A narrativa reconstitui uma experiência real cujos protagonistas são substituídos pelo mito, num itinerário complicado que cria uma "verdadeira anatomia mítica que corresponde menos à estrutura real dos órgãos genitais que a uma espécie de geografia afetiva".[60] Não há como não comparar tal descrição com as formulações freudianas sobre o corpo na histeria, reconstruído a partir de uma organização inconsciente que despreza a anatomia corporal.

O mundo uterino está povoado de monstros fantásticos e animais ferozes, no dizer de Lévi-Strauss, um verdadeiro "inferno à Hieronymus Bosch", e são eles que aumentam os males da mulher no parto e representam as dores personificadas. O canto, para o qual outros animais são

convocados a fim de lutar, "parece ter por finalidade principal descrevê-las
à doente e nomeá-las, de lhas apresentar sob uma forma que pudesse ser
apreendida pelo pensamento consciente ou inconsciente".[61]

A conclusão que Lévi-Strauss retira dessa cura realizada exclusivamente
pelo ritual do canto é que ela consiste em "tornar pensável uma situação dada
inicialmente em termos afetivos, e aceitáveis para o espírito as dores que o
corpo se recusa a tolerar".[62] O xamã reintegra essas dores incoerentes e arbi-
trárias da parturiente, que constituem um elemento estranho a seu sistema,
no conjunto de um sistema coerente que fundamenta a concepção indígena
do Universo, povoado de espíritos malfazejos e protetores, monstros sobre-
naturais e animais mágicos. A doente passa a aceitar o sofrimento e, "tendo
compreendido, não se resigna apenas: sara".[63] Em termos psicanalíticos, podemos dizer que o xamã "empresta simbólico" à parturiente, de tal modo que o
real, definido por Lacan como "o que é estritamente impensável"[64] encontre
alguma representação que o torne tolerável.

Uma experiência real de dor é contornada pelo canto do xamã, cujas
palavras reconstituem histórias ancestrais que fazem parte do mundo simbólico da tribo e da parturiente. Aludindo aos conceitos saussurianos de
significante e significado, Lévi-Strauss lê nesse ritual de cura xamanística
uma distinção, precursora da que será estabelecida por Lacan, entre real
e simbólico, ao notar que

> o xamã fornece a sua doente uma linguagem, na qual se podem exprimir
> imediatamente estados não formulados, de outro modo informuláveis. E é
> a passagem a essa expressão verbal (que permite, ao mesmo tempo, viver
> sob uma forma ordenada e inteligível uma experiência real, que, sem isso,
> seria anárquica e inefável) que provoca o desbloqueio do processo fisiológico,
> isto é, a reorganização, num sentido favorável, da sequência cujo desenvol-
> vimento a doente sofreu.[65]

E conclui: "Nesse sentido, a cura xamanística se situa a meio caminho
entre nossa medicina orgânica e terapêuticas psicológicas como a psicaná-

lise. Sua originalidade provém do fato de que ela aplica a uma perturbação orgânica um método bem próximo dessas últimas".[66] Importante notar que não é nada raro o psicanalista precisar, em determinados momentos da análise, "emprestar simbólico" ao analisando, ajudá-lo a encontrar palavras para tratar do real inominável. O caso Dick, exposto por Melanie Klein em um dos momentos mais fecundos de sua obra,[67] explora precisamente essa necessidade de "introduzir simbólico" na situação extrema de um menino de quatro anos cujo nível geral de desenvolvimento correspondia a quinze ou dezoito meses. Como ressalta Lacan em sua leitura desse caso, "Melanie Klein enfia o simbolismo, com a maior brutalidade, no pequeno Dick",[68] que vivia num mundo indiferenciado, apático e ausente.

Como sublinhou Jacques-Alain Miller,[69] o termo simbólico em Lacan tem como fonte essencial esse ensaio de Lévi-Strauss, que, por sua vez, cita o ensaio da psicanalista suíça Marguerite Sechehaye significativamente intitulado *La réalisation symbolique* ("A realização simbólica"), no qual ela descreve o tratamento analítico de uma esquizofrênica. Especializando-se na abordagem psicanalítica dessa patologia, e estimulada em suas pesquisas por Freud, Sechehaye criou um método original fundamentado na "realização simbólica" e publicou o *Diário de uma esquizofrênica*, obra que contém, na primeira parte, a auto-observação da própria paciente Renée, seguida da interpretação da analista. É digno de nota que Sechehaye tenha frequentado os cursos proferidos por Ferdinand de Saussure na Universidade de Genebra e que tenha sido parcialmente a partir de suas anotações pessoais que Charles Bally e Albert Sechehaye, alunos de Saussure, redigiram o *Curso de linguística geral*, cujas reflexões sobre o signo linguístico constituiriam a fonte essencial para Lacan estudar a relação entre inconsciente e linguagem e construir sua teoria do sujeito do significante.

No final do artigo, Lévi-Strauss se estende sobre a especificidade do que chama de "eficácia simbólica" e assinala que o inconsciente é uma estrutura por meio da qual a função simbólica se realiza. Como salientou Markos Zafiropoulos, com "A eficácia simbólica" nasce "uma definição estruturalista do inconsciente",[70] e o que Lévi-Strauss tem em mira é "uma verdadeira teoria do inconsciente e de suas formações individuais".[71] Se para Lévi-Strauss o subconsciente é o "reservatório de recordações e imagens colecionadas ao longo de cada vida", o inconsciente, ao contrário, está sempre vazio, "ele é tão estranho às imagens quanto o estômago aos alimentos que o atravessam. Órgão de uma função específica, ele se limita a impor leis estruturais, que esgotam sua realidade, a elementos inarticulados que provêm de outra parte, pulsões, emoções, representações, recordações".[72]

Em seu artigo piloto "O estádio do espelho", cuja importância aumentará à medida que seu ensino avança, Lacan cita um único texto, "A eficácia simbólica", e, ao falar do corpo despedaçado, ele se refere igualmente à pintura de Bosch.[73] Apenas alguns anos depois, em 1953, Lacan proferirá sua conferência sobre "O simbólico, o imaginário e o real", e poucos meses adiante escreverá o ensaio que, segundo ele mesmo, inaugura seu ensino, "Função e campo da fala e da linguagem em psicanálise", no qual afirma que o simbólico, o imaginário e o real são três registros bem distintos que constituem efetivamente "os registros essenciais da realidade humana".[74] Para que se avalie o impacto dessas formulações sobre Lacan, basta que se indique a adoção feita por ele da expressão "mito individual", introduzida por Lévi-Strauss no mesmo artigo. Se Lévi-Strauss aproxima os complexos de verdadeiros mitos individuais, afirmando que "é um mito individual que o doente constrói com a ajuda de elementos tirados de seu passado"[75] e ponderando que os complexos são "mitos individuais",[76] Lacan irá proferir em 1952 uma belíssima conferência sobre o Homem dos Ratos intitulada "O mito individual do neurótico", na qual a questão da verdade ocupa um lugar central.[77] Quanto a Lévi-Strauss, ele encerrará seu artigo de forma retumbante, afirmando que "todo mito é uma procura do tempo perdido" e que a psicanálise é uma "forma moderna da xamanística".[78]

É digno de nota que o ritual analisado por Lévi-Strauss seja cantado, isto é, a música desempenha nele seu papel, o que nos faz indagar sobre o poder da música se o compararmos ao poder da palavra. O documentário *Camelos também choram*, de Byambasuren Davaa e Luigi Falorni, tematiza igualmente a possibilidade de apaziguamento do real intolerável da dor através de uma poética narrativa passada no deserto de Gobi, no sul da Mongólia. Ali a música vem lutar contra a total rejeição desencadeada numa fêmea de camelo pela dor do parto dificílimo de um filhote, um raro camelinho branco. Apesar da insistente demanda do animalzinho por alimento, ela se nega a amamentá-lo e lhe recusa as tetas a cada tentativa que ele faz. A família nômade de pastores já deparou com situações similares, e a solução encontrada por eles é enviar os dois filhos para buscar numa aldeia distante um músico que toca violino.

A música se instala como elemento terceiro na relação entre a mãe e seu bebê com o objetivo de amansá-la e fazê-la acolher o pedido desesperado... de amor? A família se reúne para presenciar o ritual em que o músico toca uma melodia contínua, e todos compartilham cada momento até o clímax, em que a mãe cede à aproximação do filhote, e, quando ele mama, ela chora. Após o ritual bem-sucedido, os membros da família cantam juntos no interior da tenda, e um pastor diz: "Nada como ouvir boas e velhas canções".

A música desempenha aí o papel de uma linguagem que restabelece a comunicação entre os animais e doma sua ferocidade. Será essa uma função primordial da música — linguagem universal que, como aponta Alain Didier-Weill, possui a característica singular de não requerer tradução para ser compreendida — para os seres humanos igualmente? A de domar a pulsão de morte através de uma linguagem que, por não ter sentido, se aproxima o máximo possível do real sem sentido e, por isso mesmo, consegue "conversar" com ele num plano em que as palavras falham?

Baseado na autobiografia de mesmo nome escrita pelo músico polonês Wladyslaw Szpilman, *O pianista*, de Roman Polanski, apresenta igualmente em sua cena final um confronto pungente entre a pulsão de morte e a música. Diante de Wilm Hosenfeld, oficial nazista que o descobre em seu esconderijo tentando abrir uma lata de picles, o judeu Szpilman é um destroço humano. Desnutrido, faminto, trêmulo, com dores no corpo e sentindo frio, ele toca a pedido do nazista uma música ao piano. A imponência arrogante do oficial da ss se curva aos poucos diante da beleza de sua execução da "Balada em sol menor" de Chopin. Sua postura se altera e ele abre mão da superioridade que sua posição de pé lhe outorga, e senta-se para ouvir atentamente a força da emocionante melodia. O oficial vai embora e deixa Szpilman em seu esconderijo, não sem antes lhe perguntar se ele tinha o que comer.

A música doma o monstro, humaniza-o momentaneamente. Ela parece atingir aquilo a que a palavra não dá acesso, e não seria vão defini-la como a mais perfeita das poesias que, pela palavra, também pretendem abrir ao máximo o campo das significações. A música lhe transmite uma alteridade que supera a tenebrosa agressividade imaginária fomentada pelo nazismo em relação aos judeus, concilia os opostos e introduz uma forma de simbolização que, talvez por se aproximar o mais possível do real sem sentido, reverte pontualmente o inominável horror posto em ação pela fúria destrutiva dos nazistas.

O aparelho de linguagem

Em 1891, Freud publicou *Sobre a concepção das afasias: um estudo crítico*, um dos pioneiros a apreciar plenamente a profunda importância do problema da afasia, que se tornou o ponto de encontro de um conjunto de disciplinas científicas a partir do final do século xix. Depois dele, Henri Bergson, Ernst Cassirer, Roman Jakobson e Jacques Lacan trouxeram aportes fundamentais, agregando ao seu estudo pelo prisma da medicina as dimensões teóricas da filosofia, da linguística e da psicologia. Esse foi o primeiro livro do criador da psicanálise e faz parte de sua obra neurológica, comumente designada como pré-psicanalítica. Mais essencialmente, ele deve ser considerado, no interior dessa obra, como verdadeira ponte entre a neurologia e a psicanálise, e não é exagero falar da "importância da obra de Freud sobre a afasia para o desenvolvimento da psicanálise".[79]

Há todo um encadeamento que é preciso depreender na obra de Freud da década de 1890. O lugar em que se encontra o ensaio sobre as afasias nesse período da produção teórica freudiana é bastante significativo: sucede imediatamente o artigo sobre a histeria, redigido para a *Enciclopédia Médica Villaret* em 1888,[80] e o ensaio que acabamos de examinar sobre o tratamento psíquico, escrito em 1890, os quais revelam claramente que Freud está se redirecionando para o estudo da psicogênese da histeria.

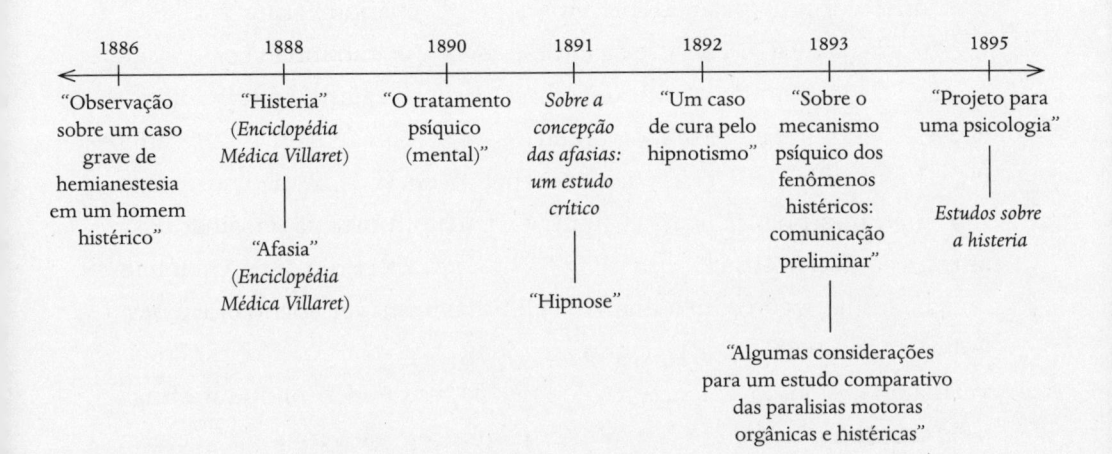

No artigo sobre a histeria, já surpreende que Freud utilize o termo "inconsciente" pelo menos três vezes.[81] No ensaio de 1890, portanto apenas um ano antes de escrever o livro sobre as afasias, vimos o quanto Freud coloca em destaque a função da palavra no tratamento psicoterápico. Evidentemente esse ensaio precursor pode ser lido em dupla com o das afasias: se este desconstrói através de uma pormenorizada crítica (esse objetivo é destacado no título) a teoria localizacionista, aquele enfatiza a dimensão simbólica inerente às perturbações mentais, tanto físicas quanto psíquicas. Se o tratamento psíquico denota o tratamento realizado por medidas que atuam na mente, "de primeira importância entre tais medidas é o uso de palavras, [que] são o instrumento essencial do tratamento mental".[82]

Além disso, se Freud já demonstra, em 1890, uma particular apreensão da relação íntima entre os fenômenos transferenciais e o poder da palavra, em 1891 ele formula a ideia da existência de um "aparelho de linguagem", toca na questão dos lapsos de linguagem e se aproxima assim, de modo in-

crivelmente precoce, das teses que irá desenvolver mais tarde sobre a relação
entre as formações do inconsciente (sintomas, sonhos, atos falhos, chistes)
e a estrutura da linguagem — depois minuciosamente abordada por Lacan
no seu ensino. Por isso John Forrester tem razão em salientar que "a obra
de Freud sobre as afasias é o sine qua non da origem da teoria psicanalítica,
como podemos distingui-la agora de outras teorias contemporâneas da neurose: uma teoria do poder das palavras para a formação dos sintomas".[83]

O livro das afasias consiste na crítica radical e ao mesmo tempo revolu-
cionária da doutrina de Wernicke-Lichtheim sobre a afasia, na época aceita
quase universalmente. Em 1891, Freud estava preparado para essa empreitada difícil, pois conhecia bem a doutrina do encéfalo de Meynert, com
sua ampla interpretação das configurações anatômicas que serviu de base
às teses de Karl Wernicke e Ludwig Lichtheim. Além disso, estava igualmente familiarizado com a doutrina clínica da afasia de Charcot e a pesquisa experimental sobre o cérebro de Munk. Mas, como o próprio Freud
afirma no ensaio, foram as teses do neurologista inglês John Hughlings
Jackson que exerceram maior influência sobre ele para contestar a teoria
localizacionista dos distúrbios de linguagem. Se Wernicke desenvolveu em
seus trabalhos a noção de uma psicologia baseada na anatomia (doutrina
anatomolocalizadora da afasia), concebendo uma teoria que supõe uma
íntima relação entre representações psíquicas e células nervosas, Freud
introduz a concepção de um *aparelho de linguagem* que repousa sobre um
domínio cortical contínuo.

É surpreendente que já nessa primeira obra Freud produza uma grande
abertura para as questões mais essenciais do que será construído posteriormente pelo arcabouço teórico psicanalítico. Seus aportes em torno da
noção de aparelho de linguagem — sintagma que antecipa a noção psicanalítica de *aparelho psíquico* introduzida por ele no capítulo VII da *Interpretação dos sonhos* — e de representação-palavra, ambas criadas por Freud
nesse livro, são uma impressionante reflexão *avant la lettre* de temas que
constituirão objeto de investigação posterior da psicanálise.

Após seu retorno de Paris em 1886, onde frequentou o serviço de Charcot na Salpêtrière, no qual, como vimos, reinava a primazia da experiência

clínica, Freud oscilará entre muitos domínios de investigação — a neurologia e a anatomia cerebral com Meynert, a histeria com Charcot, a sugestão com Bernheim, o método catártico com Breuer, a neurastenia com Wilhelm Fliess — que ele esperava "poder conciliar, mas cuja heterogeneidade se cristalizaria e culminaria na oposição e em seguida no antagonismo entre a anatomia cerebral e a clínica da histeria".[84] Em 15 de outubro de 1886, cerca de seis meses depois de retornar de Paris, Freud leu perante a Sociedade de Medicina de Viena um artigo intitulado "Sobre a histeria masculina", para a qual propunha etiologias psicológicas; o texto nunca foi publicado. Como relata Peter Gay, a exposição encontrou uma audiência variada: um velho cirurgião opôs-se à ideia de que homens pudessem ser histéricos, uma vez que a própria palavra grega histeria significa "útero"; outros médicos foram mais receptivos, mas, "com sua sensibilidade exacerbada, Freud decidiu interpretar a atitude dos colegas como pura rejeição obtusa. De agora em diante, pensou ele, estaria em oposição à instituição médica".[85] Nessa ocasião, Meynert desafiou Freud — que tomara conhecimento com Charcot, em Paris, da existência da histeria masculina — a apresentar diante da sociedade um caso de histeria masculina, o que ele faria no dia 26 de novembro seguinte, expondo o trabalho intitulado "Observação sobre um caso grave de hemianestesia em um homem histérico". O paciente em questão apresentava uma hemianestesia esquerda muito importante, cujo caráter histérico Freud se esmera em demonstrar minuciosamente.[86]

Mas será o livro sobre as afasias que fornecerá a Freud não só as condições para desvendar o enigma colocado por Charcot com suas experimentações de hipnose com pacientes histéricas, como também a primeira tentativa feita por ele de romper com o paradigma da neurologia. No fundo, ele representa uma escolha estratégica, pois revela que Freud não está de fato interessado na anatomia do cérebro ou mesmo nas afasias, mas sim na compreensão do mecanismo da paralisia histérica tão presente no texto. Assim, como indica Ferdinand Scherrer, muitas aproximações podem ser feitas ao lermos o livro das afasias pela ótica dos escritos posteriores de Freud, em particular seus *Estudos sobre a histeria*: à assimbolia do afásico corresponde a formação sintomática histérica; à parafasia correspondem os lapsos, os atos falhos e os chistes; à agnosia (termo, aliás, cunhado por Freud nessa obra e doravante utilizado universalmente em medicina) correspondem a alucinação, o delírio e a fantasia.[87]

Como uma verdadeira ponte entre a neurologia e a psicanálise erigida por Freud no caminho de sua descoberta, o livro das afasias é sucedido pelo artigo de 1893 "Algumas considerações para um estudo comparativo das paralisias motoras orgânicas e histéricas". Nele, mencionando que aprendera com Charcot que, para explicar a neurose histérica, deveríamos nos concentrar na psicologia, Freud aplicaria a mesma lógica ao estudo das paralisias histéricas e afirmaria que a histérica se comporta nas paralisias e nas outras manifestações como se a anatomia não existisse, formulação príncipe que inaugura a concepção psicanalítica da histeria. Agora, Freud caminhava a passos largos para dizer sim à existência do inconsciente.

Gegenwille: o batismo da psicanálise

Em 1892, entre o livro das afasias e o estudo comparativo das paralisias orgânicas e histéricas, Freud já se aproximara da descoberta do inconsciente através de uma noção bastante peculiar, que lançaria luz sobre sua experiência com a histeria: a contravontade. Foi Octave Mannoni quem, ao abordar as relações entre psicanálise e ciência, apontou de modo luminoso para o fato de que, num breve artigo daquele ano, intitulado "Um caso de cura pelo hipnotismo", Freud já havia assentado os alicerces da psicanálise. Mannoni assinala que "o desenvolvimento da psicanálise já está em germe nesse texto antigo, mas ninguém na época podia desconfiar disso, nem mesmo Freud".[88] É preciso jamais esquecer que, mergulhados no inconsciente como sempre estamos, nunca podemos saber o que estamos fazendo no momento mesmo em que o fazemos, e em que direção estamos caminhando — só-depois.

De fato, é inegável que Freud já estava em plena reinvenção da clínica da histeria que culminaria na criação da psicanálise. A paciente em questão estava mentalmente paralisada por aquilo que seria bem mais tarde denominado "conflito psíquico" e consistiria no traço marcante da estrutura neurótica — a divisão psíquica. Quando ia dar de mamar ao seu bebê, uma forte impulsão de lhe recusar o seio a impedia de fazê-lo. Não havia qualquer tipo de explicação na época para um sintoma dessa ordem, e Freud criou o termo neológico *Gegenwille* — que podemos traduzir por contravontade — para nomear esse verdadeiro absurdo. Aliás, o subtítulo do artigo traz esse termo em destaque: "Com alguns comentários sobre a origem dos sintomas histéricos através da contravontade".

Nesse artigo tão precursor quanto aquele de 1890 que analisamos, Freud já fala da "ideia antitética que se erige, se afirma como uma 'contravontade'",[89] e sabemos o quanto a noção de "pares antitéticos" desempenhará cada vez mais um papel central em sua teoria do inconsciente e será nomeada por ele de "cabeça de Jano". Seu brevíssimo artigo de 1911 "Sobre a significação antitética das palavras primitivas", por exemplo — no qual ele compara a capacidade das línguas arcaicas de apresentar termos absolutamente antitéticos (a mesma palavra designa significações totalmente opostas) com a própria estrutura do inconsciente —, assumirá um lugar preponderante em sua obra[90] e constituirá uma das principais bases da teoria freudiana para Lacan desenvolver a lógica do significante.

Octave Mannoni considera a criação do termo *Gegenwille* o batismo da psicanálise, pois implica a possibilidade de Freud abrir uma via científica para o seu advento, ao evitar com ela as explicações supersticiosas (que a mãe está enfeitiçada ou que está sendo punida por Deus em consequência de seus pecados, por exemplo) ou imaginárias e pseudocientíficas (ocorre um curto-circuito nos condutores neurológicos). E, ilustrando como as explorações do artista sempre antecipam as do psicanalista, Mannoni (psicanalista leigo, formado em filosofia e dono de uma importante educação literária) lembra que Baudelaire já abordara a questão do conflito psíquico num soneto de 1861, chamado "L'avertisseur":

> Tout homme digne de ce nom
> A dans le coeur un Serpent jaune
> Installé comme sur un trône,
> Qui, s'il dit "Je veux", répond: "Non".[91]

De fato, a noção de ideias antitéticas se tornará cada vez mais complexa e presente em sua obra até constituir a noção de "pares antitéticos",[92] que se espraiará por toda ela. E são tais ideias antitéticas, que "vicejam no terreno da neurose",[93] que se erigem no paciente como uma verdadeira contravontade. Freud salienta que essa emergência de uma contravontade é responsável pela "característica demoníaca" da histeria, qual seja, de os pacientes se mostrarem incapazes de fazer algo "precisamente quando e onde eles mais ardentemente desejam fazê-lo; ou de fazerem justamente o oposto daquilo que lhes foi solicitado, e de serem obrigados a cobrir de maus-tratos e suspeitas tudo o que mais valorizam".[94] A noção de conflito psíquico se acha aqui plenamente delineada: ele se dá entre as forças desejantes e recalcantes que se opõem, ambas bastante poderosas.

Em 1893, o artigo "Alguns pontos para o estudo comparativo das paralisias motoras orgânicas e histéricas" dá prosseguimento, sete anos depois, ao escrito sobre o caso de histeria masculina. Aqui, Freud volta a afirmar que "Charcot foi o primeiro a nos ensinar que, para explicar a neurose histérica, devemos concentrar-nos na psicologia".[95] E conclui seu estudo sobre a paralisia histérica dando relevo à fixação numa associação inconsciente com a lembrança do trauma, que precisa ser trazida à consciência através da eliminação da carga de afeto do trauma psíquico por meio de uma "reação motora adequada ou pela atividade psíquica consciente", o que era chamado de ab-reação. Isso constitui o resumo da teoria apresentada na "Comunicação preliminar sobre o mecanismo psíquico dos fenômenos histéricos", escrita a duas mãos em dezembro de 1892 por Freud e Breuer. Ela constituirá uma fonte de divergência irreversível entre ambos, pois, se para Breuer o fenômeno constitutivo da histeria reside na ocorrência de estados hipnoides — estados de consciência análogos aos criados pela hipnose, em que conteúdos de consciência não entram em ligação associativa com o resto do psiquismo —, Freud, por sua vez, não concebe o inconsciente limitado a determinadas regiões e estende seu domínio a todo o aparelho psíquico.

Talking cure

Em 1895, são publicados os *Estudos sobre a histeria*, obra na qual Freud apresenta cinco relatos de tratamento de pacientes histéricas, sendo que a primeira delas, Anna O., foi tratada por Breuer, e não por ele. Anna O., cuja sintomatologia histérica era mais do que exuberante, foi quem batizou o método de tratamento utilizado por Breuer — catarse e ab-reação — de *talking cure* ("cura pela fala") e de *chimney sweeping* ("limpeza de chaminé"). De fato, tendo escrito conjuntamente com Freud a "Comunicação preliminar" e discutido com ele esse caso, Breuer já utiliza nesse historial clínico o sintagma "processo de análise" e observa com agudeza que, "quando receberam expressão verbal, os sintomas desapareceram".[96] Além disso, é nele, igualmente, que aparece pela primeira vez a palavra "inconsciente" no sentido psicanalítico propriamente dito, ou seja, como um substantivo.[97]

Nos quatro casos clínicos apresentados por Freud em seguida ao de Anna O., pode-se constatar um crescente interesse de Freud pela reconstrução da história das pacientes, uma atenção redobrada nas significações implicadas em suas falas e uma ênfase crescente na sustentação de um lugar não só de escuta da fala da paciente, como também de invocação dessa fala. Freud incita as pacientes à associação livre e, quando esta se interrompe, ele aos poucos vai compreendendo que se trata de não aceitar essa interrupção como natural, mas de considerá-la parte do quadro neurótico que visa impedir o surgimento dos elementos recalcados. Como veremos a seguir, é através desse aprendizado eminentemente clínico que Freud chega a conceber a noção de resistência, central na criação do método psicanalítico e no abandono da hipnose, que curto-circuita a resistência sem dissolvê-la.

Pela quantidade de apontamentos que é possível fazer ligando as formulações iniciais de Freud a aspectos importantes do ensino de Lacan, pode-se ver o quanto Lacan valorizou os *Estudos sobre a histeria*. Para Lacan, com efeito, essa obra apresenta "uma longa exposição da descoberta da técnica analítica",[98] e o que constitui o valor desses estudos é que neles a técnica psicanalítica acha-se em formação.

Na época do tratamento de *Frau* Emmy von N., segundo e longuíssimo historial clínico dos *Estudos sobre a histeria*, Freud está envolvido com o livro de Bernheim sobre sugestão e, afirmando que naquela época "esperava mais resultados de medidas didáticas do que o faria hoje", confessa que "sugestões didáticas"[99] falhavam sistematicamente com ela. Tal envolvimento com a técnica da sugestão o leva a se mostrar em vários momentos ora imperativo, ora assegurador, ora convincente. E, ainda que se considerasse capaz de ler no rosto dos pacientes que eles ocultavam uma parte essencial de suas confissões, Freud não deixa de avançar na construção de seu método, e faz observações percucientes sobre a necessidade de dar atenção ao paciente e "ouvir suas histórias com todos seus pormenores até a última palavra".[100] Ressalta ainda que "um tipo especial de simbolismo"[101] está presente por trás de certos elementos da fala de sua paciente, e se recrimina por não a ter interrogado sobre tais pontos. Essa percepção freudiana foi essencial, pois a ideia de um simbolismo especial que requer ser investigado com o paciente se tornará uma das bases do método analítico, para o qual não há simbolismo universal nem generalização psicológica possível. Como veremos ao longo deste livro, a clínica analítica é uma clínica da singularidade. Além disso, o sintagma "simbolismo especial" pode ser aproximado hoje da definição lacaniana do significante, que representa um sujeito — e apenas um sujeito — para outro significante.

Com o tratamento de Lucy R., que tinha alucinações olfativas em que sentia o cheiro de pudim queimado, e já utilizando pontualmente a palavra "interpretação", Freud se aproxima um pouco mais daquilo que viria a ser seu método, pois Lucy não era hipnotizável, e sua análise foi realizada "num estado que pode, de fato, ter diferido muito pouco de um estado normal".[102] Freud enuncia aí a condição essencial da histeria: uma ideia deve ser intencionalmente recalcada da consciência pelo fato de haver uma incompatibilidade entre o eu e essa ideia. Como o eu decide repudiar a ideia incompatível, "essa ideia não é aniquilada... mas simplesmente recalcada para o inconsciente".[103]

Novas observações extremamente interessantes são anotadas por Freud no caso Katharina. Dando sempre atenção à fala da paciente, ele compara a sintomatologia histérica a uma escrita pictográfica que só se torna inteligível "após a descoberta de algumas inscrições bilíngues".[104] Freud enuncia também de modo bastante preciso sua teoria do trauma, que se desenvolve em dois tempos: uma vivência infantil só se torna traumática quando é relembrada posteriormente, evocada por uma vivência atual. Como sublinhou Paola Mieli, a noção de trauma implica a elaboração de um conceito particular de tempo psíquico, em que "o trauma se constitui em uma escansão temporal que ocorre *nachträglich*, só-depois".[105]

A descoberta da técnica

Em 1892, Freud recebe para tratamento Elisabeth von R., uma jovem histérica de 24 anos que lhe foi encaminhada por um amigo médico, sofrendo há dois anos de dores nas pernas e dificuldade para andar. Freud irá publicar esse historial clínico nos *Estudos sobre a histeria*, e constitui um de seus casos clínicos mais ricos e elucidativos, sobretudo porque nele pode-se depreender a técnica analítica em seu estado nascente. No caso, já aparece de modo eloquente a visão freudiana do inconsciente como um saber, ao qual o sujeito não tem acesso sem a experiência da análise e da regra da associação livre, através da qual esta opera, que modela toda a concepção freudiana da interpretação como uma intervenção recolhida das palavras mesmas do analisando.

O ponto mais privilegiado dessa exposição clínica é, de fato, a questão da resistência. Peter Gay comenta que tal caso proporcionou inúmeras ideias a Freud.[106] A técnica da associação livre, por exemplo, surge para ele precisamente nesse momento em que começa a abandonar a hipnose. Ele chegou inclusive a tentar a hipnose de Elisabeth sem sucesso. Sempre afeito às metáforas arqueológicas, Freud compara-a ao processo de "escavar uma cidade soterrada".[107] O caso mostra, por um lado, a insistência do analista para o sujeito entrar na experiência da associação livre, e a resistência é considerada resistência a essa mesma associação.

A insistência do analista e a resistência do analisando surgem como elementos correlatos que revelam algo que será formulado muito mais tarde por Lacan em seu seminário *O eu na teoria e na técnica da psicanálise*: a resistência como eminentemente do psicanalista.

Elisabeth caminhava com a parte superior do corpo inclinada para a frente e se queixava de grande dor e cansaço ao andar e ao ficar de pé; a dor melhorava, mas não passava quando ela descansava. Uma dor indefinida que Freud qualifica de fadiga dolorosa. Freud conclui se tratar de uma dor histérica por dois fatores: primeiro pela indefinição de todas as descrições do caráter da dor. Freud assinala que dores orgânicas suscitam uma descrição cheia de detalhes por parte do paciente, e este nunca se satisfaz justamente por acreditar que a linguagem é insuficiente para descrevê-las. Nesses casos, pode-se dizer, com Lacan, que há um *gap* nítido entre o real do corpo e o simbólico, *gap* que as palavras tentam preencher sem êxito. Mas Freud nota que Elisabeth não apresentava tal fixação nas dores, e, embora atribuísse importância a elas, sua atenção parecia estar em outro lugar. Segundo porque curiosamente a expressão de Elisabeth ao estímulo local não era, como seria de esperar, de mal-estar: sua expressão era mais de prazer que de dor. Freud chama isso de "zona histerógena". Toda a posterior concepção freudiana do deslocamento está também subjacente aqui, pois a expressão de prazer está relacionada aos pensamentos ocultos por trás dessa dor. O tratamento apresenta três diferentes fases caso o abordemos pela ótica da resistência.

"De início, não houve explicações" — na primeira fase, essa é a forma encontrada por Freud para postular que, no início do tratamento, não há signos que possam ser interpretados pelo discurso médico, mas sim significantes inconscientes que aguardam decifração. O tratamento habitual por choques, massagens etc. não produziu grande melhoria em Elisabeth. Freud observa que ela extraía prazer desses tratamentos. Ele propôs, então, que fosse feito o tratamento psíquico e obteve dela "rápida compreensão e pouca resistência"[108] — esse parece ser o primeiro surgimento do termo resistência na obra de Freud, no sentido clínico que será explorado posteriormente.

Freud dá início ao relato do tratamento psíquico mencionando as dificuldades para fazer a narrativa do caso e as compara àquelas encontradas no decorrer do próprio tratamento.[109] Ele afirma que essa foi a primeira análise integral de uma histeria empreendida por ele, nomeia seu tratamento de catártico e observa que, no início, pensou que a paciente estava consciente da causa de sua doença, que "o que ela guardava na consciência era apenas um segredo, e não um corpo estranho";[110] e, retumbante, cita *Fausto* de Goethe: "Sua máscara revela um sentido oculto".

A posição histérica

Ele próprio vai rapidamente retificar essa colocação, pois o recalque não é um segredo guardado conscientemente, e a primeira menção que Freud faz do recalque é bastante emblemática, porque aponta para a dimensão do "não querer saber" que será explorada depois, por Lacan, como a definição mesma do processo de recalque — um não querer saber ativo. Tal concepção surgirá tanto no caso de Elisabeth — "Com relação a esses sentimentos ela estava na situação peculiar de saber, e ao mesmo tempo de não saber"[111] — como no caso de Lucy R. (que, embora apareça nos *Estudos sobre a histeria* antes do caso Elisabeth, foi analisada por Freud depois dela). Quando Freud indaga a Lucy "Mas, se você sabia que amava seu patrão, por que não me disse?", a resposta é: "Não sabia, ou antes, não queria saber".[112] É essa atitude neurótica ativa de desconhecer, de "não querer saber", que será nomeada por Lacan de "paixão da ignorância" e elevada ao nível das paixões do amor e do ódio. Pois, para Lacan, "essas duas possibilidades do amor e do ódio não vão sem essa terceira, que se negligencia, e que não se nomeia entre os componentes primários da transferência — a ignorância enquanto paixão".[113]

No capítulo sobre a psicoterapia da histeria, Freud se detém nesse não querer saber e fala de uma força psíquica de aversão por parte do eu, que expulsa a ideia patogênica das associações do paciente e se opõe a que ela retorne à memória. Ele pondera nesse momento: "O não saber do paciente histérico era, de fato, um não querer saber — um não querer que podia, em maior ou menor medida, ser consciente".[114]

Lacan denomina essa função inerente ao recalcamento de *méconnaissance*, função de desconhecimento ativo: o recalque tem a ver com o não querer saber, que é sua fórmula prima. Na abertura do seminário *Mais, ainda*, Lacan faz elaborações sobre a posição do analisando a esse respeito: todos os sujeitos têm uma relação com o "não querer saber nada disso de que se trata". A posição do próprio Lacan no seminário é, segundo ele mesmo, a de analisar o seu "não quero saber de nada disso".[115] Se é tão importante frisar essas passagens que definem o recalque como o não querer saber, isso se dá na medida em que elas partem da premissa do "inconsciente como um saber", que é a forma mais depurada que Lacan encontra para defini-lo: um saber linguageiro, constituído de significantes. No primeiro volume desta obra, fiz um apanhado extenso sobre essa noção introduzida por Lacan, que dá um alcance eminentemente clínico a sua definição do inconsciente estruturado como linguagem.[116]

Nessa fase inicial da análise, a paciente é levada a "contar o que ela sabia", e Freud compara o processo do tratamento à técnica de escavação de uma cidade soterrada, numa metáfora arqueológica que ele jamais abandonará, desembaraçando "o material psíquico patogênico camada por camada".[117] Freud repertoria aí as dificuldades da sofrida história da paciente, que, nos últimos anos, se encarregara de cuidar do pai doente, o qual acabara falecendo; da mãe, que fizera uma operação séria nos olhos; e da irmã, vítima de uma doença cardíaca de longa duração. Essa primeira fase da análise não consegue modificar minimamente o estado da paciente.

Surge aqui a prevalência do discurso da histérica, numa de suas características mais impressionantes destacada por Lacan: a histérica "quer um mestre sobre o qual ela reine".[118] Há uma invectiva de Elisabeth para que o mestre Freud (S_1) produza saber (S_2) e, em seguida, uma desqualificação desse saber como tal, pois ele salienta com agudeza: "E, quando me dizia isso, *me olhando com uma expressão maliciosa de satisfação por eu estar confuso...*".[119] Um delicioso exemplo dessa característica da posição histérica, que visa retirar a consistência do saber produzido pelo mestre, é fornecido por

Moustapha Safouan: se contarmos a uma criança com tendência à neurose obsessiva a história da cegonha que bica a futura mamãe na perna, ela começará a mancar e seu sintoma se baseará no raciocínio "A cegonha me bicou, portanto eu tenho um bebê na barriga". Mas, se a disposição da criança for à histeria, ela também irá mancar, porém seu raciocínio será outro: "A cegonha me bicou, entretanto eu não tenho um bebê na barriga, você mente!".[120]

Insistência do analista...

Na segunda fase da análise, há uma virada fundamental operada por Freud em seu lugar na direção do tratamento:

> Se eu tivesse interrompido o tratamento psíquico da paciente nesta fase, o caso de *Fräulein* Elisabeth von R. não teria lançado nenhuma luz sobre a teoria da histeria. Mas continuei minha [*sic*!] análise porque esperava firmemente que os níveis mais profundos de sua consciência proporcionariam uma compreensão, tanto das causas como dos determinantes específicos dos sintomas histéricos. Resolvi, portanto, formular uma pergunta direta à paciente, num estado ampliado de consciência, e indagar-lhe qual tinha sido a impressão psíquica à qual se vinculara a primeira emergência de dores nas pernas.[121]

Essa virada ocorre com frequência nas análises, na medida em que surge aqui o desejo do psicanalista através de uma de suas mais importantes traduções na prática analítica: a insistência de que haja análise. O desejo do analista se associa com o desejo do analisando, e não com a resistência. E, se o analista opera através de uma posição radical de não saber, há algo que ele sabe fazer operar na disjunção entre o saber consciente e o saber inconsciente: o analista sabe que o sujeito sabe (inconscientemente) sem saber (conscientemente) que sabe. Após alguns anos de análise bem-sucedida em direções importantes apontadas no início do tratamento, uma analisanda sentou-se, em vez de se deitar, e, após fazer um delicado balanço sobre as conquistas de sua análise até então, perguntou: "Você acha que eu ainda devo continuar na análise?". Essa pergunta soou como uma autêntica indagação dessa mulher sobre o alcance que o tratamento poderia ter a partir dali. Tendo aquiescido com a resposta afirmativa, embora não imperativa, que ouviu do seu analista — ela podia, de fato, interromper ali se quisesse, mas continuar seria aprofundar a análise em aspectos relevantes que estavam se anunciando naquele momento —, o prosseguimento, que durou mais alguns anos, mostrou que a análise havia realizado apenas metade de sua tarefa. Nesse caso, o desejo do analista posicionou-o a favor da continuação, mas não sem reconhecer o percurso já realizado pela analisanda.

Freud utiliza a palavra "insistência" precisamente antes de aparecer a primeira menção de Elisabeth ao jovem pelo qual ela estava enamorada: vale destacar que é precisamente nessa virada operada em sua própria posição que surge, no discurso de sua paciente, a questão da sexualidade. Atentemos, quanto à questão da insistência, que podemos situar a tripartição lacaniana real, simbólico e imaginário do seguinte modo: o real ex-siste; o simbólico insiste; o imaginário consiste.[122] Isso significa que o desejo do psicanalista é eminentemente um aliado do simbólico e, é claro, da simbolização por meio da qual a análise opera. A insistência de Freud acaba por obter o surgimento de um novo saber:

> A paciente surpreendeu-me logo depois anunciando que agora sabia por que as dores sempre se irradiavam daquela região específica da coxa direita e atingiam seu ponto mais doloroso ali: era nesse lugar que seu pai costumava descansar a perna todas as manhãs, enquanto ela renovava a atadura, pois estava muito inchada. Isso deve ter acontecido umas cem vezes, e, contudo, ela não havia notado a ligação até agora.[123]

A relação entre o sintoma e a palavra fica bastante evidenciada também nessa passagem, em que Freud parece ilustrar *avant la lettre* aquilo que Lacan denominou "ética do bem-dizer", a qual se manifesta no discurso psicanalítico como tendência a bem-dizer o próprio sintoma, isto é, a trazer o sintoma (incrustado no real do corpo) para o regime da palavra (isto é, do simbólico):

> Suas pernas doloridas começaram a "participar da conversação" durante nossas análises. O que tenho em mente é o seguinte fato marcante. Em geral, a paciente não tinha dor quando começávamos a trabalhar. Se, então, através de uma pergunta, ou pela pressão sobre a cabeça, eu lhe despertava uma lembrança, uma sensação de dor surgia, e era comumente tão aguda que a paciente dava um salto e punha a mão no ponto doloroso. A dor assim despertada persistia enquanto a paciente estivesse sob a influência da lembrança; alcançava o ponto mais alto quando ela estava no ato de contar-me a parte essencial e decisiva do que tinha a comunicar. E com a última palavra desaparecia. Cheguei a utilizar tais dores como bússola para minha orientação: se a moça parava de falar mas admitia que ainda sentia dor, sabia que ela não me havia contado tudo e insistia para que continuasse a sua história até que a dor se esgotasse desfeita pela conversa. Só então é que eu conseguia despertar uma nova lembrança.[124]

A importância do simbólico se torna cada vez maior para Freud, seja no uso da técnica da "pressão na testa" — em que ele evidencia o uso inteiramente simbólico do gesto de colocar a mão na testa: o obstáculo a ser removido é a vontade do paciente, e com essa técnica trata-se de remover esse obstáculo e fazer com que "a ideia patogênica que foi ostensivamente esquecida esteja sempre 'à mão' e [possa] ser alcançada por associações facilmente acessíveis"[125] —, seja também quando Freud fala da "expressão simbólica dos pensamentos" de Elisabeth.[126]

No capítulo sobre a psicoterapia da histeria, Freud explicita a questão da insistência do analista e indica seus limites. Essa posição de insistência requerida do psicanalista é igualmente tematizada por Freud numa passagem de *A interpretação dos sonhos* que aborda, no fundo, o problema da resistência do analista:

> Quando, no decorrer da manhã, o sonho me veio à cabeça, ri alto e disse: "O sonho é absurdo!". Mas ele se recusava a ir embora e me seguiu o dia inteiro,

até que finalmente, à noite, comecei a me repreender: "Se um de seus pacientes que estivesse interpretando um sonho não encontrasse nada melhor para dizer do que afirmar que ele era um absurdo, você o questionaria sobre isso e suspeitaria de que o sonho tinha por trás alguma história desagradável, da qual o paciente queria evitar conscientizar-se. Pois trate-se da mesma maneira. Sua opinião de que o sonho é absurdo significa apenas que você tem uma resistência interna contra a interpretação dele. Não se deixe despistar dessa maneira". Assim, dei início à interpretação.[127]

Mais à frente, Freud volta a tematizar sobre isso com uma bela argumentação que se vale da observação da vida cotidiana:

Lembrei-me de minha resistência em proceder à interpretação, de quanto a havia adiado, e de como declarara que o sonho era puro absurdo. Meus tratamentos psicanalíticos ensinaram-me como se deve interpretar um repúdio dessa natureza: ele não tinha nenhum valor como julgamento, mas era simplesmente uma expressão de emoção. Quando minha filhinha não queria uma maçã que lhe era oferecida, afirmava que a maçã estava azeda sem havê-la provado. E, quando meus pacientes se comportavam como a menina, eu sabia que estavam preocupados com uma representação que desejavam recalcar. O mesmo se aplicava a meu sonho. Eu não queria interpretá-lo porque a interpretação encerrava algo que eu estava combatendo. Quando concluí a interpretação, entendi contra o que estivera lutando.[128]

... e nomeação da resistência

É de ressaltar que a terceira e mais importante fase do tratamento de Elisabeth só ocorre depois da virada radical operada por Freud quanto à sua própria resistência: como veremos, Freud nomeia a resistência pela primeira vez precisamente quando ele próprio cessa de resistir. Isso fica bastante evidenciado no relato que transcrevemos na íntegra devido a seu elevado poder demonstrativo:[129]

No curso de toda a análise usei a técnica de provocar imagens e ideias, fazendo pressão sobre a cabeça da paciente, um método, vale dizer, que seria impraticável sem a plena cooperação e boa vontade desta. Por vezes, realmente, seu comportamento correspondeu às minhas melhores expectativas, e durante tais períodos foi surpreendente a prontidão com que as diferentes cenas relacionadas a um dado tema surgiam numa ordem rigorosamente cronológica. Era como se ela estivesse a ler um alentado livro com ilustrações, cujas páginas estivessem sendo viradas diante dos seus olhos. Em outras ocasiões parecia haver impedimentos, de cuja natureza eu então não suspeitava. Quando lhe pressionava a cabeça, ela sustentava que nada lhe havia ocorrido. Repetia minha pressão e lhe dizia que esperasse, mas ainda nada aparecia. Nas poucas primeiras vezes em que essa recalcitrância surgiu, permiti-me interromper o trabalho: era um dia desfavorável, tentaríamos em outra ocasião.

E Freud continua:

Duas observações, contudo, levaram-me a alterar minha atitude. Notei, em primeiro lugar, que o método falhava somente quando encontrava Elisabeth alegre e sem dor, jamais quando ela se sentia mal. Em segundo lugar, que muitas vezes ela afirmava que nada via, após deixar passar um longo intervalo durante o qual sua expressão tensa e preocupada, não obstante, traía o fato de que estava sob o efeito de um processo mental.

Nesse ponto, Freud promove uma reviravolta em sua posição e passa a ocupar um lugar na direção do tratamento que podemos qualificar como o lugar do desejo do psicanalista, que é possível sintetizar através da formulação "o psicanalista sabe que o sujeito sabe sem saber que sabe". A partir daí, sua condução do tratamento sofre uma reviravolta muito intensa. Ele diz então:

Resolvi, portanto, adotar a hipótese de que o método nunca falhava: de que em toda ocasião sob a pressão da minha mão ocorria alguma ideia a Elisabeth, ou alguma imagem, mas que ela nem sempre estava preparada para comunicá-las a mim, e tentava suprimir mais uma vez o que fora evocado. Pude pensar em dois motivos para esse segredo. Ou ela criticava a ideia, o que não tinha nenhum direito de fazer, sob o fundamento de que não era importante ou de ser uma resposta irrelevante à questão que lhe fora formulada; ou ela hesitava em apresentá-la porque achava muito desagradável contá-la. Agi, portanto, como se estivesse inteiramente convencido da fidelidade da minha técnica. Não aceitava mais sua declaração de que nada lhe ocorrera, mas lhe assegurava que algo *devia* ter acontecido. Talvez, dizia eu, ela não tivesse prestado bastante atenção, e em tal caso eu teria satisfação em repetir a pressão. Ou talvez ela pensasse que a sua ideia não fosse a certa. Isto, disse-lhe eu, não era problema dela; ela tinha a obrigação de ser inteiramente objetiva e dizer o que lhe tinha vindo à cabeça, quer fosse apropriado, quer não. Finalmente, declarei que sabia muito bem que algo *tinha* ocorrido e que ela o estava ocultando de mim, mas que ela jamais se livraria de suas dores enquanto escondesse qualquer coisa. Ao insistir dessa maneira, consegui que a partir de então minha pressão sobre a sua cabeça jamais falhasse. Tive de concluir que minha opinião estava certa e extraí dessa análise uma confiança literalmente irrestrita em minha técnica. Muitas vezes aconteceu que só depois de pressionar-lhe a cabeça três vezes ela deu uma informação. Mas ela mesma observava depois: "— Poderia ter-lhe dito da primeira vez". "— E por que não disse?" "— Pensei que não fosse o que era preciso", ou "— Pensei que pudesse evitá-lo, mas voltava todas as vezes". No curso desse difícil trabalho comecei a atribuir maior significação à resistência oferecida pela paciente na reprodução de suas lembranças, e a reunir cuidadosamente as ocasiões em que era particularmente marcada.

Essa rica passagem revela alguns momentos fundamentais na criação da técnica psicanalítica: em primeiro lugar, o momento mesmo em que Freud se depara com a necessidade de estabelecer uma regra, que ele chamaria de regra fundamental da psicanálise, a regra da associação livre, através da qual o inconsciente se revela pontualmente por meio de derivados do recalcado. Em segundo lugar, o desejo do psicanalista parece brotar nessa passagem em que Freud se dá conta de que é preciso insistir — no sentido de não abrir mão da regra fundamental da associação livre — para que o sujeito diga o que vem à mente e, logo, dê vazão aos derivados do recalcado. Em terceiro lugar, a emergência mesma da noção de resistência em análise surge nitidamente no momento em que Freud cessa, ele próprio, de resistir. Essa passagem revela, no fundo, a íntima conexão entre o desejo do psicanalista e a resistência, o que levou Lacan a afirmar que a resistência é sempre do analista.

Freud afirma em seguida que o resultado terapêutico ainda estava incompleto porque a análise ainda estava incompleta. Surge assim, nesse ponto, um elo nítido entre resistência e insistência: se a resistência é sempre no fundo resistência à associação, a insistência do analista deve operar no sentido de insistência à associação.[130] A concepção mais depurada que Freud desenvolverá posteriormente sobre a resistência — como tudo aquilo que interrompe as associações do paciente — já surge aqui de modo embrionário, mas bastante delineado.

É só através dessa virada na posição de Freud que surge, nas associações da paciente, a referência ao cunhado como objeto de desejo interditado e fonte do conflito. Elisabeth pode se recordar, finalmente, da "frase patógena" que lhe ocorreu à beira do leito de morte de sua irmã: "Agora ele está livre novamente e eu posso ser sua esposa".[131] Como pontuou Lacan, jogando nova luz sobre a relação entre o recalque e a rememoração, o sujeito não cura porque se lembrou, mas se lembra porque curou.[132]

Elisabeth Roudinesco e Michel Plon salientam com pertinência que, diversamente dos conceitos de transferência e de contratransferência, o de resistência suscitou muito pouca discussão e polêmica entre os psicanalistas, com a exceção de Melanie Klein, que assimilou a resistência quase inteiramente à transferência negativa, o que constituiu um dos temas de debate, durante as Grandes Controvérsias que ocorreram nos anos 1940, na Sociedade Britânica de Psicanálise, entre ela e Anna Freud.[133] De fato, para Freud, a resistência não pode ser assimilada apenas à transferência negativa (ódio), na medida em que o amor de transferência é, igualmente, uma das mais poderosas fontes de resistência. Jacques-Alain Miller interpreta com agudeza essa ênfase na transferência negativa posta pelos analistas

kleinianos como um verdadeiro efeito da imposição do saber analítico
que rege a técnica kleiniana: os analisandos resistem a essa nova forma de
sugestão que se vale do saber psicanalítico dizendo não "a essa tentativa,
pela sugestão, de esmagamento de seu desejo".[134]

Por sua vez, Lacan tematizou a questão da análise das resistências de
modo inteiramente original. Para percebê-lo, basta ver como ele trata da
questão da resistência desde seu seminário *Os escritos técnicos de Freud*.
Abordaremos esse ponto adiante, ao tratarmos da contratransferência e do
desejo do psicanalista segundo Lacan, no capítulo "A direção da análise".

A simbolização analítica

Impõem-se algumas observações sobre a simbolização a partir desse relato
clínico príncceps. A simbolização na análise surge, por um lado, como uma
simbolização do real, definido por Lacan como o não-sentido, o impossível
de suportar: vê-se que Freud trabalha essa questão a partir do exemplo do
cuidar dos doentes, do deparar-se com o real da finitude e da decadência
corporal (da morte, da doença, da velhice etc.). A simbolização surge, por
outro lado, como um processo de "conversão simbólica", na qual o histérico
toma uma expressão verbal pelo seu sentido literal:

> Ao tomar uma expressão verbal literalmente, e ao sentir a "punhalada no
> coração" ou a "bofetada na face" [...], o histérico não toma liberdade com as
> palavras, mas simplesmente revive as sensações às quais a expressão verbal
> deve sua justificativa. Como é que nos referimos a alguém alvo de uma desa-
> tenção como sendo "apunhalado no coração", a menos que a desconsideração
> tenha sido de fato acompanhada por uma sensação precordial que poderia
> adequadamente ser descrita naquela frase, e a menos que fosse identificável
> por aquela sensação? O que poderia ser mais provável do que aquela figura
> de linguagem, "engolir alguma coisa", que empregamos ao falarmos de um
> insulto ao qual não foi apresentada nenhuma réplica, ter de fato se originado
> das sensações inervatórias que surgem na faringe quando deixamos de falar

e impedimos a nós mesmos de reagir ao insulto? [...] A histeria está certa em restaurar o significado original das palavras ao retratar suas inervações inusitadamente fortes. Na realidade, talvez seja errado dizer que a histeria cria essas sensações através da simbolização. Talvez ela não tome absolutamente o uso da língua como seu modelo, mas tanto a histeria quanto o uso da língua extraiam seu material de uma fonte comum.[135]

Poderíamos dizer que se trata, aqui, daquilo que Lacan chamou de linguisteria, e que precisou afirmando que seu "dizer de que o inconsciente é estruturado como uma linguagem não é do campo da linguística",[136] acrescentando em seguida que "há uma distância entre a linguística e a linguisteria"[137] — pois a linguisteria tem a ver com o significante.[138]

O capítulo IV dos *Estudos sobre a histeria* faz um apurado balanço do estado da arte até aquele momento ainda inaugural da criação da psicanálise. Surpreendentemente, muitos dos termos que comporão no futuro a nomenclatura conceitual psicanalítica surgem aqui apenas indicados ou já um pouco delineados. Freud menciona quão raro é encontrar formas puras de histeria e neurose obsessiva, pois em geral ambas se combinam com a neurose de angústia em quadros que ele denomina neuroses mistas. O sintoma histérico é efeito de uma lembrança que inclui um afeto não colocado em palavras e se dissolve quando isso ocorre (método catártico). A etiologia sexual das neuroses é predominante e deve ser sempre pesquisada. Os fatores que originam os sintomas são múltiplos e obedecem ao processo de sobredeterminação.[139]

Um amplo espaço é dado por Freud à tematização da resistência e suas manifestações na fala das pacientes. A existência de *"motivos inconscientes ocultos"* é postulada.[140] O termo transferência surge aqui pela primeira vez como uma *"falsa ligação"* que redireciona as "ideias aflitivas que surgem do conteúdo da análise" à figura do médico.[141] O mecanismo de deslocamento é descrito por Freud como um mecanismo de defesa nos seguintes termos: "Transformar uma ideia forte numa fraca, arrancar-lhe o afeto".[142] Assim, elementos relevantes são muitas vezes anunciados como "adornos supérfluos, tal como os príncipes disfarçados de mendigos na ópera".[143]

As dificuldades e desvantagens do método já incluem uma visão embrionária do componente contratransferencial:

O processo é laborioso e exige muito tempo do médico. Pressupõe grande interesse por acontecimentos psicológicos e não menos interesse pessoal pelos pacientes. Não me posso imaginar mergulhando no mecanismo psíquico de uma histeria de alguém que me tenha impressionado como grosseiro e repelente, e que num conhecimento mais íntimo não fosse capaz de despertar simpatia humana; ao passo que posso manter o tratamento de um paciente atacado de tabes ou de reumatismo, independentemente de uma aprovação pessoal desse tipo.[144]

Merece destaque a técnica inventada por Freud nesse momento. Ela dá testemunho de uma utilização simbólica das palavras. E um comentário emitido por ele nesse artigo expressa a surpresa que experimentou diante dos resultados da análise: "Quando penso sobre a diferença que geralmente encontro entre meu julgamento sobre um caso de neurose *antes* e *depois* de uma análise, fico quase inclinado a considerar uma análise essencial à compreensão de uma doença neurótica".[145]

"Deixar-se levar" e...

Dois tempos da abordagem freudiana inicial sobre o método analítico aparecem em breves artigos escritos entre 1903 e 1904: "O método psicanalítico de Freud" e "Sobre a psicoterapia". Neles, Freud ainda não nomeia a importância da transferência, o que só ocorrerá em 1905, no posfácio que escreverá para o caso Dora, mas já tangencia os problemas levantados pela clínica analítica nesse domínio essencial.

Em 1903, Freud escreve um artigo que será publicado um ano depois a pedido de Leopold Loewenfeld no livro que este organizou sobre as manifestações obsessivas, ao qual Freud se refere como o manual-padrão sobre a neurose obsessiva. No prefácio, o organizador assinala que solicitou a Freud essa contribuição na medida em que a sua técnica havia se modificado bastante desde os *Estudos sobre a histeria*. Nesse artigo, Freud fala de si mesmo na terceira pessoa e retraça a história do surgimento da técnica da psicanálise em termos muito instrutivos.

O método psicanalítico é apresentado como fruto do método catártico empregado por ele e Breuer durante um período em que, juntos, estudaram a histeria. Esse método, utilizando a hipnose e produzindo através desta um alargamento da consciência sem, contudo, utilizar sugestões proibitivas, levava o paciente a reviver impulsos, afetos e lembranças que permitiam que o sintoma, por eles constituído, acabasse por se dissolver. Se o método catártico abandonou a sugestão e se diferenciou do tratamento hipnótico-padrão, por sua vez o método psicanalítico abandonou também a hipnose e, "sem exercer qualquer outra espécie de influência, convida os pacientes a se deitarem numa posição confortável num divã, enquanto ele [o psicanalista] se senta numa cadeira atrás deles, fora do seu campo visual".[146] A sessão consiste numa conversa entre duas pessoas, sendo que o paciente é poupado de "qualquer esforço muscular e qualquer impressão sensorial perturbadora que possam desviar-lhe a atenção de sua própria atividade mental".[147]

As associações do paciente surgem então como um verdadeiro substituto para o alargamento de consciência que a hipnose produzia. As associações são vistas por Freud como "pensamentos involuntários (no mais das vezes considerados elementos perturbadores e via de regra postos de lado) que com tanta frequência irrompem através da continuidade de uma narração consecutiva".[148] Nesse breve artigo, abandonando formalmente o método médico da anamnese — que direciona a entrevista para aspectos que o próprio médico considera relevantes para sua investigação clínica —, Freud enuncia pela primeira vez na íntegra a definição da associação livre que será doravante a sua. Ele ainda não a nomeia desse modo nem a batiza com a insígnia de regra fundamental da psicanálise, mas já a define com precisão:

A fim de conseguir essas ideias e associações, ele pede ao paciente que "se deixe levar" pelo que diz, "como o faria numa conversa em que estivesse divagando sem objetivo fixo e ao acaso". Ao invés de lhe pedir um relato pormenorizado do histórico de seu caso, ele insiste em que [o paciente] deve narrar tudo o que lhe vem à cabeça, mesmo que o julgue destituído de importância, irrelevante ou sem sentido; dá especial ênfase a que não omita nenhum pensamento ou ideia de sua história porque relatá-lo poderia ser-lhe embaraçoso ou penoso.[149]

Ponderando que nenhuma história de caso de neurose é isenta de amnésia, Freud assinala que as amnésias que surgem ao longo do discurso do paciente são tributárias do processo de recalque, cujas forças psíquicas se traduzem no tratamento por meio da resistência — resistência à recuperação das lembranças perdidas.

Indicando que "a técnica da psicanálise é muito mais fácil na prática, uma vez aprendida, do que o possa indicar qualquer descrição", Freud formula claramente nesse artigo a sua maior objeção à hipnose: ela oculta a resistência, não a elimina, mas apenas dela se esquiva.[150] O método analítico deve ser encarado como árduo, mas só ele oferece êxito terapêutico, ao levar em conta essa pedra angular que é o "fator de resistência":[151] "Não existe nenhum outro caminho que conduza à meta desejada, de modo que a estrada árdua constitui ainda a menor rota a percorrer".[152]

O objetivo ideal do tratamento é nomeado por Freud como a remoção das amnésias, com a concomitante supressão de todos os recalques. Isso equivale, diz ele, a tornar o inconsciente acessível à consciência. Mas ele mesmo adverte que essa "condição ideal" jamais é obtida e deve permanecer como um horizonte que serve de bússola ao tratamento, sem impedir, contudo, que possamos nos satisfazer com objetivos bem menores, mas que trazem considerável melhoria ao estado do paciente. Freud condensa os esforços terapêuticos para a recuperação do paciente em duas grandes direções: "A restauração de sua capacidade de levar uma vida ativa e a sua capacidade de desfrutar prazer".[153]

Freud jamais abandonará essa visão da tarefa analítica e a enunciará de diversas maneiras, sendo que às vezes de forma simples e direta: a análise objetiva dar ou trazer de volta ao paciente sua capacidade de amar e trabalhar. Em 1904, no texto que trataremos a seguir, Freud falará da terapia psicanalítica nos seguintes termos: "Ela foi criada através e para o tratamento de pacientes permanentemente inaptos para a existência, e o seu êxito tem consistido em tornar um número satisfatoriamente grande deles *aptos* para a existência".[154]

Alvos aparentemente muito modestos para objetivos de uma análise, como amar e trabalhar, adquirem maior relevo se os traduzirmos por seus correlatos teóricos que significam, para Freud, as duas grandes possibilidades abertas para o sujeito pelo processo do desrecalcamento que a análise promove: por um lado, poder oferecer à pulsão sexual alguma satisfação direta, negada pelo recalque; e, por outro, permitir que o sujeito sublime uma parcela considerável da pulsão, sublimação que esteve igualmente impossibilitada enquanto o recalque permanecia ativo. Por um processo que, por si só, é bastante revelador da estrutura de nosso aparelho psíquico, o recalque e a sublimação são mutuamente excludentes. Além disso, ambos são vicissitudes da pulsão que se opõem, cada um a seu modo, à satisfação sexual direta — quinta vicissitude da pulsão, a corporal. Voltaremos a essa questão clínica essencial adiante, no capítulo "O desejo do analista".

... "per via di levare"

Em "Sobre a psicoterapia", que foi apresentado numa conferência no Colégio de Medicina de Viena em 12 de dezembro de 1904, e publicado em janeiro do ano seguinte, os mesmos temas tocados naquele artigo príncipes de 1890 retornam na pena de Freud. Impressiona de saída, nesse texto, a atualidade de suas afirmações sobre como os tratamentos físico-químicos são comumente considerados científicos, em detrimento dos psicoterápicos, relegados erroneamente ao nível de um misticismo moderno. Mas para ele é à psicoterapia que se deve conceder espaço nos tratamentos médicos.

Chamando a atenção para a antiguidade da existência das práticas psicoterápicas, sua onipresença na prática médica de uma forma geral e a influência exercida pela pessoa do médico sobre o paciente, Freud distingue o método analítico da sugestão empregada pela hipnose através de uma analogia que se tornaria célebre. Ele compara a antítese entre técnica sugestiva e técnica analítica com a antítese básica entre pintura e escultura, desenvolvida por Leonardo da Vinci em seus escritos: "Enquanto o escultor só tira, o pintor sempre põe".[155] A pintura, afirma poeticamente Leonardo em seus *Cadernos sobre pintura*, "opera *per via di porre*, pois ela aplica uma substância — partículas de cor — onde nada existia antes na tela incolor; a escultura, contudo, processa-se *per via di levare*, visto que retira do bloco de pedra tudo o que oculta a superfície da estátua nela contida".[156] Referindo-se a essa analogia, Freud assinala que a análise "não procura acrescentar nem introduzir nada de novo, mas retirar algo, fazer aflorar alguma coisa, sendo que para esse fim se preocupa com a gênese dos sintomas mórbidos e o contexto psíquico da ideia patogênica que procura remover".[157]

Essa formulação de Freud contém toda uma concepção sobre o que é o método da psicanálise e como ele opera. Tal como o escultor, o psicanalista retira o excesso, o supérfluo, aquilo que encobre a forma que se encontra embutida na pedra, ou, no dizer do próprio Da Vinci: "Quando o escultor realiza sua obra, aplica a força de seus braços e de seu martelo para despojar do bloco de mármore ou de outra pedra qualquer o que excede à figura que naquele está encerrada".[158] Diferentemente do pintor, cuja ação pode ser comparada à da sugestão, que visa introduzir elementos que encubram "a compreensão interna do jogo das forças mentais, não nos permitindo, por exemplo, reconhecer a resistência com que o paciente se apega à sua doença",[159] o psicanalista deve evitar introduzir algo de seu. Por isso também, Lacan vai falar do analista como aquele cujo parceiro é o morto no jogo de bridge. Quanto aos "sentimentos do analista, só têm um lugar possível nesse jogo: o do morto"[160] — ele está morto quanto a seus sentimentos, ideias e ideais, tendências e desejos.

Tudo o que o analista disser deve estar referido à fala do analisando, evitando ao máximo introduzir significantes que não sejam os dele e não remetam à sua posição de sujeito e à sua história. O analista cita e, através da citação do discurso do próprio sujeito, ele interpreta. Nesse sentido, tendo teorizado a dimensão do significante-mestre, S_1, em seu caráter de alienação que tende a apagar a divisão do sujeito, Lacan chega a ponderar nas "Conferências norte-americanas" que jamais utiliza em suas intervenções com os analisandos algum elemento teórico: "Em nenhum caso, uma intervenção psicanalítica deve ser teórica, sugestiva, isto é, imperativa; ela deve ser equívoca".[161] Isso porque "é o equívoco, a pluralidade de sentido que favorece a passagem do inconsciente no discurso".[162]

É digna de nota a ressalva feita por Freud em relação à terapia analítica: ela não constitui uma forma de terapia ideal. Ela exige demais do paciente e do médico e, assim como vários outros tratamentos, não pode obedecer aos princípios do tratamento médico ideal, propostos na Antiguidade por Esculápio: *Tuto, cito, jucunde* — seguro, rápido, agradável. Ao contrário, Freud assevera que o tratamento analítico demanda muito do médico e do paciente: "Do paciente exige sinceridade perfeita — um sacrifício em si; absorve tempo e é, portanto, também dispendioso; para o médico não é menos absorvente no tocante ao tempo, e a técnica que deve estudar e pôr em prática é bastante laboriosa".[163] Além disso, sublinhando a necessidade do engajamento do próprio sujeito no tratamento analítico, Freud assevera que o método analítico somente pode ser aplicado às pessoas que buscam elas mesmas a análise devido a seu sofrimento, e não àquelas que são forçadas a isso pelos familiares. O caso da jovem homossexual, levada aos dezoito anos à análise com Freud por seu pai, que se opunha a seu relacionamento apaixonado com uma mulher mais velha, levou-o a comentar o contexto peculiar desse tratamento sublinhando que, nesse caso, a análise não poderia demonstrar sua eficácia:

Sabe-se bem que a situação ideal para uma análise é a circunstância de alguém que, sendo sob outros aspectos seu próprio senhor, sofre de um conflito interno que é incapaz de resolver sozinho; assim, leva seu problema ao analista e lhe pede auxílio.[164]

Poder-se-ia dizer a mesma coisa de outro modo: não há clínica psicanalítica sem a ética própria ao discurso da psicanálise, centrada no desejo do sujeito, e não no saber psicológico ou na moral da cultura. Por isso, distinguir a psicanálise das psicoterapias é algo que se impõe.[165]

Repúdio do conceito

O recente debate internacional sobre a inclusão ou não da psicanálise no campo das psicoterapias requer uma elaboração e um posicionamento por parte dos analistas. Trata-se de uma questão polêmica sobre a qual muitos analistas se pronunciaram nos últimos anos em todo o mundo e cujos eixos principais retomaremos aqui.

Se, como vimos, Freud utilizava o termo "psicoterapia" de modo mais ou menos indiscriminado em relação à palavra por ele criada, "psicanálise" — e curiosamente empregada por ele pela primeira vez num artigo escrito em francês, intitulado "Hereditariedade e etiologia das neuroses" (1896) —, isso se deve ao fato de que ele sabia ser a psicanálise a primeira psicoterapia de cunho propriamente científico. Além disso, depois de seu surgimento, todas as psicoterapias passaram a se apropriar, ainda que as distorcendo ou mesmo as recusando, das contribuições da psicanálise. Como observa Colette Soler, "todos os inventores de psicoterapias respondem como Outro do saber, rivalizando com o saber elaborado por Freud".[166] Elisabeth Roudinesco e Michel Plon salientam que as escolas de psicoterapia do século xx nasceram do molde freudiano e têm em comum o fato de repudiar os três grandes conceitos freudianos — o inconsciente, a sexualidade e a transferência:

Ao inconsciente freudiano elas opõem um subconsciente de natureza biológica ou uma consciência de tipo fenomenológico; à sexualidade no sentido
freudiano, preferem uma teoria culturalista da diferença sexual, ou então
uma biologia dos instintos; e, por fim, opõem à transferência uma relação
terapêutica derivada da relação de sugestão.[167]

Se nessa enumeração podemos detectar o repúdio, direto ou indireto,
de três dos quatro conceitos fundamentais da psicanálise, segundo Lacan
— inconsciente, pulsão, transferência — isso se dá na medida em que o
problema da distinção entre psicoterapia e psicanálise não poderia ser outro senão conceitual. Voltaremos a esse aspecto mais à frente.

A palavra psicoterapia generalizou-se no vocabulário clínico a partir
de 1891, quando Hippolyte Bernheim publicou sua obra *Hipnose, sugestão
e psicoterapia*. Em seu estudo *O paciente, o terapeuta e o Estado*, Roudinesco
lembra que a psicoterapia é oriunda do "tratamento magnético criado
no final do século XVIII por Franz Anton Mesmer, que atribuía o distúrbio psíquico à existência de um 'fluido magnético'".[168] É necessário
observar também que "a psicanálise deixou de ser uma psicoterapia no
sentido estrito. Ela dissolveu, sem os abolir, os dois grandes princípios de
crença e de sugestão que estão no cerne do dispositivo de cura próprio
da psicoterapia".[169]

Roudinesco propõe classificar as psicoterapias em três grandes categorias: a primeira, mais antiga, é aquela que reúne práticas provenientes
da hipnose e da sugestão com as quais a psicanálise rompeu. A segunda
é composta pelas diferentes correntes dissidentes da psicanálise a partir
dos anos 1930, dedicadas ao tratamento das psicoses e das patologias ditas
"culturais". A terceira deriva das demandas de higiene psíquica dos anos
1960 e da enorme multiplicidade de novas terapias inventadas nos Estados
Unidos, a maioria delas na Califórnia. Tal classificação mostra, por um
lado, que a psicanálise foi um verdadeiro divisor de águas no campo do
tratamento psicológico, e, por outro, que a psicanálise nos Estados Unidos, após ter encontrado enorme difusão, deu lugar a diferentes formas
de resistência, fomentada em grande parte pelos próprios analistas, que

reduziram muitas vezes o caráter subversivo de sua experiência a uma prática de normatização e adaptação social.

De Viena para o mundo

A linha do tempo que apresentamos adiante permite fazer um contraponto entre a evolução da obra de Freud e o desenvolvimento político da psicanálise. Na realidade, quando o grupo de seguidores de Freud começou a se reunir na sala de espera de seu consultório, em 1902, a reunião se denominava Noitadas Psicológicas das Quartas-Feiras; pouco depois, passaram a ser conhecidas como as Sessões das Quartas-Feiras à Noite.

Mas note-se que, já em 1908, a mudança na nomeação do grupo é radical e se oficializa: Sociedade Psicanalítica de Viena. Aí não só o significante "psicanálise" substituiu o significante "psicologia" no nome da Sociedade de Viena, como, além disso, o "Quartas-Feiras", forma singela de designar pela escansão temporal um encontro quase informal entre Freud e o grupo de seus discípulos iniciais, é substituído pelo nome da cidade, Viena. Nitidamente, a psicanálise conquistou um espaço público e, daí para a frente, sua expansão será cada vez maior. Ainda em 1908, o I Congresso foi inicialmente chamado de Congresso de Psicologia Freudiana, mas em seguida foi anunciado como I Congresso Internacional de Psicanálise. Como sinaliza Giancarlo Ricci, esse congresso organizado por Jung em Salzburgo por sugestão de Freud, que amava a cidade, constitui "o núcleo do momento organizativo da psicanálise e o primeiro passo para o internacionalismo".[170] Contudo fica evidente que a ida de Freud em 1909 aos Estados Unidos, para pronunciar conferências na Universidade Clark, o mais vanguardista ambiente acadêmico norte-americano da época, representou a conquista de um novo continente que justificaria e até mesmo exigiria a internacionalização. Em 1912, no auge das desavenças entre Freud e Jung, é criado o Comitê Secreto — composto por Freud, Otto Rank, Karl Abraham, Max Eitingon, Sándor Ferenczi e Ernest Jones —, cuja existência se desdobrará até 1936.[171]

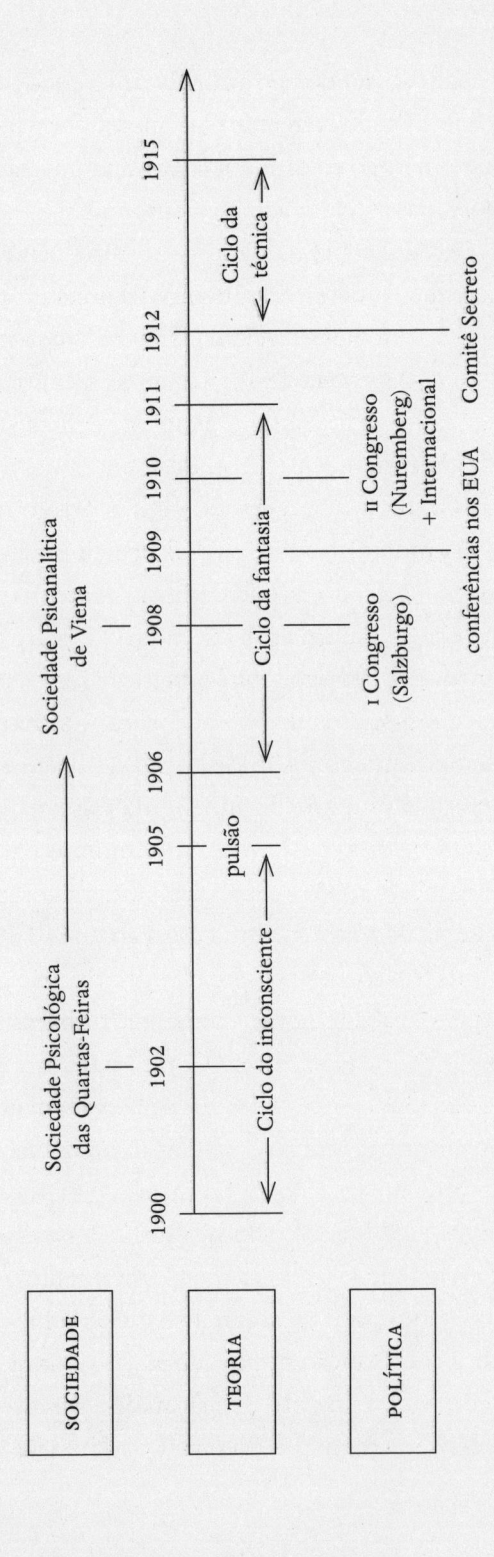

Voltemos a Freud. O ano de 1910 anuncia um período específico de sua obra — que denomino "ciclo da técnica" —, no qual ele irá se debruçar sobre a explanação do método psicanalítico, antes anunciado por ele mesmo para os anos 1908-9, mas só efetivado a partir de 1912, na série de trabalhos conhecidos como "Artigos sobre técnica". Isso ocorre dentro de certa concatenação lógica inerente aos desenvolvimentos freudianos, na qual podemos precisar uma evolução em que o "ciclo da fantasia" (1906-11) sucede o "ciclo do inconsciente" (1900-5) e antecede o "ciclo da técnica" (1912-5).

Assim, é essencial ressaltar que o ciclo da técnica sucede imediatamente o "ciclo da fantasia", que durou de 1906 a 1911, inaugurado com o ensaio sobre a "Gradiva" e encerrado com o artigo metapsicológico sobre a fantasia, "Formulações sobre os dois princípios do funcionamento mental". Durante esse período, Freud dedicou-se quase exclusivamente a investigar a estrutura da fantasia sob os mais diversos prismas — na sua relação com o sintoma histérico, com o brincar infantil, com a criação poética —, sempre em sua conexão íntima com a sexualidade. Nessa sucessão, pode-se ver uma conexão essencial do discurso psicanalítico, nascido na apreensão freudiana da função da fantasia inconsciente no aparelho psíquico. Se, como resume enfaticamente Lacan, "o valor da psicanálise está em operar sobre a fantasia",[172] sem a apreensão da dimensão radical da fantasia não haveria uma direção de tratamento própria à psicanálise, pois, no fundo, até mesmo a regra da associação livre dela deriva. A esse respeito, cabe lembrar a pertinente observação de Moustapha Safouan sobre a técnica analítica: "Contrariamente às aparências, o discurso constituído pelas associações livres não vai em qualquer direção; ele progride, pelo contrário, rumo à revelação do núcleo patógeno, dito de outro modo, rumo à revelação da fantasia".[173]

Foi somente após ter destacado a radicalidade dessa dimensão da fantasia como verdadeira realidade psíquica que o tratamento psíquico pôde ser fundado por Freud como psic*análise*: análise que conduz a essa dimensão particular inerente à constituição mesma do sujeito — a fantasia. Sublinhe-se ainda que o próprio nascimento da psicanálise acha-se absolutamente tributário da apreensão freudiana do papel da fantasia inconsciente na gênese dos sintomas histéricos, o qual veio derrogar definitivamente a teoria da sedução e do trauma sexual.

É precisamente durante a escrita nesse período tão fundamental da obra de Freud que denomino ciclo da fantasia que a psicanálise avança rumo à internacionalização, já que no breve espaço de dois anos são realizados dois congressos internacionais e Freud vai aos Estados Unidos. Dois artigos maiores foram por ele escritos nessa época com o intuito de colocar questões relativas ao cerne da prática analítica. Ambos estão vinculados ao II Congresso Internacional de Psicanálise, realizado em Nuremberg em 30 e 31 de março de 1910, dois anos após o primeiro, que ocorreu em Salzburgo em abril de 1908. Sublinhe-se que o II Congresso foi um marco na história da psicanálise, pois ele assinala o início da política da psicanálise: "Com Nuremberg, tem início uma política da psicanálise a título pleno: uma direção para as pesquisas, um debate e uma verificação da experiência clínica".[174] Não se deve esquecer que 1910 é, igualmente, o ano de fundação da Associação Internacional de Psicanálise, que abre radicalmente o movimento psicanalítico para sua internacionalização e, ao mesmo tempo, nele introduz uma vertente decisivamente política.

Suposição e dessuposição de saber

No primeiro artigo — o segundo será abordado no próximo capítulo —, "As perspectivas futuras da terapêutica psicanalítica", discurso proferido na abertura do Congresso, Freud se empenha em fazer um balanço daquilo que a psicanálise conquistou em sua experiência clínica e do que ele almeja para seu futuro. Ele pondera que o reforço das perspectivas terapêuticas da psicanálise virá de três distintas direções: do progresso interno ligado aos avanços da teoria e da técnica; do aumento da autoridade da psicanálise na cultura; e da eficiência geral do trabalho analítico.

Vejamos resumidamente aquilo que Freud enuncia sobre cada um desses três aspectos. Quanto aos avanços da teoria, sublinhando dessa vez[175] que "numa intervenção terapêutica não se procede da mesma maneira que numa pesquisa teórica"[176] e anunciando que em breve iria escrever uma "Metodologia da psicanálise" (trata-se dos "Artigos sobre técnica", que chamaremos no próximo capítulo de "ciclo da técnica"), Freud destaca a interpretação e a transferência como os dois mecanismos de que se faz uso no tratamento analítico, e destaca o simbolismo dos sonhos e do inconsciente como um setor a ser desenvolvido no futuro. Freud se encontra, quanto a esse tópico, sob o impacto da então recém-publicada obra de Wilhelm Stekel sobre o assunto. Sabemos das restrições que ele manifestará posteriormente em relação a esse mesmo autor, mas de todo modo a maneira pela qual Freud conduz aqui o tema, fazendo referência ao "uso linguístico",[177] é exemplar de *sua* maneira de conceber a interpretação. Como Freud se refere ainda a certa Comissão para o Estudo Coletivo do Simbolismo, que se formava para o Congresso de Nuremberg — que, no entanto, não chegaria a trazer qualquer contribuição ao assunto —, vê-se que os avanços da política da psicanálise estavam estritamente esteados, para ele, num avanço conceitual.

Quanto aos avanços da técnica, é digna de nota a observação freudiana de que nesse setor "tudo ainda aguarda a posição final, e muita coisa somente agora começa a se esclarecer".[178] Freud chama a atenção para a contratransferência — uma das poucas vezes em que emprega esse termo — se referindo à constatação de que "nenhum psicanalista avança além do quanto permitem seus próprios complexos e resistências internas".[179] Ressalte-se que Freud está às voltas, nesse momento, com a expansão crescente do movimento psicanalítico internacional, e, embora ainda fale de "autoanálise", expressão que deixará de utilizar depois, o móbil de seu discurso é nitidamente a questão da formação do analista:

> Em consequência, requeremos que ele inicie sua atividade por uma autoanálise e a leve, de modo contínuo, cada vez mais profundamente, enquanto estiver realizando suas observações sobre seus pacientes. Qualquer um que falhe em produzir resultados numa autoanálise desse tipo deve desistir, imediatamente, de qualquer ideia de tornar-se capaz de tratar pacientes pela análise.[180]

Embora as diretrizes institucionais sobre a formação do analista ainda não tenham sido estabelecidas nesse momento, Freud abre essa questão da formação tocando em seu ponto nevrálgico, a análise do analista. A relação, indicada aqui por Freud, entre a técnica e a análise do analista é o que Lacan categorizará mais tarde como o desejo do analista. Como o próprio Freud salienta sem rodeios, a técnica se "relaciona com o próprio médico" e, achando-se com este imbricada, é do desejo do analista que se extrai a principal condição de direção do tratamento analítico. Como resumirá Lacan ao falar da confiança que o analisando deposita no analista e do ponto em torno do qual gira o movimento da análise: "esse ponto-pivô é o que designo pelo nome de desejo do psicanalista",[181] o que ele formularia também pelo viés oposto, ao afirmar que a resistência é sempre do analista.

No segundo aspecto abordado por Freud, temos surpreendentemente indicada por ele, de modo embrionário, a figura do sujeito suposto saber destacada por Lacan como o eixo central da transferência. Ao falar da importância da autoridade do analista na cultura, Freud indica que é necessário que a psicanálise se presentifique na sociedade como um procedimento por ela reconhecido, para que possa vir a desfrutar de um espaço de autoridade que lhe é imprescindível: um espaço de suposição de saber que convergirá para o analista, representante desse discurso e, doravante, tomado como sujeito suposto saber. Freud está indicando com clareza o fato de que a figura do sujeito suposto saber se acha difundida na cultura e que é preciso que a psicanálise angarie para ela uma parte de sua força espalhada, difusa, mas onipresente, em suas diferentes regiões, a respeito da prática médica.[182]

Freud fala aí de "força da sugestão social" e pondera que a ela, por si só, não pode ser atribuída nenhuma qualidade terapêutica especial, pois, nesse caso, a hidroterapia, a eletroterapia e a dieta produziriam efeitos que sobrepujariam as neuroses. Não, a sugestão social é necessária apenas porque permite o estabelecimento da psicanálise como prática reconhecida, mas ela é insuficiente para, por si só, ser eficaz.

Tal aspecto destacado por Freud é absolutamente relevante quando se sabe das resistências que a sociedade vai oferecer, de modo determinado, à existência da prática psicanalítica. Essa resistência, que podemos qualificar de estrutural à psicanálise, se dá sobretudo por conta do descentramento do sujeito da consciência promovido por ela, ao sugerir que grande parte de nossa vida é regida por uma dimensão que escapa inteiramente ao nosso controle consciente.

O terceiro aspecto, que diz respeito à eficiência geral do trabalho analítico, é apontado por Freud em sua radical singularidade e numa referência antecipada ao *Unheimliche*, artigo que será escrito vários anos depois: "O que temos aqui é uma constelação terapêutica bastante fora do comum, cuja semelhança talvez não se encontre em qualquer outra parte, e que pode parecer-lhes estranha, a princípio, até que os senhores reconheçam nela algo que há longo tempo lhes tenha sido familiar".[183] O tratamento das neuroses individuais está inserido, para Freud, num processo mais amplo de mudança cultural, assim como de profilaxia dessas patologias. A análise, por sua vez, difere muito de todas as psicoterapias, muitas das quais inclusive se originaram dela. Por tudo isso, Lacan ponderou com precisão a diferença entre as terapias e a análise: "Não há definição possível da terapêutica senão a de restabelecimento de um estado primário. Definição, justamente, impossível de enunciar na psicanálise".[184]

2. O ciclo da técnica

> As recomendações sobre a técnica que escrevi possuem essencialmente um caráter negativo. Considerei que era preciso antes de tudo sublinhar aquilo que não se devia fazer e pôr em evidência as tentações capazes de contrariar a análise.
>
> SIGMUND FREUD

AINDA QUE HAJA UM SEGMENTO da obra de Freud conhecido como "Artigos sobre técnica", podemos considerar todo o conjunto de seus escritos uma reflexão sobre a prática da psicanálise, seu método e sua forma de operar. Não há uma página sequer da obra freudiana em que as questões postas pela prática analítica não surjam direta ou indiretamente. Como observou Lacan, "não há obra em que Freud não nos traga alguma coisa sobre técnica".[1] Mas Freud precisou de um longo tempo de experiência como analista para redigir seus "Artigos sobre técnica", nos quais apresentou os elementos integrantes da prática analítica: é de se entender que não seria possível adotar qualquer forma de tratamento psíquico a não ser tendo-se previamente definido qual a concepção que temos do próprio aparelho psíquico.

Técnica sem mecanização

O que denomino "ciclo da técnica" é o período da obra de Freud que se especifica pela apresentação ordenada e problematizada dos fundamentos do método analítico: a explanação sobre a regra fundamental da psicanálise, da associação livre, e seu correlato no analista, a atenção flutuante; a transferência em suas diferentes modalidades; a resistência manifestada através de qualquer interrupção no discurso e, especialmente, da transferência; a dialética entre rememoração e repetição em jogo na elaboração; as entrevistas preliminares e os elementos que devem ser ponderados pelo analista logo no início do tratamento; o uso do divã e o pagamento da análise.

Freud adiou a escrita desses artigos sobre técnica durante muito tempo, embora seus discípulos os aguardassem avidamente. Claro que em 1912, dois anos após a fundação da IPA, ele não tinha mais como protelar esses escritos. Institutos de formação analítica começavam a se multiplicar pela Europa, e os analistas ainda não tinham nenhum texto do mestre que os orientasse sobre a condução das análises. Minha interpretação sobre esse adiamento é de que o período de investigação da fantasia, que denominei "ciclo da fantasia" e se estendeu de 1906 a 1911, foi essencial para Freud estabelecer as bases de seu método clínico, e assim poder transmiti-las com a tranquilidade e a prudência que transparecem nesses escritos. Ao suceder o ciclo da fantasia na produção freudiana, o ciclo da técnica — que se estende entre 1912 e 1915 — expressa a compreensão cabal que Freud obtivera do aparelho psíquico estudando longamente a fantasia em todas as suas dimensões. Ele dá a Freud condições para formular de modo organizado as diretrizes básicas do método psicanalítico. Como indagaria Lacan em um de seus seminários iniciais: "Coloca-se a questão de saber de que serviam nossas terapêuticas no momento em que não conhecíamos em todo o seu leque o sistema das fantasias".[2]

Mas em nenhum momento seus escritos técnicos se mostram peremptórios, e vê-se que Freud faz questão de manter sempre aberta, para cada analista, a possibilidade de encontrar a melhor forma de conduzir a tarefa analítica e de construir, na prática clínica, seu próprio laboratório de psicanálise. Ele assevera com ênfase que esses escritos não visam apresentar regras, mas apenas recomendações, e isso porque "a extraordinária diversidade das constelações psíquicas envolvidas, a plasticidade de todos os processos mentais e a riqueza dos fatores determinantes opõem-se a qualquer mecanização da técnica".[3]

Isso não impediu que suas formulações técnicas fossem com frequência entendidas como protocolos rígidos de conduta que, ao inibirem demasiado o analista, tiram dele a condição de inventar, diante do real da clínica, saídas que façam jus ao ditame que ele ergueu como lema analítico: o de que cada novo caso deve ser abordado em sua singularidade e o analista deve esquecer o que sabe. Lacan salientou quanto a isso que

> o progresso de Freud, sua descoberta, está na maneira de tomar um caso na sua singularidade... para ele, o interesse, a essência, o fundamento, a dimensão própria da análise, é a reintegração, pelo sujeito, da sua história até os seus últimos limites sensíveis, isto é, até uma dimensão que ultrapassa de muito os limites individuais.[4]

As inovações introduzidas por Lacan na direção do tratamento são nitidamente tributárias dessa liberdade que é preciso reconhecer no analista em seu ato; se ele foi tão criticado, isso foi porque os analistas haviam preferido a prisão dos dogmas e protocolos à liberdade. Como interrogou M.D. Magno, um dos primeiros psicanalistas a transmitir a força do ensino lacaniano no Brasil, "onde não há o imperativo é a minha liberdade que me atormenta?".[5] Certamente tanto Freud quanto Lacan aprovariam a definição do pintor René Magritte, segundo quem "a liberdade é a possibilidade de ser e não a obrigação de ser".[6] Contudo, os seguidores de Lacan se prestaram a mimetizar num ponto altamente nevrálgico — a duração curta da sessão — a prática do mestre parisiense, vendo no questionamento e na abolição da duração fixa da sessão analítica não um exemplo da liberdade necessária ao analista em sua prática, mas um modelo a ser seguido.

Saber associado à verdade

Imediatamente após o Congresso de Nuremberg em 1910, Freud é levado a redigir um artigo que anuncia a escrita dos "Artigos sobre técnica" e, embora não esteja incluído na coletânea reunida sob essa rubrica, é nitidamente seu ponto de partida. Trata-se do breve "Psicanálise selvagem", no qual ele tematiza o problema da prática pelo viés do uso indiscriminado e superficial do saber psicanalítico fora do contexto específico da experiência da transferência. O que chama a atenção no exemplo contado por Freud, do médico que ouve uma mulher falar de sua angústia e de seu sofrimento, é que — e o próprio Freud o diz com uma ironia que leva ao riso — sua intervenção tem uma visada terapêutica, não deixando nenhum lugar para a análise propriamente dita. Narrado o sofrimento — crises de angústia após seu divórcio —, o médico enumera as três possibilidades que lhe restam: o retorno para o marido, a conquista de um amante, a masturbação.

É de fato essa dimensão prescritiva, com uma ênfase terapêutica colocada no primeiro plano, que Freud vai relacionar à psicanálise "selvagem", ou seja, uma psicanálise cuja intervenção, pretensamente baseada no saber psicanalítico, não faz senão utilizá-lo com fins curativos imediatos. A psicanálise reduziu-se, nesse caso, a um saber panfletário sobre a importância da sexualidade na gênese das neuroses, a partir do qual foram estabelecidas proposições terapêuticas tão gerais quanto ingênuas. Temos aí um ótimo exemplo da utilização inócua da teoria psicanalítica como uma verdadeira sugestão: diante do real sem sentido e enigmático da angústia do sujeito, é acionada pelo médico a teoria que vai lhe proporcionar algum sentido em que se ancorar.

Ora, Freud insiste em diversos momentos de sua obra que a cura em psicanálise vem por acréscimo, isto é, ela é efeito do processo da análise e não pode ser antecipada como o objetivo maior. Caso isso ocorra, é a própria dimensão terapêutica que, paradoxalmente, se encontrará prejudicada, como ocorreu com essa mulher que, horrorizada, concluiu que estava fadada a continuar sofrendo, uma vez que as receitas que lhe foram oferecidas não encontrariam, para sua situação existencial e moral, qualquer possibilidade de serem seguidas.

É essa visada estritamente terapêutica — nomeada cruamente por Freud de *furor sanandi* —, inerente às psico*terapias*, que na maioria das vezes entra em rota de colisão com a dimensão analítica. Pois o psicanalista não se atém à busca de cura, uma vez que tal busca — que necessariamente elide a complexidade da rede significante que inclui o sintoma no interior da constelação simbólica da vida de um sujeito — constitui um severo obstáculo para a análise. Nesse sentido, Colette Soler comenta que, se é preciso reconhecer que o efeito terapêutico é possível, "a análise levou Freud a uma descoberta que complica em muito a intenção terapêutica: o desprazer causado pelo sintoma é enganador, pois é também um prazer que se ignora".[7] Assim, é preciso enfatizar que na psicanálise o alcance terapêutico existe, mas não como um objetivo em si mesmo, e sim como um efeito do processo analítico.

Aqui precisa ser dito com todas as letras algo que nem sempre é ressaltado: ao mesmo tempo que a psicanálise não se reduz a uma psicoterapia, e por isso os psicanalistas se insurgem contra a ideia de incluí-la nesse rol — que em 2005 consistia em mais de setecentas escolas[8] —, ela não deixa de ter uma dimensão acentuadamente terapêutica, que, se não é buscada pelo analista como alvo a ser atingido, não deixa de ser por ele valorizada. Mas aquilo que é obtido na análise não se adéqua minimamente à definição médica de terapia — o retorno a um estado anterior de saúde — e propõe um novo estado de coisas, até então inteiramente desconhecido pelo sujeito.

É a questão do saber inconsciente que é trazida à baila por Freud nesse texto, através da necessidade de neutralização do saber do analista na investigação do saber inconsciente do analisando. Freud define com requinte a estrutura daquilo que Lacan sintetizará posteriormente com o sintagma "paixão da ignorância":

> É ideia há muito superada, e que se funda em aparências superficiais, a de que o paciente sofre de uma espécie de ignorância e que, se alguém consegue remover esta ignorância dando a ele a informação (acerca da conexão causal de sua doença com sua vida, acerca de suas experiências de meninice, e assim por diante), ele deve recuperar-se. O fator patológico não é esse ignorar propriamente, mas estar o fundamento dessa ignorância em suas *resistências internas*; foram elas que primeiro produziram esse ignorar e elas ainda o conservam agora.[9]

O saber inconsciente é um saber que se caracteriza por estar associado à verdade do sujeito; ele não é um saber universalizável, tal como podemos ler no matema do discurso psicanalítico introduzido por Lacan.[10] É precisamente nessa direção que Freud aponta os "erros técnicos" do médico que atendeu aquela senhora de meia-idade: a utilização do saber psicanalítico como sugestão corresponde a uma infração grave à ética da psicanálise, que está presente na posição do analista quando ele valoriza a singularidade do saber inconsciente e do desejo do sujeito, em detrimento de toda e qualquer formulação teórica. Uma ética da diferença que Lacan postula com precisão ao falar do desejo do psicanalista como o "desejo de obter a diferença absoluta",[11] e da análise como regida pela dimensão "do não ceder sobre o próprio desejo". Para Lacan, "a única coisa da qual se possa ser culpado, pelo menos na perspectiva analítica, é de ter cedido de seu desejo".[12] A utilização da teoria analítica por médicos não formados em psicanálise certamente suscitou em Freud desde o início a necessidade de sustentar a análise leiga, ou seja, aquela praticada por analistas não médicos: se o diploma médico corre o risco de "autorizar" equivocadamente aos médicos o exercício da análise, o que importa de fato é a formação analítica do analista, seja ele médico ou não. Vê-se a conexão íntima que existe entre esse artigo de 1910 e o importante ensaio freudiano de 1927 sobre *A questão da análise leiga*.

"Psicanálise selvagem" foi escrito sob o impacto da percepção que Freud teve de que a teoria da psicanálise estava sendo utilizada de modo absolutamente impróprio por médicos não analistas, e, portanto, impôs-se a ele a necessidade de, nesse momento, se debruçar sobre a questão da técnica e transmiti-la a seus discípulos, que aguardavam há muito tempo por isso. Chegava a hora, por ele tantas vezes postergada, de falar sobre a prática analítica nos pormenores da clínica cotidiana, orientando, discernindo, ponderando, coisa que de certo modo Freud evitava, pois ele temia fornecer fórmulas prontas e receitas técnicas. O tom de seus artigos sobre técnica, listados na linha do tempo a seguir, manifesta com clareza esse cuidado em não ser imperativo, em propor ao clínico que saiba utilizar sua liberdade e suscitar nele toda a sua capacidade de inventividade e abertura necessárias ao analista em sua tarefa.

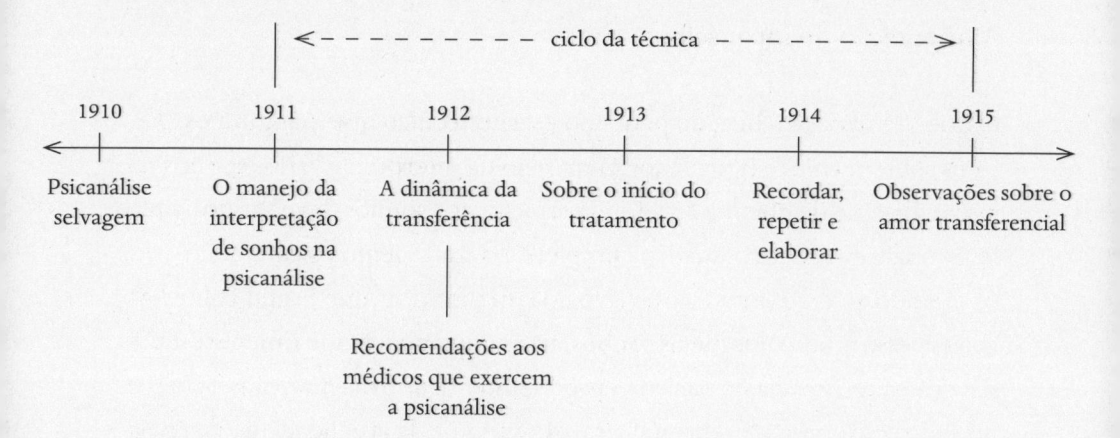

Pode-se afirmar que, no fundo, para Freud a clínica é um verdadeiro laboratório. Com seus artigos sobre técnica, ele orientará os psicanalistas em como se conduzir inicialmente nesse laboratório, mas, na realidade, cabe a cada analista criar seu próprio espaço de laboratório pessoal, o que o analista consegue com o aumento de sua experiência clínica, com a qual ele pode aos poucos tornar-se menos rígido em relação aos preceitos técnicos e angariar condições para experimentar mais e sem medo. Com a experiência, cada analista se vê diante da necessidade, postulada por Lacan reiteradamente, de reinventar a psicanálise.[13] Foi igualmente essa dimensão de reinvenção à qual todo analista é convocado que levou Lacan a criticar muito cedo o uso burocrático de preceitos técnicos: "As regras técnicas, ao se reduzirem a receitas, suprimem da experiência qualquer alcance de conhecimento e mesmo qualquer critério de realidade".[14] Lacan deu relevo à paciência do analista e concebeu a direção do tratamento analítico em três planos francamente bélicos — tática, estratégia e política — que apresentam ao analista diferentes graus de liberdade de ação. Sua política, de falta-a-ser, na qual ele é menos livre, se traduz numa estratégia — não responder a partir da suposição de saber do analisando — e numa tática — a interpretação. O adversário na guerra travada aqui é o "não querer saber daquilo de que se trata" característico, para Freud, do recalcamento. E a única arma de que dispõe o analista é a escuta constante que ele oferece ao saber inconsciente.

A orientação do inconsciente

O que Freud desenvolve no pequeno escrito técnico que inaugura os "Artigos sobre técnica", intitulado "O manejo da interpretação dos sonhos na psicanálise", é de que modo a interpretação dos sonhos deve ser utilizada levando-se em conta o quadro completo do tratamento psicanalítico, isto é, levando-se em conta os objetivos da análise. Por que Freud coloca as coisas desse modo? Porque os sonhos, na análise, podem igualmente estar a serviço da resistência do paciente, produzindo-se de uma maneira copiosa e visando confundir a tarefa analítica, afastando-a da atualidade da vivência do sujeito. Freud resume essa questão ponderando que a forma mais correta para o analista se conduzir, nesse caso, é não deixar nada atrapalhar a regra da associação livre do analisando, nem mesmo a interpretação de um sonho: "Nenhuma exceção, em favor de uma interpretação de sonhos interrompida, deve ser feita à regra de que a primeira coisa que vem à cabeça é a primeira coisa a ser tratada".[15]

A lição primordial desse texto de Freud é nos instruir a não permitir que a interpretação dos sonhos seja utilizada pela resistência do analisando, seja no sentido de tornar os sonhos excessivamente frequentes, seja tornando-os difusos e muito volumosos, seja ainda cessando com eles. Nesse sentido, o analista não deve manifestar especial interesse em relação à interpretação dos sonhos, nem deixar entender que ela é imprescindível ao prosseguimento da análise. Diz ele: "Pelo contrário, o paciente deve ser levado a crer que a análise invariavelmente encontra material para sua continuação, independentemente de ele apresentar ou não sonhos, ou da atenção que lhes é dedicada".[16] E a análise tem como regra única a associação livre: "A interpretação dos sonhos não deve ser perseguida no tratamento analítico como arte pela arte, mas seu manejo deve submeter-se àquelas regras técnicas que orientam a direção do tratamento como um todo".[17]

Isso significa, no fundo, que, embora considerasse o sonho a "via régia" que conduz ao inconsciente, e chegasse a avaliar intimamente a qualidade de um analista a partir de sua capacidade de interpretar sonhos, Freud não perdia de vista a amplitude em jogo na experiência da análise, na qual o sonho ocupa um lugar de destaque, mas não pode ser considerado o único, nem deve receber um interesse excessivo por parte do analista, sob pena de produzir alguma forma de sugestão para o analisando. Um excelente exemplo disso pode ser encontrado no *Diário de minha análise com Freud*, de Smiley Blanton, psicanalista norte-americano que fez sua análise em períodos espaçados entre 1929 e 1938. Blanton, que menciona que ia às sessões de análise carregando sempre seu exemplar de *A interpretação dos sonhos*, de Freud, o qual considerava sua bíblia, relata em suas anotações da sessão de 9 de novembro de 1929: "Durante muito tempo, só falei de sonhos nas sessões com Freud. Faz dois dias, ele disse: 'Você não está cansado de sonhos? Você também precisa falar do que está em seu pensamento consciente'".[18]

Freud expressa nesse ponto uma de suas recomendações técnicas mais impressionantes, pelo que ela revela se apoiar naquilo que Lacan nomeia de desejo do psicanalista como o verdadeiro móbil do tratamento analítico. Esse é um dos paradoxos da clínica psicanalítica destacados por Lacan: o fato de que o que sustenta a análise é o desejo do analista de que haja análise — outra forma de se entender que a resistência é sempre do analista. Diz Freud:

> Sei que é pedir muito, não apenas do paciente, mas também do médico, esperar que abandonem seus propósitos conscientes durante o tratamento e entreguem-se a uma orientação que, apesar de tudo, ainda nos parece "acidental". Mas posso responder que se é recompensado toda vez que se resolve ter fé nos próprios princípios teóricos e se persuade a não se discutir a orientação do inconsciente ao estabelecer elos de ligação.[19]

Com tais advertências, esse texto abre os escritos técnicos freudianos ressaltando a supremacia da regra da associação livre na análise. Lacan chama nossa atenção para a dimensão última dessa regra ao salientar que dificilmente uma conversa coloquial permite a emergência da fala plena, pois "a lei da conversação é a interrupção".[20] Assim, no diálogo, o sujeito jamais chega a dizer o que ele tem a dizer, porque não só é interrompido como interrompe o outro, o que impede que se fale de diálogo analítico como o objetivo da análise. Lacan mapeia com profundidade o solo no qual o analisando é lançado com a regra fundamental: "O discurso, desligado de certo número de suas convenções pela regra dita fundamental, põe-se a jogar mais ou menos livremente em relação ao discurso ordinário, e abre o sujeito a essa equivocação fecunda por onde a fala verídica encontra o discurso do erro".[21] Aparentemente errante, com a liberdade de fala entronizada pela associação, o discurso do sujeito é imantado pelo desejo inconsciente e pela fantasia que o sustenta.

Criar sua própria técnica

Escrito em novembro e dezembro de 1911 e publicado em janeiro de 1912, "A dinâmica da transferência" foi anunciado por Freud numa carta a Jung de 12 de novembro de 1911, dizendo que ele começava a redigir uma série de textos técnicos e didáticos. Ao enviar um mês e meio depois o artigo para Jung, ele afirma com pesar: "O senhor receberá em separado uma primeira parte da Técnica, que, é provável, achará desapontadoramente escassa. A próxima não será melhor, apenas menos clara. As coisas que escrevo por obrigação, sem necessidade interior, como tem sido o caso desses artigos, nunca saem certas".[22] Vê-se que a escrita dos "Artigos sobre técnica" parece não encontrar uma necessidade no próprio Freud, mas corresponder a uma demanda vinda de fora, das demandas provenientes da comunidade psicanalítica da época. Jung tenta compensar o inegável descontentamento de Freud e, ao receber os dois artigos mencionados por ele (trata-se daqueles que abrem os "Artigos sobre técnica"), responde que os considera excelentes, acrescentando: "'A dinâmica da transferência' é de extraordinário valor para o analista. Li-o com prazer e proveito".[23]

Chama a atenção o desprezo manifestado por Freud em relação a seus escritos técnicos. Tal sensação de insuficiência ao falar de técnica analítica também foi explicitada no relato feito por Smiley Blanton de uma sessão em que Freud comentou:

> Quando a gente escreve, o público exige que apresentemos coisas definidas; caso contrário, pensa-se que não sabemos do que é que estamos falando. Ora, quanto aos artigos de técnica, penso que são inteiramente inadequados. Não acredito que seja possível transmitir os métodos da técnica através de artigos. Precisam ser transmitidos por ensino pessoal. Evidentemente, os principiantes precisam de alguma coisa de onde possam partir. Sem isso, ficam sem nada. No entanto, se seguem conscientemente as instruções, logo estarão com problemas. Depois, precisam aprender a criar sua técnica.[24]

Blanton qualifica essa sessão de "maravilhosa", certamente porque as anotações que ele fizera de sua análise com Freud tinham como objetivo escrever posteriormente "uma monografia sobre o método que Freud empregava para a análise".[25] Nesse sentido, seu relato pode ser considerado um documento excepcional na medida em que mostra Freud em ação, "no papel de um analista com um analisando".[26]

Apesar de toda a reticência de Freud, o texto merece amplamente o elogio feito por Jung. Nele, Freud explora as diferentes dimensões da transferência, na qual a fantasia desempenha papel primordial, por ser a manutenção de uma busca de satisfação amorosa negada pela realidade. A transferência é tão poderosa no sujeito em análise quanto naquele que não está sendo analisado; sendo que, no primeiro caso, o analista será o novo objeto para o qual serão dirigidas as demandas de satisfação.

Esse escrito técnico tem sido uma bússola para os analistas no que diz respeito à relação entre a transferência e a resistência; e, se tivéssemos que resumir o texto em poucas palavras, poderíamos fazê-lo afirmando simplesmente que *a dinâmica da transferência é a resistência*, pois Freud — assim como Lacan o fará posteriormente no *Seminário 11* —[27] dá grande ênfase ao aspecto de resistência inerente à transferência: "A transferência, no tratamento analítico, invariavelmente nos aparece, desde o início, como a arma mais forte da resistência, e podemos concluir que a intensidade e persistência da transferência constituem efeito e expressão da resistência".[28] E a questão que ele desenvolve diz respeito a por que isso se dá.

Considerando-se o fato relevante de que é nesse artigo sobre técnica que Freud utiliza pela primeira vez o sintagma "regra fundamental da psicanálise", o qual será doravante definitivamente entronizado,[29] jamais podemos nos esquecer da definição proposta por ele da resistência, que a associa intimamente à regra fundamental da psicanálise: a resistência é sempre resistência à associação, ou seja, resistência a dizer algo, a prosseguir na simbolização e no processo de desrecalcamento que a análise promove.

Em suma, a resistência se manifesta através da interrupção. Seja interrupção do discurso do sujeito, da falta à sessão ou até mesmo da própria análise, tudo o que Freud considera como manifestação da resistência deve ser sempre traduzido em termos de interrupção à análise — entendida simplesmente como interrupção da regra da associação livre. Podemos acrescentar ainda que essa forma prínceps de resistência que é a interrupção do discurso do sujeito na análise pode se manifestar, segundo Nora Markman, em dois modos assim distinguidos: uma interrupção no processo de nomeação e uma interrupção no processo de fazer ligações, uma vez que *nomear* e *fazer ligações* constituem as duas dimensões essenciais do discurso do sujeito quando se entrega à associação livre.[30]

A explicação para por que transferência e resistência se associam intimamente poderia ser a de que há uma dificuldade natural em falar sobre os desejos e os conflitos para a pessoa à qual são endereçados. Mas, para elucidar melhor a dinâmica transferencial, Freud enumera duas formas de transferência: a positiva, que consiste nos sentimentos amistosos e afetuosos, que remontam a fontes eróticas; e a negativa, que diz respeito aos sentimentos hostis. Aqui surge uma distinção importante e que estabelece uma ligação fundamental entre o inconsciente e a sexualidade. Freud sustenta que, embora a transferência positiva seja constituída de sentimentos amistosos ou afetuosos, estes se originam de impulsos francamente eróticos; já a transferência negativa diz respeito aos sentimentos hostis. Trata-se, portanto, basicamente da repartição da transferência em dois campos — amor e ódio. E a transferência negativa não se reduz apenas ao ódio, mas inclui o amor quando este se encontra altamente sexualizado, e a transferência positiva se apresenta em sua face maciçamente erótica.

Assim, ambas as formas de transferência — a negativa e a positiva erótica — se destinam a produzir uma resistência ao tratamento analítico. E, como a ambivalência afetiva é comum nos neuróticos, a transferência amistosa pode se converter num elemento hostil — e logo de resistência — em algum momento. Nos neuróticos obsessivos, a ambivalência pode ser muito acentuada, e nos paranoicos, que transferem negativamente, ela chega a impedir a análise.

Surge nesse ponto a necessidade de explorar a relação entre a transferência e a fantasia inconsciente: a libido insatisfeita se orienta para o analista, que passa a ser incluído na série psíquica de clichês estereotípicos nos quais o analisando costuma investi-la. O término do texto apenas aponta para uma questão essencial que será retomada, como veremos, no artigo sobre "Recordar, repetir, elaborar": a tendência à repetição inerente às moções pulsionais inconscientes, que não admitem ser apenas recordadas, mas querem se reproduzir em ato. Veremos também que essa relação entre transferência e repetição constitui um objeto de investigação especial para Lacan.

Lacan se refere a esse artigo sobre "A dinâmica da transferência" bem no início de seu seminário *Os escritos técnicos de Freud*, dando ênfase aos fenômenos da transferência em sua relação com a resistência, surgidos em relação à presença do analista, e isso em momentos intensos do tratamento em que o sujeito "parece pronto para formular alguma coisa de mais autêntico".[31] Nessa mesma lição, Lacan estabelecerá a oposição entre palavra vazia e palavra plena, relacionando a primeira à função de mediação e a segunda à da revelação. A palavra plena é a que realiza a verdade do sujeito.

A mediação tem a ver com o fato de que a palavra conecta o sujeito e o outro. Já a dimensão da revelação significa, para Lacan, "o móbil último daquilo que procuramos na experiência analítica".[32] E, se a palavra funciona como mediação, é na medida em que não se realizou como revelação.

Lacan acentua a resistência na sua relação com o eu: "A resistência, com efeito, encarna-se no sistema do eu e do outro. Ela se realiza aí a tal ou tal momento da análise. Mas é de outro lugar que ela parte, a saber, da impotência do sujeito para desembocar no domínio da realização da sua verdade".[33] Pois o momento em que o sujeito se interrompe "é ordinariamente o momento mais significativo da sua aproximação em direção à verdade. Apreendemos aqui a resistência no estado puro, que culmina no sentimento, frequentemente tinto de angústia, da presença do analista".[34] Em função dessa argumentação, Lacan termina a lição de 3 de fevereiro de 1954 com a questão: "Quem é então aquele que, para além do eu, procura fazer-se reconhecer?".[35] Seu ensino, nesse momento apenas iniciado, consistirá em grande parte no estudo e na teorização do que está além do eu — o sujeito do inconsciente.

Eu não procuro, acho

Freud abre seu breve artigo "Recomendações aos médicos que exercem a psicanálise" deixando claro ao leitor sua posição nada imperativa nem categórica diante da possibilidade de transmitir algumas regras técnicas. O que ele transmite aqui é fruto de sua experiência de muitos anos e requer ser apreciado com a liberdade com a qual a análise deve poder levar o analista a empreender sua atividade clínica: "Esta técnica é a única apropriada à minha individualidade; não me arrisco a negar que um médico constituído de modo inteiramente diferente possa ver-se levado a adotar atitude diferente em relação a seus pacientes e à tarefa que se lhe apresenta".[36]

A partir dessa advertência fecunda, o artigo é estruturado de modo singelo como uma verdadeira enumeração de recomendações, que vão de *a* até *i*, sobre as quais Freud anuncia logo no início que irá condensar todas elas numa única que surge apenas adiante (item *f*): a necessidade de análise pessoal para o analista conduzir as análises de seus pacientes. No fundo, a recomendação ao médico que exerce a psicanálise pode ser resumida na chamada de atenção para que ele faça análise!

Ao tratar da questão da memória do analista (item *a*), Freud enuncia pela primeira vez a regra da "atenção equiflutuante" ou simplesmente "atenção flutuante", que consiste numa certa posição de escuta que o analista mantém em relação ao discurso do analisando que não privilegia nada antecipadamente nem se fixa em nenhum elemento do discurso em particular. Se ele exerce uma atenção deliberada, será levado a fazer uma seleção do material, e, ao fazê-la, estará seguindo suas expectativas e inclinações, portanto estará operando através do que já sabe. Mas ele mesmo adverte: "Isso, contudo, é exatamente o que não deve ser feito. Ao efetuar a seleção, se seguir suas expectativas, estará arriscado a nunca descobrir nada além do que já sabe; e, se seguir as inclinações, certamente falsificará o que possa perceber". E acrescenta: "Não se deve esquecer que o que se escuta, na maioria, são coisas cujo significado só é identificado posteriormente".[37]

Vê-se que Freud dá um espaço considerável à lógica do só-depois na direção do tratamento, o que ele abordará, como veremos no próximo capítulo, com especial destreza no artigo "Construções em análise". Foi Lacan quem pinçou o termo *Nachträglich* na obra de Freud, para indicar nele um verdadeiro conceito psicanalítico sobre a forma particular de temporalidade inerente ao funcionamento do significante. Se o termo já aparece dicionarizado — traduzido por *a posteriori* — no *Vocabulário de psicanálise*, de Jean Laplanche e Jean-Bertrand Pontalis, é porque este foi feito num período em que ambos ainda eram alunos de Lacan. A tradução por "só-depois" foi introduzida por M.D. Magno na versão brasileira do *Seminário 11* e tem o mérito de apresentar o conceito em nossa língua a partir de uma expressão de uso coloquial e frequente, que explicita com precisão o que está em jogo no conceito:

> Trata-se aí do remanejamento, em função de experiências novas, de certas experiências, impressões e traços mnêmicos, os quais só por efeito retroativo ganham um sentido novo que lhes confere eficácia psíquica. Adquirem-no, pois, posteriormente, o sentido é *posterior,* mas é preciso notar que *de modo algum* é dado no momento mesmo em que a experiência é vivida.[38]

Assim, a causalidade psíquica não obedece ao determinismo linear e é retroativa, daí a tradução por só-depois.

O sentido da fala do sujeito está submetido a uma temporalidade que implica que a significação se projete no discurso de um modo tal que ela *só* pode se produzir *depois*. Trata-se da retroação que se produz na série significante a partir da colocação de um novo termo da frase: o último termo retroage sobre os anteriores produzindo os efeitos de significação e ressignificação mais variados. Trata-se aí de um efeito próprio ao significante: como o significante não possui enquanto tal nenhum sentido, a significação depende do outro significante (S_2) que se articula ao primeiro (S_1). É precisamente isso que Lacan escreve na célula-base de seu grafo do desejo. A linha que vai da esquerda para a direita escreve a temporalidade no campo da diacronia, e a que vai da direita para a esquerda mostra que a diacronia se articula necessariamente a uma sincronia inconsciente:

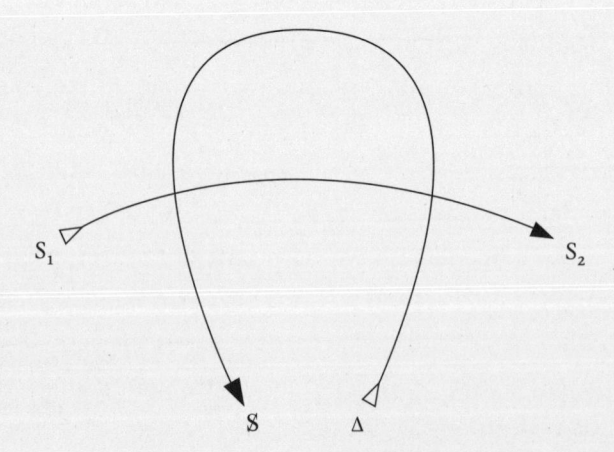

Além disso, pode-se aproximar essa regra técnica freudiana de um lema picassiano muito valorizado por Lacan. Pablo Picasso desenvolveu essa ideia numa carta deliciosa publicada pela primeira vez na Rússia, em 1926, e que se inicia com a contestação: "Costumam tomar-me por alguém que procura. Eu não procuro, acho".[39] Queixando-se da imitação à qual estava continuamente submetido pelos seus contemporâneos, e de que estes viam tudo à volta deles sob uma ótica que se referia todo o tempo a ele próprio, Picasso confessa com humildade: "Para mim, um quadro não é jamais um fim ou uma culminância, mas muito mais um acaso feliz e uma experiência". "O quadro expressa muito mais do que aquilo que o autor queria produzir. A criação de um quadro aparece frequentemente como uma geração espontânea e imprevisível." Criticando a arte moderna, que, segundo ele, foi envenenada pela procura da abstração, acrescenta:

> É difícil para mim compreender o sentido da palavra "procura". Não creio que tenha algum sentido.... Trato de representar o que encontrei, e não o que procuro. Na arte, as intenções não têm valor. Um provérbio espanhol diz: "Provamos o amor com atos e não com palavras".[40]

Quando se procura algo, só se encontra no máximo aquilo que se procurou, e deixamos de nos surpreender com algo novo que porventura surja diante de nós. No filme *O céu que nos protege*, de Bernardo Bertolucci, baseado no romance de Paul Bowles, um personagem diz a outro que a diferença entre o turista e o viajante é que o turista sabe aonde vai, ao passo que o viajante, não. Nessa mesma direção, Freud gostava de citar a frase do escritor Oliver Cromwell, segundo a qual "Nós nunca vamos tão longe do que quando não sabemos aonde vamos". Além disso, quem procura frequentemente não acha, porque aquilo que procuramos com fervor pode estar diante de nós sem que nos apercebamos disso. O exemplo da carta roubada no conto de Edgar Allan Poe mostra que a procura ávida de alguma coisa impede a visão do que está se oferecendo a nosso olhar. A formulação de Ludwig Wittgenstein repetida duas vezes em suas *Anotações sobre as cores* bem poderia servir de lema para o psicanalista em sua prática: "Em cada questão filosófica séria a incerteza mergulha até as raízes do problema. Temos de estar sempre preparados para aprender algo de *totalmente* novo".[41]

Pesquisa e tratamento coincidem

Freud inclui, portanto, na escuta do analista, a dimensão do só-depois que é responsável pelo advento do sentido da fala do sujeito. O analista deve "simplesmente escutar e não se preocupar se está se lembrando de alguma coisa".[42] A atenção flutuante é a contrapartida exigida do analista ao acionamento para o analisando da regra da associação livre, através da qual ele é instado a falar sem se pré-ocupar com o sentido do que diz, sem se sentir coagido pela vergonha que algo pode lhe causar, sem se interrogar com o que o analista vai achar acerca do que ele está dizendo.

Salientando que toda a obra de Freud se desdobra no sentido da revelação, e não da expressão, Lacan afirma que "a revelação é o móbil último daquilo que procuramos na experiência analítica".[43] Mas, quando a palavra foge da dimensão da equivocação fecunda e da revelação e se desenvolve na tapeação, ainda assim a regra fundamental atinge seus objetivos por evidenciar os "pontos que na história do sujeito não foram integrados, assumidos, mas recalcados".[44]

Se pela regra fundamental o analisando é instado a dizer tudo o que vier à sua mente, por sua parte o analista se situa no lugar de apenas ouvir. Lacan irá se referir a essa estrutura mesma da análise criticando a noção de "diálogo analítico", promovida por alguns teóricos. Para ele, não há diálogo analítico, especialmente porque a regra que ordena todo e qualquer diálogo é a interrupção. E, assim, num diálogo, cada sujeito é interrompido no que tem a dizer e impedido de chegar a dizer o que ninguém mais pode dizer em seu lugar. Além disso, a relação analítica é concebida como uma relação ternária, e não dual, na qual a palavra intervém como um terceiro elemento.

O esquema L, introduzido por Lacan na última parte do seminário *O eu na teoria e na técnica da psicanálise*, visa distinguir o imaginário do simbólico e indicar que a presença de um terceiro (eixo simbólico) — o Outro — se situa para além da relação entre eu e o outro (eixo imaginário), e aponta para a dimensão do sujeito do inconsciente. Nesse esquema, depreendemos alguns pontos teóricos essenciais: a direção da seta que vem do Outro na direção do sujeito mostra que este é produzido pelo discurso do Outro, o que inclui seu desejo, amor e gozo; o eu (a), imagem corporal constituída originalmente a partir do estádio do espelho, se constitui a partir da imagem do semelhante (a'), mas sempre pela intervenção do simbólico (A) — naquele momento, a criança só manifesta a reação de júbilo correspondente à assunção da imago após o assentimento simbólico vindo do Outro (o adulto que a acompanha na aventura do estádio do espelho ratifica a percepção de sua imagem especular).

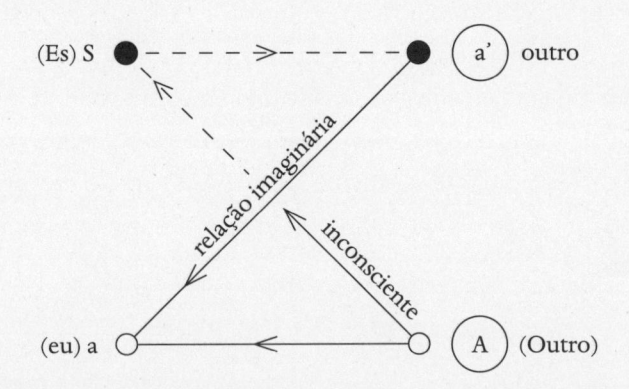

Evidentemente o sintagma "atenção flutuante" é paradoxal: ele concilia a ideia de "atenção" com a desconcentração inerente à ideia de "flutuação", que, aqui, designa a ideia de suspensão da fixação da atenção sobre qualquer elemento que seja. Nada deve ser privilegiado na escuta do analista, pois os elementos que são articulados pelo discurso do sujeito são produzidos numa lógica que inclui a posterioridade — o só-depois — como a promotora do advento da significação. Algo que é dito no início da sessão se encadeia muitas vezes com um elemento que surge ao final, sem que nada pudesse ser previsto quanto a isso.

Assim, se a posição de atenção flutuante é requisitada do analista como verdadeiro acompanhamento da posição de associação livre requerida do analisando, isso se dá na medida em que o analista opera por meio do não saber, e o analisando em seu discurso dá passagem ao saber inconsciente. Relação ternária que implica a presença do inconsciente como terceiro — o Outro. A respeito dessa noção, Paul-Laurent Assoun menciona a ideia de uma "passividade ativa, postura de abertura à fala do outro, que torna possível o ato analítico e finalmente uma 'atenção' tão mais exigente quanto não seletiva".[45]

Em seguida, Freud fornece de fato alguns conselhos práticos que podem ser considerados tributários da posição designada ao analista na atenção flutuante, como, por exemplo, não tomar notas durante as sessões (item *b*). A publicação futura de um trabalho científico com a intenção de produzir relatos clínicos convincentes sobre a eficácia da análise não justifica tampouco acumular muitas anotações sobre eles (item *c*). A maneira pela qual a análise deve ser conduzida é comparada por Freud a uma pesquisa, e é durante essa pesquisa que o próprio tratamento é realizado: na execução da análise, "pesquisa e tratamento coincidem", afirma o poderoso lema freudiano que se tornou célebre.[46] O apego de Lacan ao dito de Picasso, "Eu não procuro, acho", está evidentemente associado a esse lema freudiano.

Ser tomado de surpresa

Freud prossegue asseverando que "os casos mais bem-sucedidos são aqueles em que se avança, por assim dizer, sem qualquer intuito em vista, em que se permite ser tomado de surpresa por qualquer nova reviravolta neles, e sempre se os enfrenta com liberalidade, sem quaisquer pressuposições" (item *d*).[47] A surpresa é um dos elementos que mais se tornam presentes na análise: "O que se espera da sessão é justamente aquilo que se recusa a esperar por medo de ali descobrir a surpresa, como sublinhou Reik. E isso exclui qualquer processo de concentração — exclusão que é subjacente à ideia de associação".[48] O analisando se surpreende com o que ele mesmo diz, assim como o analista se surpreende com o que ouve: "O fenômeno da surpresa tem algo de originário — quer se produza no interior de uma formação do inconsciente, na medida em que em si mesma ela choque o sujeito por seu caráter surpreendente, quer ainda quando, no momento em que é feito para o sujeito o desvelamento, provoca-se nele o sentimento da surpresa".[49]

Vemos como Lacan dá extrema atenção a certas indicações freudianas e as considera essenciais no que tange à descoberta do inconsciente e suas formações. A surpresa está relacionada ao caráter imprevisível do desejo, impossível de ser apreendido pelo imaginário da necessidade, que, pela demanda, é introduzida na ordem simbólica: "A dimensão da surpresa é consubstancial ao que acontece com o desejo, desde que ele tenha passado ao nível do inconsciente".[50]

Assim, a posição do analista em relação ao paciente (item *e*) deve ser a do cirurgião que "põe de lado todos os seus sentimentos, até mesmo a solidariedade humana" (lembre-se do título do artigo cujo campo semântico remete ao médico, e não ao analista), e Freud cita o adágio do cirurgião francês Ambroise Paré — "Eu fiz-lhe os curativos, Deus o curou" — para se referir a essa atitude desprovida de afeto, necessária tanto ao cirurgião quanto ao analista. A ambição terapêutica é o mais perigoso sentimento para um psicanalista. Mas a comparação de Freud pode ser levada bem mais longe: se o dito de Paré se ancora na ideia de que há uma autorregeneração inerente aos processos de cura dos tecidos lesados, pode-se observar que na análise igualmente vê-se que o movimento do analisando é acompanhado por uma força autorregenerativa — engendrada pela relação transferencial, na qual o analista ocupa o lugar de objeto causa do desejo — que opera como um verdadeiro freio ao gozo da pulsão de morte. O que Freud viria a denominar mais tarde reação terapêutica negativa é essa recusa em admitir o poder restaurador que a relação analítica engendra, recusa embebida do masoquismo do eu e sua necessidade de punição pelo sadismo do supereu — vetores opostos da mesma pulsão: a pulsão de morte.

Aqui surge o item (*f*) anunciado logo no início, segundo o qual a análise do analista é imprescindível para ele poder se posicionar conforme as recomendações proferidas. Freud postula a ideia de uma verdadeira "purificação psicanalítica", a partir da qual o analista "deve voltar seu próprio inconsciente, como órgão receptor, na direção do inconsciente transmissor do paciente".[51] Para chegar a utilizar seu próprio inconsciente de modo a tornar-se sensível aos "derivados do inconsciente" que surgirão na associação livre do paciente, o analista deve ter sido analisado. O objetivo aqui é "não tolerar quaisquer resistências em si próprio que ocultem de sua consciência o que foi percebido pelo inconsciente".[52]

Os itens seguintes concernem ao evitamento de determinadas posições afetivas que não são recomendáveis ao analista: a sugestão (item *g*), a atitude pedagógica (item *h*) e a atitude intelectual (item *i*). Quanto à sugestão, Freud indica a inadequação de o analista falar sobre si mesmo com o analisando, ele deve "ser opaco aos seus pacientes"[53] e permanecer como um espelho, que só mostra o que lhe é mostrado. Isso significa simplesmente que, se toda palavra enunciada pelo analista pode funcionar como sugestão para o analisando, falar sobre si mesmo acrescentará a esse poder sugestivo da palavra uma intensidade transferencial que pode aprisionar o analisando. Não é outra coisa o que ocorre nos fenômenos de massa, nos quais Freud mostra que a reverência ao líder pode suprimir, às vezes de modo brutal, o discernimento dos indivíduos.

Sublimação não toda

Já a ambição educativa, no sentido de querer conduzir o sujeito a sublimar determinadas moções pulsionais, é de tão pouca valia quanto a ambição terapêutica. Freud é explícito nesse ponto, tanto quanto o fora no encerramento das cinco conferências que proferiu nos Estados Unidos. A sublimação não pode ser considerada uma finalidade da análise, ela surge como uma das possibilidades para o sujeito lidar com as moções pulsionais que sofreram desrecalcamento, mas não é a única. Há a possibilidade de o sujeito optar pela satisfação direta de suas pulsões e, ainda — outra possibilidade que se abre quando o desrecalcamento se deu —, de proferir um juízo de condenação quanto a elas, isto é, dizer "não" conscientemente a determinadas exigências pulsionais, sem que sofra o "não" que o recalque sempre lhes imprimiu inconscientemente. Voltaremos a essa dialética sobre os destinos das pulsões no próximo capítulo.

Naquela ocasião, Freud narra aos americanos uma parábola sobre o cavalo de uma localidade alemã chamada Schilda, que, para fins de economia, teve sua ração diminuída gradativamente todo dia e continuou trabalhando até o dia em que apareceu morto no estábulo. A metáfora da morte do cavalo por falta de ração remete à impossibilidade de abolir toda a satisfação corporal do sujeito e sublimar todas as pulsões sexuais. Há uma parcela da pulsão — força sexual que se situa entre o corpo e a mente — que exige satisfação direta corporal, e se Freud fala apenas de quatro vicissitudes da pulsão — recalque, sublimação, retorno ao próprio eu, inversão no contrário —, e não de cinco, isso se dá porque elas são vicissitudes psíquicas da pulsão, ao passo que a satisfação direta, sexual, é uma vicissitude corporal da pulsão. Mas ela não pode ser esquecida, porque é ela que realiza o propósito de obter o gozo inerente à busca de satisfação da pulsão, enquanto as quatro vicissitudes psíquicas são formas de lidar psiquicamente com a moção pulsional. A sublimação é possível, mas não completamente. Referido à ética da psicanálise, Lacan postulou que a experiência da análise leva o sujeito até a porta da sublimação, mas isso não significa necessariamente que ele irá transpô-la.

Por fim, o caminho da intelectualização — com discussões teóricas, argumentações que visam produzir esclarecimentos ou determinar tarefas para o paciente, como coligir recordações ou pensar sobre um período específico da sua vida — só produz, pela atividade crítica que aciona, uma fuga da regra da associação livre. E, portanto, deve ser evitado.

É interessante observar que os três últimos itens podem ser compreendidos a partir da teoria lacaniana dos discursos como posições discursivas do mestre e do universitário, francamente divergentes da posição discursiva do analista. A maneira como Freud transmite suas observações sobre a técnica analítica lembra sua posição de mestria junto ao movimento psicanalítico, qualificada por Elisabeth Roudinesco como a de um "mestre sem mando",[54] fórmula que talvez possamos igualmente utilizar para qualificar a posição do mestre analisado, da qual fala Lacan. Assim, a tarefa do analista consiste primariamente em não atrapalhar o trabalho ao qual o analisando deve se entregar, o de associar livremente.

Interpretar quando o sujeito está a um passo de concluir

O artigo técnico intitulado "Sobre o início do tratamento. Novas recomendações sobre a técnica da psicanálise I" é composto de duas partes distintas, publicadas originalmente em separado, mas que apareceram em continuidade e ficaram sem ser assinaladas a partir da edição alemã de 1924: a primeira se chama "Sobre o início do tratamento" e a segunda, "A questão das primeiras comunicações. A dinâmica da cura". Contudo, três partes ("Sobre o início do tratamento"; "A questão das primeiras comunicações"; "A dinâmica do tratamento") podem ser discernidas ao longo do artigo, por meio de espaçamentos, e elas correspondem à estrutura original que Freud pretendia lhe imprimir.

Como sempre, Freud começa seu texto fazendo ressalvas em relação a qualquer abordagem excessivamente esquemática da técnica analítica e ressaltando seus limites. Ele assinala que sua prudência o obriga a chamar as regras de recomendações e a se opor a toda e qualquer mecanização da técnica, pela "extraordinária diversidade das constelações psíquicas envolvidas, a plasticidade de todos os processos mentais e a riqueza dos fatores determinantes".[55] Sua comparação da análise com o jogo de xadrez tornou-se desde então clássica: "Todo aquele que espere aprender o nobre jogo do xadrez nos livros cedo descobrirá que somente as aberturas e os finais dos jogos admitem uma apresentação sistemática exaustiva e que a infinita variedade de jogadas que se desenvolvem após a abertura desafia qualquer descrição desse tipo".[56]

Na primeira parte do ensaio, Freud aborda a importante questão das entrevistas preliminares, ou, como ele denomina, do "tratamento de ensaio". Esse período inicial tem como objetivo básico o estabelecimento do diagnóstico diferencial entre neurose e psicose, embora já constitua o início mesmo de uma análise, logo, já ocorre dentro do mesmo dispositivo em que o paciente é levado a falar sobre o que bem lhe aprouver. Claro que as intervenções do analista nesse período inicial podem ser mais frequentes e livres, no sentido de que o analista pode sentir a necessidade de detalhar algum aspecto que considere importante da história do sujeito, e solicitar a ele que fale mais sobre determinado ponto ou mesmo formule perguntas que ajudem a esclarecer algo. As entrevistas preliminares podem às vezes suscitar do analista algumas intervenções que visam o discernimento diagnóstico inicial.

Freud chama a atenção para o fato de que o diagnóstico diferencial nem sempre é fácil de ser estabelecido, mas ele deve ser feito pelo menos em linhas gerais. Sobretudo, é preciso que se diga que, na época de Freud, a psicose não tinha condições de ser tratada pela psicanálise, uma vez que não havia ainda qualquer forma de tratamento psicofarmacológico que permitisse acesso psicanalítico ao paciente psicótico, como ocorre hoje. Às vezes, se acentua demais que Lacan, contrariamente a Freud, estimulava os analistas a atenderem pacientes psicóticos, e sua célebre frase "A psicose é aquilo diante do que os analistas não devem recuar em nenhum caso"[57] é mencionada com frequência como tributária de um certo arrojo seu em desbravar um campo deixado aberto por Freud. A frase tem sido lida significando que Lacan avançou onde Freud recuou. Mas esquece-se de que o primeiro medicamento neuroléptico (medicamentos que atuam nas psicoses inibindo os sintomas positivos e/ou produtivos, como as alucinações, exercendo seu efeito antipsicótico no paciente),[58] a clorpromazina, foi sintetizada em 1952. Isso significa que os pacientes psicóticos que Freud recebeu em consulta não foram os mesmos que Lacan e os analistas de hoje podem engajar num tratamento analítico.

Freud fala de "sinais suspeitos que possam determiná-lo a não levar além a tentativa".[59] Tais "sinais suspeitos" são o que hoje consideramos sinais de pré-psicose — no sentido de psicose não desencadeada — e que foram objeto de estudos precursores de Helene Deutsch em sua categorização das "personalidades como se".[60] Estas, segundo a descrição clínica apurada de Deutsch, correspondem àquilo que Lacan, a partir da distinção que trouxe em seu ensino entre fenômeno e estrutura, situará no âmbito das psicoses não desencadeadas pelo apoio nas "bengalas imaginárias": sujeitos que não podem ser considerados psicóticos, mas nem por isso são claramente tidos como neuróticos. As personalidades "como se" descritas por Deutsch revelam uma forma comum de estabilização do sujeito psicótico pelo imaginário.

A questão do tempo é abordada por Freud em suas diferentes manifestações: tempo da sessão de uma hora; frequência de seis vezes por semana em geral; duração do tratamento e previsão de término indeterminada;

impossibilidade da análise por escrito. Freud sublinha a necessidade de duração do tratamento por longos períodos de tempo. A interrupção da análise pode ser feita pelo paciente quando bem entender. Mas a abreviação do tratamento, muitas vezes tentada por alguns analistas, esbarra na "lentidão com que se realizam as mudanças profundas na mente — em última instância, fora de dúvida, a 'atemporalidade' de nossos processos inconscientes".[61]

Além disso, o analista não pode prever resultados da análise, ele apenas coloca em movimento o "processo de solucionamento dos recalques existentes", processo que tem sua própria rota — trata-se da "orientação do inconsciente" sobre a qual vimos que Freud falou em seu escrito sobre "O manejo da interpretação dos sonhos na psicanálise". O poder do analista é comparado por ele à potência sexual masculina, e o processo analítico é comparado à gestação de uma criança no ventre materno, processo que tem suas leis próprias e não pode ser selecionado em qualquer de suas etapas: "Também a neurose tem o caráter de um organismo. Suas manifestações não são independentes umas das outras; condicionam-se mutuamente e dão-se apoio recíproco".[62]

Quanto ao dinheiro, Freud o liga igualmente à sexualidade: pessoas civilizadas tratam questões relativas a dinheiro do mesmo modo que aquelas relativas a sexo, "com a mesma incoerência, pudor e hipocrisia".[63] Mais uma vez, surge a comparação entre o analista e o cirurgião no tocante a dinheiro, ambos sendo "francos e caros". Claro que o psicanalista não pode deixar de levar em conta que a palavra "caro" possui dois sentidos que se interligam de maneira impressionante, basta observar os termos da linguagem coloquial utilizados para falar de dinheiro — importância, valor, soma. A análise deve ser "cara", "querida" pelo analisando, e não é possível desconhecer que cada sujeito coloca o dinheiro precisamente onde reside seu desejo.

Como puro significante, o dinheiro entra na análise sem significação prévia e, portanto, a ideia de um preço fixo — semelhante aos honorários médicos — não faz qualquer sentido para o psicanalista: ele deve avaliar com cada sujeito nas entrevistas preliminares sua condição econômica e sua capacidade de pagar a análise, de modo que ele pague o máximo que puder e, portanto, invista — o termo utilizado por Freud para falar dos investimentos da libido provém exatamente do campo da economia — em seu tratamento. Lacan introduziu em sua prática a efetivação do pagamento em dinheiro por sessão, e não por mês, como era hábito até então para os analistas. Além de evidenciar o investimento de modo muito mais explícito que a utilização de cheques, por exemplo — o cheque é uma promessa de pagamento —, o pagamento por sessão em dinheiro desnuda os falsos pudores com que em geral se lida com o dinheiro e permite que o valor monetário seja tomado no âmbito do significante, e não do significado, ficando sujeito a lapsos, esquecimentos e mudanças que serão igualmente passíveis de análise, ao revelarem associações com a economia libidinal do sujeito — retentiva, voraz, fetichista, impulsiva etc.

Quanto a tentar vencer as resistências através de tratamentos gratuitos, a realidade mostrou que, ao contrário, elas aumentam enormemente, pois "a ausência do efeito regulador oferecido pelo pagamento de honorários ao médico torna-se, ela própria, muito penosamente sentida; todo o relacionamento é afastado do mundo real, e o paciente é privado de um forte motivo para esforçar-se por dar fim ao tratamento".[64] O aspecto mais essencial e decisivo é que o pagamento da análise instaura um limite no amor de transferência que, de outro modo, seria vivido pelo paciente como recíproco. O amor de transferência, dirá Freud mais tarde, tem as mesmas características do amor da vida cotidiana, e o pagamento é o que permite colocar um limite claro — o "efeito regulador" de que fala Freud — às exigências do amor vividas pelo sujeito em sua vida afetiva e sexual.

Freud emprega aqui pela primeira vez o sintagma "lucro secundário da doença" para se referir aos casos em que a neurose ocupa para o sujeito pobre o lugar de satisfazer sua necessidade de autocomiseração pelas dificuldades que enfrenta na vida. E para a classe média, levando em conta o aumento da capacidade do sujeito de ganhar a vida e de sua eficiência, Freud não hesita em dizer que a análise é um "bom negócio", pois "nada na vida é tão custoso quanto a doença — e a estupidez".[65]

O dizer vão

Concluindo a primeira seção do texto ("Sobre o início do tratamento"), Freud introduz a importância do divã na análise: o paciente se deita e o analista se senta numa posição em que, atrás dele, não pode ser visto. O divã é considerado por Freud necessário para evitar o olhar contínuo dos pacientes sobre ele. É bastante significativo o fato de que a palavra divã, originária do persa *diwan*, significava originalmente "uma coleção de poemas". Lacan falou certa vez do divã — em francês, *divan* — como o *dire-vain*, isto é, o caminho do *dizer vão* que o sujeito toma na associação livre instaurada pela análise e que dá acesso ao saber inconsciente. O divã é a liberação da fala do poder inibidor do olhar, dando à voz, na experiência analítica, uma prevalência ímpar. Lacan conclui que não se fala da mesma forma na posição sentada e na posição deitada, e é deitado que se fala das coisas relativas ao amor.

Lacan chamou igualmente a atenção para a importância do objeto voz, salientando que a pulsão ligada a esse objeto, a pulsão invocante, "é a mais próxima da experiência do inconsciente",[66] na medida em que ela é o suporte material da linguagem, através da qual o inconsciente se estrutura. Como ressalta Jean-Michel Vivès, a fala vela a voz, e "o apagamento da voz em face do que é dito pode ser facilmente observado quando alguém toma a palavra".[67]

Com Lacan, podemos entender que a utilização do divã na psicanálise obedece a uma lógica que se refere à estrutura, pois se trata de dar voz ao sujeito na análise, reduzindo a importância do eu, sede do imaginário. Dito de outro modo, trata-se de produzir um curto-circuito no imaginário, pleno de sentido, através da ambiguidade inerente ao simbólico, à palavra. Com efeito, isolado da voz, o olhar possui uma dimensão maléfica — como na música "Virgem", em que Marina Lima, cantando a solidão vivida pelo sujeito na cidade ao entardecer, quando as luzes se acendem e o farol da ilha começa a girar, fala no refrão de "outros olhos e armadilhas" —, objetificante, conectada ao supereu, que parece afirmar, segundo Alain

Didier-Weill: "Você não passa disso, você não é nada mais que isso". O que significa no fundo dizer: "Em você, não há nada além daquilo que se dá a ver; não há nenhuma alteridade que possa ser subtraída a meu olhar".[68] A mensagem que o supereu dirige ao sujeito pode ser sintetizada do seguinte modo: "Observo-o, nada em você me é estranho".[69] Daí a existência, em diferentes culturas, de superstições ligadas ao olho mau, ao mau-olhado e até ao chamado olho gordo. Nesse sentido, Roland Barthes falou da perversão da fotografia,[70] e não são poucas as pessoas que sentem uma aversão enorme a serem fotografadas, isto é, clicadas num átimo de segundo no qual são objeto de um olho que apreende tudo. Em algumas culturas indígenas, a foto chega a ser considerada algo que rouba a alma do sujeito.

A voz, ao contrário, produz um curto-circuito nesse poder maléfico do olhar. Se o olhar objetifica e reduz, a voz subjetiva e amplia o campo das significações ao produzir ambiguidade e abertura de sentido. Quando o analisando se coloca frente a frente com o analista, ele dará sentido às diferentes expressões do analista, e seu discurso sofrerá as injunções desse sentido produzido por ele, levando-o a interrupções, exclamações e questionamentos. O divã libera o analisando, em grande parte, embora não totalmente, do poder do imaginário e da pregnância do sentido que é constantemente produzido pelo contato face a face.

Um dos mais belos filmes sobre o amor, *Nunca te vi, sempre te amei*, de David Hugh Jones, fala exatamente do que pode ocorrer quando se produz essa liberação da imagem e certamente pode servir de modelo para nossa compreensão do que se passa na análise, na qual o amor de transferência — cuja estrutura é a mesma do amor — prescinde da imagem do amado. Durante vinte anos, Helene Hanff, uma escritora americana, se corresponde com Frank Doel, gerente de uma livraria especializada em edições esgotadas. Tudo começa pelo fato de Helene adorar livros raros, que não se encontram em Nova York, e uma linda história de amor se desenvolve entre eles, apenas pela troca de palavras sobre obras literárias. As palavras escritas dos autores e comentadas por eles formam as ondas da tapeçaria sonora do discurso amoroso. Como mostrou Roland Barthes, o amor é essencialmente um discurso, e, na medida em que "a carta de amor espera sua resposta",[71] Helene e Frank constroem uma verdadeira relação amorosa a partir da palavra escrita e sem qualquer imagem para suportá-la.

Rumo à fantasia

A primeira seção do texto é encerrada com a pergunta: em que ponto e com que material deve o tratamento começar? A resposta é clara: pela entronização (que deve ser feita desde o início) da regra fundamental da psicanálise, a associação livre, o sujeito deve começar por onde lhe aprouver — "Deve-se deixar que o paciente fale e ele deve ser livre para escolher em que ponto começará".[72] Esse ponto de início é o mais variável e, em si mesmo, não tem importância — podendo começar pela história de sua vida, de sua doença ou por lembranças marcantes de sua infância — desde que o sujeito obedeça à injunção de dizer tudo o que lhe passa pela mente e se comportar como se fosse "um viajante sentado à janela de um vagão ferroviário, a descrever para alguém que se encontra dentro as vistas cambiantes que vê lá fora".[73] A analogia freudiana é fértil, porque supõe o movimento da imagem, como no cinema, e a palavra que se superpõe a ela.[74]

"Dizer tudo" é precisamente o que não será possível para o sujeito, mas é justo nas lacunas, pausas, interrupções e no silêncio que o discurso irá mostrar seus pontos de censura, de inibição e de fuga. Chamando a atenção para o determinismo inconsciente que é justamente o que surge quando a associação livre opera, Octave Mannoni formulou que ela não é tão livre quanto parece, mas, antes disso, surge através de imposições muitas vezes absurdas. A regra em jogo na liberdade de associar deve ser considerada sob o seguinte prisma: "Se uma associação lhe parece absurda e mesmo assim *se impõe*, não a rejeite como absurda".[75]

A associação livre, em psicanálise, é a colocação em cena do falar e do ouvir de um modo muito particular: o sujeito é convidado a falar tudo o que lhe vier à cabeça, ao passo que o psicanalista fica situado num lugar de ouvir tudo sem privilegiar qualquer elemento em particular. Diz Freud: "Nunca se deve esperar uma narrativa sistemática e nada deve ser feito para incentivá-la".[76] Repetições dos elementos trazidos ocorrerão e permitirão novas associações até então não realizadas pelo analisando.

Em psicanálise, a regra da associação livre é considerada a regra fundamental, pois ela regula sozinha tudo o que ocorre entre o falar do analisando e o ouvir do analista. A escuta do psicanalista parte do princípio de que tudo tem importância e de que qualquer elemento pode apresentar uma conexão inconsciente que não está evidente de imediato nem para o sujeito nem para o analista. O sujeito fala sem saber disso, e o psicanalista ouve advertido desse saber que ele adquiriu em sua própria análise. O psicanalista opera por meio do não saber, mas há algo que o psicanalista sabe — e seu desejo de psicanalista se apoia nesse saber que não é fantasístico, posto que é efeito de sua análise e do destacamento do desejo de saber inerente ao desejo do analista: ele sabe que o analisando sabe sem saber que sabe. A regra da associação livre, afirma Lacan, "nos permite seguir a pista do fenômeno inconsciente".[77] Pois através dela o discurso se desliga das convenções e, suspendendo a lei da não contradição, "abre o sujeito a essa equivocação fecunda por onde a palavra verídica encontra o discurso do erro".[78] Além disso, a associação livre entroniza um discurso cujo vetor se dirige rumo à fantasia inconsciente; como formulou com precisão Moustapha Safouan, "contrariamente às aparências, o discurso constituído pelas associações livres não caminha em qualquer direção; ele progride, ao contrário, rumo à revelação do núcleo patógeno, dito de outro modo, rumo à revelação da fantasia".[79]

O analista é atravessado pela dimensão do inconsciente e, por isso mesmo, sabe esperar que a significação inconsciente seja produzida em algum momento. Lacan chegou a dizer nessa mesma direção que "seu forte era saber o que esperar significa". Um exemplo singelo que fornece uma fotografia três por quatro da associação livre de um analisando: pelas associações, ele veio emendando um assunto no outro e, subitamente, se deteve e exclamou: "Eu comecei falando de minha insônia e agora estou falando de minhas escolhas!". O analista interveio: "Suas escolhas tiram seu sono?". Nenhum saber prévio poderia se encarregar de formular essa interpretação, a não ser o saber do Outro veiculado em ato na fala do sujeito.

Reiterando as descobertas feitas no início da criação da técnica analítica — como vimos no caso de Elisabeth von R. —, Freud indica a dimensão da insistência do analista nos casos de sujeitos que logo no começo do tratamento não conseguem pensar em nada para dizer: ele deve afirmar enérgica e repetidamente ao paciente que não é possível que nada lhe ocorra. Além disso, diz ele, "sua solicitação de que lhes digamos sobre o que falar não deve ser atendida nesta primeira ocasião, não mais do que em qualquer outra, posterior".[80] Lacan resume essa atitude formulando que o analista não deve introduzir seus significantes na análise do sujeito;[81] isso acarretaria uma associação feita a partir de significantes-mestres que funcionam como sugestão para o analisando e encobrem a dimensão dos significantes de sua constelação simbólica particular. Aliás, foi esse o método — que Freud recusou — criado por Jung, da associação através de palavras propostas pelo médico.

A segunda seção do texto — "A questão das primeiras comunicações"— se abre com a questão sobre quando começar a fazer comunicações ao analisando, à qual Freud responde ser necessário inicialmente haver um estabelecimento eficaz da transferência. O primeiro objetivo do tratamento, afirma Freud, "é ligar o paciente a ele e à pessoa do médico. Para assegurar isso, nada precisa ser feito, exceto conceder-lhe tempo".[82] A posição do analista deve ser a de compreensão simpática, e não a de um moralizador. Qualquer comunicação ao analisando deve ser prudente em não antecipar verdades que o sujeito ainda não esteja em condições de assimilar, pois o efeito pode ser desastroso. A verdade não deve ser lançada ao paciente sem a ponderação das forças em jogo naquele momento, ainda mais que, quanto mais verdadeiro for o que dissermos, mais violenta será a resistência desencadeada por essa verdade enunciada precocemente.[83]

Na terceira seção ("A dinâmica do tratamento"), podemos dizer que Freud tematiza a oposição entre saber inconsciente e saber *sobre* o inconsciente, sublinhando que comunicar algo do material recalcado ao analisando desperta resistências no início, mas pode ser relacionado depois aos processos de pensamento consciente do sujeito. Essa dupla posição foi mapeada por Lacan ao dizer que "é indispensável que o analista seja ao menos dois: o analista para ter efeitos e o analista que teoriza esses efeitos".[84] O analista na direção do tratamento, ou seja, no lugar do sujeito suposto saber, e o analista que reflete e teoriza sobre o saber inconsciente que é recolhido nas análises que conduz.

Freud finaliza fazendo um balanço preciso das forças em jogo na análise: "A força motivadora primária na terapia é o sofrimento do paciente e o desejo de ser curado que deste se origina".[85] E a intervenção do analista deve aguardar até a consolidação da transferência. É necessário perceber que há um caminho de mão dupla aqui: ao mesmo tempo que a intervenção deve ser feita com a transferência estabelecida, a própria intervenção do analista pode funcionar, no início, no sentido de consolidar a transferência. Se a transferência é a suposição do analisando de saber no analista, a posição do analista pode ser definida, segundo Alain Didier-Weill, como a do sujeito--suposto-saber-*que-há-sujeito*. Mais essencial que a suposição relativa a seu saber é a resposta que o analisando recebe do analista quanto ao verdadeiro alvo desse saber suposto — o saber que há sujeito. Definir a transferência como o amor que se dirige ao saber permite entender melhor que esse amor tem a dimensão do sujeito como pano de fundo da suposição de saber.[86]

A bússola da re-petição

Após algum tempo de análise, uma analisanda se dá conta de como os gritos que ouvia de sua mãe nas relações sexuais com seu pai lhe deixara impossibilitada de manter relações sexuais com um homem. Aqueles gritos "entraram" nela, e não tinha como se livrar deles. Tinha medo do ato da penetração e se esquivava sempre dele na última hora. Um analisando conta que vira seu pai tentar se matar por duas ocasiões, o que teria produzido nele grandes consequências, inclusive a impossibilidade de ser pai. Uma analisanda presenciou quando criança o atropelamento da irmã mais nova. Esta fora à padaria comprar pão, e a mãe disse para ela acompanhar a irmãzinha, que saiu correndo na frente e foi morta instantaneamente, atropelada por um caminhão. Um buraco inominável se instalou na família, levando a mãe à bebida e o pai à morte precoce. Um analisando narra que, quando criança, sua mãe costumava colocá-lo nu ao portão da casa, com o prato de comida na mão, para que ele, vencendo a inapetência pela vergonha, comesse rapidamente, embora aos prantos. Uma analisanda lembra sempre de como a avó lhe dizia coisas horríveis, sexuais e agressivas, rebaixando seu valor, humilhando-a e prognosticando-lhe uma vida afetiva infeliz e sem parceiro. Sua vida adulta é atravessada por uma oscilação entre a crença de que está fadada a esse destino e a esperança na possibilidade de alterá-lo.

O que todos esses exemplos da clínica têm em comum? O fato de que apresentam situações traumáticas vivenciadas por crianças, que retornam na análise quando adultos como lembranças dolorosas que se repetem indefinidamente. A repetição, veremos, expressa uma dupla vertente real e simbólica: a busca de se livrar delas e encontrar palavras para expulsá-las definitivamente, vertente simbólica; mas também o apego masoquista ao gozo do sofrimento, vertente real. A repetição, no fundo, assevera Lacan, é uma re-petição — o pedido, jamais atingido e que se repete indefinidamente, de que uma satisfação seja alcançada. Ao mesmo tempo, a repetição é o pedido de simbolização de uma situação traumática que, quando não obtido, se renova incessantemente.

O conceito de repetição em Freud adquire importância cada vez maior à medida que a experiência analítica se aprofunda. Podemos depreender dois grandes momentos dessa teorização: o primeiro em 1914, durante o ciclo da técnica, quando Freud escreve "Recordar, repetir, elaborar" — três batidas de um tambor que funcionam como verdadeiro chamado para os analistas —, e o segundo em 1920, no ensaio *Além do princípio de prazer*, no qual Freud adquire uma compreensão mais vasta dos fenômenos de repetição ao associá-los à ação da pulsão de morte. Vamos aprofundar aqui o estudo da repetição de modo a ter elementos que nos permitam articular alguns aspectos centrais do tratamento analítico. O esquema a seguir resume a evolução do pensamento freudiano sobre a repetição tal como articulada por Lacan:

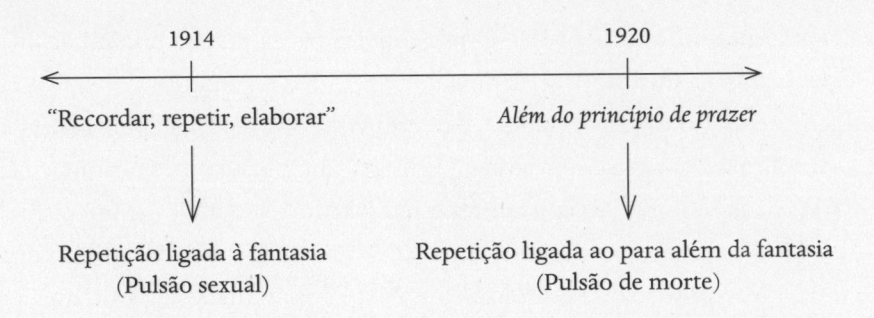

"Recordar, repetir, elaborar" — o título desse artigo técnico inclui, por si só, todo um programa analítico: a dialética entre o recordar e o repetir é o que, em suma, constitui o alcance maior a ser dado à análise, a elaboração das resistências na transferência. A repetição surge aqui como um tipo particular de reprodução, não pela lembrança, mas pela ação. Além disso, é nesse texto que surge pela primeira vez o sintagma "neurose de transferência", que, conforme sublinha Paul-Laurent Assoun, supera a dualidade entre psicopatologia e técnica, para introduzir uma entidade clínica que nasce no tratamento e pelo tratamento.[87]

Lacan desempenha um papel importante na ênfase a ser dada ao conceito de repetição. No seminário *Os quatro conceitos fundamentais da psicanálise*, proferido num contexto muito particular, em que sofria o processo de expulsão da IPA, Lacan introduziu algo novo ao acrescentar o conceito de repetição à lista dos conceitos unanimemente reconhecidos pelos psicanalistas como fundamentais: inconsciente, pulsão e transferência. Durante todo aquele ano de 1964, Lacan sofreu o processo que ele denominou de "excomunhão" da IPA e acabou sendo expulso quando o seminário chegou ao fim. O próprio tema desse seminário é tributário da situação que ele vivia: prestes a ser expulso da casa fundada por Freud, ele, que promovia desde 1953 um movimento de "retorno a Freud", escolhe uma temática que não permite qualquer dúvida quanto a sua relação íntima e profunda com a obra de Freud — os fundamentos da psicanálise.[88] Lembre-se ainda que não à toa esse foi o primeiro seminário a ser publicado, em 1973, por Jacques-Alain Miller, pois representa um momento de grande envergadura do ensino de Lacan, daí sua escolha para abrir a série de publicações dos seminários.

O próprio Lacan considera algo eminentemente novo o que ele elabora ali sobre a função da repetição.[89] Embora chegue a comentar que o texto freudiano de 1914, "Recordar, repetir, elaborar", é aquele "sobre o qual se fundou, na análise, a maior estupidez",[90] é preciso entender exatamente a que Lacan se refere: o abandono por parte dos analistas daquilo que é trazido sobre a repetição em 1920, no ensaio *Além do princípio de prazer*, conduziu à completa homogeneização dos conceitos de transferência e repetição. Mas ele ressalta que não poderíamos imputar a Freud esse deslizamento que consiste em "não ver no conceito de transferência senão o conceito mesmo de repetição".[91] Isso foi, na verdade, obra dos pós-freudianos, que, tendo desprezado — de modo muitas vezes integral — as formulações freudianas inovadoras de *Além...*, ficaram com a primeira versão da repetição apresentada no artigo técnico de 1914.

Em resumo, a novidade conceitual aportada pelo *Além...* — a pulsão de morte — promoveu uma reordenação teórica importante: o estabelecimento de uma distinção radical entre os conceitos de transferência e repetição, que se encontravam de algum modo confundidos até aquele momento. Tal confusão se baseia na redução do conceito de repetição às formulações trazidas em "Recordar, repetir, elaborar". Vemos que, de fato, nesse artigo, ao fornecer exemplos de repetição na clínica, Freud centra-se apenas em situações relativas aos fenômenos de repetição na transferência. Freud não esconde que o que lhe interessa, "acima de tudo, é, naturalmente, a relação dessa compulsão à repetição com a transferência e com a resistência".[92] A crítica de Lacan se refere, assim, à leitura desse artigo feita pelos pós-freudianos, que reduzem o alcance da repetição à própria transferência e, por isso, impedem que se veja na repetição algo que está relacionado à transferência, mas vai muito além dela.

Fato é que esse texto merece ser explorado em detalhes. Trata-se de um escrito rico, complexo, cuja estrutura interna se articula intimamente com os outros artigos do "ciclo da técnica", e tem funcionado como verdadeira bússola para os analistas em sua prática.

Até o despertar das lembranças

Abordar transferência e repetição é, no fundo, propor falar sobre a repetição, pois a mera colocação dos dois termos lado a lado implica uma distinção entre eles que é correlativa à ênfase posta por Lacan no conceito de repetição. No escrito "Intervenção sobre a transferência", Lacan comenta o caso Dora e ressalta que ele é o primeiro no qual Freud reconhece que o analista participa da experiência da transferência. A transferência tem uma estrutura dialética e não se reduz à dimensão afetiva na qual costuma ser encerrada.

Se Lacan ainda aborda aí a transferência como repetição, isso se dá na medida em que para ele, nesse momento, a transferência aparece essencialmente ligada à fantasia.[93] O que se pode observar é que a transferência se encontra atada à repetição na medida mesma em que nela se põe como preeminente a fantasia, isto é, a dimensão sexual da pulsão, regida pelo princípio de prazer. Assim, Lacan situa a transferência como os "modos permanentes segundo os quais o sujeito constitui seus objetos".[94] Tal articulação entre transferência e repetição pela via da fantasia e da pulsão sexual vai perdurar até o seminário de 1964, sobre *Os quatro conceitos fundamentais da psicanálise*. A partir daí, a transferência estará igualmente ligada à pulsão, mas incluindo o para além da pulsão sexual — a pulsão de morte —, uma vez que Lacan aí formula que "toda pulsão é virtualmente pulsão de morte".[95] De todo modo, é preciso entender que se trata de um único fenômeno clínico que foi abordado por Freud em dois tempos diferentes. Podemos visualizar isso através de um esquema simples, que já apresentamos no primeiro volume desta obra e que mostra a associação íntima entre a pulsão sexual e a pulsão de morte.

Pulsão sexual ($\cdots\!\gg$ Pulsão de morte) $\longrightarrow$ Objeto i(a) ($\cdots\!\gg$ *das Ding*)

Freud assinala que é bastante comum o analisando não conseguir recordar nada do que esqueceu ou recalcou, mas expressá-lo pela atuação:

"Ele o reproduz não como lembrança, mas como ação; repete-o sem, naturalmente, saber que o está repetindo".[96] Os três exemplos que Freud fornece a seguir mostram que nesse momento, para ele, a repetição está estritamente vinculada à transferência, à fantasia inconsciente e, portanto, à pulsão sexual: o de um analisando que se comporta de maneira tal que repete seu antigo comportamento com os pais, em vez de se recordar disso; o de outro analisando que repete sua confusão infantil em relação à sexualidade por meio da produção de uma massa de sonhos e associações igualmente confusas, em vez de se recordar disso; o de um terceiro, ainda, que repete a vergonha que sentia por suas atividades sexuais e o medo de ser descoberto na vergonha e no medo de ter seu tratamento analítico exposto. Tais exemplos revelam de modo inegável que a transferência atualiza a realidade sexual — fantasística — do inconsciente.

Pulsão sexual ⟶ Fantasia inconsciente ⟶ Repetição na transferência

Vê-se claramente que a repetição é índice de que algo pede para ser rememorado. Ela representa, na análise, o primeiro passo dado no sentido do recordar, e é ela que, vencidas as resistências, aponta para o advento da rememoração: "A partir das reações repetitivas exibidas na transferência, somos levados ao longo dos caminhos familiares, até o despertar das lembranças, que aparecem sem dificuldade".[97] A repetição surge, assim, como uma forma particular de rememoração, e a transferência se torna o palco privilegiado onde ela pode — e deve — se manifestar. A compulsão à repetição é acolhida na transferência com o objetivo de dar lugar à rememoração. Aquilo que constitui a neurose do sujeito será trazido à relação analítica de modo a constituir uma neurose de transferência que substitua a primeira e possa assim ser tratada, tornando-se acessível à intervenção analítica. Para Freud, "a transferência cria, assim, uma região intermediária entre a doença e a vida real, através da qual a transição de uma para a outra é efetuada".[98]

De fato, Freud desenvolve nesse artigo algo que já assinalara *en passant* em outro artigo do mesmo ciclo da técnica que já abordamos, "A dinâmica da transferência" — a tendência à repetição ligada aos impulsos inconscientes. Estes, pondera ele ali, "não desejam ser recordados da maneira pela qual o tratamento quer que o sejam, mas esforçam-se por reproduzir-se de acordo com a atemporalidade do inconsciente e sua capacidade de alucinação".[99] Com efeito, é preciso ressaltar que esses dois artigos mantêm uma íntima conexão e em ambos é desenvolvida, de pontos de vista diversos, uma única e mesma tese: se em "A dinâmica da transferência" ele afirma que "é impossível destruir alguém *in absentia* ou *in effigie*",[100] em "Recordar, repetir, elaborar" ele determina que "não se pode vencer um inimigo ausente ou fora de alcance".[101]

Tal tese implica que o tratamento analítico suscita a emergência de moções pulsionais anteriormente recalcadas, tanto na transferência quanto fora dela, em outras relações que o analisando mantém em sua vida. Tais moções pulsionais tendem a se presentificar através da repetição, e não apenas da rememoração proporcionada pela análise. Por isso, Freud solicitava ao analisando que evitasse tomar qualquer decisão mais importante em sua vida, temendo que certas ações suas "fora da transferência"[102] pudessem lhe causar "dano temporário em sua vida normal, ou até mesmo terem sido escolhidas para invalidar permanentemente suas perspectivas de restabelecimento".[103] Mas ele próprio conclui que a experiência pessoal é, no fundo, a única capaz de reorientar a conduta do sujeito, sendo a sua verdadeira mestra. Assim como Lacan afirmou que o próprio da experiência é preparar categorias, Freud assevera aqui que não devemos nos esquecer de que, "na realidade, é apenas através de sua própria experiência e seus infortúnios que uma pessoa se torna sagaz".[104]

É útil perceber que tudo se passa como se o desrecalcamento que a análise promove levasse num primeiro momento à busca imediata de satisfação pulsional direta — e real —, curto-circuitando o simbólico. Uma verdadeira batalha deve ser empreendida no tocante a essa tendência à repetição: se o analisando tende a descarregar pela ação motora uma série de impulsos que foram desrecalcados pela ação da análise, o analista, por sua vez, se esforça para trazê-los para a esfera da rememoração e da representação, ou seja, da palavra.

Fato é que o analisando pode vir a se queixar de que está se sentindo pior uma vez que alguns sintomas que jamais ocorreram podem aparecer, mas cabe ao analista assegurar-lhe de que se trata de "agravamentos necessários e temporários".[105] Trata-se de um fenômeno bastante frequente no curso de algumas análises, quando o sujeito se queixa de que está piorando, em vez de melhorar, o que impõe ao analista a necessidade de reassegurar-lhe, com toda a confiança no processo analítico que ele precisa ter, de que a análise não produziu nada por si mesma, e que o que surge agora estava lá o tempo todo aguardando o momento propício para se manifestar e ser tratado. Assim, a aparente piora deve ser considerada uma melhora, já que o sujeito apresenta agora condições para que determinados conflitos venham a surgir. A relação transferencial é, dessa forma, o lugar privilegiado no qual, com o tratamento, a repetição poderá presentificar os sintomas de modo que eles recebam uma interpretação e uma nova "significação transferencial".

Uma maneira de recordar

Além da relação da repetição com a transferência, há também uma íntima relação entre repetição e resistência. A repetição é de algum modo efeito da resistência, considerada como resistência à simbolização, logo, à associação livre. E é precisamente na dependência da resistência que o rememorar cede lugar ao repetir. A resistência é, essencialmente, resistência a recordar e, como o tratamento é no fundo uma pressão na direção do recordar, o sujeito acaba por recordar através da repetição: "Enquanto o paciente se acha em tratamento, não pode fugir a essa compulsão à repetição; e, no final, compreendemos que essa é a sua maneira de recordar".[106] Freud estabelece uma verdadeira equação entre resistência e repetição: "Quanto maior a resistência, mais extensivamente a atuação (repetição) substituirá o recordar".[107]

É esse ponto de vista em particular que será modificado em 1920, no ensaio sobre *Além do princípio de prazer*, quando Freud introduzirá a noção de que o inconsciente não resiste, ele insiste, ou seja, repete. E por isso Lacan estabelecerá um emparelhamento entre inconsciente e repetição, em que esta passa a ser evidenciada também no funcionamento do significante. Há uma repetição inerente aos processos simbólicos, o *autômaton*, que está intimamente articulada com o núcleo real responsável pelo advento da repetição, a *tiquê*. Há algo que, por escapar à simbolização, produz o movimento incessante da cadeia significante na direção da simbolização que, jamais atingida de todo, se repete indefinidamente. A *tiquê*, o encontro do real, "está para além do *autômaton*, do retorno, da volta, da insistência dos signos para os quais nos vemos orientados pelo princípio de prazer. O real é o que vige sempre por trás do *autômaton*, e do qual é evidente, em toda a pesquisa de Freud, que é do que ele cuida".[108]

Em Freud, o termo atuar comparece às vezes como sinônimo de repetir, o que está na base do apagamento do termo repetição dos textos psicanalíticos de língua inglesa em prol do termo atuação (*acting out*). De fato, duas passagens do artigo "Recordar, repetir, elaborar" tornam os termos sinônimos. A primeira delas foi citada há pouco e tem a ver com a relação entre resistência e repetição: "Quanto maior a resistência, mais extensivamente a atuação (repetição) substituirá o recordar". E a segunda surge num contexto semelhante:

> o paciente repete em vez de recordar e repete sob as condições da resistência. Podemos agora perguntar o que é que ele de fato repete ou atua. A resposta é que repete tudo o que já avançou a partir das fontes do recalcado para sua personalidade manifesta — suas inibições, suas atitudes inúteis e seus traços patológicos de caráter. Repete também todos os seus sintomas, no decurso do tratamento.[109]

Em ambas as passagens Freud homogeneíza a repetição com a atuação.

É importante notar isso, sobretudo porque o uso do termo atuação, originalmente empregado como sinônimo de repetição, e expressando que esta se produz em ato, foi ampliado de modo a abarcar uma série de diferentes acepções — ações impulsivas, antissociais ou perigosas —, ou mesmo conotar com um sentido pejorativo a ação de um paciente ou mesmo de um psicanalista.[110] A atuação pode ser considerada uma forma de repetição, mas não pode ser reduzida a ela. Atuar é repetir, mas repetir é algo mais amplo que atuar.

Em resumo, pode-se dizer que, num primeiro momento, Freud situa a repetição em seu aspecto contingente relacionado aos sintomas (derivados da fantasia inconsciente), que, na experiência clínica, são o que insiste e se repete na transferência. Num segundo momento, a repetição ganha um novo estatuto — o de ser um fato da estrutura — e, como ressalta Edson Luiz André de Sousa, não mais se situa "apenas no campo do patológico, sendo antes considerada parte da estrutura do sujeito em geral".[111] Tal observação é correlativa à percepção de que essas diferentes concepções da repetição em Freud correspondem a concepções igualmente diferentes acerca da direção do tratamento e de seu alcance: se, num primeiro momento, a descoberta do recalcado pode fazer cessar a repetição, depois a repetição aparece como constituinte do sujeito e, logo, não pode ser eliminada.

É preciso sublinhar que, no período da obra de Freud que estamos abordando, a repetição fica inteiramente adscrita — e não poderia deixar de ser assim — ao princípio de prazer. O que se repete é a busca de satisfação e, se a pulsão sexual apresenta sempre, inevitavelmente, uma defasagem entre a satisfação buscada e aquela obtida — e este é um dos axiomas que Lacan depreende na teoria freudiana das pulsões, especialmente na célebre passagem do segundo artigo da psicologia amorosa na qual Freud explicita que há algo na própria pulsão que parece fadá-la à insatisfação —,[112] o pedido de satisfação insiste e não desiste.

Trata-se, na repetição, como bem o sublinha Lacan, de uma re-petição,[113] ou seja, da renovação contínua de um pedido de satisfação sempre inalcançado. Na repetição, o que está em jogo é a tentativa de reencontrar o objeto perdido. A perda do gozo da Coisa é o que instaura o inconsciente, cuja relação com a repetição é, portanto, estrutural.[114]

A amnésia infantil

Uma importante questão surge nesse texto freudiano: por que é preciso rememorar? A ênfase posta por Freud, em 1914, na dimensão do rememorar deve ser explorada. O problema da amnésia infantil está na base dessa necessidade de rememorar que Freud situa no objetivo das análises. Uma interpolação feita no texto "Recordar, repetir, elaborar" trata desse difícil problema e nos adverte acerca de alguns pontos essenciais. Nela Freud refaz o trajeto de sua experiência e da técnica da análise no tocante à questão do rememorar. As chamadas "lembranças encobridoras" são concebidas como uma espécie de condensação de todo esse período da infância que sucumbiu ao recalque; elas muitas vezes "representam os anos esquecidos da infância tão adequadamente quanto o conteúdo manifesto de um sonho representa os pensamentos oníricos".[115] As lembranças encobridoras possuiriam, assim, um grande poder de condensação de elementos essenciais; nelas, episódios, vivências e fantasias infantis se encontram fortemente condensados.

A amnésia infantil chamou desde sempre a atenção de Freud, pois ela revela uma profunda ação do recalque, que lança toda a primeira etapa da vida do sujeito ao mais radical esquecimento. Tocamos aqui na difícil distinção a ser estabelecida entre recalque e esquecimento: se esquecer não é idêntico a recalcar, recalcar, por sua vez, pode ser definido como "esquecer que se esqueceu", isto é, esquecer de uma forma tão absoluta que nem mesmo o próprio ato do esquecimento sobrevive na memória. Esquecer que se esqueceu — isto é, recalcar — apaga todo e qualquer rastro do que foi esquecido na memória. Lacan inverte a sequência que, em geral, atribui a cura do paciente à rememoração dando ênfase ao processo de desrecalcamento acionado pela análise que, por si só, é ele próprio responsável pela cura: "Não se fica curado porque se rememora. Rememora-se porque se fica curado".[116] Isso significa que o desrecalcamento tem como efeito a rememoração.

Ainda naquela interpolação, Freud aborda as fantasias inconscientes como os elementos que, jamais tendo sido conscientes, não se confundem com outras impressões ou experiências infantis. Elas constituem atos puramente psíquicos, diferentes das experiências e impressões causadas por estas. Há finalmente um terceiro tipo de elemento, as experiências ocorridas na infância mais remota, que, não tendo sido compreendidas naquela ocasião, serão posteriormente interpretadas pelo sujeito. Frequentemente as vivências dolorosas retornam de forma compulsiva como uma maneira de o sujeito tentar simbolizá-las.

Prova de paciência

Finalmente, cabe colocar a pergunta: o que é elaborar? Freud introduz a noção de elaboração pela primeira vez nesse artigo, "Recordar, repetir, elaborar", mas ela merece um espaço excessivamente pequeno em todo o texto, sendo abordada apenas no trecho final. A elaboração, definida como "o processo pelo qual a análise integra uma interpretação e supera as resistências que ela suscita",[117] tem como um de seus efeitos a possibilidade de rememorar e de cessar de repetir. Como uma das leis da psicanálise é que o recalcado sempre retorna sob a forma de algum de seus derivados sintomáticos, depreende-se que o recalcado retorna enquanto o recalcamento não for suspenso e a lacuna mnêmica correspondente a ele não for preenchida. A repetição é uma forma de recordação que desaparecerá na medida em que a elaboração permite precisamente superá-la. O recordar substitui, enfim, a repetição, e a elaboração tem nisso a sua maior finalidade.

A elaboração apresenta uma relação com o tempo que merece ser elucidada. Freud considera que a elaboração é, em essência, elaboração da resistência, e especialmente da resistência a rememorar, ou seja, a associar. O termo alemão empregado por Freud, *Durcharbeitung*, significa perlaborar, elaborar através de, ou seja, elaborar através das resistências. A elaboração é uma face decisiva e ao mesmo tempo difícil da análise, "ela pode, na prática, revelar-se uma tarefa árdua para o sujeito da análise e uma prova de paciência para o analista".[118] Contudo, é dela que depende o alcance do tratamento analítico, e é ela que revela a sua especificidade e o distingue de todo tratamento que opera pela sugestão. A definição que Otto Fenichel fornece da elaboração a situa do lado do analista e assinala bem seu alcance: a demonstração repetida aos pacientes da mesma coisa em diversos momentos e em diferentes contextos.[119] Ela aponta, assim, para a noção de construção em análise, que será abordada no próximo capítulo, mas se distingue dela: se a elaboração implica a exaustão do repertório fantasístico que a análise fez emergir, a construção é requerida precisamente quando é atingido o ponto de esgotamento desse repertório.

Podemos também aproximar a noção freudiana de elaboração da ideia de "simbolização analítica" presente no pensamento de Freud desde os primórdios de sua prática, sendo mencionada com frequência nos *Estudos sobre a histeria*. Com o ensino de Lacan, a noção de simbolização se tornaria uma vasta fonte de teorização, não apenas com a noção de ordem simbólica, como também, mais essencialmente, na tripartição estrutural "real, simbólico, imaginário", sobre a qual ele mesmo afirma desde muito cedo que, sem a distinção que ela aporta, "não se pode avançar na experiência analítica senão usando expressões que confinam com a mística".[120] Se o recalque preserva determinadas representações que permanecem petrificadas nas diferentes formas sintomáticas pelas quais ele retorna, simbolizar implica poder esquecer. Assim, é necessário desrecalcar e rememorar para — paradoxalmente — poder esquecer. Esse esquecimento que se produz como efeito do desrecalcamento lembra uma das três formas de esquecimento repertoriadas por Marc Augé, precisamente aquela que favorece o re-começo, "termo que designa o exato oposto da repetição: uma inauguração radical, o prefixo *re*-implica desde então que uma mesma vida pode conhecer vários começos".[121]

Invocar um espírito dos infernos

Considerando "Observações sobre o amor transferencial" o melhor de sua série de escritos sobre técnica, Freud assevera numa carta a Karl Abraham que esperava que o texto suscitasse a mais forte oposição.[122] Contudo, ao abordar tema tão explosivo quanto a emergência do amor na relação analítica, esse escrito dá todo o sentido clínico ao anterior, sendo uma espécie de exemplo prínceps daquilo que "Recordar, repetir, elaborar" tematiza: a repetição na transferência, sendo que o que se repete aqui é da ordem do amor. Mais essencialmente, trata-se de repertoriar o advento na experiência analítica de um envolvimento amoroso do analisando que se repete e, portanto, funciona como uma poderosa resistência à análise. O tratamento analítico irá aqui se deparar com uma das mais difíceis tarefas, a do desenvolvimento do sujeito, no sentido de que a sabedoria da língua nos ensina que desenvolver significa des-envolver.

Afirmando que a transferência é necessariamente ocasionada durante o tratamento psicanalítico e nele desempenha um importante papel, Freud observa de saída que é na infância que todo sujeito "conseguiu um método específico próprio de conduzir-se na vida erótica, isto é, nas precondições que estabelece para enamorar-se, nas pulsões que satisfaz".[123] Isso produz um "clichê estereotípico", ou vários deles, que se repete constantemente no decorrer da vida. O psicanalista será incluído nessas "séries psíquicas" já formadas pelo analisando. O fato de serem as representações-expectativas inconscientes — além das conscientes — a produzir a transferência permite que se entenda por que ela pode ser de diversos tipos e estar ligada a diferentes imagos, paterna, materna ou fraterna.

Nesse texto, dá-se relevo à regra da abstinência como um princípio fundamental da condução da análise. Como sublinha Assoun, esse texto visa situar o fenômeno do enamoramento transferencial do analisando e determinar a postura do analista diante desse fenômeno.[124] Freud se refere de saída ao episódio que fez parte da pré-história da psicanálise no qual Breuer, movido pela impossibilidade de lidar com a transferência amorosa de sua paciente Anna O., interrompe o tratamento e, sem saber o que fazer, viaja com sua mulher, como para esquecer o surgimento em sua paciente de uma fantasia de estar grávida dele. Freud pondera que essa mesma situação transferencial retardou o desenvolvimento da terapia psicanalítica durante sua primeira década.

A posição do analista diante do fenômeno do amor de transferência não pode ser a mesma do leigo. O analista considera o advento do amor de transferência como algo que faz parte do tratamento, não implicando, portanto, a interrupção do mesmo. Esse amor manifesta a ação da resistência, que dele se aproveita para estancar o processo de análise. Na situação criada pelo amor de transferência, pode-se ver estampada a formulação de Lacan sobre o amor: "amar é querer ser amado". Pois com o amor de transferência o paciente "repentinamente perde toda a compreensão do tratamento e todo o interesse nele, e não falará ou ouvirá a respeito de nada que não seja o seu amor, que exige que seja retribuído".[125] O paciente abandona seus sintomas e declara que está bom. De fato, aquele que ama não pode conceber a ideia de continuar mantendo-se fiel à regra da associação livre: como continuar falando de seus problemas, sofrimentos e dúvidas mais íntimos para aquele a quem se ama? O amante quer preservar ao máximo sua imagem de amável para o amado, caso contrário os objetivos da reciprocidade, intrínsecos a seu amor, não serão atingidos. Não se pode esquecer jamais a "estrutura fundamentalmente narcísica"[126] em jogo no amor.

Assim, ao surgir, o amor de transferência coloca em sério risco o tratamento analítico e pode funcionar como a mais forte resistência a ele. Freud faz uma analogia impactante para descrever essa abrupta irrupção de uma apaixonada exigência de amor: "Há uma completa mudança de cena; é como se uma peça de fingimento houvesse sido interrompida pela súbita irrupção da realidade — como quando, por exemplo, um grito de incêndio se ergue durante uma representação teatral".[127] O que está em jogo nesse aparecimento súbito de um amor exigente na transferência, que até então se manifestara apenas através de um afeto positivo de ternura não francamente erótica, é precisamente a resistência "a admitir ou recordar algum fragmento particularmente aflitivo e pesadamente recalcado na história de sua vida".[128]

O dilema diante do qual o analista se encontra é que ele não pode aceitar a demanda de amor desse paciente, mas não pode igualmente recusá-la. Quanto à primeira possibilidade — aceitar esse amor que lhe é dirigido e corresponder a ele —, Freud adverte, não sem mencionar a contratransferência do analista, que "ele deve reconhecer que o enamoramento do paciente é induzido pela situação analítica e não deve ser atribuído aos encantos de sua própria pessoa; de maneira que não há nenhum motivo para orgulhar-se de tal 'conquista', como seria chamada fora da análise". E conclui num tom severo: "É sempre bom lembrar-se disso".[129] Já a segunda possibilidade — recusar esse amor e considerá-lo uma ilusão que deve ser retificada pelo analista — é afastada de forma ainda mais impressionante:

> Instigar a paciente a suprimir, renunciar ou sublimar suas pulsões, no momento em que ela admitiu sua transferência erótica, não seria uma maneira analítica de lidar com elas, mas uma maneira insensata. Seria exatamente como se, após invocar um espírito dos infernos, mediante astutos encantamentos, devêssemos mandá-lo de volta para baixo, sem lhe haver feito uma única pergunta. Ter-se-ia trazido o recalcado à consciência, apenas para recalcá-lo mais uma vez, num susto.

Freud é taxativo quanto a essa tentativa: "Não devemos nos iludir sobre o êxito de qualquer procedimento desse tipo. Como sabemos, as paixões pouco são afetadas por discursos sublimes".[130] Moustapha Safouan ponderou que, diante do amor do analisando, o analista se encontra num dilema para o qual a recusa ou a aceitação não constituem a via que permite a análise. Pois o amor, diz ele numa bela fórmula poética, "são todas as fibras do ser estendidas em direção ao objeto".[131]

Para que o tratamento analítico seja levado a cabo na abstinência e a neutralidade do analista jamais seja abandonada, é preciso manter controlada a contratransferência. Essa é uma das poucas vezes em que Freud se refere a essa noção, à qual voltaremos adiante, no capítulo "A direção da análise". O "princípio fundamental" é por ele enunciado do seguinte modo:

> Permitir que a necessidade e o anseio da paciente nela persistam, a fim de poderem servir de forças que a incitem a trabalhar e efetuar mudanças, e cuidar de não apaziguar essas forças por meio de substitutos. O que poderíamos oferecer nunca seria mais que um substituto, pois a condição da paciente é tal que, até que seus recalques sejam removidos, ela é incapaz de alcançar satisfação real.[132]

Trata-se de manter o desejo vivo e de não ceder à satisfação que é requerida de todas as formas pelo sujeito. Pois se trata essencialmente de preservar a continuidade da análise: *"Primum vivere"*, primeiro manter o vínculo analítico.[133]

As duas faces do objeto *a*

Articulando sua teoria do sujeito suposto saber, que ele considera o verdadeiro pivô da transferência, Lacan fará uma leitura particularmente refinada do fenômeno do amor de transferência. Onde há suposição de saber há transferência, logo, onde há transferência há amor de transferência. A estrutura do amor na vida real e na transferência é idêntica, por isso Moustapha Safouan afirmou: "O amor de transferência não é um amor verdadeiro, mas tampouco é uma repetição, pois o que está em jogo nesse amor não verdadeiro é a própria verdade do amor".[134]

Além disso, a função do amor de transferência na análise é estruturante e corresponde à mudança substancial que se trata de produzir na posição do analisando — de amado a amante, de *erômenos* a *érastès* —, tal como Lacan formula no seminário *A transferência*. Tal mudança é aquela que podemos considerar responsável pelo esvaziamento de gozo próprio à experiência analítica, na medida em que nela se produz uma virada em relação à própria dimensão do objeto que passa de sua face mais-gozar para a face causa do desejo. Pode-se depreender que Lacan elaborou sua fórmula príinceps, que articula amor, desejo e gozo, para destacar essencialmente a dialética em que duas dimensões do objeto *a* — o gozo e o desejo — se alternam: "só o amor permite ao gozo condescender ao desejo".[135] Ele mesmo faz questão de explicitar nessa fórmula a dimensão de sublimação que lhe é inerente: "o amor-sublimação permite ao gozo condescender ao desejo".[136] Dito de outro modo, só o amor permite fazer com que o objeto mais-gozar mostre sua face causa do desejo.

De fato, tal como uma cabeça de Jano, o objeto *a* apresenta duas faces opostas e antinômicas: ele é a falta inerente ao objeto da pulsão e do desejo, verdadeiro vazio — face causa do desejo. Mas é igualmente consistente como objeto da fantasia e do gozo — face mais-gozar. Pode-se inclusive adscrever, como o faz Alba Flesler, cada um desses elementos da sexualidade a cada um dos três registros psíquicos:[137]

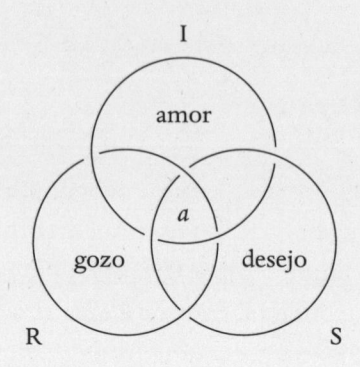

E é o amor que permite essa passagem, na medida em que ele põe em cena algo da ordem do sujeito suposto saber que, na análise, não responde desse lugar nem corresponde a esse amor; o amor se dirige ao sujeito e a dimensão transferencial do sujeito suposto saber é a entronização mesma da possibilidade do amor de transferência. Lacan resume essa articulação íntima entre o amor e o sujeito suposto saber ao afirmar que "a questão do amor é assim ligada à do saber".[138]

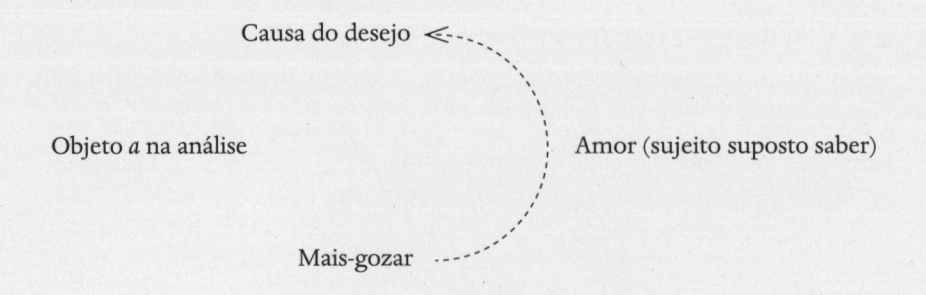

Na vida cotidiana, em que o amor busca a reciprocidade necessária para se realizar, trata-se de fazer o caminho inverso quanto às duas faces do objeto *a*, partindo da face causa do desejo para chegar à face mais-gozar.

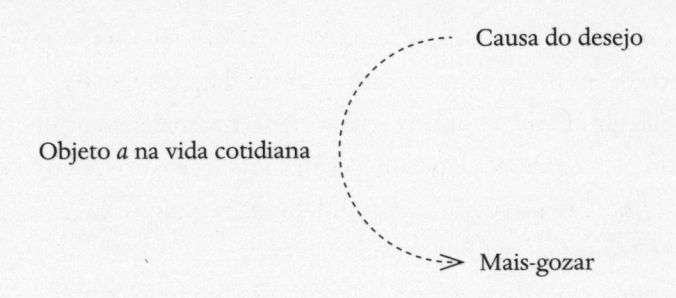

Não é à toa que, abordando uma questão diferente, mas relacionada àquela que acabamos de enunciar em seu núcleo central, Freud considerava que a psicanálise tem uma faceta conectada à educação,[139] pois nela algo da ordem do processo educacional da criança pequena — o perverso polimorfo — se reproduz. A criança, Freud nos ensina, só aceita os limites que a educação lhe impõe em sua busca de gozo na medida em que surja para ela a ameaça de perda do amor dos pais. Isso dá ao amor o lugar de uma importante moeda de troca no processo educacional e permite que se entenda por que o amor é o que vem em suplência à inexistência da relação sexual — ele é o que vem em suplência ao gozo. Se o gozo é "aquilo que não serve para nada"[140] e não tem nenhum sentido, "o amor é o que dá significado à relação sexual".[141]

Pois haver gozo é sinônimo de não haver relação sexual, e, como resume Lacan, "o gozo não convém — *non decet* — à relação sexual".[142] A poderosa mítica criada em torno do "gozar junto" pelo casal apaixonado é certamente tributária da percepção inconsciente de que o gozo implica o isolamento e a separação, em suma, a inexistência da relação sexual. O termo sexo se origina de *secare, corte,* e o corte originário que o sexo produz — tematizado poeticamente pelo mito de Aristófanes sobre o amor que visa reunir as duas metades separadas pelos deuses — não permite a reconstituição da unidade perdida, e é isso o que o gozo expressa com toda a força.

Cabe sublinhar que a regra da abstinência funciona na análise como uma espécie de lei não escrita, a lei da interdição do incesto, que não requer ser enunciada para vigorar. Ela se apresenta no tratamento como o efeito mesmo da entronização de uma relação transferencial que visa dar ao amor — de transferência — um destino diverso daquele que pode ser concedido na vida cotidiana. O encontro amoroso na análise é um encontro faltoso regido pela égide do real — face causa do desejo do objeto *a* — que impõe o reconhecimento da impossibilidade da relação sexual.

O amor é tributário da fantasia de haver relação sexual. O amor é o encontro do parceiro para a vida toda, como diz o sujeito com frequência, a mulher ou o homem "da minha vida". Se o amor é o que vem em suplência à inexistência da relação sexual, na medida em que a eleição amorosa retira o objeto amado do conjunto de objetos metonímicos do desejo e o elege como *o objeto*, trata-se, na análise, de propor o caminho inverso e produzir uma travessia do amor de transferência para chegar ao impossível da relação sexual. Trata-se, assim, naquilo que Lacan nomeou como a travessia da fantasia, da produção de um percurso que leva do amor ao desejo e do desejo à pulsão.[143]

3. O desejo do analista

Cabe formular uma ética que integre as conquistas freudianas sobre o desejo: para colocar em seu vértice a questão do desejo do analista.

Jacques Lacan

Lacan dedicou um ano de seu seminário ao tema da ética da psicanálise. Uma tentativa de estabelecimento do texto desse seminário feita por Moustapha Safouan revelou-se infrutífera — Lacan a rejeitou. Afirmou muito tempo depois que esse teria sido um seminário que apreciaria ter escrito. A tese central do seminário é uma desvinculação entre a experiência da psicanálise e a reflexão moral e a ética dos bens, e sua construção em torno do desejo. Não é por acaso que esse seminário sobre a ética vem logo em seguida àquele sobre *O desejo e sua interpretação*. Para Lacan, a ética se encontra no centro do trabalho analítico, e, como pondera Alain Vanier, é ela que "mantém coeso todo esse mundo que a comunidade analítica representa".[1]

Falar de ética da psicanálise implica um "remanejamento da noção de ética tal como aparece na tradição, na qual ela remete à moral".[2] Mas é necessário sublinhar que a dimensão da ética da psicanálise destacada por Lacan já se acha exposta por Freud, de modo assistemático, em sua obra, em inúmeras passagens que recortam a experiência analítica em torno da dimensão do desejo. Como um verdadeiro corolário de sua elaboração sobre a ética, Lacan irá, além disso, contribuir com a construção da noção de desejo do psicanalista. Apresento neste capítulo um percurso da questão da ética na obra de Freud e no ensino de Lacan.

Ver-se-á que, após o ciclo da técnica, Freud é levado naturalmente a chamar a atenção sobre questões éticas que, no fundo, visam envolver a problemática da técnica em torno da ética própria à psicanálise. Tais direcionamentos éticos se sucederão até o final de sua obra, renovando-se em diferentes direções e capacitando cada vez mais a psicanálise com uma profunda e inédita reflexão cuja meta primordial é a cultura humana. O ensaio *O mal-estar na cultura*, de 1930, que perscruta os recônditos da cultura pela ótica da pulsão de morte, surge assim como o corolário dos direcionamentos éticos da perspectiva freudiana. Freud o intitulara inicialmente "A felicidade e a cultura", em seguida, "A infelicidade na cultura", até chegar ao título final, que introduz o mal-estar *na* cultura. Como ressalta Assoun, a dicotomia felicidade/infelicidade é afastada pela dimensão do *Unbehagen*, inquietação, desconforto, apreensão, constrangimento, mal-estar — "sensação ao mesmo tempo dolorosa e vaga, sentimento de desprazer contínuo, de incerteza e inquietude."[3] É igualmente digna de nota a gradativa passagem que levou o sentido do título de um extremo a outro: da conjunção felicidade *e* cultura para a inclusão do mal-estar *na* cultura.

Na linha do tempo a seguir, sugiro que, após os três ciclos fecundos altamente concatenados que isolei na obra de Freud, abriu-se para ele, de modo cabal, o estudo da cultura. O único desses estudos anterior a 1920 é *Totem e tabu*, de 1913. Além dele, os dois luminosos artigos publicados sob o título *Reflexões para os tempos de guerra e morte*, de 1915, constituem, juntamente com *Luto e melancolia*, de 1917, uma verdadeira antecipação do conceito de pulsão de morte.

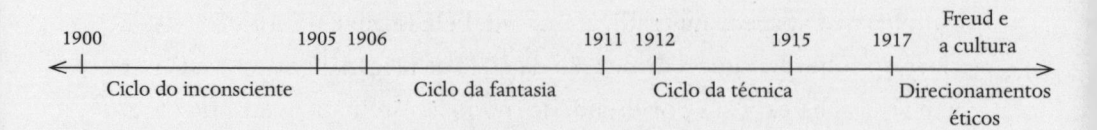

Numa leitura que leve essas etapas e reviravoltas em conta, a obra de Freud surge como a de um pensador que, se no início da vida intelectual quis seguir o caminho da filosofia e depois se decepcionou por ela portar as marcas de um pensamento desligado do corpo e das paixões do ser, no final constrói uma obra que alterará de modo pleno a filosofia e introduzirá nela elementos dos quais ela jamais poderá se libertar.

O lugar do analista passará a ser igualmente aquele do "pensador da cultura",[4] e ver-se-á que a psicanálise se tornará um interlocutor privilegiado dos quatro clássicos caminhos do homem — a ciência, a arte, a filosofia e a religião. Com todos eles ela manterá um diálogo fecundo, seja para sua construção (ciência e arte), seja para sua desconstrução (filosofia e religião). Inesquecíveis os versos de Goethe tão apreciados por Freud: "Aquele que tem ciência e arte tem também religião; o que não tem nenhuma delas, que tenha religião",[5] enumeração na qual só a filosofia não tem lugar. De fato, com a introdução do sintagma paradoxal "pensamento inconsciente", a psicanálise parece ter passado a rivalizar de modo decisivo com a filosofia.

Conduzir-se com a verdade

Nas duas últimas conferências introdutórias que Freud dedica ao estudo da teoria geral das neuroses, intituladas "Transferência" e "Terapia analítica", a ênfase é posta nos temas do método analítico e da transferência, e, mais especialmente, na distinção entre hipnose e análise, que esta estabelece. Mas a primeira conferência pode ser lida como uma verdadeira lição de ética da psicanálise, no sentido lacaniano, que define essa ética como a de "não ceder quanto ao próprio desejo", ética que não se confunde com a moral e dela se distingue em aspectos fundamentais. Com efeito, uma das proposições mais originais e radicais a que Lacan chega no seminário sobre a ética é: "Proponho que a única coisa da qual se possa ser culpado, pelo menos na perspectiva analítica, é de ter cedido de seu desejo".[6] Moustapha Safouan sublinha com justeza que essa formulação lacaniana tendeu a se transformar num imperativo — "Tu não cederás sobre teu desejo" —, constituindo uma espécie de 11º mandamento e revelando que também ela fora sequestrada pelo supereu.[7]

Freud chama a atenção para a reserva que o analista deve manter no sentido de exercer o papel de mentor do seu paciente. O que a análise visa é proporcionar as melhores condições para que o sujeito tome decisões por si mesmo. Mas, numa passagem que deve ser apreciada pelos analistas como francamente reveladora da flexibilidade que Freud estimula os analistas a conquistar em sua clínica cotidiana, ele menciona que, em alguns casos, contudo, a tarefa analítica é mesclada com a do educador, quando se trata de pessoas muito jovens ou muito carentes de ajuda ou mesmo demasiado instáveis. Ele não deixa de acrescentar que, "sendo essa a situação, estamos muito cônscios de nossa responsabilidade e nos conduzimos com a devida cautela".[8] Ou seja, é preciso que o analista exerça toda a sua capacidade de discernimento para deliberar quando sua ação pode ser benéfica mesmo ao abandonar "a desejada limitação de nosso papel".[9]

Em outra passagem de uma exposição que abordaremos adiante, Freud já oferecera com toda a clareza a mesma mensagem aos analistas que podem reconhecer com bastante nitidez em sua prática clínica aquilo a que ele se refere quando diz: "Não podemos evitar aceitar para tratamento determinados pacientes que são tão desorientados e inaptos para a existência que, para eles, há que se combinar a influência analítica com a pedagógica". Mas ele não restringe tal observação aos casos excepcionais. Ao contrário, isso parece poder ocorrer em todas as análises, em determinados momentos de seu percurso em que o desamparo do sujeito toma a frente da cena analítica: "Mesmo no caso da maioria, vez por outra surgem ocasiões nas quais o médico é obrigado a assumir a posição de pedagogo e mentor". Freud conclui sempre com sua chamada para a necessidade de o analista reservar ao sujeito a palavra final: "Mas isso deve sempre ser feito com muito cuidado, e o paciente deve ser educado para liberar e satisfazer a sua própria natureza, e não para assemelhar-se conosco".[10]

Salientar tais passagens da obra de Freud é essencial na medida em que o analista precisa ter discernimento sobre quando é possível, e até mesmo necessário, manter uma postura totalmente isenta de mestria; e, nos casos em que isso não é possível, ele não deve hesitar em contrariar os próprios princípios que regem sua ação e a direção do tratamento em benefício do analisando. Todo analista se depara cotidianamente com situações dessa ordem, e ele não poderá enfrentá-las com um silêncio que perderá sua função de propiciar a fala para se tornar fonte de angústia para o sujeito. Lacan tematizou essa questão falando do poder do analista. Seu poder é inegável, e a ética da análise implica que o analista saiba não o utilizar, dirigindo a análise, e não o analisando.[11] Contudo, tais formulações não devem ser tomadas como absolutas e precisam ser reguladas, como vimos, pelo princípio maior que rege a direção do tratamento: *primum vivere* — primeiro manter o vínculo analítico.[12]

A ação da análise visa dar condições ao paciente de escolher aquilo que melhor lhe convém, escolha que o conflito neurótico lhe interdita. Esse conflito precisa ser trazido à tona para ser elaborado, de outro modo ele permanece uma luta impossível entre "um urso-polar e uma baleia".[13] Trata-se de transformar "o conflito patogênico em conflito normal, para o qual deve ser possível, de algum modo, encontrar uma solução".[14] Temos aqui um dos aspectos mais basais do método analítico, o fato de que ele visa a produção do desrecalcamento gradual de determinadas moções pulsionais, para poder dar ao sujeito condições de oferecer algum outro destino a elas. A análise deve dar ao sujeito a possibilidade de escolha de "alguma posição intermediária entre viver uma vida livre e uma vida de absoluto ascetismo".[15] A lição ética freudiana, que valoriza o sujeito e seu desejo antes de tudo, não poderia ser mais eloquente do que quando Freud pondera que "todo aquele que conseguiu educar-se de modo a se conduzir de acordo com a verdade referente a si mesmo está permanentemente protegido contra o perigo da imoralidade, ainda que seus padrões de moralidade possam diferir, em determinados aspectos, daqueles vigentes na sociedade".[16] A singularidade do sujeito está no cerne da experiência analítica, e dela o que se espera é que o sujeito — tal como a Boca della Verità em Roma, na qual Freud significativamente afirmou ter "mergulhado" a mão[17] — entre em contato com a verdade de seu desejo inconsciente, ao qual ele dará algum destino diverso daquele produzido pelo recalque.

As tendências ascética e sexual brigam na neurose, sendo que a primeira vence a batalha, e a segunda só encontra uma via de satisfação nos sintomas. Tal conflito patogênico é transformado pela análise num conflito para o qual o sujeito poderá encontrar uma solução. Em uma passagem do início de sua obra, a verve freudiana já havia formulado a mesma ideia, cuja base reside no fato de que o conflito sempre existirá para o sujeito, apenas a análise visa transformar "o sofrimento histérico em infelicidade comum".[18]

Em 1917, ampliando sua compreensão dos motivos pelos quais a psicanálise pode suscitar uma grande resistência, Freud redige um deslumbrante artigo no qual, sob o modesto título de "Uma dificuldade no caminho da psicanálise", aplica sua teoria do narcisismo então recentemente construída a uma poderosa reflexão geral sobre a cultura. É surpreendente observar que a teoria do narcisismo — entendida como a ponte que liga as duas margens constituídas pelos dois dualismos pulsionais — se elabora para Freud sob um cenário de reflexões a respeito da ética.

Com a descoberta freudiana, a psicanálise desfechou um violento golpe na humanidade e produziu uma profunda ferida narcísica, ao afirmar que o homem não é senhor de si mesmo e que sua consciência é apenas a ponta do iceberg constituído por seu aparelho psíquico inconsciente. Esse golpe de natureza psicológica é, segundo Freud, talvez "o golpe que mais fere", e foi por ele comparado àqueles descentramentos que mudaram a história do pensamento humano de modo radical: a obra de Nicolau Copérnico no século XVI, que retirou a Terra do centro do Universo, e a obra de Charles Darwin no século XIX, que quebrou a ilusão de que o homem ocupava o centro da criação divina.[19] É muito significativo que, em ambos os casos, a consistência do discurso religioso tenha sido violentamente abalada pelo discurso da ciência.

O alcance do narcisismo foi crescendo ao longo da obra de Freud e adquiriu expressões variadas. Em 1918, no artigo sobre "O tabu da virgindade", Freud cunhou a expressão "narcisismo das pequenas diferenças" para designar a rejeição narcísica da mulher pelo homem por causa de seu complexo de castração.[20] Posteriormente, Freud fez dessa noção um dos motores do racismo. Essa ideia implica que são precisamente as pequenas diferenças entre indivíduos quanto ao resto semelhantes que formam a base dos sentimentos de estranheza e hostilidade entre eles.

Em 1930, no ensaio sobre *O mal-estar na cultura*, Freud volta ao tema para afirmar que são precisamente "as comunidades com territórios vizinhos e até com laços de parentesco entre elas que se empenham em constantes rixas, ridicularizando-se umas às outras, como, por exemplo, os espanhóis e os portugueses, os alemães do Norte e os do Sul, os ingleses e os escoceses, e assim por diante".[21] Freud conclui que se trata de uma satisfação cômoda e relativamente inócua da pulsão agressiva, através da qual fica mais facilitada a coesão entre os membros de uma comunidade. Pois um grande número de pessoas pode se unir pelos laços de amor desde que algumas fiquem de fora do grupo para receber a agressividade que precisa ser descarregada.

Na Copa do Mundo de Futebol de 2014, realizada no Brasil, essa forma de narcisismo fez uma aparição pública sumamente instrutiva: em toda parte ouvia-se dos torcedores brasileiros uma única aspiração, a de que a final da copa fosse entre Brasil e Argentina. Nenhum brasileiro torcia para que a final fosse entre Brasil e Inglaterra, país que inventou o futebol, ou entre Brasil e Espanha, país que vencera a copa anterior. A aspiração geral era só uma: a de que pudéssemos vencer a Argentina e, desse modo, afirmar com veemência nossa identidade cultural em relação a um país com o qual fazemos fronteira e cuja língua, cujos costumes e o futebol de craques são tão parecidos com os nossos que deles precisamos nos diferençar, e nos mostrar superiores.

Dialogando com Ferenczi

Em 1918, no V Congresso Internacional de Psicanálise realizado em Budapeste, Freud apresenta seu derradeiro artigo isolado sobre técnica centrando-se em torno do problema dos métodos ativos. Trata-se de um escrito sobre técnica cuja reflexão é, no fundo, essencialmente ética e visa discernir a psicanálise de determinados desvios que se sucederam nas primeiras décadas de sua história. "Chamamos psicanálise", diz Freud, "o processo pelo qual trazemos o material mental recalcado para a consciência do paciente."[22] O termo análise merece uma investigação, e ele o compara à química: assim como nesta é isolado o elemento químico fundamental, na análise trata-se de isolar os elementos componentes em jogo nos sintomas, nos sonhos e na sexualidade. O sonho, por exemplo, é ignorado como um todo, e as associações são derivadas de cada elemento em separado. A crítica de que há "muito pouca síntese" após tanta análise é rebatida tranquilamente: o próprio analisando se encarregará de fazê-la, sobretudo porque seu eu se ajustará "a todas as moções pulsionais que haviam sido expelidas e separadas dele".[23] Cabe sublinhar que, para Freud, é o eu que se ajusta ao pulsional, e não o contrário. Além disso, a definição lacaniana da prática da análise como "absolutamente puntiforme",[24] ou seja, incidindo sobre elementos discretos isolados, se adéqua com perfeição a essas formulações freudianas.

Na verdade, Freud dialoga aqui com Sándor Ferenczi, que acabara de publicar "Dificuldades técnicas numa análise de histeria", no qual faz uma das primeiras descrições clínicas de aplicação da chamada "técnica ativa", a partir do relato de um caso de histeria em que uma atividade masturbatória larvar ocorria pelo modo como a paciente mantinha as pernas cruzadas durante toda a sessão analítica. A proibição pelo analista dessa postura na sessão produziu um efeito "fulminante" e depois se estendeu pelo dia inteiro, permitindo que fossem superadas "certas resistências tenazes ao prosseguimento do trabalho analítico".[25] Ferenczi pondera que foi "levado a abandonar o papel passivo que o psicanalista desempenha habitualmente no tratamento, quando se limita a escutar e a interpretar as associações do paciente", e a "ajudar a paciente a ultrapassar os pontos mortos do trabalho analítico intervindo ativamente em seus mecanismos psíquicos".[26]

A resposta de Freud surpreende pela agudeza: o analista "já é ativo" em sua tarefa de dar acesso ao recalcado e descobrir as resistências; mas ele acrescenta que outra forma de atividade por parte do analista pode ser necessária, e faz questão de introduzir um princípio segundo o qual "o tratamento analítico deve ser efetuado, na medida do possível, sob privação — num estado de abstinência".[27] A abstinência de que fala Freud tem a ver com a dinâmica do tratamento, com a busca de satisfações substitutivas que visam apressar os efeitos benéficos da análise para encerrá-la com rapidez, por exemplo, através de uma relação amorosa infeliz que parece resolver os problemas, mas é no fundo apenas uma nova forma de autopunição.

Satisfações substitutivas podem ser igualmente procuradas pelo paciente na própria relação transferencial, para a qual a libido dirige naturalmente suas aspirações. Freud é explícito quanto à necessidade de oferecer em alguns casos — e, posso acrescentar com ele, em alguns momentos da análise — certa compensação ao paciente. Não cabe adotar uma postura rígida e inflexível que robotiza a presença do analista de modo uniforme, tornando o contato analítico artificialmente seco e insípido, mas sim lidar com cada caso em sua radical singularidade: "Algumas concessões devem, certamente, ser-lhe feitas, em maior ou menor medida, de acordo com a natureza do caso e com a individualidade do paciente. Contudo, não é bom deixar que se tornem excessivas". Como sempre, Freud é ponderado no tocante às questões da técnica e não se exprime por ditames estritos ou imposições dogmáticas; para ele, é necessário oferecer alguns contornos que levem os analistas a ponderar, eles mesmos, sobre o que podem ou devem introduzir em sua intervenção analítica: "Qualquer analista que, talvez pela grandeza do seu coração e por sua vontade de ajudar, estende ao paciente tudo o que um ser humano pode esperar receber de outro comete o mesmo erro econômico de que são culpadas as nossas instituições não analíticas para pacientes nervosos". E conclui:

> O único propósito destas é tornar tudo tão agradável quanto possível para o paciente, de modo a ele poder se sentir bem ali e alegrar-se de novamente ali se refugiar das provações da vida. Ao fazê-lo, não tentam dar-lhe mais força para enfrentar a vida e mais capacidade para levar a cabo as suas verdadeiras incumbências nela.[28]

Ao comparar, no encerramento de "A história do movimento psicanalítico", as modificações introduzidas por Jung com a faca de Lichtenberg — aquela da qual se trocou o cabo e a lâmina, e se afirma ainda ser a mesma! —, Freud já se referira amplamente à sua radical dissidência com a escola suíça. Ali ele pondera que ela se deu em função do abandono por Jung de todos os pontos teóricos considerados "a essência da psicanálise".[29] Mas é bastante digno de nota que, do ponto de vista clínico, a divergência incluiu o uso maciço de todo tipo de sugestões de cunho moral e religioso, que levam Freud a concluir com ironia: "É impressionante que os membros da escola de Zurique [a referência é a Jung] tivessem de fazer uma volta tão longa e passar por Viena para chegar à vizinha cidade de Berna, onde [Charles] Dubois cura as neuroses por meio de incentivos morais, de uma maneira mais sensata".[30]

Freud situa a questão do ponto de vista teórico com precisão: para a psicanálise não se trata de desviar o paciente dos investimentos libidinais induzindo-o a sublimar, mas sim ocupando-se deles até a máxima profundidade e tornando-os conscientes em todo seu alcance. E é claro na sustentação da ideia de que o subterrâneo da psicanálise pode se revelar bem desagradável para quem aspira a uma cômoda ascensão.[31] Em seu seminário *A ética da psicanálise*, Lacan salienta esse aspecto que pode se insinuar na maneira pela qual o psicanalista concebe a direção do tratamento. Para ele, o psicanalista leva o sujeito até a porta onde ele decide o que fazer. Iremos nos concentrar nesse aspecto fundamental mais adiante.

Tratar aprendendo: uma preciosa conjunção

Um dos ensaios nos quais se evidencia com mais clareza o posicionamento ético que Freud sustenta do ponto de vista da experiência psicanalítica é aquele sobre "A questão da análise leiga". Nele, Freud demonstra o quanto é inadequada a restrição da prática analítica aos médicos, uma vez que a psicanálise é uma disciplina autônoma, e a formação do psicanalista obedece a um protocolo próprio radicalmente independente de qualquer outra espécie de formação. É nesse ensaio que Freud enumera as disciplinas que compõem o programa de formação de um analista, e o conjunto aqui revelado, dominado pelas letras, define um campo de interesses tão amplo quanto particular.

Ao ler o relatório de Kurt Eissler sobre a história da análise leiga, publicado em 1965, portanto um ano antes de Lacan ter seus *Escritos* editados, pode-se entender melhor o panorama social que levou à hostilidade em relação à análise leiga e à radicalização pelos norte-americanos da exigência da análise médica. Eissler mostra que, nos primórdios da psicanálise, quando a formação analítica ainda era pouco sistematizada, a análise leiga viu-se homogeneizada em relação à psicanálise selvagem, e ocorreram "terríveis abusos nas mãos de alguns praticantes extremamente inescrupulosos".[32] Contudo, não faz nenhum sentido Eissler sustentar que as maléficas consequências da análise selvagem praticada por analistas leigos são piores que os efeitos da análise selvagem dos analistas médicos! Por outro lado, cumpre destacar que foi em grande parte em função da interdição da análise leiga que a inserção da psicanálise na medicina constituiu, na primeira metade do século xx, a vanguarda da psiquiatria acadêmica norte-americana, e "contribuiu para afastar a psiquiatria clínica de uma empreitada puramente diagnóstica e carcerária, e para torná-la uma disciplina humana e orientada para o tratamento".[33]

O texto de Freud sobre a psicanálise selvagem, como vimos, fala desses efeitos, mas é significativo que o caso por ele relatado se refira à prática da análise selvagem de um médico — o que será precisamente o mote da escrita do ensaio de 1927 sobre a análise leiga: o que importa para a psicanálise não é a formação anterior do psicanalista, mas sim sua formação propriamente psicanalítica. O analista leigo não é para Freud o analista não médico, mas sim o analista que não possui uma formação psicanalítica sólida.

Como resumiu Paul-Laurent Assoun, a importância maior desse ensaio reside na sua ênfase "sobre a significação do ato analítico, que implica um não alinhamento com uma racionalidade médica".[34] Além disso, ele foi escrito num contexto em que seu discípulo Theodor Reik estava sendo processado por um paciente psicótico americano, ele próprio médico, que procurara Freud, mas fora encaminhado por este a Reik. Freud se refere a esse contexto no pós-escrito da edição norte-americana de 1935, afirmando que seu texto era "um escrito de circunstância" e que Reik, doutor em filosofia, era um "homem competente e de confiança".[35] O ensaio de Freud levou à rápida suspensão do processo, mas a verdade é que tudo isso ocorreu num clima bastante hostil à psicanálise, pois em setembro de 1924 a psicanalista não médica Hermine von Hug-Hellmuth, do círculo freudiano, foi assassinada por seu sobrinho, que tinha ido morar com ela aos treze anos, após a morte da mãe e dezoito mudanças de domicílio. Hug-Hellmuth teria submetido o jovem a interpretações selvagens, e Wilhelm Stekel, então dissidente do movimento psicanalítico, aproveitou o incidente para interpelar a Sociedade Psicanalítica de Viena quanto à questão da análise leiga. Entrementes, como se já não bastasse, fora exigido dos psicanalistas da policlínica psicanalítica de Viena a formação médica.

A questão da análise leiga é complexa e se enraíza na estrutura mesma do discurso psicanalítico e na condição desenvolvida pelo psicanalista para portar esse discurso. A psicanálise, como já se disse, é como o cuco, pássaro que deposita seus ovos no ninho de outros pássaros.[36] Assim, ela se nutre de outros saberes, e é com eles que engendra seu saber próprio. O diálogo constante que ela mantém com as outras disciplinas lhe permite abarcar o sem-número de questões colocadas pela mente humana, mas a forma pela qual ela o fará é inteiramente própria e não se confunde com nenhum outro saber existente: ela não só parte da premissa da sobredeterminação inconsciente, como também emoldura os fenômenos da sexualidade num quadro novo — o pulsional —, por ela mesma definido. Além disso, as consequências da última teoria freudiana sobre a pulsão de morte vão se alastrar por toda a concepção clínica freudiana, dando a ela um alcance tão inédito quanto fecundo.

Concluindo que o paciente na análise "diz mais do que sabe",[37] Freud alude ao saber inconsciente, noção à qual Lacan outorgará a maior importância, e emoldura a experiência analítica na força das palavras, que não tem nada de mágica — a mágica se caracteriza por ser súbita, ao passo que a análise leva anos. Pois as palavras representam um progresso da civilização, cuja existência se deve em grande parte à substituição do ato pela palavra. Ao ponderar que "é verdade que 'no começo foi a ação', a palavra veio depois",[38] Freud se refere à tragédia *Fausto* de Goethe, naquela cena crucial que antecede o exato momento em que Fausto se depara com Mefistófeles. Entrando em seu quarto com o cão vadio que o acompanhou e ao amigo Wagner no passeio, Fausto abre a Bíblia e, partindo da negação da precedência da palavra — "No princípio era o Verbo" — ali postulada, passa por "No início era o Sentido" e "No início era a Energia", e chega até a precedência da ação — "Era no início a Ação".[39] Vê-se que, passando do verbo ao sentido e da energia à ação, ele passa do simbólico ao imaginário e deste ao real.

Freud encerra seu ensaio sobre a análise leiga com um duplo direcionamento francamente ético, que invoca, por um lado, a necessidade de a formação do psicanalista não se limitar às disciplinas inseridas numa dimensão estritamente terapêutica, mas incluir um amplo leque de disciplinas, como filologia, história da cultura, ciências da literatura, mitologia e psicologia da religião.[40] Por outro lado, ele ressalta que a psicanálise merece um destino melhor que ser devorada pela medicina e se transformar num capítulo sobre métodos de tratamento de um manual psiquiátrico. Essa parece a grande motivação do texto, mostrar a amplitude daquilo que a psicanálise permite considerar sobre o homem e a cultura. O emprego da análise como tratamento das neuroses é apenas uma de suas aplicações, e "o futuro talvez demonstre que não é a mais importante".[41] Freud sublinha que não quer que a terapia destrua a ciência, ainda mais porque o "interesse terapêutico" do médico não é vantajoso, uma vez que os pacientes são "mais bem ajudados se ele executar sua tarefa friamente e obedecendo às regras tão de perto quanto possível".[42] Pois o que a experiência analítica ensina é que,

> na psicanálise, tem existido desde o início um laço inseparável entre cura e pesquisa. O conhecimento trouxe êxito terapêutico. Era impossível tratar um paciente sem aprender algo de novo; foi impossível conseguir nova percepção sem perceber seus resultados benéficos. Nosso método analítico é o único em que essa preciosa conjunção é assegurada.[43]

Contrariamente a esse modo de operar próprio à psicanálise, na esfera da prática médica não se espera que o médico aprenda no ato do tratamento de seu paciente, mas sim que seu saber prévio constitua o lastro de conhecimento que permite curá-lo.

Amar, trabalhar, deliberar

Podemos fazer nesse ponto um parêntese para aprofundar algumas questões essenciais que tais formulações freudianas colocam. Quando Freud afirma, na conferência 31, "A dissecção da personalidade psíquica", proferida em 1932 na segunda série de *Conferências introdutórias à psicanálise*, *Wo Es war soll Ich werden* — frase à qual Lacan retorna inúmeras vezes em seus seminários e escritos[44] —, ele está se referindo a essas novas possibilidades de lidar com a pulsão que são abertas ao sujeito pela análise. O paradoxo está no fato de que a pulsão é acéfala,[45] ela é "sem sujeito, anônima, e que o sujeito, querendo fazer-se o porta-voz da pulsão, só consegue estar em descompasso com ela. É muito difícil fazer advir 'eu' onde era 'isso', operação cujo êxito implicaria um esgotamento do inconsciente".[46]

Há de fato algumas saídas possíveis para o sujeito à medida que a análise avança. Se a ação analítica se inscreve na direção do desrecalcamento, isso se dá porque ela parte da ideia de que "o recalque prematuro excluiu a sublimação da pulsão recalcada; desfeito aquele, está novamente livre o caminho para a sublimação".[47] Através do desrecalcamento gradual que a análise promove, sobretudo através dos derivados do recalcado que a associação livre faz surgirem, algumas possibilidades novas se apresentam ao sujeito, que, diferentemente do recalque que opera de modo automático e excessivo — esses são os dois termos com os quais Freud sempre qualifica o processo do recalcamento —, colocam em cena para ele sua capacidade de escolha e decisão.

Sabemos que o recalque sempre foi para Freud algo enigmático, pois ele se produz para o sujeito de forma absolutamente inconsciente, sem lhe dar qualquer outra possibilidade de escolha. Na verdade, o recalque reage às moções pulsionais de uma forma tão intensa quanto o eu se sente ameaçado por elas. Ocorre que o sujeito só se dará conta de que houve recalque quando este retornar através de sintomas e outras formações do inconsciente. O recalque não dá qualquer chance ao sujeito para se interrogar em relação a alguma exigência de satisfação pulsional. Charles Melman chama a atenção para essa dimensão enigmática do recalque, que, diferentemente dos outros mecanismos de defesa (denegação, deslocamento, isolamento, anulação retroativa etc.) — que incidem sobre elementos do discurso articulados pelo sujeito —, antecipa e concerne a um elemento que poderia ter sido articulado, mas que, "mesmo sem ter conseguido chegar à consciência, aos lábios, foi recalcado: só o conhecemos por reconstrução a partir de formações substitutivas às vezes muito distantes e discretas que denunciam sua existência no discurso articulado, ou no ato falho".[48]

A partir da lógica com a qual concebeu a direção do tratamento analítico, Lacan retomou a pergunta formulada por Freud, sobre qual a relação do sujeito com a pulsão no final da análise. Se, para Lacan, em consonância com Freud, a análise do sintoma — pelo qual o sujeito entra em análise — revela a fantasia a ele subjacente, e a travessia da fantasia desemoldura a pulsão da janela[49] com que a fantasia a contorna, levando o sujeito a se defrontar com o pulsional, a questão que surge é precisamente qual a relação do sujeito analisado com a pulsão. O esquema a seguir resume o percurso analítico quanto a esses aspectos.

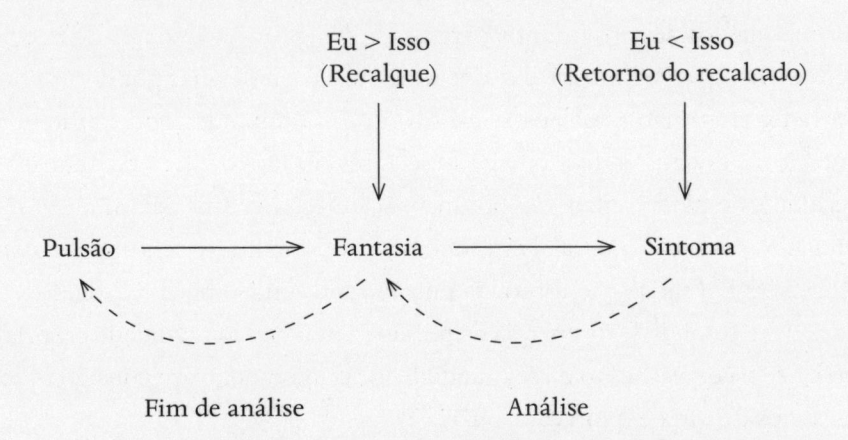

Onde: Pulsão: exigência imperiosa de satisfação | Fantasia: adiamento da satisfação | Sintoma (no sentido mais amplo do termo, sonho, sintoma, lapso etc.): satisfação substitutiva da pulsão | Análise: destacamento da fantasia subjacente ao sintoma | Fim da análise: travessia da fantasia

Tal questionamento já está presente em Freud, que, por sua vez, ao abordá-lo, deixa claro que, com a análise, não mudará a exigência de satisfação da pulsão, mas sim a forma pela qual o sujeito irá lidar com ela sem que o recalque — lembre-se: automático e excessivo — entre em ação. Colette Soler salienta o quanto essa concepção dos objetivos da análise em Freud "não tem nada de mestre, ao contrário, ele diz que, uma vez que a análise tirou os recalques, revelou ao sujeito o cerne de seu inconsciente, a exigência de gozo aí implicada escolhe: aceitar essa parte pulsional ou rejeitá-la". Do mesmo modo que a versão lacaniana sobre o fim da análise, que implica a identificação com o sintoma, consiste precisamente em "assumir o gozo".[50]

Assim, através do desrecalcamento gradual que a análise possibilita, o sujeito irá se deparar com três outras formas — diferentes do recalque — possíveis de lidar com suas pulsões: a sublimação, a satisfação direta e o juízo de condenação (*Verurteilung*). Na última lição que Freud proferiu nos Estados Unidos em 1909, ele enfatizou essas três possibilidades de destinos da pulsão posteriores ao processo de desrecalcamento empreendido pela análise.[51] A sublimação é concebida por Freud como a preservação da energia dos desejos infantis para sua utilização — o que não ocorre no recalcamento — e "substitui o alvo de algumas tendências por outro mais elevado, quiçá não mais de ordem sexual".[52] O juízo de condenação vem substituir, por meio de recursos superiores obtidos através da análise, o recalque, de modo que os desejos inconscientes liberados pela análise "são anulados pela ação mental, bem conduzida, dos melhores sentimentos contrários".[53] E a satisfação direta da pulsão representa a necessidade de não "desviar a totalidade da energia da pulsão sexual de sua finalidade própria", pois, "se o cerceamento da sexualidade for exagerado, trará consigo todos os danos de uma exploração abusiva".[54]

Podemos reunir tais elementos em jogo no esquema a seguir, em que a seta contínua indica o vetor do recalque em jogo na neurose e a seta descontínua indica o vetor do desrecalcamento promovido pela análise. Esta acaba por abrir três novas possibilidades de lidar com a demanda de satisfação pulsional: satisfação direta, sublimação e juízo de condenação.

Dessas três novas possibilidades, o juízo de condenação talvez seja a menos estudada e a mais enigmática. É interessante fazer um parêntese para observar que Freud utiliza dois termos para expressar essa noção: *Verurteilung* e *Urteilsverwerfung*. Se o primeiro é frequentemente traduzido por juízo de condenação, o segundo comporta a noção de *Verwerfung*, que na obra de Freud foi traduzida por rejeição e que Lacan alçou à categoria de conceito, ao elegê-la como mecanismo de defesa da psicose — a foraclusão. Assim, ele poderia ser traduzido como juízo de rejeição ou de foraclusão, o que implicaria uma aproximação inusitada entre a noção de juízo de condenação e o mecanismo de defesa da psicose. Tratar-se-ia, então, de uma condenação tão radical que não seria reversível, pois o que foi foracluído — termo que, no âmbito jurídico, explorado por Lacan, designa uma peça que não pode mais entrar num processo porque a data de sua apresentação expirou — não retorna mais. Nesse caso, vemos que é mais apropriado utilizar o termo juízo de condenação para traduzir *Urteilsverwerfung*, pois se trata de um mecanismo que guarda a força de um repúdio forte, uma condenação firme, mas não implica a dimensão do foraclusivo. Isso ficará mais claro adiante.

Já o esquema que apresentamos adiante é uma articulação entre as diversas dimensões consequentes ao desrecalcamento promovido pela análise e a estrutura da pulsão e do objeto *a*. Os elementos em jogo nele são o objeto *a* e a pulsão com seus quatro elementos e suas quatro vicissitudes psíquicas, mais uma vicissitude corporal, a satisfação direta. Nunca é demais sublinhar que quando Freud fala de quatro vicissitudes da pulsão ele se refere às vicissitudes psíquicas, mas há a vicissitude corporal da pulsão

— a satisfação direta. Das quatro vicissitudes da pulsão, o recalque e a sublimação brigam pela primazia do destino psíquico a ser dado ao pulsional. E o objeto *a* pode ser repertoriado em suas quatro manifestações diferentes: na pulsão, na angústia, na fantasia e no desejo. E ele comparece como uma verdadeira cabeça de Jano, suas duas faces absolutamente opostas: a face de objeto causa do desejo e a face de objeto mais-gozar.

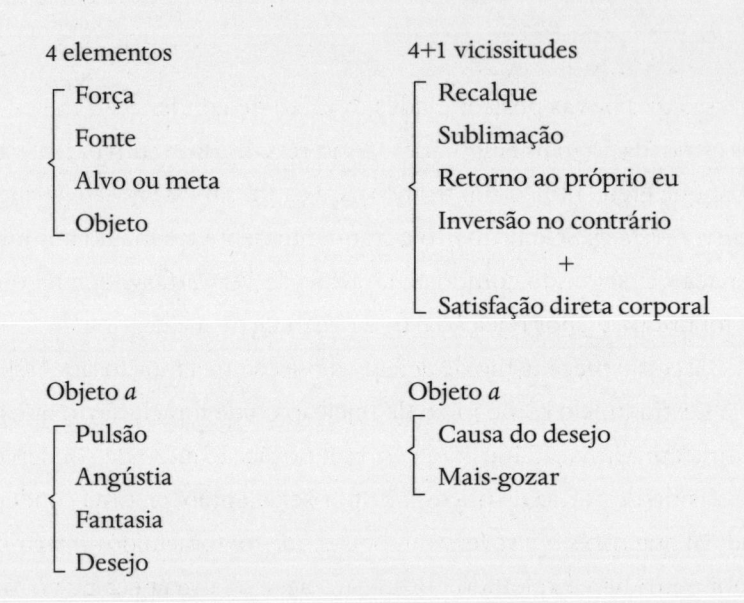

4 elementos	4+1 vicissitudes
Força	Recalque
Fonte	Sublimação
Alvo ou meta	Retorno ao próprio eu
Objeto	Inversão no contrário
	+
	Satisfação direta corporal

Objeto *a*	Objeto *a*
Pulsão	Causa do desejo
Angústia	Mais-gozar
Fantasia	
Desejo	

No fim da análise surge a questão colocada por Lacan: qual a relação do sujeito com a pulsão? Freud respondeu com as três possibilidades acima: a satisfação direta, a sublimação e o juízo de condenação, que podemos subsumir a três verbos: amar, trabalhar, deliberar.

Se o recalque representou um "Não" dado à pulsão que não permitiu qualquer forma de deliberação por parte do sujeito, o juízo de condenação surge como uma nova forma de lidar com a pulsão que não implica uma fuga do sujeito, mas sim um defrontamento com as exigências pulsionais mais variadas e a deliberação — deliberar vem de *deliberare*, que contém o radical *liber*, "livre" — sobre o destino a ser dado a elas. O juízo de condenação manifesta, portanto, alguma parcela de liberdade que o sujeito conquistou em sua análise, a qual suspende a posição de refém da pulsão na qual ele se encontrava através da ação do recalque e das manifestações sintomáticas de seu retorno. O juízo de condenação representa, assim, uma conquista da análise, e nele são acionadas instâncias psíquicas que permitem deparar-se com o pulsional sem que isso represente uma ameaça assustadora. Freud chama a atenção para o fato de que o recalque se produziu num momento em que o eu ainda não tinha condições de lidar com a pulsão de outro modo, e o que se espera da análise é que o eu adquira uma flexibilidade que lhe permita acolher o pulsional e deliberar sobre ele.

Assim como o recalque tem na sublimação seu verdadeiro oposto estrutural, o juízo de condenação vai de par com a possibilidade de consentimento à satisfação direta da pulsão. Essa quinta vicissitude da pulsão representa o "Sim" que é possível dar à pulsão em sua busca de satisfação, sempre entendida como satisfação da esfera sexual.

Se a sublimação opera a partir do simbólico para indicar o vazio da Coisa situado mais além do objeto, a satisfação direta incide sobre o real do corpo e consente no gozo. Já o juízo de condenação coloca em jogo a distinção no campo do simbólico, através da potência — eminentemente simbólica — do duplo sentido para exercer sua deliberação.

Não é difícil entender que determinadas violências cometidas contra homossexuais, transexuais e travestis revelam que as características com as quais Freud define o recalque — automático e excessivo — estão na origem de uma violência igualmente automática e excessiva. A intolerância de determinados sujeitos que partem subitamente para a agressão de homossexuais fala a favor de um recalque tão forte que não permite nem mesmo o convívio com a diferença. Tudo leva a crer que o agressor se sente agredido diante da homossexualidade da qual ele próprio fugiu por meio de um recalque brutal e precisa eliminá-la com a mesma fúria com a qual sofreu o processo de recalque de suas moções pulsionais homossexuais. É assim que manifestações públicas salutares que visam celebrar a aceitação na cultura da diversidade sexual, como as paradas do orgulho LGBTQIA+ — vejam-se os terríveis exemplos de agressões brutais que ocorrem em todo o mundo —, podem, paradoxalmente, desencadear uma violência descontrolada e altamente destrutiva.

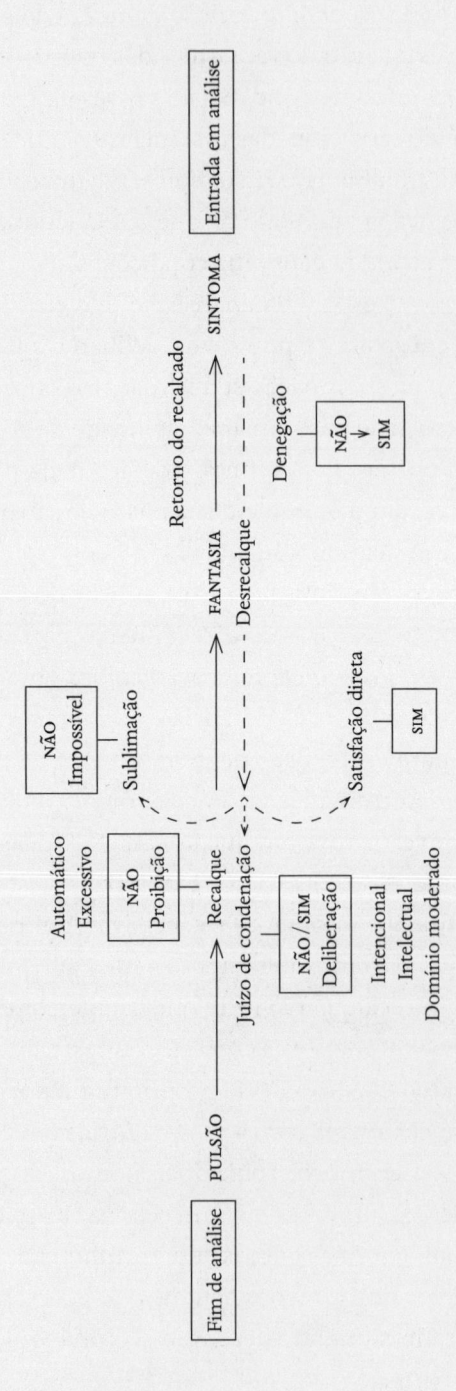

Onde: A seta contínua indica o vetor do recalque (*Verdrängung*) que vai da pulsão ao sintoma passando pela fantasia. | A seta descontínua indica o vetor do desrecalcamento que faz o caminho inverso, indo do sintoma na direção da pulsão, passando pela fantasia. | Retorno do recalcado: o recalcado sempre retorna. | O sintoma indica a porta de entrada em análise assim como a pulsão indica sua porta de saída. | Recalque — é um NÃO automático e excessivo dado à pulsão: o NÃO da proibição. | Satisfação direta — gozo sexual corporal. É um SIM dado à pulsão em sua busca de satisfação direta. | Sublimação — elevação do objeto ao estatuto da Coisa: o NÃO do impossível. O gozo parcial proporcionado pelo objeto não atinge a satisfação total. | Juízo de condenação — o NÃO/SIM da deliberação é intencional, intelectual e representa um domínio moderado sobre o pulsional. | Denegação (*Verneinung*) — o NÃO consciente através do qual se manifesta o SIM inconsciente.

O cavaleiro e seu cavalo

Em sua conferência "A Coisa freudiana ou sentido de um retorno a Freud em psicanálise", pronunciada em 1955 na Clínica Neuropsiquiátrica de Viena, Lacan questiona a tradução estabelecida pelos ingleses da célebre frase de Freud com tom aforístico *Wo Es war soll Ich werden*, que encerra a 31ª conferência introdutória à psicanálise, "A dissecção da personalidade psíquica", seguida da frase: "É uma obra de cultura não diferente da drenagem do Zuyderzee".[55] A frase de Freud recebeu uma tradução dos analistas ingleses que foi criticada por Lacan: *Where the id was, there the ego shall be*, "Onde o Isso estava, o Eu deve estar".[56] Os tradutores franceses introduziram uma noção ainda mais problemática, que dá ênfase ao Eu, em franco detrimento do Isso: *Le moi doit déloger le ça*, "O Eu deve desalojar o Isso". Lacan propõe em francês a tradução *Là où c'était dois-je advenir*, que em português corresponderia a "Ali onde Isso era [Eu] devo vir a me tornar".

Numa análise do contexto em que essa conferência de Lacan foi pronunciada, Elisabeth Roudinesco salienta que nessas traduções é veiculada a ideia de que "o eu, ou seja, a psicologia do eu, deve recobrir, anulando-o, o isso, ou seja, a outra cena do inconsciente, a fim de fabricar sujeitos adaptados à sociedade ou à sua subjetividade consciente".[57] Essa foi de fato a interpretação da segunda tópica freudiana (Isso, Eu, Supereu) feita pela corrente psicanalítica da Ego Psychology, privilegiando o eu "como se devesse finalmente dominar o isso ao término de uma análise bem empreendida".[58]

Mas Lacan visa precisamente criticar essas teses da Ego Psychology, que encontraram grande difusão no seio da International Psychoanalytical Association (IPA) norte-americana e alhures, na medida em que, para ele, o aforismo freudiano implica, ao contrário, a necessidade de reintroduzir o pulsional no campo do Eu, flexibilizando-o, tornando-o maleável às forças sexuais contra as quais ele na verdade nada pode. Logo, Lacan lê esse aforismo freudiano no sentido inverso — a ênfase é posta na dimensão pulsional — e propõe que o campo do pulsional possa ser habitado pelo Eu, ou que o Eu possa consentir ao pulsional.

Nessa mesma 31ª conferência introdutória, Freud estabelece uma saborosa comparação da relação entre o isso e o eu com a de um cavaleiro com seu cavalo para mostrar que há algo de indomável no pulsional: "O cavalo provê a energia de locomoção, enquanto o cavaleiro tem o privilégio de decidir o objetivo e de guiar o movimento do poderoso animal. Mas muito frequentemente surge entre o eu e o isso a situação, não propriamente ideal, de o cavaleiro só poder guiar o cavalo por onde este quer ir".[59] Um trecho da poesia "Estudos para uma bailadora andaluza", de João Cabral de Melo Neto, expressa, através da pungente analogia com a dança espanhola, essa relação íntima, intensa, indissociável entre a cavaleira e a égua, e mostra que, no fundo, ambas são feitas da mesma matéria:

Subida ao dorso da dança
(vai carregada ou a carrega?)
é impossível se dizer
se é a cavaleira ou a égua.

Ela tem na sua dança
toda a energia retesa
e todo o nervo de quando
algum cavalo se encrespa.

Isto é: tanto a tensão
de quem vai montado em sela,
de quem monta um animal
e só a custo o debela,

como a tensão do animal
dominado sob a rédea,
que ressente ser mandado
e obedecendo protesta.

Então, como declarar
se ela é égua ou cavaleira:

há uma tal conformidade
entre o que é animal e é ela,

entre a parte que domina
e a parte que se rebela,
entre o que nela cavalga
e o que é cavalgado nela,

que o melhor será dizer
de ambas, cavaleira e égua,
que são de uma mesma coisa
e que um só nervo as inerva,

e que é impossível traçar
nenhuma linha fronteira
entre ela e a montaria:
ela é a égua e a cavaleira.

A metáfora empregada por Freud em outro lugar para falar dessa relação conflitiva entre o eu e o isso, cuja elaboração a análise deve permitir, é a das árvores cujo tronco é rígido e o vento forte quebra e derruba: o eu deve se comportar como as árvores que nascem à beira-mar e que se curvam diante da tempestade — a pulsão —, mas não se quebram jamais.[60] De todo modo, Freud está continuamente chamando a atenção para o fato de que a pulsão é no fundo indomável, e, além disso, a sublimação jamais pode ser obtida em sua totalidade. Como ele mesmo ponderara já em 1912,

deve-se manter em mente que muitas pessoas caem enfermas exatamente pela tentativa de sublimar as suas pulsões além do grau permitido por sua organização, e que, naqueles que possuem capacidade de sublimação, o processo em geral se dá espontaneamente, assim que as suas inibições são superadas pela análise.[61]

Dois filmes recentes abordam com mestria a relação conflitiva entre o eu e o isso através da violenta batalha travada em cada sujeito entre amor e gozo. *De olhos bem fechados*, última obra-prima de Stanley Kubrick, baseada no livro *Breve romance de sonho* (*Traumnovelle*), de Arthur Schnitzler, trata da retirada do véu do amor que encobre o desejo e a pulsão. Por baixo da bela pradaria da vida amorosa serena e feliz do lindo casal formado pelo bem-sucedido médico Bill Harford e sua mulher, Alice, corre a larva incandescente de um vulcão pulsional desconhecido. Ao se manifestar, ainda que de forma pontual, esse magma tem o poder de abalar intensamente a relação amorosa mais perfeita.

Após uma festa em que Alice foi alvo da sedução de um galanteador húngaro — que lhe diz, durante a tentativa de conquista: "Você não acha que um dos encantos do casamento é tornar o fingimento uma necessidade para ambas as partes?" —, o casal entra num mundo até então desconhecido na vida harmoniosa que levavam. Um mundo subterrâneo, correndo paralelo à trivialidade da vida cotidiana, feito de sexo, violência e morte.

Tudo é desencadeado a partir da revelação que ela faz da incrível atração que sentira por um marinheiro durante a viagem de lua de mel. Tomada por uma franqueza inusitada, subitamente proporcionada pela marijuana, ela descreve esse episódio em que se interessou sexualmente por outro homem de modo tão intenso que seu efeito sobre o marido é devastador. Este, por sua vez, entra como penetra numa enorme e soturna orgia na qual os participantes, inteiramente nus, usam máscaras. Descoberto pelos membros da estranha bacanal, ele é salvo por uma mulher que é assassinada no dia seguinte. O amigo que lhe dera a senha para penetrar na mansão onde a orgia aconteceria também desaparece subitamente.

Emblemáticas dos véus que são utilizados no convívio social, as máscaras se revelam frágeis diante das demandas pulsionais. Após um périplo de dor e gozo, no qual o casal visita com horror o mundo do sujeito acéfalo da pulsão em busca de uma satisfação sexual ilimitada e inominável, a máscara se tornará a referência necessária e, levada para o próprio leito do casal, nunca mais poderá ser esquecida. Eles voltam a se amar, mas agora ambos sabem o quanto o gozo pode ser devastador para o amor caso este não consiga conviver com ele.

Do mesmo modo, o último episódio do filme *Relatos selvagens*, de Damián Szifron, trata do ato de desmascaramento vertiginoso que a pulsão sabe impor à homeostase imaginária do eu, na qual o amor encontra sua morada serena, embora instável. Nesse episódio, a festa de casamento metaforiza com força ímpar todo o esforço que a relação amorosa faz — sem conseguir êxito absoluto — para barrar os impulsos irrefreáveis da pulsão sexual. Só que, nesse caso, a pulsão chega ao cúmulo de invadir de modo inusitado a própria festa de casamento e se impor com toda a sua potência sobre a imagem do amor perfeito: durante a festa, a noiva descobre por acaso que uma das convidadas é amante de seu noivo; em seguida, enraivecida e desejando vingança, ela mantém relação sexual com um garçom no terraço do prédio onde se dava a festa, situação presenciada pelo marido boquiaberto. Mas surpreendentemente tudo acaba bem — quer dizer, o casamento se realiza e, para espanto dos convidados, que fogem diante do horror desvelado, o casal mantém uma relação sexual no salão da festa. E a moral da história é bem psicanalítica: se sabemos, com Lacan, que só o amor permite exercer algum freio sobre o gozo — repito mais uma vez a fórmula: "Só o amor pode fazer o gozo condescender ao desejo" —, por outro lado, também cabe ao amor abrir mão de tentar dominar o gozo inteiramente.

Ambos os filmes parecem retratar uma característica da sociedade contemporânea na qual o amor acha sua existência muito mais ameaçada pelo gozo. E, para sobreviver, só resta ao amor acatar a diferença que a presença do estranho gozo do outro impõe, um gozo que, por não poder ser freado, se coloca como obstáculo para o amor. Com a liberação crescente da sexualidade ocorrida nas últimas décadas — liberação na qual a obra de Freud desempenhou um papel nada pequeno —, talvez cada vez mais se exija do amor algo muito difícil, por lhe ser totalmente antinômico: a remissão que o gozo maligno do parceiro precisa fazer, para ser tolerado, ao gozo do próprio sujeito, igualmente estranho e maligno para o outro.[62] Talvez a força do amor atinja seu auge se ele puder reconhecer a absoluta heterogeneidade de um gozo que ele não consegue dominar. Em suma, apesar de querer a igualdade absoluta no desejo de completude amorosa, o amor deve reconhecer como verdadeira a diferença que surge quando o real do gozo se apresenta.

Beatles e Rolling Stones

A história da música popular talvez nos ensine algo essencial a esse respeito. Em 1964, dois grupos de rock se formavam na Inglaterra, os Beatles e os Rolling Stones. Ambos se popularizaram em todo o mundo, e sua fama conseguiu ultrapassar todas as fronteiras. Os Beatles desde o início ("Love me do") até o fim ("All you need is love") sempre falaram do amor[63] em suas belíssimas músicas, que são cantadas por gerações sucessivas, e duraram como grupo apenas dez anos. Já os Rolling Stones surpreendem porque existem como grupo até hoje, e sua marca eterna é o rock "Satisfaction", cuja letra simples repete apenas: "I can't get no, satisfaction, but I try, but I try, but I try. Satisfaction!" — sem dúvida a melhor definição freudiana da pulsão que podemos encontrar.

Cantando sempre o amor em suas belíssimas composições, os Beatles existiram durante um curtíssimo tempo, ao passo que os Rolling Stones até hoje mantêm sua união musical em torno da busca da satisfação impossível de se obter. Ambos os grupos, criados simultaneamente, parecem nos ensinar que o amor, que se quer eterno, perece; ao passo que a pulsão, com sua imediaticidade impulsiva, tem uma força inesgotável e uma existência duradoura.[64]

A existência desses dois grupos lendários e altamente concorrentes enquanto atuaram talvez nos ilustre que amor e gozo são grandes rivais que guerreiam no interior de cada sujeito, assim como talvez nos ensine que o gozo é mais forte do que o amor. Se o amor é o que vem em suplência à inexistência da relação sexual, a pulsão, por sua vez, é o que inscreve a dimensão da busca irrefreável de um gozo jamais atingido. O amor é o que palia essa busca e estabiliza a relação do sujeito com o objeto do desejo. Mas ele não pode conter definitivamente a pulsão, que sempre renova seu pedido à revelia do amor.

A lição de Freud, que avaliou em profundidade essas duas forças titâni-cas — amor e gozo —, deixou claro que sem o amor nós ficaríamos à mercê da violência destrutiva de nossas pulsões. Contudo, ainda que no *Cântico dos cânticos* seja considerado "forte como a morte", o amor se revela frágil diante das pulsões. Mas Freud, ao tratar da sexualidade com a liberdade com que o fez, também nos levou a entender, aos poucos — e o mundo de hoje reflete isso —, que é preciso que o amor aquiesça ao gozo de forma a ganhar permanência. Dito de outro modo, não se pode ficar apenas can-tando o amor com os Beatles, assim como não basta apenas dançar e re-bolar com Mick Jagger até os noventa anos. É preciso um pacto simbólico — pacto dos mais difíceis de ser feitos — entre o imaginário do amor e o real do gozo para trilhar essa estrada da vida. Será que foi esse amor que os Beatles cantaram em suas composições, amor que, no fundo, sempre se depara com as tempestades dessa "Long and winding road" pulsional?

Luto e fim da análise

É impressionante que, aos oitenta anos e muito doente, Freud tenha escrito "Análise terminável e análise interminável", um de seus textos mais impor-tantes sobre a técnica analítica, o qual Peter Gay, levando em conta o que ocorria na vida de Freud naquele momento, considera "sua exposição mais desencantada sobre a eficácia da psicanálise".[65] No mesmo mês de junho de 1937 Alfred Adler morreu e Freud reagiu de maneira dura à comiseração de Arnold Zweig quando soube da notícia, mostrando que mesmo com essa idade avançada ainda tinha capacidade de odiar, além de amar e de trabalhar. Freud e Adler se odiaram por mais de 25 anos. Freud comentou sarcástico: "Para um garoto judeu de um subúrbio vienense, a morte em Aberdeen, na Escócia, é uma carreira sem precedentes e uma prova de quão longe ele tinha ido. Realmente, seus contemporâneos o recompen-saram largamente pelos seus serviços, por contradizer a psicanálise".[66] Peter Gay comenta que Freud chegara ao ponto principal de *O mal-estar na cultura*, no qual afirma que não conseguia entender o ditame cristão do

amor universal e que na verdade muita gente era odiosa. E entre aqueles
que Freud mais odiava estavam os que se aproveitaram, como Adler, do
incômodo causado por sua teoria para fazer fortuna.

Ao escrever em 1937 o ensaio "Análise terminável e análise interminável", Freud parece estar continuando o trabalho de luto pela perda de
Sándor Ferenczi, morto precocemente quatro anos antes, aos sessenta
anos, de anemia perniciosa. Até as datas parecem revelar um movimento
repetitivo que ressoa a constância de um diálogo entre o mestre e o discípulo dileto. Senão vejamos: em 1923, Freud escreve "Dr. Sandór Ferenczi
em seu 50º aniversário", para homenagear seu aluno na abertura de uma
publicação que lhe fora especialmente dedicada na comemoração do
50º aniversário e pondera que "a realização científica de Ferenczi é impressionante, sobretudo em virtude de sua versatilidade".[67] Em 1927, Ferenczi
escreve "O problema do fim da análise". Ele morre em 1933, quando Freud lhe
rende homenagem ao dizer de forma retumbante no obituário que "seus trabalhos tornaram todos os analistas seus discípulos".[68] Em 1937, Freud escreve
o ensaio "Análise terminável e análise interminável", no qual desenvolveria
um diálogo com o discípulo morto sobre cada um dos pontos principais que
Ferenczi esboçara em seu artigo sobre "O problema do fim da análise". Freud
também se aproxima de seu próprio fim e, ao tratar da questão do fim da análise a partir do artigo escrito por seu discípulo dileto, sem dúvida está diante
da tarefa impossível que é colocar em palavras um afeto muito poderoso.

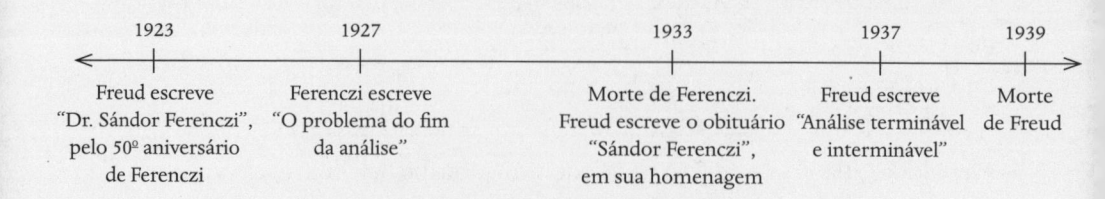

É igualmente surpreendente notar que a estrutura do minucioso diálogo de Freud com Ferenczi no ensaio de 1937 parece ter sido moldada muito
tempo antes. No obituário de 1933, Freud narra que, quando foi convidado

para pronunciar as "Cinco lições de psicanálise" nos Estados Unidos, na Clark University, convidou Ferenczi para acompanhá-lo. A cada uma das cinco manhãs em que proferiu suas conferências, a mesma situação se repetiu: ele passeava com Ferenczi em torno do edifício da universidade e, então, pedia a ele que lhe propusesse os temas sobre os quais falaria para o público selecionado que o aguardava, constituído de pessoas eminentes em psicologia e domínios vizinhos.[69] Ferenczi esboçava o que Freud meia hora depois desenvolveria numa improvisação. Uma estrutura que lembra o diálogo estabelecido nas lendárias *Mil e uma noites* entre Scherazade (Freud) e sua irmã Dinarzade (Ferenczi), com o intuito de dobrar o sultão maligno (os norte-americanos), parece estar presente nesse dueto composto pelos textos de Freud e Ferenczi sobre o fim da análise.[70]

A relação entre eles sempre foi muito intensa e alcançou rapidamente grande intimidade. Basta ver que, apenas dois anos após terem se conhecido, Freud confiou a Ferenczi a tarefa de ouvi-lo falar sobre sua própria análise, numa viagem a Siracusa. Apontando nessa cena um verdadeiro passe *avant la lettre*, em que Freud é o passante e Ferenczi seu passador, Diane Chauvelot analisou esse episódio e, partindo da completa dissimetria imposta pela situação — Ferenczi ainda não havia se analisado, enquanto Freud precisava falar sobre o final de sua análise —, concluiu com agudeza que "Freud estava dentro da análise, fora da transferência; Ferenczi estava dentro da transferência, sem análise".[71] Chawki Azouri discorda de Chauvelot quanto à ideia de Freud ter terminado sua análise em 1910 e considera que ele estava tanto em transferência quanto em análise, e é precisamente isso que coloca Ferenczi numa "situação impossível, ou mesmo louca, de ser aluno de um mestre, filho espiritual de um pai espiritual, mas analista sem querer do 'primeiro analisando da psicanálise'".[72]

A correspondência entre ambos atesta a decepção sentida por Freud: "Eu teria desejado encontrá-lo diferente sob vários aspectos. Por outro lado, eu desejaria que você saísse desse papel infantil e se colocasse no mesmo plano que eu, como um companheiro e um igual. Você não foi bem-sucedido".[73]

Delinear o contorno desse rico diálogo entre eles é importante para situar a importância das contribuições teórico-clínicas de Ferenczi, às quais Lacan atribuiu muita atenção. Sabemos que ele foi repudiado pela comunidade analítica internacional durante décadas, sendo considerado psicótico por Jones. A título de exemplo dessa rejeição, um livro consagrado ao estudo desse ensaio freudiano evidencia o colossal esquecimento ao qual a obra de Ferenczi foi fadada, pois dentre as inúmeras contribuições de diferentes analistas apenas uma menciona o seu artigo precursor, e ainda assim de modo inteiramente anódino.[74] Pretendo mostrar aqui que, ao contrário, a maioria das reflexões freudianas desenvolvidas nesse ensaio é tributária das reflexões feitas primeiramente por Ferenczi sobre o tema do fim da análise. Lacan, por sua vez, observou que Ferenczi elevou o princípio de que o psicanalista deve ser psicanalisado "à categoria de segunda regra fundamental" e foi "o autor da primeira geração a questionar com mais pertinência o que se exige da pessoa do psicanalista, sobretudo quanto ao fim do tratamento".[75]

Assim, é fundamental ler esse ensaio de Freud paralelamente ao texto de Ferenczi, escrito dez anos antes, em 1927, e intitulado "O problema do fim da análise", pois se vê que Freud retoma em grande parte as questões cruciais ali introduzidas. Ferenczi morreu em 1933, portanto antes de Freud escrever seu estudo. Do início ao fim, o ensaio de Freud é um diálogo ponto a ponto com o artigo de Ferenczi, e todos os temas desenvolvidos por ele se acham mencionados ou tratados embrionariamente por Ferenczi, embora Freud só faça referência explícita a ele na seção VII. A grande contribuição nesse texto, como, aliás, em outros escritos de Ferenczi, é que podemos perceber o quanto sua abordagem e suas questões se aproximam bastante da experiência clínica do dia a dia. O tom geral do ensaio de Freud é retificar certo otimismo terapêutico de Ferenczi. E a conclusão de Ferenczi elege o traço característico das pessoas que levaram uma análise até o fim como a separação bem mais nítida entre o mundo da fantasia e o mundo da realidade, certamente sua maneira de circunscrever a problemática da travessia da fantasia, tematizada muito depois por Lacan.

Mas não se pode esquecer que vinte anos antes, numa conferência introdutória sobre "Terapia analítica", Freud já havia enunciado, por sua vez, um protocolo bastante rigoroso sobre o fim da análise: "Só consideramos que uma análise esteja no seu término quando todas as obscuridades do caso tenham sido elucidadas, as lacunas da memória preenchidas e descobertas as causas precipitantes dos recalques".[76] Mas ele moderou sua ambição ao emoldurá-la com uma afirmação bastante ponderada: "O neurótico realmente curado tornou-se outro homem, embora, no fundo, naturalmente tenha permanecido o mesmo; ou seja, tornou-se o que se teria tornado na melhor das hipóteses, sob as condições mais favoráveis".[77]

A duração da análise

O ensaio de Freud é dividido em oito pequenas seções. Na primeira, ele dialoga com Ferenczi quanto à questão do tempo de duração de uma análise. Este afirmara em seu artigo que, "para que uma análise possa ser inteiramente terminada, é preciso dispor de um tempo por assim dizer infinito".[78] Sua perspectiva é que a fixação de um prazo para o tratamento só traz empecilhos ao desenrolar da análise. Freud aborda de saída a questão do tempo de duração de uma análise, que em geral é amplo.

Desde o início, foram feitas tentativas no sentido de abreviar a duração da análise, como no caso de Otto Rank com sua teoria do "trauma do nascimento", apresentada no livro de mesmo nome, em 1924. Para Rank, o nascimento era a fonte de toda neurose, pois a "fixação primordial" à mãe era algo não superado e que permanecia sempre como "recalcado primordial". A análise desse trauma primordial eliminaria, para ele, toda a neurose, e alguns poucos meses eram suficientes para realizá-la. Freud comenta que essa ideia de Rank era filha de sua época e tinha sido concebida na oposição entre a miséria europeia do pós-guerra e a prosperidade norte-americana. Seu objetivo era adaptar o tempo da análise à pressa da vida americana. Freud compara o procedimento de Rank ao do bombeiro que, chamado para apagar o incêndio de uma casa, se limitasse a retirar de dentro da casa a lamparina onde ele se originou.

Freud menciona sua própria tentativa de encurtar a duração da análise feita com o Homem dos Lobos. Com o avanço do tratamento, a melhora parcial conseguida e o conforto assim trazido para ele, "o paciente não desejava dar qualquer passo à frente que o trouxesse para mais perto do fim do tratamento".[79] Freud fixou então o prazo de um ano para o fim da análise. Primeiro, o paciente não acreditou, mas, assim que percebeu a veracidade da combinação feita por Freud, "sobreveio a mudança desejada": "suas resistências definharam, e nesses últimos meses de seu tratamento foi capaz de reproduzir todas as lembranças e descobrir todas as conexões necessárias para compreender sua neurose primitiva e dominar a atual".[80] Freud o considerou nesse momento "curado radical e duradouramente". Contudo, alguns anos depois, o paciente apresentou um episódio psicótico de caráter paranoico, que Freud considerou relacionado a "restos transferenciais", e foi tratado por Ruth Mack Brunswick.

A primeira seção do texto se encadeia naturalmente com a segunda, e a questão relativa à longa duração do tratamento desemboca na questão mais profunda sobre se há um término natural para cada análise, e se, em geral, é possível levar uma análise até esse fim. Há dois sentidos para a expressão "final da análise". O primeiro se cumpre por meio de duas condições: quando o paciente não mais padece de seus sintomas, superou suas angústias e inibições, e quando o analista acredita ter tornado o paciente tão consciente do recalcado, esclarecido tanto daquilo que se mostrava incompreensível e eliminado quanto da resistência interna, a ponto de já não temer que os processos patológicos em questão se repitam. Quando isso não se dá por razões externas, Freud diz que é preferível falar de análise incompleta, e não de análise inacabada. O segundo sentido é muito mais ambicioso: ele diz respeito a se alcançar um nível de normalidade psíquica absoluta ao qual, além disso, se pode atribuir a capacidade de manter-se estável. Isso significaria ter conseguido resolver todos os recalques e preencher todas as lacunas de recordação. O que resta um pouco enigmático nessa passagem é que não se vê muito bem a diferença entre esses dois sentidos, a não ser a condição de manter-se estável, que, aliás, parece estar atribuída ao preenchimento da amnésia infantil — fator que Freud sempre considerou mais relevante para indicar o fim da análise.

Freud fala da etiologia da neurose como mista, constitucional e acidental: o fator constitucional diz respeito às pulsões hiperintensas, refratárias ao amansamento pelo eu, que se altera de forma prejudicial na luta defensiva; este é um fator bastante desfavorável para a análise e remete à dimensão de um gozo não passível de ser refreado. Já o fator acidental, efeito de traumas precoces, prematuros, os quais o eu ainda imaturo não pode dominar, constitui a oportunidade mais favorável para fortalecer o eu e substituir a decisão deficiente pela correta.

Dois exemplos surgem a seguir: o primeiro, sabemo-lo indiretamente através dos historiadores, é o de Ferenczi, que criticara Freud por este não ter analisado sua transferência negativa. Freud retornará a ele adiante, mas aqui ele apenas responde a essa crítica com simplicidade recorrendo à ética analítica: o analista, diz ele, não pode ativar um tema ou um complexo quando este não é atual no paciente, e, nesse caso, a transferência negativa não havia se manifestado minimamente. Aqui Freud mostra que jamais abriu mão de sua analogia entre a técnica da análise e a escultura, ambas operando *per via di levare*, opostamente à pintura e à psicoterapia, que operam *per via di porre*. De fato, a resposta de Freud implica a não utilização pelo analista da sugestão e remete diretamente à manutenção, antes de tudo, do fundamento ético da clínica baseada na associação livre e na não utilização do poder que a transferência outorga ao analista. O segundo caso por ele mencionado, sem revelar que se tratava de Elisabeth von R., que estudamos no primeiro capítulo, é o de uma jovem que apresentava sintomas de conversão histérica, dores ao caminhar, que foram resolvidos na análise. Apenas muitos anos depois, ao ter o útero retirado na ocorrência de um mioma, ela adoeceu de novo e nunca mais se recuperou. Com esse exemplo, Freud coloca com honestidade a impossibilidade de a análise ser profilática em relação a futuros traumas.

O fator quantitativo e a profilaxia

Na terceira seção, dá-se ênfase ao fator quantitativo, quando Freud menciona os três fatores decisivos que possibilitam o tratamento psicanalítico: ocorrência de traumas, intensidade constitucional das pulsões e alteração do eu. E aborda o segundo deles, sugerindo que o termo constitucional não é adequado e deve ser substituído por "ocasional", pois o que importa é a intensidade pulsional, que pode aumentar momentaneamente em alguns períodos da vida, como a puberdade e a menopausa. Na análise do conflito entre o eu e a pulsão deve ser levada em conta a intensidade pulsional (pois dela depende a possibilidade de amansamento da pulsão) e a condição do eu. Freud salienta aqui o "poder inegável do fator quantitativo na causação da doença",[81] assim como falará adiante da "importância suprema do fator quantitativo".[82]

O que está em jogo é a oposição entre a força da pulsão e a força do eu. Com a diminuição da força do eu, no cansaço e na doença, as pulsões anteriormente domesticadas voltam a aspirar à sua satisfação, como no caso do sonho, em que o estado de adormecimento do eu favorece o despertar das exigências pulsionais. Já com o aumento da força pulsional na puberdade e na menopausa, muitas pessoas se tornam neuróticas, pois a domesticação das pulsões, obtida quando elas tinham menor intensidade, fica agora impossibilitada. Freud chega a se desculpar por não ter sempre chamado a atenção para o fator econômico, ao lado dos fatores dinâmico e tópico. Esse fator quantitativo foi abordado por Ferenczi ao falar da perlaboração (*Durcharbeitung*) como o terceiro recurso técnico da análise, juntamente com o recordar e o repetir. A perlaboração é o trabalho psíquico a que o paciente se entrega com a ajuda do analista, e ele está relacionado ao jogo de forças entre o recalcado e a resistência.[83] No final dessa seção, Freud cita Ferenczi, "que veio a dedicar os últimos anos de sua vida a experimentos terapêuticos, os quais, infelizmente, se mostraram vãos",[84] e introduz a seção seguinte, dedicada ao conflito que ocorreu entre ambos, antes mencionado implicitamente e só agora explicitado.

Na quarta seção, é desenvolvida a questão sobre se é possível durante o tratamento de um conflito pulsional proteger o paciente de conflitos futuros, e também se é possível despertar com finalidade profilática um conflito pulsional que ainda não se manifestou. Sua resposta será que não é possível realizar nenhuma das duas coisas: "Se um conflito pulsional não está presentemente ativo, se não está manifestando-se, não podemos influenciá-lo, mesmo pela análise".[85] Aqui Freud dialoga com aquela passagem em que Ferenczi menciona que a análise não pode se considerar terminada a não ser que inclua a cura no sentido profilático.[86] Vem de novo à lembrança, imediatamente, a comparação que Freud fez entre a psicanálise e a escultura, definida por Da Vinci como operando *per via di levare* e se opondo à sugestão que opera como a pintura, *per via di porre*. Introduzir um conflito que não está presente, com o nobre intuito de tratá-lo, seria contrariar a ética analítica nesse aspecto essencial: o analista não sabe o que é bom para o analisando e, portanto, não cabe a ele submeter à análise nenhum elemento que não tenha se manifestado na fala do sujeito.

O eu

Na quinta parte, ao abordar as alterações do eu e colocar o eu normal e a normalidade em geral como uma ficção ideal, Freud avança um novo aspecto inerente à ética psicanalítica. Ele concebe uma gradação que vai desse ideal até o eu do psicótico, para conceber o eu de todos os sujeitos não psicóticos como se situassem sempre mais ou menos próximo do psicótico quanto a este ou aquele aspecto. O eu normal fictício seria aquele que faria uma aliança absoluta com a análise, e o desenlace de uma análise dependeria em sua essência da intensidade e da profundidade do enraizamento dessas resistências oriundas da alteração do eu.

Vê-se aqui uma diferença de concepção entre Freud e Lacan quanto ao eu e sua função no tratamento. Para Lacan, o eu é a sede das resistências e do desconhecimento, enquanto Freud parece se referir a um eu independente desses mecanismos de defesa. O livro de Anna Freud sobre *O eu e os mecanismos de defesa*, que acabara de ser publicado um ano antes, é mencionado logo na abertura dessa seção e tem seu peso aqui. Para Lacan, o eu é constituído pelos mecanismos de defesa e não pode ser visto independentemente deles, como sugere Anna Freud. Em um seminário proferido em Caracas, Diana Rabinovich se debruçou sobre o estudo do eu e ressaltou que "tanto o imaginário como o simbólico e o real operam na estruturação do eu, que surge como uma instância cujo caráter heterogêneo explica muitos paradoxos com os quais nos defrontamos quando falamos dele no tratamento psicanalítico".[87]

Freud aborda a questão da análise do caráter, que é igualmente introduzida por Ferenczi. Para este, "se a análise deve ser uma verdadeira reeducação do humano, deve-se, com efeito, remontar na análise a toda a formação do caráter, o qual, quando do recalcamento pulsional, constituiu-se como automatismo protetor, retrocedendo até seus fundamentos pulsionais".[88] Desse modo, para Ferenczi, "nenhuma análise sintomática pode se considerar concluída se não for, simultaneamente ou em seguida, uma análise de caráter".[89] Para Freud, o caráter é formado pelos diferentes mecanismos de defesa que cada sujeito emprega e que se fixam no interior do eu.[90] Eles passam a agir automaticamente ao longo da vida e se manifestam tão logo surja no horizonte uma situação parecida com aquela que suscitou sua utilização inicial. Esses mecanismos de defesa se encontram tão arraigados que passam a funcionar como um polo de grande resistência à análise. Freud chega a afirmar que a própria análise é tratada como um novo perigo.

É nessa quinta parte do ensaio que Freud introduz a noção de aliança com o eu do paciente "a fim de submetermos partes de seu isso que não estão controladas, o que equivale a dizer, incluí-las na síntese de seu eu".[91] Tal noção implica para Freud o fato de que o eu normal é uma ficção ideal, e ele só poderá ser considerado medianamente normal, nunca completamente. Mas já no âmbito da primeira tópica, em seus escritos técnicos e no contexto do estudo da transferência, surgem formulações que foram entendidas como a origem da noção de "aliança terapêutica". Por exemplo, quando Freud menciona que tanto as transferências positivas como as negativas podem se tornar uma fonte de resistência ao tratamento, ao passo que o componente amistoso e carinhoso da transferência positiva representa o veículo do êxito na psicanálise. E também quando falou de "transferência eficaz" como aquela que permite começar o pleno trabalho da psicanálise, vinculando o paciente ao tratamento e à pessoa do médico.

Mas nesses momentos Freud está trabalhando com a conceituação da primeira tópica, e ainda não há uma teoria do eu constituída. Por outro lado, homogeneizar a noção de aliança terapêutica com o conceito de transferência — coisa que Freud nunca fez — é incongruente na medida em que supõe que é possível ao analisando estar em transferência e, ao mesmo tempo, não estar, e apresentar uma lucidez sobre a própria transferência que suporia a análise terminada. Isso levou alguns autores muito longe. Por exemplo, Richard Sterba chegou a postular "a necessidade de o psicanalista efetuar uma separação, dentro do paciente, entre aqueles elementos que estão apoiados na realidade e aqueles que não estão".[92]

Contudo, foi baseado nessa formulação freudiana que se criou a noção de aliança terapêutica, que supõe que o analista deve estabelecer uma aliança com a parte sadia do eu do paciente para tratar a parte doente de seu eu. O eu do analista passa assim a ser considerado o protótipo da normalidade, e é nessa medida que Heinz Hartmann e outros autores puderam chegar a falar em "eu autônomo", ou seja, em uma esfera do eu livre de conflitos, e conceber o tratamento como um processo de adaptação e ajustamento à realidade.[93]

Tais noções invadiram as produções analíticas e constituíram um alvo de forte crítica por parte de Lacan, na medida em que centravam a análise no eu do paciente e acabavam por sustentar o eu do analista como modelo de identificação para o analisando ao fim da análise. Mais que nunca, nessas noções fica patente o rumo que a psicanálise tomou ao se aliar à medicina — o de uma terapia cujos objetivos de normatização são buscados sem crítica ou questionamento. A direção ética da concepção freudiana da experiência analítica é substituída por uma prática que visa uma adaptação à realidade — tal como esta é concebida por referência a supostos padrões de normalidade. Joga-se fora toda a concepção freudiana sobre a fantasia — suporte do desejo — como o verdadeiro princípio de realidade, e se oferece ao analisando a "realidade fantasística" do psicanalista como *a* realidade.

Os grandes obstáculos

Na sexta seção, Freud toca em inúmeros elementos que interessam diretamente à questão do fim da análise, como a adesividade da libido e a inércia psíquica, ambas relacionadas ao que ele denomina resistência do isso, encontrada em todo sujeito, e a entropia psíquica, característica das pessoas idosas. O masoquismo, a reação terapêutica negativa, o sentimento de culpa e a necessidade de punição são inventariados por Freud como grandes obstáculos ao tratamento, e, se isso ocorre, é na medida em que eles são todos fenômenos tributários da ação da pulsão de morte: "Nenhuma impressão mais forte surge das resistências durante o trabalho de análise que a força que se está defendendo por todos os meios possíveis contra o restabelecimento e que está absolutamente decidida a apegar-se à doença e ao sofrimento".[94] Essa força está sempre mesclada às pulsões de vida, e a ação dessas duas pulsões "explica a rica multiplicidade dos fenômenos da vida".[95]

Afirmando que "todo ser humano é bissexual e sua libido se distribui, quer de maneira manifesta, quer de maneira latente, por objetos de ambos os sexos",[96] Freud faz questão de postular também, no final de sua obra, aquilo que introduzira logo no início: a bissexualidade como estrutural. Ele salienta que a heterossexualidade e a homossexualidade são em geral competidoras que rivalizam entre si, embora em alguns casos elas consigam dividir a cota de libido do sujeito que têm à sua disposição.

Na penúltima seção do ensaio, a sétima, Freud agora se referencia explicitamente ao texto de Ferenczi que lhe serviu de roteiro do início ao fim. Ele considera-o uma salutar advertência no sentido de que se deve ter como meta da análise não sua abreviação, mas seu aprofundamento. Freud privilegia assim explicitamente essa seção do texto de Ferenczi, na qual ele destacou a importância da análise do analista, dizendo que "é uma condição preliminar que o analista tenha terminado por completo sua própria análise".⁹⁷ E embora "os analistas, em sua própria personalidade, não tenham estado invariavelmente à altura do padrão de normalidade psíquica para o qual desejam educar seus pacientes",⁹⁸ isso deve ser exigido deles, o que de algum modo impõe-lhes uma exigência que aproxima a psicanálise das profissões impossíveis, como educar e governar.

Mas Freud pondera que a análise pessoal do analista é o meio pelo qual ele pode se preparar para sua atividade, e adverte também que, pelo fato de lidar com todo o recalcado da alma humana, ele também tem despertadas em si todas aquelas exigências pulsionais que normalmente manteria guardadas em si mesmo. Freud aconselha então que o analista se submeta à análise novamente a cada cinco anos. Mas pondera que não advoga demandar-se do sujeito uma normalidade esquemática sem paixões ou conflitos, e sim que a análise deve criar condições mais favoráveis para as funções do eu.

Ferenczi foi longe em sua apreciação do fim da análise para o analista, e isso constitui um fator de interesse suplementar de seu artigo precursor. Disse ele:

> Assinalei amiúde, no passado, que não via nenhuma diferença de princípio entre análise terapêutica e análise didática. Gostaria de completar essa proposição no sentido de que nem sempre é necessário, na prática clínica, aprofundar o tratamento até o ponto que chamamos de término completo da análise; em contrapartida, o analista, de quem depende o destino de tantos seres, deve conhecer e controlar até as fraquezas mais escondidas de sua personalidade, o que é impossível sem uma análise inteiramente terminada.⁹⁹

Vê-se que, para ele, não há diferença entre análise didática e análise terapêutica, mas entre análise terminada e não terminada, sendo a primeira exigida do analista. Lacan deverá a Ferenczi sua importante formulação de que toda análise é no fundo didática, e a seu termo ela produz um analista.¹⁰⁰ Dando efetiva consequência a isso, Lacan aboliu em sua Escola a presença do analista didata — que, ao ser entronizado na IPA como o único capaz de conduzir análises que formam analistas, hierarquizou fortemente sua estrutura — e propôs o *gradus* no lugar da hierarquia.¹⁰¹

O repúdio ao feminino

Freud encerra seu ensaio dialogando ainda com a parte final do artigo de Ferenczi, quando este fala da angústia de castração do homem e do complexo de virilidade da mulher.[102] Ele se refere a essa passagem para ponderar que é muito difícil conseguir aquilo que Ferenczi coloca como necessário e se revela mais modesto em relação à ambição terapêutica a respeito da qual já o havia criticado. Freud diz que em todas as análises dois temas são os mais frequentes e são os que dão mais trabalho ao analista. Ambos se relacionam à diferença sexual e adquirem no homem e na mulher aspectos diversos: a inveja do pênis na mulher e a revolta no homem contra a atitude passiva ou feminina em relação a outro homem (e não em relação a uma mulher, pois é somente com esta que o homem se sente à vontade para dar vazão à passividade sem acionar o temor inconsciente da castração). Ambos se inscrevem, para Freud, na categoria de um verdadeiro "repúdio ao feminino": o menino rechaça a atitude passiva ou feminina pelo fato de ela pressupor a castração, e a menina, que quer alcançar a masculinidade na fase fálica, tem esse desejo de masculinidade recalcado posteriormente. Ambas são atitudes suscitadas pelo complexo de castração e, consequentemente, pela angústia de castração. Para Freud, o rochedo da castração é na maioria das vezes algo impossível de ser ultrapassado.

Os critérios freudianos sobre o fim da análise dizem respeito a duas dimensões que podemos situar, com Lacan, como partícipes do real — a pulsão — e do simbólico — o inconsciente. A reaquisição da plasticidade pulsional perdida na neurose manifesta uma mudança na relação do sujeito com o gozo e é efeito da análise e do processo de desrecalcamento gradual das moções pulsionais a ela inerente. O preenchimento das lacunas mnêmicas referentes à amnésia infantil é o segundo importante critério freudiano para o fim da análise e diz respeito à dimensão do inconsciente e da linguagem.[103]

Eu não acho, construo

Como observa Paul-Laurent Assoun, o breve artigo intitulado "Construções em análise" compõe, no final da obra de Freud, um díptico com "Análise terminável e análise interminável". Publicado em dezembro de 1937, nele Freud atribui ao termo construção um relevo que não dera antes e o relaciona de algum modo à questão do fim da análise. Mas o termo construção não é nada novo na obra de Freud, que já havia se referido a essa noção muitas vezes em outras obras. Na apresentação clínica do caso do Homem dos Lobos (1918), por exemplo, ele menciona que as cenas infantis reproduzidas como lembranças são resultado da construção. Em "Bate-se numa criança" (1919), a segunda das três fases descritas da fantasia, a mais importante e significativa, que jamais é lembrada nem tornada consciente, é uma construção da análise.[104] Assim, a construção já representa nesses exemplos aquilo que vem no lugar da lembrança. Em 1920, na exposição do caso da jovem homossexual, ela aparece igualmente na primeira parte do relato. Mas por que Freud se volta para o tema da construção no final de sua obra?

Aqui, nesse ensaio de 1937, no qual aparece no próprio título, o termo construção deve ser compreendido em relação à categoria da "interpretação". Se a interpretação é pontual — incidindo sobre a relação passível de ser estabelecida entre alguns elementos específicos trazidos pelo discurso do sujeito, pelas associações feitas em determinada sessão e levando à apreensão de determinado elemento inconsciente que esclarece algumas questões que o sujeito está vivendo naquele momento, em relação a situações passadas, reais ou fantasísticas —, a construção visa reunir elementos mais amplos que os que estão em jogo na interpretação. A construção tem como cenário o problema da amnésia infantil, enigma sobre o qual Freud jamais deixou de se interrogar. Ele é bem claro quanto a isso ao dizer que o desejado é uma imagem confiável e íntegra, em todas as suas peças essenciais, dos anos esquecidos da vida do paciente.[105]

Como definem Laplanche e Pontalis, a construção designa "uma elaboração do analista mais extensa e mais distante do material que a interpretação" e visa reconstituir uma parte da história do sujeito em seus aspectos reais e fantasísticos.[106] A construção não se restringe ao que é trazido a uma sessão analítica, como a interpretação; ela não obedece à limitação imposta ao analista quanto a utilizar na interpretação apenas os elementos da fala do sujeito em análise, mas ao mesmo tempo não deve ser confundida com a sugestão. Jacques-Alain Miller afirma com agudeza que "a construção é como um ser intermediário entre interpretação e teoria".[107] Não sendo da ordem da sugestão e diferenciando-se da interpretação, qual o estatuto dado por Freud às construções — e reconstruções — em análise? Como veremos, a surpresa provém do fato de que ele aproxima as construções dos delírios psicóticos.

A metáfora arqueológica cheia de elementos arquitetônicos, cara a Freud desde o ensaio sobre a *Gradiva*, cabe bem quanto à questão das construções em análise. Note-se que Freud utiliza os termos construir e reconstruir mais ou menos alternadamente ao longo do texto, embora o primeiro designe algo diferente do segundo — construção sugere que se parte do zero; reconstrução, não. Assim como o arqueólogo, o analista tira conclusões a partir dos fragmentos de lembranças, das associações e do comportamento do analisando. Trata-se, define Freud, de "reconstruir por meio da suplementação e da combinação dos restos que sobreviveram".[108] A força das noções de "suplementação" e "combinação de restos" merece destaque: tudo se passa como se a análise produzisse um *puzzle* ao qual faltam peças que precisam ser deduzidas, inferidas. E assim como o arqueólogo "reconstrói as decorações e pinturas murais a partir dos restos encontrados nos escombros, assim também o analista procede quando extrai suas inferências a partir dos fragmentos de lembranças, das associações e do comportamento do sujeito da análise".[109]

Se, como salienta Lacan, "a prática da análise é puntiforme", a noção de construção em análise vai mais para o lado da síntese que da análise propriamente dita. No entanto, ainda que Freud repudiasse a noção de síntese em prol da análise, nesse ensaio ele não hesita em alçar a construção a uma categoria analítica, na medida em que ela está intimamente relacionada à interpretação.

O termo construção passa a fazer par com a noção de interpretação, constituindo uma especificação desta. Se a interpretação incide sobre um fragmento, a construção diz respeito a um conjunto determinado de fatos: "'Interpretação' aplica-se a algo que se faz a algum elemento isolado do material, tal como uma associação ou uma parapraxia. Trata-se de uma 'construção', porém, quando se põe perante o sujeito da análise um fragmento de sua história primitiva, que ele esqueceu". E, na sequência, o exemplo prínceps dado por Freud sobre uma construção é centrado na vivência edípica que, estruturante, nitidamente funciona como o núcleo candente — e inacessível em toda a sua potência — do inconsciente:

> "Até os x anos de idade, você se considerava o único e ilimitado possuidor de sua mãe; apareceu então outro bebê e lhe trouxe uma séria desilusão. Sua mãe abandonou você por algum tempo e, mesmo após o reaparecimento dela, nunca mais se dedicou exclusivamente a você. Seus sentimentos para com ela se tornaram ambivalentes, seu pai adquiriu nova importância para você...", e assim por diante.[110]

Não à toa, como sublinha Assoun, a construção será levada, no ensaio sobre "O homem Moisés e a religião monoteísta", a se ligar à noção de "construção do objeto histórico propriamente dito, conectada à noção capital de verdade histórica".[111]

O ensaio de Freud parte da premissa de que nada é destruído no psiquismo, todos os elementos essenciais nele estão preservados: "É possível duvidar de que alguma estrutura psíquica possa realmente ser vítima de destruição total. Depende exclusivamente do trabalho analítico obtermos sucesso em trazer à luz de maneira completa o que está completamente oculto".[112] O problema da confirmação de uma interpretação analítica é idêntico ao da confirmação de uma construção: não é o assentimento ou a negação do paciente que confirmam sua validade, mas sim aquilo que vem em seguida, completando e ampliando a interpretação e a construção. Um "sim" pode ser — tanto quanto um "não" — a expressão de uma resistência a avançar na análise e da vontade de encerrar determinado assunto. Ao contrário, as confirmações indiretas se revelam bastante fidedignas, por exemplo, quando o analisando diz: "Nunca pensei nisso", ou "Pode ser que sim, mas só se for inconsciente".

Ressurge aqui o fantasma da sugestão como o grande obliterador do processo analítico. Ele é descartado com facilidade com a ponderação de que os perigos da sugestão foram exagerados, e apenas um verdadeiro abuso da sugestão poderia ser considerado inaceitável por impedir forçosamente que os pacientes "tenham oportunidade de falar".[113] Numa atitude francamente ética e salutar, Freud tem a necessidade de acalmar o superego do analista, sempre pronto a culpá-lo por intervenções indevidas junto a seu analisando: "Nenhum dano é causado se, ocasionalmente, cometemos um equívoco e oferecemos ao paciente uma construção errada como a verdade histórica provável".[114] A construção implica assim a utilização de todo o discernimento de que o analista é capaz para chegar a propô-la a seu analisando — e não sem riscos.

Uma lição é fornecida por Freud ao dizer que a associação é uma forma de confirmação indireta muito valiosa da construção analítica. Ela se alia à formulação de Lacan segundo a qual a interpretação deve abrir o sentido — associar o simbólico ao real —, e não o fechar — conectá-lo ao imaginário.

O esquema a seguir situa a diferença entre a interpretação e a construção em relação a duas formas de saber no fundo antinômicas: o do inconsciente e o psicanalítico. A construção surge como uma região intermediária entre os dois e parece se valer de ambos. Talvez a supervisão possa igualmente ser situada nessa mesma região da experiência analítica onde a construção adquire seu sentido, em que duas dimensões diversas — a analítica e a teórica — encontram um lugar para serem articuladas.[115]

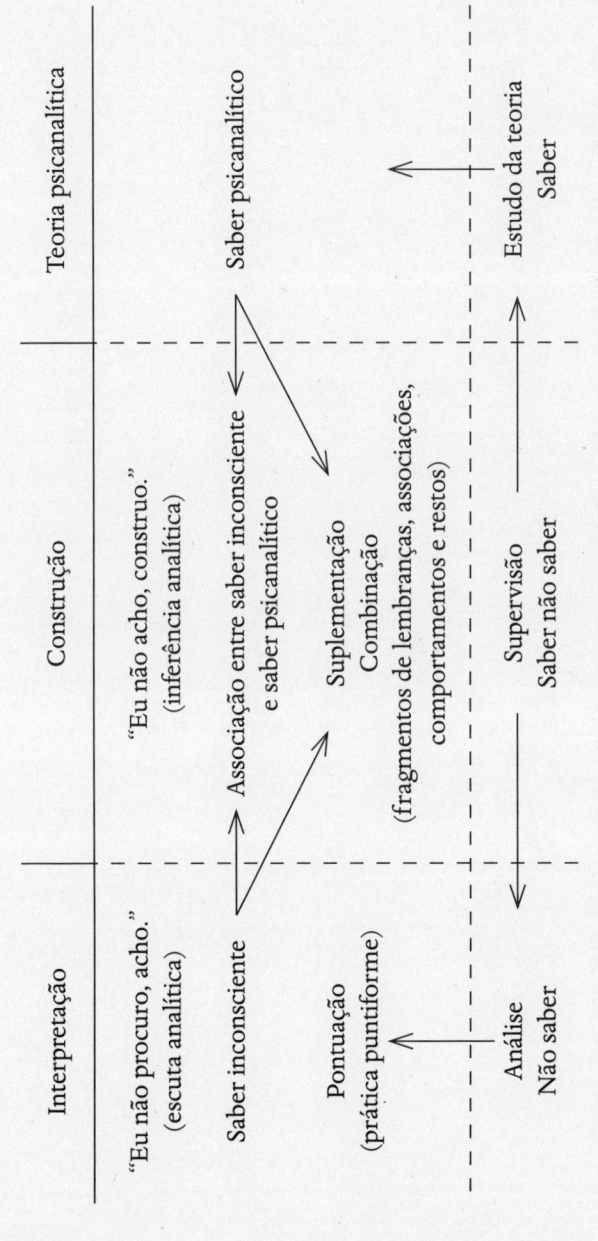

Interpretação	Construção	Teoria psicanalítica
"Eu não procuro, acho." (escuta analítica)	"Eu não acho, construo." (inferência analítica)	Saber psicanalítico
Saber inconsciente	Associação entre saber inconsciente e saber psicanalítico	
Pontuação (prática puntiforme)	Suplementação Combinação (fragmentos de lembranças, associações, comportamentos e restos)	
Análise Não saber	Supervisão Saber não saber	Estudo da teoria Saber

"Nada se perde no aparelho psíquico." | "É possível duvidar de que alguma estrutura psíquica possa realmente ser vítima de destruição total. Depende exclusivamente do trabalho analítico obtermos sucesso em trazer à luz de maneira completa o que está completamente oculto." | "Trata-se de uma construção quando se põe perante o sujeito da análise um fragmento de sua história primitiva que ele esqueceu."

PARTE II

A ética do desejo

1. A direção da análise

> O fim do nosso ensino, no que ele persegue o que se pode dizer e enunciar do discurso analítico, é dissociar o *a* do A, reduzindo o primeiro ao que é do imaginário e o outro, ao que é do simbólico.
>
> JACQUES LACAN

AO INICIAR EM 1953 seu movimento de retorno a Freud, Lacan se depara com um determinado estado de coisas que ele qualifica do seguinte modo: a prática analítica estava centrada no imaginário e alicerçada no desconhecimento do sujeito do inconsciente e da estrutura do simbólico que lhe é subjacente. Para chegar a essa visão, foi necessário Lacan partir da tripartição estrutural real-simbólico-imaginário, nomeada pela primeira vez na conferência de julho de 1953 "O simbólico, o imaginário e o real", realizada na Sociedade Francesa de Psicanálise e que constituiu um verdadeiro prólogo do Discurso de Roma. As definições que Lacan apresenta nessa conferência, embora iniciais, já esboçam distinções marcantes entre os três registros "essenciais da realidade humana"[1] e se sustentarão até o fim de seu ensino. Ao longo dos seminários, elas se complexificarão e darão cada vez mais elementos para se pensar o que está em jogo na direção da análise.

Libertar a fala

Durante a década de 1950, Lacan escreveu três longos textos sobre a direção do tratamento analítico que compõem um verdadeiro programa de reflexão sobre a especificidade da clínica freudiana e de crítica aos desvios teóricos. O primeiro, "Função e campo da fala e da linguagem na psicanálise", de 1953 — texto teórico ao mesmo tempo denso e poético, ele terá efetivo prosseguimento alguns anos mais tarde em "Instância da letra no inconsciente ou a razão desde Freud", de 1957 —, é considerado por Lacan o escrito que marca o advento de seu ensino.

Falando da "tentação que se apresenta ao analista de abandonar o fundamento da fala",[2] Lacan pondera que os desvios sofridos pela psicanálise depois de Freud e movidos essencialmente pelos psicanalistas dos Estados Unidos, onde se voltaram para o comportamento e para a adaptação do sujeito ao social, levaram a uma "perda do sentido da ação analítica".[3] Eles são tributários do desconhecimento conceitual[4] produzido pelo alheamento dos psicanalistas das próprias bases de sua experiência — o inconsciente e a sexualidade — e da técnica que não coloca em primeiro plano a função da fala e o campo da linguagem. Pois, como ele sublinha, "quer se pretenda agente de cura, de formação ou de sondagem, a psicanálise dispõe de apenas um meio: a fala do paciente".[5]

Todas as elaborações efetuadas por Lacan durante esse período inicial — e fundamental — de seu ensino convergem para destacar a importância da linguagem, e para chamar a atenção dos analistas para essa dimensão que foi aos poucos esquecida. Percebendo que na prática analítica dos pós-freudianos a fala do analisando não era ouvida, ou era ouvida para ser descartada em prol do saber psicológico por eles promovido, Lacan traz a escuta do psicanalista de volta para a fala do analisando, com ênfase em tudo o que ela comporta — inclusive pausas, silêncios, diferentes formas de expressão que incluem não só os ditos como o dizer, o modo pelo qual o dito se enuncia. "Função e campo" é um ensaio que se projeta como um verdadeiro programa de pesquisa, cujo móbil é a radicalidade da experiência inaugurada por Freud: "Reconduzir a experiência psicanalítica à fala e à linguagem, como a seus fundamentos, interessa à sua técnica. Se ela não se insere no inefável, descobre-se o deslizamento que se operou, sempre em sentido único, afastando a interpretação de seu princípio".[6]

A esse respeito, a ênfase que Lacan coloca nos livros de Freud do período que denominamos "ciclo do inconsciente",[7] e especialmente sobre *Os chistes e sua relação com o inconsciente*, é digna de nota. Em "Função e campo", exaltando as qualidades únicas dessa obra e afirmando que "ali, tudo é substância, tudo é pérola", Lacan assinala que, embora abandonada pelos analistas, ela "continua a ser a obra mais incontestável, porque a mais transparente, em que o efeito do inconsciente nos é demonstrado até os confins de sua fineza".[8]

Mas a *Psicopatologia da vida cotidiana* recebe de Lacan igualmente todo seu relevo ao indicar nela a demonstração do caráter sobredeterminado pela linguagem (isto é, superdeterminado) do sintoma — no sentido mais amplo do termo, desde o complexo sintoma neurótico até um mero ato falho. Lacan salienta que "o sintoma se resolve por inteiro numa análise linguajeira, por ser ele mesmo estruturado como uma linguagem, por ser a linguagem cuja fala deve ser libertada".[9] Lacan redefiniu o sintoma como "o significante de um significado recalcado da consciência do sujeito", e indicou a "ambiguidade semântica" de sua constituição.[10] Basta ler o primeiro capítulo, em que Freud faz a análise minuciosa de seu esquecimento de um nome próprio, o do pintor Lucas Signorelli, para que se veja operar a dimensão do significante tal como isolada por Lacan. Mas é preciso dizer que, somente lendo Freud imbuído da ótica saussuriana, Lacan pôde depreender a lógica do significante que Freud surpreendentemente já aponta em seu texto sobre o mecanismo do esquecimento e da produção de substitutos: ele se dá "sem levar em conta o significado ou os limites acústicos das sílabas".[11]

E quanto ao livro dos sonhos, que compõe com os outros dois e ocupa o lugar inaugural do "ciclo do inconsciente", Lacan indica tanto sua "estrutura de frase, ou melhor, atendo-se à sua letra, de um rébus",[12] quanto a opulência da retórica da elaboração do sonho: deslocamentos sintáticos, tais como "elipse e pleonasmo, hipérbato ou silepse, regressão, repetição, aposição" e condensações semânticas como "metáfora, catacrese, antonomásia, alegoria, metonímia e sinédoque".[13]

Ponderando que a arte do analista deve consistir em "suspender as certezas do sujeito até que se consumem suas últimas miragens",[14] Lacan introduz a oposição entre fala plena e fala vazia como onipresente na análise. Na fala vazia, o sujeito fala em vão sobre si mesmo sem reconhecer-se em seu desejo. A fala plena implica a valorização pelo analista da interpretação simbólica, que visa não a realidade, mas a verdade. A análise é concebida como uma experiência de re-historicização, que inclui aquilo que Freud nomeou de rememoração e que não se confunde com a realidade factual, mas com a verdade inerente à "assunção de sua história pelo sujeito".[15] A rememoração de que dá testemunho o sujeito na análise demonstra que a histérica não mente; ao contrário, ela manifesta "o nascimento da verdade na fala", e, ao fazê-lo, aporta uma nova realidade, fantasística, que não se confunde com o verdadeiro ou com o falso da realidade factual, mas corresponde à sua reordenação. A fala do presente dá testemunhos daquilo que do passado acha-se vivo, mas não foi simbolizado, e, sendo assim, "a análise só pode ter por meta o advento de uma fala verdadeira e a realização, pelo sujeito, de sua história em sua relação com um futuro".[16] E nesse sentido Lacan mostra como há uma verdadeira antinomia entre fala e linguagem, ponderando que, "à medida que a linguagem se torna mais funcional, ela se torna imprópria para a fala, e, ao se tornar demasiadamente particular, perde sua função de linguagem".[17] E aponta o lugar do sujeito na análise como aquele que faz a articulação entre fala e linguagem através de uma temporalidade que se revela estruturante, "o futuro anterior do que terei sido para aquilo em que me estou transformando".[18]

"A direção do tratamento e os princípios de seu poder" é um texto emblemático no qual Lacan desenvolve uma tese maior, a de que o analista, no tratamento, não dirige o seu paciente, mas a análise; o poder do analista na direção da análise será objeto de uma reviravolta dialética na qual o analista retira sua posição precisamente do fato de não utilizá-lo. Como sublinha Jacques-Alain Miller, é possível ler esse escrito como um ensaio sobre o não exercício do poder do analista, e talvez pudesse se intitular "o poder ou a verdade", termos que se acham em franca oposição. Há que se escolher um ou outro, e a própria regra da associação livre manifesta a escolha pela verdade, em detrimento do poder que é escolhido na educação, calcada nos imperativos "faça isso", "diga isso" etc. Instaurando-a, o analista renuncia ao poder pedagógico e "subtrai a palavra do paciente a todo poder externo".[19]

De fato, para falar desse tema, Lacan utiliza uma linguagem francamente bélica e situa três dimensões desse poder: estratégia, tática, política. O princípio essencial do poder que está em jogo na análise é o da transferência do analisando, que se diferencia do da sugestão apenas pelo fato de que o analista não se serve dele — e é só então que tal poder assume "todo o seu desenvolvimento de transferência".[20]

"Fazer com que o sujeito aplique a regra analítica"[21] — é nisso que consiste em primeiro lugar a direção do tratamento. Se o paciente deve esquecer que se trata apenas de palavras, o analista, não, diz Lacan. O analista paga com palavras, na interpretação; paga também com o desdobramento de sua pessoa, na transferência; e paga ainda com sua posição de sujeito, que ocupa o lugar do morto — morto quanto a seus sentimentos, preferências, tendências, gostos e juízos: o analista "paga com o que há de essencial em seu juízo mais íntimo".[22]

Se o analisando mantém uma relação refratária com o próprio desejo, cabe ao analista reabrir as trilhas que levam à "estrada perdida" da qual ele tende a se desviar. E não é outro senão o desejo do analista o que permite que se realize essa operação. Assim, Lacan desemboca numa região essencial de suas elaborações, a formulação de uma ética própria ao discurso psicanalítico: "Cabe formular uma ética que integre as conquistas freudianas sobre o desejo: para colocar em seu vértice a questão do desejo do analista".[23]

A entrada em análise

Abordarei em seguida alguns aspectos que considero relevantes quanto ao tema da entrada em análise. Nela, o elemento essencialmente em jogo é a falha do saber, a ignorância, que Lacan ressaltou que pode ser uma paixão, juntamente com o amor e o ódio. Embora em geral nunca seja nomeada, a ignorância como paixão é, para Lacan, um dos componentes primários da transferência, e o sujeito que busca a análise se coloca, como tal, na posição de quem ignora. Sem essa referência — diz Lacan — não há entrada possível em análise.

Lacan chama a atenção para o fato de que Freud já indicara a importância dessa dimensão da ignorância quando, no *Esboço de psicanálise*, formula que o que define a entrada na situação analítica é o estabelecimento de um pacto:

> O eu enfermo do paciente promete a mais completa sinceridade, quer dizer, promete pôr a nossa disposição todo o material que sua autopercepção lhe submete. De nossa parte, lhe asseguramos a mais estrita discrição e colocamos a seu serviço nossa experiência na interpretação do material submetido ao inconsciente. Nosso saber há de compensar a sua ignorância, e há de permitir ao eu recuperar e dominar os domínios perdidos de seu psiquismo. Nesse pacto consiste a situação analítica.[24]

A questão que surge aqui diz respeito ao modo pelo qual o saber do psicanalista irá compensar a ignorância do analisando.

A importância da primeira entrevista em análise tem sido alvo de investigação dos analistas. Ela é muitas vezes considerada a apresentação *avant la lettre* de todo um projeto analítico, uma espécie de apresentação antecipada, inteiramente inconsciente, dos significantes e da direção a ser tomada pela análise. Eric Laurent, por exemplo, observa que, "assim como toda a infância do sujeito pode estar resguardada pela mais ínfima lembrança infantil, encontramos também, no só-depois da conclusão da análise, que tudo já estava ali desde a primeira sessão".[25] Maud Mannoni ponderou por sua vez que a primeira entrevista com o psicanalista é, antes de tudo, "um encontro com o nosso próprio eu, um eu que procura sair da falsidade. O analista está presente para devolver ao sujeito, como dádiva, a sua verdade".[26]

Para além da primeira entrevista, e dando sequência às formulações de Freud em seus escritos técnicos, Lacan enfatiza a importância das entrevistas preliminares e sua função essencial para o psicanalista. Para ele, não há entrada possível em análise sem entrevistas preliminares. Trata-se de uma necessidade ligada, por um lado, à dimensão do diagnóstico diferencial, e, por outro, ao estabelecimento da transferência.

A busca de análise está tão submetida à singularidade do sujeito quanto a qualquer outro aspecto da análise, e isso constitui a dimensão do sintoma para a psicanálise, o fato de que ele indica o lugar do sujeito do inconsciente: "O que a experiência analítica nos ensina em primeiro lugar é que o homem é marcado, é perturbado por tudo aquilo que se chama sintoma — na medida em que o sintoma é aquilo que o liga aos seus desejos".[27] A esse respeito, Moustapha Safouan narra em *Estudos sobre o Édipo* o instrutivo exemplo de uma mulher que busca o analista porque descobriu que seu marido a traía. Mas essa traição só lhe trouxe um sofrimento de fato insuportável porque ela descobrira, através de cartas que a amante dirigira a ele, que esta era inculta e escrevia mal, e a mulher, sendo letrada e culta, não podia aceitar que o marido a traísse com alguém tão rude.

De todo modo, é importante frisar que, já desde as primeiras entrevistas, o psicanalista precisa manter uma expectativa bastante modesta em relação ao que ele pode apreender do discurso de seu analisando. Tudo é absolutamente novo, nada pode ser sabido de antemão, e, logo, qualquer espécie de tecnicismo artificial — como, aliás, durante toda a análise — aparece para o sujeito como uma objetivação desnecessária e até mesmo incômoda. Certas noções muito difundidas na comunidade analítica lacaniana — como a do corte da sessão, da emergência do significante da transferência, da retificação subjetiva —, se tomadas rigidamente como ditames técnicos, podem servir para afastar o analista do seu lugar de escuta e de acolhimento da fala do sujeito, que é, de fato, aquilo que permite o estabelecimento da transferência simbólica. Já no primeiro seminário, Lacan chegou a estabelecer uma diferença entre transferência imaginária e transferência simbólica, esta a precursora da categoria do sujeito suposto saber.

De saída, o analista nada sabe sobre o sujeito que o procura — nada sabe e nada poderia saber. Por exemplo, a própria procura de um determinado analista em particular está submetida à sobredeterminação inconsciente, como o demonstra uma analisanda que descobre, ao longo de sua análise, que a voz de seu analista ao atender o primeiro telefonema, assim como as iniciais de seu nome, havia contado muito para que ela o procurasse para tratamento: a letra M, associou ela, é a letra inicial de mãe, de M.A. ("não sei por que quis fazer análise com você, só conhecia você por alguns textos, não o conhecia pessoalmente"), de merda, de mulher, de altos e baixos ("se a letra M fosse um gráfico, ela seria de altos e baixos, como a minha vida — é essa a M que eu faço").

O sujeito suposto saber

Desde o seminário *A transferência*, e, portanto, antes de introduzir a categoria do sujeito suposto saber — que ocorrerá apenas na antepenúltima lição do seminário *Os quatro conceitos fundamentais da psicanálise* —, Lacan já havia estabelecido certa articulação entre a suposição de saber, a dimensão da ignorância do sujeito que sofre e o lugar do psicanalista. Ele pondera que desde "o início do estabelecimento da experiência analítica somos interrogados como quem sabe, e mesmo como portadores de um segredo, mas que não é o segredo de todos, um segredo único".[28] Essa dimensão do segredo é, para Lacan, correlata à própria especificidade da psicanálise, o inconsciente. Diz ele nesse seminário: "Aí está um homem, o psicanalista, de quem se vem buscar a ciência daquilo que se tem de mais íntimo... e, portanto, daquilo que deveria ser, de saída, suposto lhe ser mais estranho. E no entanto, ao mesmo tempo, eis o que encontramos no início da análise: essa ciência, ele é suposto tê-la".[29] Noutra lição desse mesmo seminário, Lacan postula que, pelo simples fato de haver transferência, o psicanalista está implicado na posição de ser aquele que contém o objeto fundamental de que se trata na análise do sujeito, o agalma. Evitando compreender, pondo em dúvida o que compreende e, mais importante ainda, ciente de que aquilo que pretende alcançar é justamente aquilo que, em princípio, não compreende, o psicanalista "sabe o que é o desejo, mas não sabe o que esse sujeito, com quem embarcou na aventura analítica, deseja",[30] e, por isso, ele está em condições de ter em si, desse desejo, o objeto.

Vemos, nessa e em outras passagens do seminário *A transferência*, Lacan tateando na construção da categoria do sujeito suposto saber. Esse seminário foi certamente uma importante etapa nessa construção porque, nele, a dimensão do amor e do ódio, inerente à transferência, é atravessada com a análise de *O banquete* de Platão. Além disso, é relevante observar como a construção da categoria do desejo do psicanalista por Lacan encontra nesse seminário uma prefiguração consistente, quando ele fala do desejo *no* analista,[31] primeira etapa para chegar a conceber o desejo *do* psicanalista.

É importante sublinhar que a noção de sujeito suposto saber é inteiramente tributária da concepção lacaniana do inconsciente como um saber.[32] O inconsciente é um saber que veio tentar preencher a falta de saber instintual que caracteriza a espécie humana no que diz respeito especialmente à questão da diferença sexual. O saber inconsciente — o simbólico, a linguagem — é constituído de significantes e tem em seu núcleo uma falta real que é impossível de ser preenchida, falta nomeada por Lacan de objeto *a*.

Como vimos, Freud repertoriou a transferência em duas dimensões, positiva e negativa, relativa aos dois polos extremos — amor e ódio — do extenso leque de afetos que inclui toda uma série de gradações intermediárias. Mas já em seu primeiro seminário, sobre *Os escritos técnicos de Freud*, Lacan acrescentará a esses dois aspectos essenciais da transferência um terceiro elemento que estará na base da construção da categoria do sujeito suposto saber. Ali, ele fala das três paixões fundamentais do ser — amor, ódio e ignorância — de modo absolutamente luminoso. As articulações que são por ele engendradas podem levar muito longe nossas reflexões psicanalíticas. Não é difícil entender o quanto a noção de paixão da ignorância funcionou para Lacan como uma verdadeira precursora da categoria do sujeito suposto saber.

As três paixões fundamentais do ser são elaboradas por Lacan a partir da tripartição que funda seu ensino e se constrói até o final dele — real, simbólico, imaginário —, e consideradas por ele "categorias elementares sem as quais não podemos distinguir nada na nossa experiência".[33] As definições dos três registros ganham em compreensão caso as simplifiquemos articulando-os à questão do sentido, que permite que se veja o que está em jogo no cerne de cada um deles.

O real é da ordem do não-sentido, da falta de sentido, e se define para Lacan pelo "impossível de ser simbolizado". O real escapa radicalmente a toda e qualquer possibilidade de representação, ele ex-siste ao simbólico, e Lacan afirmará que podemos ter certeza de estarmos diante de algo da ordem do real quando aquilo não tem nenhum sentido. O avesso do real é, portanto, o imaginário, campo do sentido, da vivência de unidade corporal esboçada desde o advento do estádio do espelho, quando a criança pequena reúne os pedaços de seu corpo fragmentado a partir da consistência da imagem pregnante de seu corpo próprio refletido. O imaginário implica o sentido dado e tão fechado que repudia seu oposto, que representa para ele um real inassimilável. Já o simbólico é da ordem do duplo sentido, ele permite que se articule o não-sentido do real ao sentido do imaginário. O simbólico é a insistência da linguagem com sua massa de ambiguidade inarredável, expressa na enorme polissemia das palavras, que pode atingir sua expressão mais extrema nas palavras antitéticas, examinadas por Freud em 1911. A divindade romana Jano fascinou Freud por representar em toda a sua potência essa dimensão dupla, antitética, inerente ao inconsciente e ao conflito subjetivo.[34]

Real: não-sentido — ex-siste
Simbólico: duplo sentido — insiste
Imaginário: sentido uno — consiste

Cada uma das três paixões implica a relação que ela sustenta na articulação entre dois dos três registros do seguinte modo: o amor se situa na junção do simbólico e do imaginário; o ódio se situa na junção do imaginário e do real; a ignorância se inscreve na junção entre o simbólico e o real. Cada uma das três paixões promove a elisão de um dos três registros psíquicos:

Amor: S-I // R
Ódio: R-I // S
Ignorância: S-R // I

Por sua estrutura mesma, que visa preencher o vazio deixado pela inexistência da relação sexual, o amor como essencialmente narcísico não tolera o real: ele não admite a perda, a separação ou algo que introduza qualquer falha que evoque o impossível inerente à relação sexual. Claro que seu grande rival é a morte, representante máxima do não-sentido do real para todo sujeito. Articulando o simbólico e o imaginário, o duplo sentido ao sentido, o amor é capaz de iluminar a vida do sujeito com sua poderosa tocha.

O amor é distinto do desejo, porque ele visa o ser, e não a satisfação, e por isso "não se pode falar de amor senão onde a relação simbólica existe como tal".[35] Articulado pelo simbólico ao imaginário, o amor pode apresentar duas faces, na dependência de sua ênfase em um dos dois registros: centrado no imaginário, o amor paixão; constituído no plano simbólico, o amor dom ativo. Se o primeiro visa a cativação imaginária, o segundo visa o outro não na sua especificidade, mas no seu ser, ele se dirige "para além do que ele parece ser".[36]

O ódio elide o simbólico, ele articula em seu interior dois perenes rivais — real e imaginário — na medida em que eles se opõem frontalmente como defensores de dois extremos da estrutura: não-sentido e sentido. Confrontados um com o outro sem a mediação do simbólico, sem a função do terceiro mediatizador que só a palavra pode desempenhar, real e imaginário representam uma polarização extrema que conduz à destruição, à intolerância, à guerra: opondo sentido e não-sentido, advém imediatamente a alternativa *ou um ou outro*. Como formula Lacan, o sujeito que odeia não se satisfaz com o desaparecimento do adversário; ao contrário do amor, que almeja o desenvolvimento do ser do outro, o ódio quer "seu rebaixamento, sua desorientação, seu desvio, seu delírio, sua negação detalhada, sua subversão".[37]

Entre amor e ódio, ambos considerados por Lacan "uma carreira sem limite",[38] a ignorância surge como verdadeira revelação de um aspecto inédito da transferência, essencial porque aporta uma terceira dimensão transferencial, distinta da polarização afetiva amor/ódio.

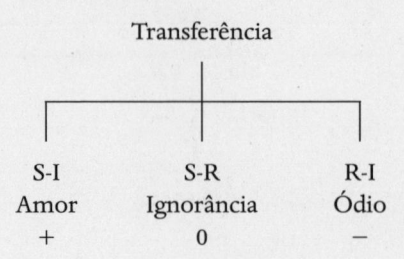

Esse lugar terceiro — heterogêneo à dicotomia abundância/carência de sentido trazida pelo imaginário e pelo real — é o que está na base da experiência mesma da análise propiciada na ocupação pelo analista de um lugar de ignorância douta, que leva Lacan a afirmar: "A análise só pode encontrar sua medida nas vias de uma douta ignorância".[39] E só por operar através da dimensão da ignorância douta o analista pode responder às demandas do analisando com uma pergunta.[40]

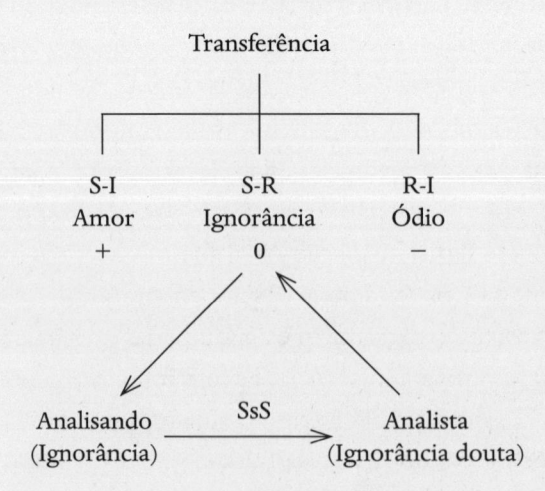

O lugar de sujeito suposto saber designado ao analista pelo analisando e por ele não ocupado é o que lhe permite operar pelo não saber, fazendo com que a ignorância como paixão do analisando seja deslocada pela ignorância douta do analista para dar lugar à emergência do saber inconsciente.

A ignorância barra a pletora de sentido do imaginário, cuja pregnância obstaculiza que questões sejam colocadas e respostas sejam mantidas em aberto. Assim, a relação indissociável entre transferência e interpretação, apontada desde o início por Freud e tematizada por muitos psicanalistas, adquire uma nova compreensão com a categoria lacaniana do sujeito suposto saber. É ela que faz a ponte entre a transferência e o saber do Outro, o saber inconsciente.

Transferência e interpretação: uma via de mão dupla

Chama a atenção que Freud tenha dedicado, em 1913, um texto inteiro de seus "Artigos sobre técnica" ao problema do início do tratamento. Freud não aborda propriamente a questão da entrada em análise e não fala de entrevistas preliminares, ele traz a ideia de um "tratamento de ensaio" e recomenda aos analistas — o tom de Freud em seus escritos técnicos é sempre o da recomendação — que tomem uma ou duas semanas para decidir se o paciente está apto para a análise. Como se sabe que Freud via seus analisandos diariamente, percebe-se que se trata para ele de certo número de entrevistas às quais podemos nomear, com Lacan, de preliminares ao tratamento analítico. Claro que essas entrevistas se passam da mesma forma que as sessões de análise: o sujeito é convidado a falar sobre o que lhe aprouver, associando com liberdade. O psicanalista tem igualmente liberdade nesses encontros iniciais para formular todas as perguntas que achar importantes: se o sujeito já fez algum tratamento antes; em caso positivo, qual fora o motivo da busca do tratamento naquele momento e como ele transcorreu, quais foram os efeitos obtidos por um tratamento anterior etc.

Essas entrevistas terão também a função de estabelecer um acordo (classicamente chamado de contrato) sobre a frequência das sessões e o pagamento. Quanto ao primeiro ponto, hoje, por problemas de tempo e dinheiro impostos pela vida atual, há uma tendência de as sessões se limitarem a uma vez por semana; mas o analista deve, sempre que necessário e possível, propor as sessões bissemanais, de modo que o espaçamento entre as sessões não seja tão grande e o trabalho da análise seja otimizado ao máximo. Quanto ao pagamento, o valor das sessões deve ser associado à condição do sujeito, pois o analista não é como um profissional que trabalha com preço de atendimento estabelecido, por exemplo, por uma tabela de hora médica ou psicológica. Se pudéssemos estabelecer uma regra geral para isso, diríamos, repetindo uma famosa observação de M.D. Magno, que o tratamento analítico deve ser o mais caro possível para o sujeito — caro no sentido amplo do termo, financeiro e de adesão subjetiva. Talvez se possa dizer também que o preço das sessões deve ser estabelecido com prudência, em geral aguardando algumas entrevistas para ser feito, de modo tal que o valor estabelecido seja o mais congruente possível com a condição econômica e a posição simbólica do sujeito.

Ao final desse período, diz Freud, há o estabelecimento de uma "transferência operativa", modo de transferência cuja emergência passa a permitir ao analista intervir por meio da interpretação. Interpretar antes do surgimento da transferência operativa produz efeitos nulos ou negativos, já que isso significará forçar o advento de uma situação ainda não estabelecida. Sua metáfora sobre o início do tratamento é célebre: ele o equipara ao jogo de xadrez, no qual "somente as aberturas e os finais de jogos admitem uma apresentação sistemática exaustiva" e "a infinita variedade de jogadas que se desenvolvem após a abertura desafia qualquer descrição desse tipo".[41]

Há uma discussão clássica em torno da relação entre transferência e interpretação no tocante ao início da análise e, até mesmo, da entrada em análise. Freud fornece uma indicação preciosa ao dizer que o psicanalista só pode interpretar quando a transferência estiver instaurada. Isso porque a interpretação está inarredavelmente conectada com a escuta da fala do sujeito, com o saber inconsciente, e não com o saber do psicanalista. E a transferência é a única forma de o inconsciente se presentificar de modo sistemático, e não apenas pontual, como numa formação da vida cotidiana (lapso, ato falho, chiste), na qual ele também aparece, mas se furta à análise. Lacan resume a relação entre inconsciente e transferência formulando, no seminário sobre os quatro conceitos, que "a transferência é a atualização da realidade sexual do inconsciente".[42] Quanto à interpretação, ele sublinha que ela já vem pronta do Outro, querendo dizer com isso que ela deve ser extraída essencialmente da fala do analisando, e de nenhum outro lugar.

Há também outra via, aparentemente oposta, para a qual Lacan chamou a atenção: a de que a transferência requer a interpretação para se instaurar de fato. Pois é na medida em que o analisando se perceba escutado, enquanto sujeito, que a dimensão do sujeito suposto saber, destacada por Lacan como a mola essencial da transferência — conectada à ignorância douta, para além das dimensões de resistência do amor e do ódio —, poderá se consolidar na relação analítica.

Evitando o dilema insolúvel sobre o ovo e a galinha, consideramos que há dois tempos nítidos nesse processo: num primeiro momento, a posição do psicanalista é aquela que permite que a transferência se instaure como uma verdadeira abertura para o inconsciente. É essencialmente através da maneira particular pela qual o psicanalista acolhe a demanda do analisando, e recebe a fala sobre o sofrimento que lhe é dirigida, que a aptidão para a transferência se instaura. E, num segundo momento — decorrente desse —, é do desdobramento da fala do analisando e da interpretação que pode dela advir que se instaurará uma possível consolidação da transferência.

O significante da transferência

Toda a elaboração de Lacan em torno do significante da transferência parece decorrer no fundo da dialética entre transferência e interpretação no início do tratamento. Como formula Lacan, "no começo da psicanálise está a transferência", e, para ele, "o sujeito suposto saber é o eixo a partir do qual se articula tudo o que acontece com a transferência".[43]

O algoritmo da transferência ou do sujeito suposto saber parte da formulação prínceps de que há naquilo que o sujeito diz um saber que lhe escapa. Aquilo que o sujeito enuncia num certo sentido apresenta um saber e um sentido Outro, e é esse saber que se desdobrará na relação transferencial ao longo da análise, cabendo ao analista a sustentação desse lugar de escuta do Outro no próprio discurso do sujeito. Reside aí a radicalidade da experiência analítica. Como aponta Jacques-Alain Miller, essa mesma duplicação pode ser encontrada no grafo lacaniano do desejo:[44]

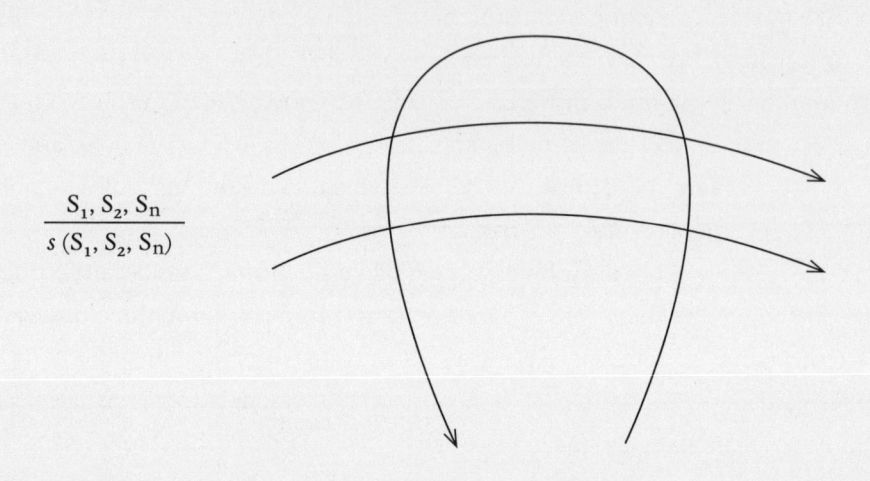

$$\frac{S_1, S_2, S_n}{s\,(S_1, S_2, S_n)}$$

Eric Laurent sublinha que, na "Proposição de 9 de outubro de 1967", Lacan introduz o algoritmo da transferência como uma transformação da alienação originária, que pode ser escrita com o sujeito "debaixo da barra definido por uma série de identificações". Trata-se, diz ele, de uma "escritura minimalista, reduzida, domesticada, que apresenta toda a necessária referência retórica preliminar, na qual o estado original, o do corpo real, o lugar evanescente do sujeito, se reduz à instalação do sujeito na cadeia significante, dividido entre o significante-mestre, que o faz desaparecer, e o segundo, ao qual se agarra":[45]

$$\frac{S_1}{\cancel{S}} \longrightarrow S_2$$

Com o algoritmo do sujeito suposto saber, Lacan mostra que há uma duplicação que se estabelece na cadeia significante, responsável pelo fato de que o sujeito, *s*, contém um saber que ele próprio não sabe.

$$\frac{S \longrightarrow S_q}{s\,(S_1, S_2, \dots S_n)}$$

Onde: S — significante da transferência | S_q — significante qualquer |
s — sujeito resultante | S_1, S_2, S_n — saber dos significantes inconscientes

O significante acima da barra é um significante da transferência, com a implicação de um significante qualquer S_q, trazido pelo analisando. Sob a barra, o inconsciente e o sujeito, s. Ao lado dele, os significantes primordiais e os que nele se encadearam em sua história. Se o significante qualquer é, como explicita Lacan, o lugar do nome próprio, o significante da transferência é a demanda, o significante que marca quando nos dirigimos ao Outro: "Para perguntar o porquê — Por que sou assim? Por que fui feito assim? — deverá haver uma falha do Outro do sujeito. Qual é meu nome próprio?".[46]

Lacan assevera que, do saber suposto, o analista nada sabe, e acrescenta que o S_q da primeira linha não tem nada a ver com os significantes da segunda. E o importante é a relação, não secundária, mas direta, do psicanalista com o saber do sujeito suposto.[47]

A nosso ver, tais questões são levantadas por dois aspectos diversos: a existência da transferência antes mesmo de o sujeito buscar a análise, por um lado, e o estabelecimento da transferência com o psicanalista, por outro. Dando continuidade às formulações freudianas sobre o tema, Lacan sublinha com humor que "a dimensão da transferência existe de cara, implicitamente, antes de qualquer começo de análise, antes que a concubinagem que é a análise a desencadeie".[48] Ele chama a atenção para o fato de que o sujeito suposto saber é iminente no início do movimento da investigação analítica. Isso significa que a transferência existe de modo latente no sujeito, em relação à psicanálise de maneira geral,[49] como suposição de saber sobre o inconsciente, e a análise vai torná-la manifesta, presente na relação com um psicanalista, tornado doravante sujeito suposto saber. Nesse sentido, poder-se-ia dizer que a entrada em análise depende igualmente de haver análise na entrada.

Freud emprega o termo empatia para designar a posição de acolhimento, de receptividade do analista diante do sujeito. A definição de empatia implica a participação afetiva, e em geral emotiva, de um sujeito numa realidade que é alheia a ele. No sentido amplo, o termo empatia se aproxima de simpatia, mas não se iguala a ele. Longe de sugerir que o analista libere suas emoções em relação a seus pacientes, Freud propõe, ao se referir à empatia, a instauração de um lugar de intimidade e de confiança, para que o analisando possa fazer face às resistências iniciais que advirão pelo simples fato de estar falando sobre si mesmo para alguém que ele não conhece. Por outro lado, é esse mesmo apagamento do analista como pessoa que lhe permite adotar uma posição de empatia como manifestação de uma posição de interesse legítimo pelo sofrimento e pela busca de superação do analisando. Ela deve favorecer que a transferência do analisando, inicialmente dirigida à psicanálise como um saber sem sujeito, possa se localizar no analista como sujeito suposto saber.

O sujeito suposto saber... que há sujeito

Como Freud situa a posição do psicanalista diante de um novo analisando? Através da célebre fórmula: cada novo caso deve ser abordado em sua singularidade, como se fosse o primeiro. Lacan comenta que há uma estranheza na insistência de Freud a respeito disso e sublinha que o psicanalista não pode se contentar em saber que nada sabe. Pois aquilo de que ele nada sabe é precisamente esse saber suposto pelo analisando. Penso que se pode resumir essa formulação de Lacan afirmando que, se o psicanalista opera a partir de um não saber — e esse parece ser o fulcro decisivo que sustenta o desejo do psicanalista para além de toda fantasia —, há algo que ele sabe e que se relaciona com o não saber com o qual ele opera: o psicanalista sabe que o sujeito sabe sem saber que sabe.

O sujeito suposto saber é o desvio necessário através do qual o analisando se aproxima do sujeito do inconsciente, ao qual o psicanalista está por sua vez referido. Enquanto o analisando se situa de início numa relação dual e privilegia, portanto, o eixo do imaginário e da intersubjetividade, o analista se refere à relação analítica como ternária, que inclui o Outro (o inconsciente) e é, enquanto tal, simbólica.

Reconstruamos essas diferentes etapas.

O analisando se dirige ao analista como sujeito suposto saber (SsS), estabelecendo a raiz do vetor transferencial.[50]

$$\text{Analisando} \xrightarrow{\text{SsS}} \text{Analista}$$

Esse vetor se evidencia em inúmeras formas de relacionamento humano nos quais a fala do sujeito é orientada pela suposição de saber: a relação médico-paciente, professor-aluno, padre-fiel, e mesmo a relação de amizade ou amante-amado, são manifestações transferenciais que implicam a suposição de saber no outro. A especificidade da posição do analista reside no fato de ele não responder desse lugar no qual é colocado, porque não se identifica com o sujeito que sabe, mas sim do lugar de semblante do objeto *a* causa do desejo.

O analista não responde do lugar do mestre, que opera pela sugestão, e é somente agindo assim que ele favorece o desdobramento analítico da transferência no sentido de dar acesso aos significantes inconscientes do analisando.

$$\text{Analisando} \xrightarrow{\text{SsS}} \text{Analista}$$
$$\xleftarrow{\;\;//\;\;}$$

Do lugar de objeto *a* causa do desejo, por seu silêncio e sua posição de escuta, o analista aciona a fala do analisando na associação livre, indicando assim o lugar terceiro do sujeito do inconsciente, para além da relação dual entre analisando e analista — o que Alain Didier-Weill nomeou, em *Os três tempos da lei*, "o sujeito suposto saber que há sujeito".

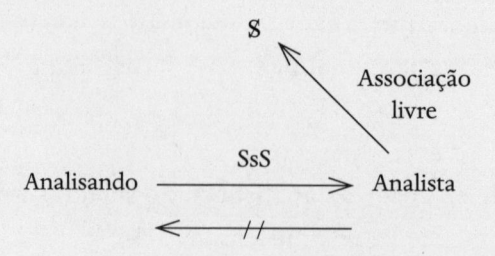

O efeito desse acionamento é permitir que a interpretação advenha do Outro, o saber inconsciente. Lacan postula que "a interpretação já vem pronta do Outro", no sentido de que o inconsciente é um saber verdadeiro e só comparece como tal articulado nos significantes da fala do próprio sujeito: "A interpretação, em seu termo, aponta o desejo, ao qual, em outro sentido, ela é idêntica. O desejo é, em suma, a própria interpretação".[51]

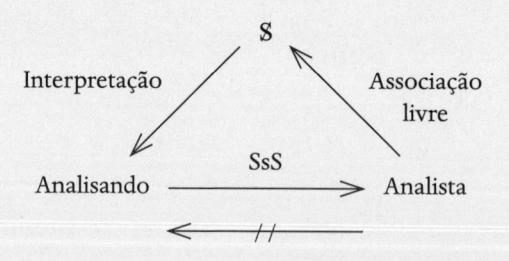

É importante ressaltar que o lugar do analista se produz em duas dimensões: silêncio (objeto a) e interpretação (lugar do Outro, S_2). Vê-se que o discurso do psicanalista se apresenta aqui desdobrado nos diferentes tempos do ato analítico: na posição de a o analista aciona a associação livre, e na posição de S_2 ele produz a interpretação. Esta só se torna possível na medida em que o analista abdica de seu saber desde o início da demanda do analisando.

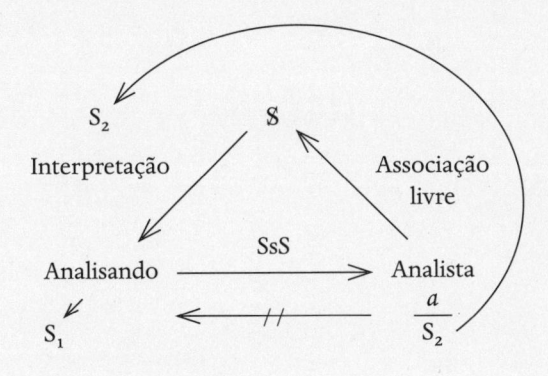

Onde: SsS — sujeito suposto saber | a — objeto a | S_2 — saber do Outro
$\mathbf{S}$ — sujeito do inconsciente | S_1 — significante-mestre

Cabe ressaltar que, na formação do analista, a função do supervisor parece ser exatamente a de repor em jogo o vetor que permite a remissão ao $\mathbf{S}$, que pode ficar problematizada para o analista em algum tratamento em particular. Dito de outro modo, na experiência da supervisão clínica, trata-se sempre de recolocar em ação a vigência do discurso psicanalítico. Como formulei em outro ensaio,[52] a supervisão apresenta duas funções: remeter o supervisionando à própria análise, quando alguma questão pessoal dele está interferindo em sua escuta analítica; remeter o supervisionando ao estudo teórico, quando alguma falha no seu conhecimento teórico é a responsável pela dificuldade na condução de um tratamento. Nesse sentido, o supervisor parece replicar, a seu modo e com objetivos diferentes, a posição do analista, ele próprio dividido em duas funções: de objeto a e de intérprete. Na primeira, ele remete o supervisionando à sua análise, na segunda ele o remete ao estudo da teoria.

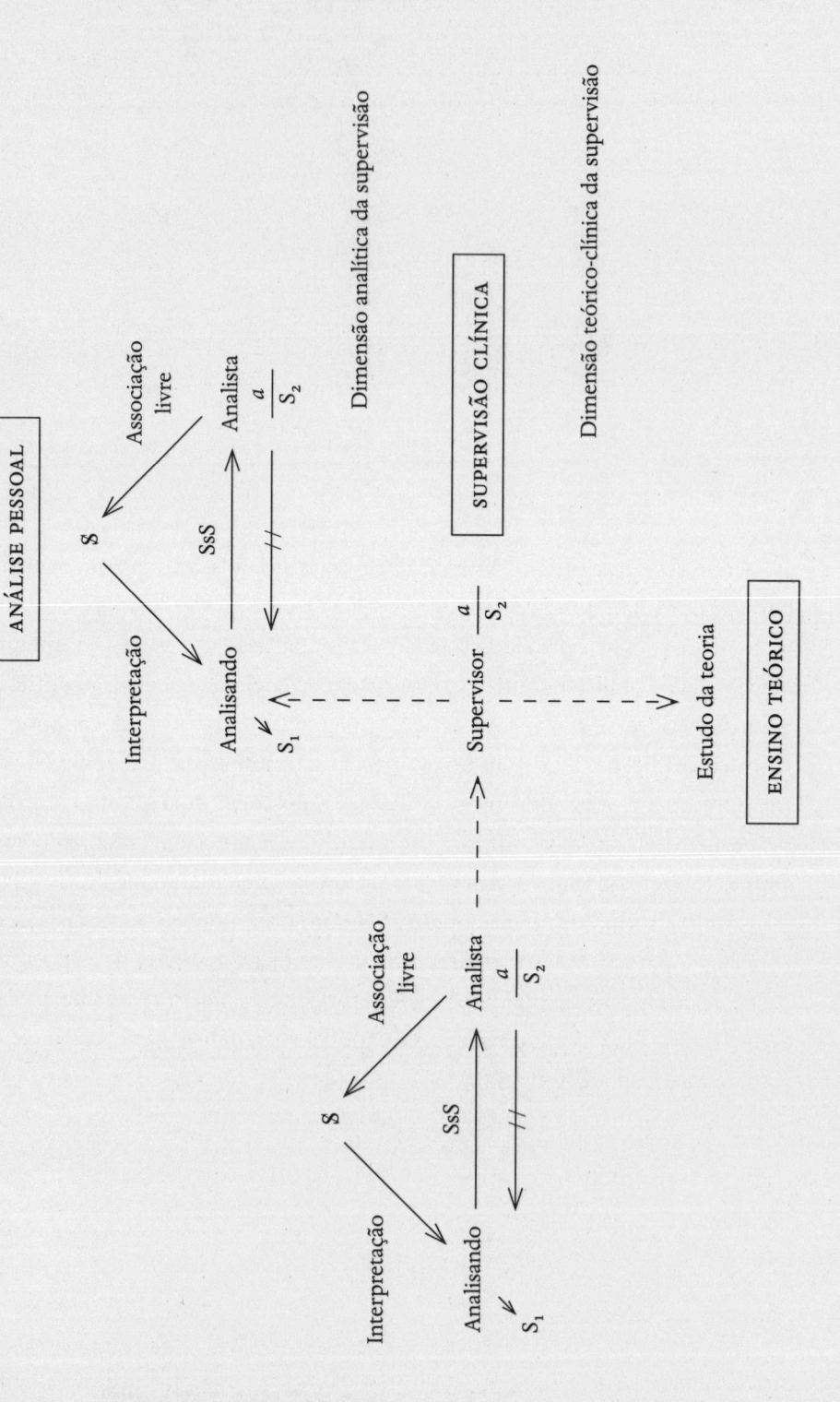

A distinção entre sugestão e transferência é aqui decisiva, e ela encontrará em Lacan uma teorização consistente, com a formulação do significante como, em essência, imperativo, o que pode ser evidenciado na teoria lacaniana dos quatro discursos: se o discurso do mestre opera a partir de um agente, S_1, isso se dá na medida mesma em que o significante possui esse poder de recobrir a falha do sujeito: $S_1/\$$, e, portanto, o sujeito tende fortemente a aderir aos significantes enunciados pelo Outro.[53]

Pode ser instrutivo comparar a demanda de análise às demandas do bebê que são interpretadas pela mãe: o psicanalista evita produzir sentido sobre o sofrimento do sujeito, ao passo que a mãe põe imediatamente em cena a sua interpretação simbólica desse sofrimento. O grito e o choro do bebê são interpretados continuamente pela mãe como a expressão de diferentes necessidades ligadas a sede, fome, sono, higiene ou mesmo demandas de carinho e amor. Na antítese entre a posição da mãe, que interpreta o choro do bebê dando sentido a ele, e a do analista, que, ao interpretar as formações do inconsciente, as esvazia de sentido, temos a própria antítese em jogo entre o discurso do mestre e o do psicanalista: o mestre oferece significantes que, ao representarem o sujeito, elidem sua divisão, $S_1/\$$; ao passo que o psicanalista aciona a fala do analisando para que este seja levado a enunciar precisamente os significantes que o constituíram como sujeito dividido, $\$/S_1$.

É nesse sentido que Lacan considera que o discurso do mestre é aquele que representa a entrada da criança no mundo da linguagem; por esse discurso, a criança não só encontra uma representação perante o Outro, $S_1 \rightarrow S_2$, como também, por meio desses significantes, se aliena para se constituir como sujeito: "A alienação é própria do sujeito".[54] A psicanálise parte da constatação do caráter inarredável dessa alienação originária e, portanto, se pressupõe a necessidade de uma radical desalienação do sujeito, ela não pode propor nenhum significante que venha inflar ainda mais seu extenso rol de identificações. A psicanálise parte, ao contrário, do acionamento do real, a, sobre o sujeito: $a \rightarrow \$$. E, em vez de lhe propor novos significantes alienantes, ela convoca o sujeito à separação, ou seja, a produzir em seu discurso os significantes fundadores de sua própria história, os significantes que estiveram na origem de sua constituição como sujeito, isto é, de sua alienação originária: $\mathcal{S} \rightarrow S_1$.

Ao mesmo tempo, há um ponto de congruência essencial entre esses pares mãe/bebê e analista/analisando: ambos, em sua posição subjetiva, partem da premissa de que há sujeito no campo do Outro. A mãe demonstra isso com simplicidade ao falar com seu bebezinho desde o início com frases na maioria das vezes interrogativas, como o demonstrou a psicolinguista Ruth Weir:[55] nada menos do que 75% das frases que a mãe enuncia para seu bebê ainda infante são formuladas de modo interrogativo: "Quer beber? Está com fome? Vamos tomar banho?". Isso significa que a mãe se dirige a um sujeito que ainda não está apto a responder, mas que é desde o início concebido como virtualmente presente. Pode-se avaliar o quanto esse endereçamento ao sujeito é partícipe de sua constituição ao invocá-lo seguidamente. No caso do psicanalista, também, embora de outro modo, há a suposição de que há sujeito — do inconsciente — quando ele instaura a regra da associação livre como possível produtora de sua manifestação.

É munido do saber sobre a constituição do sujeito pelo Outro que o psicanalista recebe alguém para análise. Contudo, trata-se de um saber que não lhe permite dizer nada ao sujeito de saída, mas sim escutá-lo. Como formulou Lacan, "o que nos importa aqui é o psicanalista em sua relação com o saber do sujeito suposto, não secundária, mas direta".[56] É a partir dessa posição em relação ao saber que o psicanalista pode acionar a entrada em análise de um sujeito que sofre. Sem a entronização pelo analista dessa posição, não há entrada em análise possível, e foi isso que levou Lacan a afirmar que o desejo do psicanalista é o pivô da análise.[57] E uma das formas pelas quais esse desejo se traduz é por meio da evacuação do saber por parte daquele que sustenta esse lugar do analista. Trata-se, para Freud, de esquecer todo o saber psicanalítico a cada novo caso e, logo, de dar espaço à singularidade da constelação simbólica do sujeito. É essa posição que permite que haja transferência, e em dois sentidos.

Tal posição do analista se evidencia já nas entrevistas preliminares, quando, diante de afirmações do sujeito que fecham seu campo discursivo, o analista faz interrogações para reabri-lo. Se o sujeito chega dizendo que é depressivo ou que tem pânico, ele interroga: como é isso, essa depressão, esse pânico? O analista não compreende,[58] não entra num diálogo em que o discurso corrente, do senso comum, tem significações fechadas dadas a priori. Ele se interessa pela singularidade do sujeito e, portanto, pela apreensão inteiramente subjetiva que ele pode vir a formular sobre suas vivências, na maioria das vezes velada por uma significação generalizante.

O que Freud descreve e condena em 1911, em "Psicanálise selvagem", é precisamente o inverso disso: o saber psicanalítico utilizado para calar o analisando, formular proposições, quando não receitas, e acionar, sem qualquer discernimento analítico, soluções que se pretendem milagrosamente eficazes. Esse foi certamente um dos motivos pelos quais Freud, ironicamente, comentou que os médicos, após terem se oposto à psicanálise em seu início, queriam, depois, tomá-la exclusivamente para si. Ele era da opinião de que os médicos poderiam fazer muito mal à psicanálise, pela simples razão de que a prática médica, assim como a psicológica, é uma prática que opera a partir de um saber universal, S_2. Em ambos os casos, a psicoterapia encontra sua condição de realização, uma vez que a própria noção de terapia implica um certo a priori sobre o normal e o patológico.

Foi preciso um longo percurso de Lacan, do imaginário para o simbólico, e do simbólico para o real, para que lhe fosse possível chegar a enunciar sua teoria dos discursos, cuja formalização implica essencialmente a construção do discurso do psicanalista em articulação com outros três discursos: do mestre, da histérica e do universitário. A emergência do discurso do psicanalista foi, segundo Lacan, o que possibilitou a abordagem dos outros discursos. Está claro que a psicanálise, com sua concepção do sujeito do inconsciente estruturado pela linguagem, deveria ser responsável pelo destacamento das outras formas de liame social — definição mesma que Lacan dá dos discursos —, todas igualmente laços de linguagem. Veja-se, por exemplo, o liame que Lacan estabelece entre as estruturas clínicas — uma das noções mais fortes de seu rico edifício teórico — e a linguagem: "o que cria a estrutura é a maneira pela qual a linguagem emerge no início num ser humano".[59] Além disso, para Lacan, toda e qualquer rotação discursiva é tributária da ação do discurso do psicanalista.

No discurso do psicanalista, este ocupa o lugar-tenente do objeto *a*, que se dirige ao outro tomado como sujeito. Trata-se, de fato, do único discurso que lida com o outro como sujeito, e, para tal, o analista se despoja de sua posição de sujeito e ocupa o lugar de objeto. O analisando é aí convocado, como sujeito, $, para que fale a partir do objeto causa do desejo, *a*, e produza os significantes primordiais (S_1) de sua própria história.

$$a \longrightarrow \text{\$}$$
$$\uparrow \qquad \downarrow \qquad \text{discurso do psicanalista}$$
$$S_2 \qquad S_1$$

O analista bascula da posição de objeto para a posição de Outro, a partir da qual ele interpreta, pois a interpretação vem pronta do Outro, e o analista apenas a recolhe. Assim, o lugar do analista é duplo: como objeto *a*, ele é silencioso, pois o objeto não emite significantes, mas, ao contrário, leva o sujeito a fazê-lo; como Outro, o analista está na posição de receptor da mensagem inconsciente do analisando, ele a recolhe de modo tal que pode vir a repassá-la para seu maior interessado. O analista fica, desse modo, na posição do catalisador da experiência; como na química, ele não participa da reação sendo consumido, mas para favorecê-la e acelerá-la.

Uma boa maneira de se ilustrar a estrutura que é posta em jogo no dispositivo analítico é a relação do psicanalista com a obra de arte. Como formula M.D. Magno, nesse caso, o analista é posto no lugar do analisando, pois a obra de arte passa a ocupar o lugar do analista: diante dela, o sujeito fala e, falando, associa a partir dos significantes fundamentais de sua constelação simbólica. Nesse sentido, não existe análise da obra de arte, pois esta ocupa o lugar de objeto causa do desejo que leva o sujeito a falar. Diante dela, que ocupa o lugar do analista, é o sujeito que faz análise: "E como analisar a obra de arte se ela 'é' analista, ou melhor, se ela se finge de análise acabada, ou seja, exigência de análise?".[60]

Função diagnóstica e retificação subjetiva

Há nessas entrevistas iniciais uma função diagnóstica à qual tanto Freud quanto Lacan atribuíam grande importância. Para Freud, a psicose era um quadro clínico que contraindicava formalmente a análise, ao passo que se sabe que Lacan defendeu a prática analítica com psicóticos e incentivou os analistas a não recuarem diante da psicose. Não se pode esquecer, contudo, que os sujeitos psicóticos examinados por Freud eram diferentes daqueles que encontramos hoje, uma vez que a psicofarmacologia começou a existir somente em 1952, quando a clorpromazina, o primeiro medicamento antipsicótico, utilizado até hoje, foi sintetizado. Sabemos o quanto a medicação é praticamente imprescindível no tratamento dos psicóticos e se revela um auxiliar valioso, que permite ao sujeito restabelecer minimamente uma troca com o outro e o mundo a sua volta.

O próprio Freud mais tarde acreditou que a prática analítica poderia vir a se adaptar à clínica da psicose, e foi isso que veio a ser desenvolvido pelos psicanalistas pós-freudianos, mais especialmente por Lacan e seus alunos, a partir de alguns conhecimentos teóricos da estrutura psicótica que se revelaram essenciais, tais como a foraclusão do significante Nome-do-Pai, a estabilização pelo imaginário, as suplências. Trata-se basicamente da posição particular configurada por Lacan como a do "secretário do alienado": a não utilização do divã, e sim da posição face a face, entre analista e analisando; a não utilização da interpretação tal como ela ocorre na clínica da neurose; a adoção de uma postura de preferência trivial por parte do analista, que esvazie o máximo possível os conteúdos persecutórios do psicótico, que se hipertrofiam caso ele se veja diante de um Outro consistente.

Para Freud, a psicanálise também não é indicada nos casos, nada raros, em que o sujeito é levado ao tratamento por um de seus parentes, como no exemplo da Jovem Homossexual tratada por ele a pedido de pais desejosos de que a filha abandonasse sua paixão por uma mulher mais velha. Freud chama a atenção para o fato de que o sujeito precisa estar envolvido em sua busca de tratamento, e é esse elemento que deve ser buscado nas entrevistas iniciais — a implicação subjetiva — que Lacan denomina "retificação subjetiva".

Em seu escrito "Intervenção sobre a transferência", Lacan indica que, nas primeiras intervenções feitas por Freud com sua paciente Dora, tratava-se de levá-la a se envolver subjetivamente no sofrimento de que se queixava.[61] Assim como a Jovem Homossexual, Dora fora levada ao tratamento com Freud pela família; ela chega na posição, frequentemente assumida pela histérica, de vítima do Outro, queixando-se da trama na qual estava enredada por seu pai e pelo sr. K. Então, Freud lhe formula a célebre pergunta: "Qual é sua própria parte na desordem de que você se queixa?". Sublinhando a parte ativa desempenhada por Dora na situação de que se lamentava, Lacan pondera: "Há muito tempo tenho enfatizado o processo hegeliano dessa inversão das posições da bela alma quanto à realidade que ela denuncia. Não se trata de adaptá-las a esta, mas de lhe mostrar que ela está mais do que bem adaptada nela, uma vez que concorre para sua fabricação".[62]

É importante perceber que a retificação subjetiva é uma das primeiras etapas do processo de estabelecimento da transferência; ela visa liberar um sentido no discurso do sujeito, sentido que implica o desejo em jogo para ele. A retificação subjetiva tem a ver com algo essencial: a ideia de que, se estou incluído no sofrimento de que eu mesmo me queixo, então passa a ser possível tentar modificá-lo em algum momento. A responsabilidade do sujeito, que é chamada ao primeiro plano no momento da retificação subjetiva, introduz a noção de "margem de liberdade",[63] numa feliz expressão de Diana Rabinovich, à qual a psicanálise pode conduzir. Assim, a retificação subjetiva entroniza, num primeiro tempo, o espaço para a instauração da transferência, pois o sujeito, sentindo-se escutado pelo analista no mais íntimo de seu ser, dirige a ele uma suposição de saber sobre o seu desejo.

A retificação subjetiva propicia a entrada em análise, que se produz quando o sujeito formula inconscientemente algo que inclui o analista. Há um momento em que o sujeito não apenas se pergunta sobre seu sofrimento, mas inclui nessa indagação o analista como aquele de quem espera uma resposta. Isso surge como um saber que o analista possui, encarna e corresponde ao início do que Freud nomeou em "A dinâmica da transferência" de inclusão do analista em uma das séries psíquicas do paciente, ou seja, o analista passa a ser inserido no lugar de objeto da fantasia do analisando.

Fantasia e inconsciente atemporal

A regra fundamental da psicanálise parece implicar uma certa aposta que o sujeito faz no inconsciente. O dispositivo analítico, com a regra da associação livre, instaura de saída uma dimensão do tempo que é específica à análise. Ao ser convidado a associar livremente, o sujeito fará de imediato uma conexão simbólica, histórica, que traz à baila a dimensão temporal da fantasia. Em "Recordar, repetir, elaborar", tal dimensão temporal surge como inerente à análise: o sujeito recorda o passado ou o repete, e tanto a recordação quanto a repetição são formas de elaborar esse passado.

Claro que o passado aqui não pode ser compreendido como o fato vivido, mas como as experiências fantasísticas que se ligam e se miscigenam inconscientemente aos fatos vividos. Para Freud, a fantasia é o fio invisível que une passado, presente e futuro, de modo que a temporalidade cronológica é substituída pela temporalidade lógica. Trata-se de uma vivência no presente que evoca um desejo insatisfeito do passado e suscita a fantasia de sua realização no futuro. A fantasia, assim como o sonho, do qual ela constitui o núcleo, é uma forma de deslocamento do sujeito de sua posição no presente insatisfatório rumo a um futuro considerado promissor no tocante ao desejo.

Desse modo, a entrada em análise significa, antes de tudo, a entrada numa dimensão temporal que conecta o sujeito de forma radical à fantasia e, logo, ao inconsciente. E, por isso, trata-se de procurar obter a instauração da transferência, que será a forma privilegiada de atualizar o inconsciente, incluindo o analista como objeto na fantasia e transformando o sintoma em sintoma analítico.

A análise parte da premissa de que, para o neurótico, o tempo parou com o sintoma, fixando-o num gozo recalcado do passado, e ela visa o relançamento da flecha do tempo na direção do futuro:

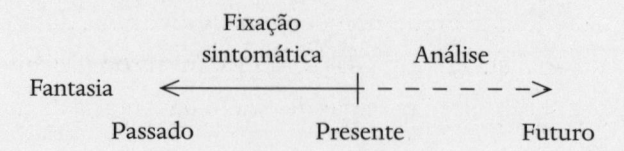

A associação livre é em essência um vetor histórico regressivo, no sentido de que o alvo da associação livre é a fantasia inconsciente. O analisando, ao entrar em associação livre, tende naturalmente a falar da infância, da adolescência, das vivências do passado e também daquilo que produziu uma espécie de rombo na sequência temporal — o trauma — e produziu uma espécie de falha na história, o que Freud chama de lacunas mnêmicas. Aqui se revelam as duas grandes dimensões do ato analítico repertoriadas por Freud, uma que se dirige ao inconsciente na condição de simbólico e outra que cerne o inconsciente em sua dimensão real: a primeira, a interpretação, que incide sobre o recalcado, portanto, sobre o proibido; e a segunda, a construção, que incide sobre o trauma e, logo, sobre o impossível.

Consentir com a regra da associação livre é, por si só, uma forma de aceitação da dimensão atemporal do inconsciente e da significação inconsciente enquanto tal. Quando o sujeito aceita falar sem restrições tudo o que lhe vem à mente, isso só se dá na medida em que há nele o reconhecimento da dimensão do sujeito do inconsciente. Por isso a resistência é sempre, para Freud, resistência à associação livre, porque ela é no fundo uma resistência ao desrecalcamento que a análise promove.

As entrevistas iniciais do tratamento analítico devem permitir ao analisando romper a cadeia de seu discurso habitual para produzir os significantes de sua divisão subjetiva, o que se traduz na passagem do discurso da histérica para o discurso analítico, e a cada vez que o analista não responde como mestre, a partir de um saber constituído — seja ele qual for —, a rotação discursiva se produz.

Discurso da histérica $\longrightarrow$ Discurso do psicanalista

$$\frac{\text{\$}}{a} \longrightarrow \frac{S_1}{S_2} \qquad\qquad \frac{a}{S_2} \longrightarrow \frac{\text{\$}}{S_1}$$

A demanda de saber sobre si mesma dirigida ao mestre, presente no discurso da histérica, encontra no analista uma resposta inédita. Como o surgimento do saber verdadeiro é possibilitado apenas pelo discurso da psicanálise, o S_2 não é mais algo que surja como produção do mestre, mas sim como verdade do discurso dela mesma. A noção lacaniana de passe pode ser entendida como a entronização decisiva daquilo que se produziu a cada sessão analítica exitosa, uma passagem discursiva do discurso da histérica para o discurso do psicanalista: será em suas próprias palavras que a histérica encontrará o mistério de sua verdade e os segredos de sua divisão subjetiva.

A conquista do divã

A passagem da posição sentada face a face com o analista para a posição deitada no divã analítico é, como formulou Lacan para Betty Milan em sua análise, uma conquista do analisando: "Você não foi para o divã, você conquistou o divã! De agora em diante ele é seu".[64] Essa passagem se produz ao cabo do estabelecimento de diferentes dimensões na análise. Em primeiro lugar, ela é possibilitada na medida em que o analista afastou por completo qualquer suposição de um quadro de pré-psicose ou, na terminologia lacaniana, psicose não desencadeada. O neurótico precisa conquistar o vazio — para além do imaginário — que a análise lhe proporcionará, ao falar sem se dirigir a um outro como pessoa, mas ao Outro que o constituiu como sujeito.

O psicótico, por sua vez — na medida em que seu simbólico está afetado pela foraclusão do significante Nome-do-Pai, que faz com que o simbólico não opere simbolicamente, e sim imaginariamente (paranoia) ou realmente (esquizofrenia) —, já está no vazio e precisa, ao contrário, estabelecer vínculos imaginários que lhe permitam se estabilizar na ausência de um simbólico que opere simbolicamente, um simbólico no qual o significante da Lei está foracluído. A definição mesma do significante Nome-do-Pai implica a Lei: o Nome-do-Pai é o "significante que, no Outro como lugar do significante, é o significante do Outro como lugar da lei".[65]

A íntima associação entre simbólico e imaginário se resume no fato de que, para o sujeito falante — e isso desde o momento inaugural da operação produzida no estádio do espelho —, o imaginário é decorrente do simbólico, e, assim como a criança só se assegura de que sua imagem especular corresponde ao seu corpo próprio quando o adulto o confirma pela palavra, o adulto faz igualmente uma constante articulação entre o simbólico e o imaginário, em que o segundo depende sempre do primeiro. Na função da fala e da produção de sentido, tal articulação se evidencia de modo cabal na relação entre o signo e o significante: o signo — definido como o que representa alguma coisa para alguém que saiba lê-lo — tende ao fechamento do sentido; ao passo que o significante — que representa um sujeito para outro significante — tende para a sua reabertura.

Vê-se que há uma tendência estrutural à imaginarização, ressaltada por Lacan ao final de seu ensino, quando, salientando que estamos presos ao imaginário pelo corpo, ele propõe: "Nós estamos no imaginário, aí está o que se deve lembrar. Por mais elaborado que se o faça, é a isso que a análise nos leva, por mais elaborado que se o faça no imaginário, é no imaginário que se está. Não há meio de reduzi-lo em sua imaginaridade".[66] E exatamente por isso a experiência da análise não pode ser concebida como dual, reforçando a própria consistência do imaginário: a relação entre analista e analisando "só é a dois na aparência, pois qualquer colocação de sua estrutura em termos duais é-lhe tão inadequada na teoria quanto destrutiva para sua técnica".[67]

Em segundo lugar, a posição deitada condiz com a necessidade de estabelecer um curto-circuito na relação interpessoal imaginária e de dar ênfase à dimensão simbólica na relação analítica, ou seja, ao analista como lugar-tenente do Outro. Lacan pondera que se usa o divã para "evitar a relação de eu a eu, a miragem imaginária que poderia estabelecer-se com o analista. O sujeito não está face a face com o analista. Tudo é feito para que tudo se apague de uma relação dual, de semelhante a semelhante".[68] O olhar dá lugar à voz, e o analisando se coloca numa posição em que a troca de olhares é eliminada, e apenas as vozes, sua e do analista, estão presentes no estabelecimento da relação analítica. Tal posição é congruente com a exigência inerente à regra da associação livre, pois ela permite ao analisando se furtar ao controle imaginário das reações do analista em relação ao que ele diz e, portanto, procurar falar o mais livremente possível. Trata-se de submeter o imaginário à simbolização analítica e, assim, relativizar gradualmente o sentido inerente às formações egoicas ancoradas por definição no imaginário. Além disso, como Lacan salientou com poesia, falam-se algumas coisas deitado que não se falaria em outra posição, e é na posição deitada que se fala de amor.

Para além do eu, o sujeito

Assim, Lacan introduziu toda uma série de inovações na direção do tratamento analítico na medida em que distinguiu os registros do simbólico e do imaginário, e, portanto, diferenciou o sujeito (produzido como efeito do significante) do eu (imaginário). Seus seminários iniciais se dedicam exclusivamente a estabelecer essa distinção, que separa com precisão, na construção teórica de Freud, duas regiões bem distintas: uma que diz respeito ao sujeito do inconsciente, ou seja, a todos os ensinamentos de Freud sobre as formações do inconsciente — sonhos, sintomas, chistes, atos falhos etc. —, estruturadas pela linguagem; e outra que se refere à originalíssima elaboração freudiana sobre o narcisismo, na qual se inscreve precisamente o eu. A teoria lacaniana do estádio do espelho contribuiu muito cedo para dar consistência ainda maior à última: primeiro, por extrair a lógica da relação imaginária inerente à identificação; segundo, por mostrar igualmente que o imaginário, no ser humano, está submetido ao simbólico, pois, como vimos, a criança, diante de sua própria imagem no espelho, só conclui que esta diz respeito a seu corpo próprio quando o adulto lhe acena com a ratificação dessa compreensão, e só então ela entroniza essa imagem como seu eu ideal.

Postulando que "no inconsciente, excluído do sistema do eu, o sujeito fala",[69] Lacan salienta que a segunda tópica freudiana — eu, isso e supereu — foi construída com o intuito de mostrar aos analistas que "entre o sujeito do inconsciente e a organização do eu não há apenas dissimetria absoluta, porém diferença radical".[70] Tal diferença radical diz respeito ao fato de que o sujeito não tem unidade: "O sujeito é ninguém. Ele é decomposto, despedaçado. E ele se bloqueia, é aspirado pela imagem, ao mesmo tempo enganadora e realizada do outro, ou, igualmente, por sua própria imagem especular. Lá ele encontra sua unidade".[71] Lacan situa o sujeito como uma fenda, um furo, uma falta, sem unidade possível, ele é pontual e evanescente; ao passo que o eu é essa unidade encontrada na imagem do outro, que é sua própria imagem antecipada.

A distinção entre os registros R.S.I., que inaugura a especificidade teórica e clínica de seu ensino, permitiu conceber a análise como uma relação ternária, que inclui o analisando, o analista e o inconsciente — Outro radical, presente ausente, lugar da palavra e de um saber que escapa à consciência. Repetindo, a relação analítica só é "a dois na aparência, pois qualquer colocação de sua estrutura apenas em termos duais é-lhe tão inadequada na teoria quanto destrutiva para sua técnica".[72] O Outro é a ordem simbólica, essa ordem imensa em que ingressamos num verdadeiro segundo nascimento[73] — dessa vez o nascimento do sujeito, e não do indivíduo biológico — e que nos retira do estado de *infans*, aquele que não fala. Como formula Michel Silvestre, há uma dissimetria radical entre o analista e o analisando, estabelecida pelo fato de que o analista se define por ser um homem sem eu, e que, para que ele funcione no lugar adequado, é preciso que se exclua do eixo imaginário e assuma sua posição no eixo simbólico.[74]

O imaginário inclui a relação entre eu e o outro, contudo além do outro existe o lugar da linguagem como radical alteridade, lugar do Outro: "É a esse Outro para além do outro que o analista dá lugar, pela neutralidade com que se faz não ser *ne uter*, nem um nem outro dos dois que aí estão; e, se ele se cala, é para lhe dar a palavra".[75]

Veremos adiante como os teóricos da contratransferência promoveram cada vez mais a análise como uma experiência dual, que se passa entre eu e eu, ou seja, exclusivamente no âmbito do imaginário. Toda uma série de equívocos na prática analítica decorre dessa simples confusão entre simbólico e imaginário, assim como da ênfase posta no eu na direção do tratamento pelos analistas ingleses e americanos. Se para Lacan a contra-transferência nada mais é do que a função do eu do analista, isso significa que ela constitui a soma dos preconceitos do analista.

Robô de analista

Num texto escrito a pedido de Henri Ey em 1953 para a *Encyclopédie médico-chirurgicale*, intitulado "Variantes do tratamento-padrão", Lacan apresenta uma crítica à noção de tratamento-padrão (*cure-type*) defendida na Sociedade Psicanalítica de Paris. Em 1960, o artigo é retirado sob pressão de "uma certa maioria definida por nossa crítica" e é republicado em 1966 na coletânea dos *Escritos*. O título foi imposto a Lacan pelo comitê de psicanalistas que organizou a publicação, e ele aceitou a tarefa com o intuito de "interrogar o dito tratamento em seu fundamento científico", uma vez que o título trazia uma referência implícita ao desvio.

Assim, escrito no mesmo ano do *Seminário 2*, o cerne do texto é precisamente a questão do eu. Elisabeth Roudinesco narra a história do contexto da escrita desse artigo em *História da psicanálise na França*.[76] Trata-se de uma verdadeira confrontação que Henri Ey promove entre Maurice Bouvet e Lacan ao solicitar a ambos artigos para a *Encyclopédie*: ao primeiro, um artigo sobre o tratamento-padrão; e ao segundo, sobre as variantes do tratamento-padrão. Aos dois, o que Henri Ey pedia era um texto que explicasse aos médicos a realidade concreta da escuta do inconsciente, e nenhum dos dois sabia o que o outro iria produzir.

O confronto revelará duas posições absolutamente antagônicas sobre o tratamento psicanalítico. Bouvet, um analista que se preocupa com a expansão do lacanismo e recusa, com seu conservadorismo, qualquer ideia nova, redige um relatório enorme, que representa um clássico da ortodoxia reinante. Os analisandos são chamados de "doentes", os psicanalistas, de "médicos". O tratamento surge integralmente centrado na análise do eu, por meio de uma redução das resistências. O texto de Bouvet dá ênfase à segunda tópica freudiana com uma visão que privilegia o eu em detrimento do inconsciente e promove um ideal adaptativo, conforme em tudo às aspirações dominantes na IPA. Lacan privilegiará igualmente a segunda tópica, mas com uma visão completamente diferente, mostrando a pujança do inconsciente na virada que Freud com ela produz.

Para Bouvet, o objetivo da análise é reforçar a potência do eu e tornar consciente o inconsciente. Sua tradução do *Wo Es war* freudiano é que "o eu deve desalojar o isso". Sua leitura leva a uma série de preceitos que constituem critérios padronizados por uma certa concepção da análise: preços normalizados pela hora médica, número de sessões fixado antecipadamente, duração cronometrada das sessões, cor das roupas do terapeuta, neutralidade inodora, recomendações de prudência etc., tudo admitido como valores seguros, indiscutidos e indiscutíveis. Para Roudinesco, o artigo "define de maneira notável a concepção tecnicista e médica da psicanálise, por onde se afirma ainda hoje, na Société Psychanalytique de Paris (SPP), o princípio de uma profissão analítica". E ainda: "Seu Freud é um médico puro, sem desejo de universalidade e sem nenhum questionamento filosófico ou cultural".[77] É o que Roudinesco chama de um neofreudismo à francesa, menos aventureiro que o dos norte-americanos.

Já Lacan produz de saída, em seu artigo, uma formulação que reivindica a ética da psicanálise. A rubrica das variantes não quer dizer nem adaptação do tratamento à variedade dos casos, nem referência às variáveis pelas quais o campo da psicanálise se diferencia, mas sim uma preocupação de pureza nos meios e nos fins: trata-se justamente de um "rigor de alguma forma ético, fora do qual qualquer tratamento, mesmo recheado de conhecimentos psicanalíticos, não pode ser senão psicoterapia".[78]

Do rigor, Lacan passa à exigência de uma formalização teórica que, na atualidade, vem sendo indevidamente confundida com um formalismo prático sobre o que se faz e o que não se faz.

A valorização do imaginário em detrimento do simbólico desemboca na desvalorização do discurso do sujeito e na atenção dada "a qualquer outra manifestação da presença do sujeito", seja sua apresentação, seu andar, suas maneiras. O efeito dessa perda de importância da palavra do analisando tem como efeito imediato o fato de que a interpretação passe a depender cada vez mais exclusivamente do saber do analista.[79] Contudo, uma das mais importantes diretrizes fornecidas por Freud em seus artigos sobre técnica é resumida por Lacan de modo decisivo: "o que o psicanalista deve saber: ignorar o que ele sabe".[80] Lacan é enfático quanto a esse aspecto essencial que incide diretamente sobre a formação do analista, pois "o saber acumulado em sua experiência concerne ao imaginário, onde ela tropeça incessantemente".[81]

Seja qual for a dose de saber transmitida ao analista, o mais impressionante e que não se pode deixar de sublinhar é que o saber analítico, enquanto tal, não possui qualquer valor formativo. Se a formação do analista se assenta no tripé clássico — constituído pela análise pessoal, pelo estudo teórico e pela supervisão clínica —, a base da formação é a análise pessoal, na qual o analista em formação tem acesso a um tipo de saber ao qual ele não acederá através do ensino teórico mais rigoroso, nem com a supervisão clínica dada pelo analista mais experiente. Foi nesse sentido que Ferenczi introduziu a ideia de que a "segunda regra fundamental da psicanálise" é a exigência de que "quem quer analisar os outros deve, em primeiro lugar, ser ele próprio analisado".[82] Mas é certo que a seriedade dessa observação de Ferenczi nos leva hoje a tratar essa "regra" não como a segunda regra fundamental, mas de fato a primeira!

Em seu ensaio sobre "As perspectivas futuras do tratamento psicanalítico", Freud chegou a apontar, inclusive, que a difusão do saber da psicanálise em escala social poderia ter como efeito o fechamento do inconsciente. Lacan retira dessa indicação freudiana uma verdade pungente: "O inconsciente se fecha, com efeito, na medida em que o analista 'deixa de ser portador da fala', por já saber ou acreditar saber o que ela tem a dizer".[83] É por isso, conclui ele, "que o analista deve aspirar a um domínio tal de sua fala que ela seja idêntica a seu ser" e que "o analista, mais do que outros, deve saber que ele não pode ser em suas palavras senão ele mesmo".[84]

A psicanálise se destina ao que há de mais particular no sujeito, e a via de formação aberta por Freud implica que a ciência analítica deve ser recolocada em questão na análise de cada caso. Nessa via, o analista só pode enveredar ao reconhecer no seu saber "o sintoma de sua ignorância", e a função dos mestres deve ser a de formá-lo "nesse não saber, sem o que ele nunca será nada além de um robô de analista".[85]

Nesse artigo, a eloquência e a verve de Lacan não poderiam ser maiores e se esmeram em indicar, refratando-os, os sulcos abertos pelos desvios pós-freudianos. Ele ressalta a prudência — e não a modéstia — com que Freud insiste em emoldurar suas recomendações técnicas: elas não são dogmas nem receitas, não prescrevem regras a torto e a direito, mas deixam espaço para que cada analista construa seu próprio laboratório de psicanálise, no qual a clínica seja soberana e as ilusões do saber constituído encontrem espaço para ser pulverizadas toda vez que for necessário.

A objetificação do sujeito

Desde seus primeiros trabalhos, a resistência está, para Freud, ligada à instância do eu. Nos *Estudos sobre a histeria*, Freud aborda o eu como "representando a massa ideacional", o que Lacan aproxima de toda uma organização de certezas, de crenças, de coordenadas, de referências que constituem um sistema ideacional. Essa é a forma inicial com que Lacan define o eu que, de fato, já apresenta em germe sua concepção posterior do eu enquanto da ordem do imaginário e, portanto, como da ordem do sentido (e, assim, oposto ao real, que não tem nenhum sentido).

Reside aí, certamente, um dos pontos pelos quais se pode entender que, para Lacan, "não há outra resistência à análise senão a do próprio analista".[86]

A ênfase posta no eu do analisando na direção do tratamento traz o próprio eu do analista como medida do real, ao qual o paciente deve ser readaptado. Apenas a ideia de que a análise não é dual, mas sim ternária, ou seja, a ideia de que há nela em jogo o Outro enquanto lugar da palavra, pode liberar o analista de intervir a partir de seu próprio eu. Isso pode ser visualizado no esquema L, já abordado anteriormente,[87] que foi introduzido por Lacan ao final do *Seminário 2* e retomado no início do *Seminário 3*, na medida em que uma de suas primeiras aplicações foi de fato compreender a função do imaginário na estabilização das psicoses. Nele se veem dois eixos distintos: o eixo do imaginário, eixo da comunicação e do sentido, que liga o eu ao outro; e o eixo do simbólico, que une o sujeito ao grande Outro, eixo da mensagem subjetiva singular e da evocação do inconsciente.

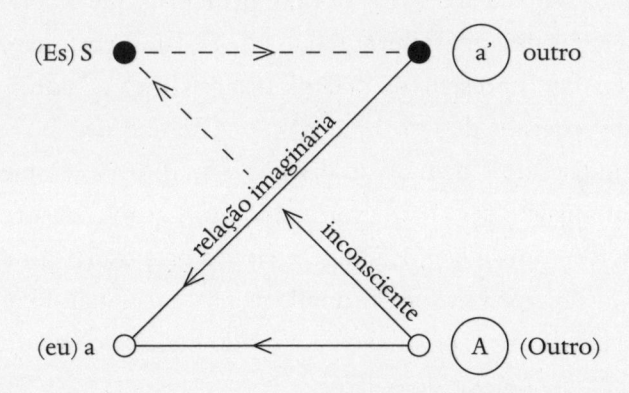

A análise da resistência acabou orientando-se para um reforço da postura objetivante do sujeito, isto é, da manutenção de um estado de observação, a ponto de vir a ser proposta como princípio na condução de um tratamento-padrão.[88] Lacan comenta longamente tal posição objetivante numa seção do artigo "A coisa freudiana", dedicado ironicamente à resistência aos resistentes:

Pois a objetivação em matéria psicológica está submetida em seu princípio a uma lei de desconhecimento que rege o sujeito não apenas como observado, mas como observador. Isto é, que não é dele que você tem que lhe falar, pois ele basta para essa tarefa, e, assim fazendo, não é nem mesmo a você que ele fala: se é a ele que você deve falar, é literalmente de outra coisa, isto é, de uma outra coisa do que aquilo de que se trata quando ele fala dele, e que é a coisa que lhe fala, coisa que, seja o que for que ele diga, lhe permanecerá para sempre inacessível, se, ao ser uma fala que se dirige para você, ela não puder evocar em você sua resposta, e se, por ter ouvido sua mensagem sob essa forma invertida, você não pudesse, ao retorná-la a ele, dar-lhe a dupla satisfação de tê-lo reconhecido e de lhe fazer reconhecer sua verdade.[89]

Na evolução da teoria lacaniana da direção do tratamento pode-se depreender a sequência de três períodos principais que revelam o deslocamento do lugar do analista produzido por Lacan. O primeiro, da análise das resistências, representado pela prática analítica tal como encontrada por Lacan na década de 1950, na qual a análise se centra na relação entre o eu do analisando e o eu do analista, e o analisando é objetivado pelo saber do analista; o segundo, promovido por Lacan com a revalorização do analisando como sujeito da linguagem e a proposta de uma relação intersubjetiva para falar da relação analítica, na qual o analista ocupa o lugar do Outro; e o terceiro, no qual o analisando é tomado enquanto sujeito e o analista ocupa o lugar do objeto.

O esquema a seguir permite situar esses três tempos: no primeiro, vê-se que a análise é conduzida no plano do imaginário; no segundo, é restituída a palavra ao analisando e, portanto, põe-se em relevo o simbólico, que presentifica o sujeito do inconsciente como efeito do Outro da linguagem; e no terceiro, a dimensão do real é acionada com toda a sua força, na medida em que o analista ocupa o lugar de semblante do objeto *a*. É ela que permitirá a Lacan gradualmente questionar a noção de intersubjetividade.

	Analisando	Analista	Saber
Análise das resistências I: a–a'	objeto (eu)	sujeito (eu)	Teórico Discurso universitário
Intersubjetividade S: S–A	sujeito	Outro	
Discurso psicanalítico R: objeto a	sujeito ($)	objeto a	Inconsciente Discurso psicanalítico

Nesse percurso em que se trata de poder dar à experiência analítica uma dimensão radical na qual o vigor do discurso psicanalítico não seja obnubilado pelo discurso universitário — nem pelo discurso do mestre para o qual o discurso do universitário aponta —, a noção de intersubjetividade teve o mérito de servir a Lacan para fazer essa passagem que acaba por inverter a posição de analisando e analista nos lugares de sujeito e objeto. Se no primeiro momento o analisando era objetivado pela subjetividade sem freios do analista, no terceiro trata-se de fazer vigorar o analista na posição de objeto a e restituir ao analisando o lugar do sujeito falante.

Contudo, o próprio Lacan veio a questionar a noção de intersubjetividade que ele mesmo promoveu durante certo tempo. No escrito "Intervenção sobre a transferência", por exemplo, pode-se ver como ele afirma a necessidade de conceber a análise na dimensão intersubjetiva: "Quanto à experiência psicanalítica, devemos compreender que ela se desenrola inteiramente nessa relação de sujeito a sujeito, expressando com isso preservar uma dimensão irredutível a qualquer psicologia considerada como uma objetivação de certas propriedades do indivíduo".[90] Contudo, no *Seminário 8*, para tomar também outro exemplo, ele já descarta essa noção e chega a escarnecer dela, colocando-a inclusive como antinômica à análise: "A intersubjetividade não seria aquilo que é o mais estranho ao encontro analítico? Ali, basta que ela apareça para que fujamos, certos de que é preciso evitá-la. A experiência freudiana estanca desde que ela surge. E floresce apenas em

sua ausência".[91] Na "Proposição de 9 de outubro", igualmente, ele exclama
que fica admirado "de que ninguém jamais tenha pensado em me objetar,
considerados certos termos de minha doutrina, que a transferência por si
só cria uma objeção à intersubjetividade. Chego até a lamentá-lo, isto que
nada é mais verdadeiro: ela a refuta, é seu obstáculo".[92]

Os labirintos da relação intersubjetiva imaginária são tematizados com
um humor particularmente agudo no singular livro de poemas de Ronald
Laing intitulado apropriadamente *Laços* (*Knots*, que pode ser traduzido igualmente por "Nós"), em que o imbróglio intersubjetivo parece não ter mais fim:

> *Lúcio sofre*
> *Por achar*
> *Que Lúcia acha que ele a faz sofrer*
> *Porque (ele) sofre*
> *Por achar*
> *Que ela acha que ele a faz sofrer*
> *Por fazê-la achar que é culpada*
> *De fazê-lo sofrer*
> *Porque (ela) acha*
> *Que ele a faz sofrer*
> *Porque (ele) sofre*
> *Por achar*
> *Que ela acha que ele a faz sofrer*
> *Pelo fato de que*
> > *Da capo sine fine*[93]

A resistência é sempre do analista

Tanto para Freud quanto para Lacan, a resistência não diz respeito a um
atributo do sujeito, mas sim a uma noção clínica que só assume seu valor
em relação ao trabalho da análise. Assim, a resistência não é uma categoria
psicológica a ser referenciada universalmente ao sujeito, mas um achado da

prática psicanalítica. Ela se produz como um fenômeno inerente à análise e não pode ser concebida fora dela; se o sujeito resiste, isso se dá porque a análise exerce uma força no sentido do desrecalcamento, e, como a resistência é o prolongamento do recalque, ela opera no sentido de impedir a análise e seu efeito maior de produção do desrecalcamento.

Vimos que a própria nomeação do conceito de resistência se deu no decorrer da análise de Elisabeth von R., não sendo essa, portanto, uma categoria psicológica, mas um dado sempre observável não só em sua relação com o recalcamento, como também em sua relação com a transferência. Lacan aponta que, já em 1895, Freud reconhecia seu efeito "manifestando-se na verbalização das cadeias discursivas em que o sujeito constitui sua história"[94] e ressalta que, longe de desconhecer a resistência, Freud "serve-se dela como uma disposição propícia ao acionamento das ressonâncias da fala, e se conforma, na medida do possível, com a definição inicial que forneceu da resistência, servindo-se dela para implicar o sujeito em sua mensagem".[95]

Após a segunda tópica, ao evidenciar as resistências inconscientes, Freud passa a opor não mais consciente e inconsciente, mas o eu e o recalcado, e a considerar que são as próprias instâncias que produziram o recalcamento (eu e supereu) que suscitam a resistência. O eu, sendo em parte inconsciente, constituirá a parte do inconsciente que se opõe ao retorno do recalcado. Dito de outro modo, a resistência é um prolongamento do recalque, ela é o efeito de haver recalque, e a instância que produziu o recalque — o eu — será a mesma responsável pela resistência.

Lacan dá extremo relevo a esse momento da produção teórica freudiana em que é introduzida a concepção da pulsão de morte. Segundo ele, no *Além do princípio de prazer*, "Freud quis situar esta função imaginária do eu".[96] Tal função imaginária do eu é a resistência, à qual "está submetida a passagem ou a não passagem daquilo que tem de ser transmitido como tal na ação analítica".[97] Sendo "toda referência imaginária do ser humano... centrada na imagem do semelhante",[98] "a estruturação imaginária do eu se efetua em torno da imagem especular do próprio corpo, da imagem do outro".[99] Mas entre o eu e o sujeito há uma poderosa distinção a ser feita. E Lacan comenta que se trata, para Freud, no momento em que introduz sua nova tópica, "de lembrar que entre o sujeito do inconsciente e a organização do eu não há apenas dissimetria absoluta, porém diferença radical".[100] De fato, como assevera Lacan, "a dificuldade, quando se fala da subjetividade, consiste em não entificar o sujeito".[101] Se "o sujeito que fala está para além do eu",[102] esse é "essencialmente relação com o outro",[103] tomando nesse outro seu ponto de partida e seu apoio.

A crítica que Lacan faz, na década de 1950, à chamada "análise das resistências" é um efeito primordial da distinção estabelecida por ele entre os registros do real, do simbólico e do imaginário. Ao introduzir, no *Seminário 1*, a oposição entre análise do discurso e análise do eu — em substituição à díade então em voga, análise do material e análise das resistências —, Lacan o faz a partir da distinção entre os registros do simbólico e do imaginário.

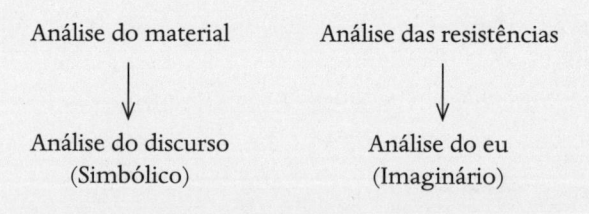

Trazendo para primeiro plano da prática a oposição entre o discurso do sujeito e o eu no qual esse discurso tende a se alienar, Lacan pôde estabelecer uma crítica veemente ao procedimento da análise das resistências, sobretudo na medida em que esta implica a objetificação do sujeito. Ao passarem a dar ênfase à análise das resistências, os analistas passaram a se dirigir exclusivamente ao eu, cuja função de radical desconhecimento da subjetividade é patente. Fato é que, como vimos, a objetificação do sujeito na análise não se dá sem a simultânea presentificação da subjetividade do analista.

A ênfase na análise das resistências e a focalização do eu na direção da cura têm como corolário a perda de importância da palavra do sujeito.

Se o que está em jogo é um sujeito objetificado, o que será buscado não mais será sua palavra, mas algo que está aquém ou além dela: "De fato, essa ilusão que nos impele a procurar a realidade do sujeito para além do muro da linguagem é a mesma pela qual o sujeito crê que sua verdade é em nós já dada, que a conhecemos de antemão, e é igualmente por aí que ele é hiante a nossa intervenção objetivante".[104]

Além disso, Lacan chama a atenção para o fato de que não há resistência fora da análise; a resistência não é um dado psicológico do sujeito, o que não permite que se fale de resistência a não ser no interior da análise, do trabalho de associação. É a própria análise que, ao exercer uma força no sentido do desrecalcamento, promove a resistência, que, no fundo, é apenas a expressão das forças recalcantes que continuam atuando no sujeito. Dito de outro modo, a resistência é o prolongamento do recalque, e, se este foi promovido pelo eu enquanto instância recalcadora por excelência, a resistência continuará a ser igualmente exercida pelo eu. Essa dialética entre recalque e resistência é exemplificada por Freud ao narrar uma instrutiva parábola em que supõe que, durante uma conferência, entre pelo auditório um sujeito fazendo grande algazarra e interrompendo bruscamente o andamento do trabalho. Para a continuação da aula, diz ele, torna-se imprescindível colocar o recalcitrante para fora da sala. Mais ainda, para garantir de fato que ele não volte a perturbar — e pelo visto ele o fará, desde que tenha oportunidade de fazê-lo —, será necessário colocar à porta de entrada um guarda que impeça seu retorno. O elemento perturbador é a pulsão, e o guarda que o põe para fora (recalque) e permanece na porta impedindo que ele volte (resistência) é o eu.

Para Lacan, a mera valorização da resistência na direção do tratamento já é algo que pode funcionar como uma resistência do analista. Pois o analista passa a provocar a resistência: a resistência só resiste porque é pressionada, não há resistência do sujeito a não ser a partir da ótica do psicanalista. Trata-se de uma dimensão ética importante inerente à análise o fato de o analista se dar conta de que o analisando está em determinado momento de sua atualização simbólica: o sujeito está naquele ponto, e não noutro, e "por menos que ele fale, por menor que for o valor daquilo que ele disser, o que diz é a interpretação dele no momento, e a continuação do que diz é o conjunto das suas interpretações sucessivas".[105] A ideia da resistência, na verdade, é um ponto ideal abstrato que se cria, como a de um ponto morto, mas o erro é acreditar que se deve liquidar a resistência. Aí principia a resistência do analista, quando ele começa a centrar suas intervenções na resistência do sujeito e acaba inflando-a enormemente na análise.

O psicanalista resiste, também, ao crer que interpretar é mostrar ao sujeito que o que ele deseja é determinado objeto. Pois se trata, pelo contrário, de ensinar o sujeito a nomear, a articular, a fazer passar para a existência esse desejo que está, literalmente, para aquém da existência, e por isso insiste. Há uma relação íntima entre o reconhecimento do desejo e o desejo de reconhecimento.

Da contratransferência ao desejo do psicanalista

O termo contratransferência aparece na pena de Freud um número limitadíssimo de vezes. Por exemplo, no artigo intitulado "Perspectivas futuras da psicanálise", no qual ele o emprega pela primeira vez para designar "a influência do paciente sobre os sentimentos inconscientes" do médico,[106] Freud sublinha, quanto a isso, que "nenhum analista vai mais longe do que os seus próprios complexos e resistências internas",[107] o que leva à necessidade de o psicanalista se submeter a uma análise pessoal o mais profunda possível.

Numa carta a Ferenczi de 6 de outubro de 1910, Freud observa a seu discípulo dileto o quanto sua contratransferência havia interferido na sua análise, e se desculpa por isso.[108] Numa carta a Ludwig Binswanger, Freud situa a contratransferência como um dos "problemas técnicos mais complexos da psicanálise" e acrescenta que é preciso a cada momento reconhecer sua contratransferência e ultrapassá-la. Vê-se que Freud, portanto, não nega que o analista possa ser tocado pela contratransferência, mas ele não reconhece nela qualquer valor no que diz respeito à dinâmica da análise de seus pacientes. Além disso, é curioso ver que inicialmente Freud acreditava que reflexões sobre a contratransferência só deviam circular em comunicações reservadas aos analistas, não devendo ser divulgadas fora do círculo analítico restrito.[109]

Logo, Freud sempre considerou a contratransferência algo em que o analista deveria prestar atenção no sentido de que ela poderia atrapalhar a direção de um determinado tratamento: os sentimentos do analista, sejam quais forem, estavam, para Freud, fora de questão na análise, daí ele utilizar as diferentes metáforas do cirurgião que disseca seu paciente, e do espelho que apenas reflete o que é colocado diante dele, para falar do analista em sua função. A contratransferência é algo que não tem nada a ver com o analisando, ela está ligada ao analista enquanto sujeito. Se utilizada na condução das análises para situar o analista na relação com seus analisandos, ela representa a entrada em cena da posição subjetiva do analista, que deveria precisamente ter permanecido fora da relação analítica.

O artigo de Paula Heimann "A propósito da contratransferência", apresentado em 1949 num congresso da IPA, foi o primeiro trabalho psicanalítico a pretender que a contratransferência poderia servir, ao contrário do que sempre se pensara, para ajudar o analista em seu trabalho. Analisanda de Theodor Reik e de Melanie Klein, de quem se afastaria, aliás, a propósito da publicação desse mesmo artigo, ela manifesta sua surpresa ao perceber que os candidatos a analista tinham a opinião de que a contratransferência era apenas uma fonte de perturbação. O que ocorre frequentemente, diz ela, é que eles se culpam quando tomam consciência de seus sentimentos em relação a seus pacientes, e em função disso procuram evitar esses sentimentos. Heimann encontrou na literatura psicanalítica muitos exemplos desse "analista isento de sentimentos", que condizem com a ideia bastante difundida de que o psicanalista só deve sentir uma "bondade uniforme e morna" em relação a seus analisandos. Ela atribui às comparações freudianas do analista com o espelho e com o cirurgião a ideia de que "a menor ruga emocional perturbando essa superfície lisa é o sinal de uma perturbação que deve ser evitada".[110]

Heimann postula que a contratransferência é não apenas a totalidade dos sentimentos que o analista experimenta em relação a seu paciente; indo bem mais longe, ela considera que "a resposta emocional do analista a seu paciente no interior da situação analítica constitui seu instrumento de trabalho mais importante. A contratransferência é um instrumento de pesquisa no interior do inconsciente do paciente".[111] Por esse viés, concluindo que a contratransferência é suscitada no analista pelo paciente, Heimann reintroduz a pessoa do analista na análise e recobre a sua posição de objeto que será entronizado na fantasia do analisando pela sua posição de sujeito — e, claro, se há sujeito, há fantasia, e agora do analista.

Para Paula Heimann, a chamada situação analítica é uma relação entre duas pessoas e seu postulado de base é que "o inconsciente do analista compreende o de seu paciente".[112] E a melhor maneira que ela encontra para verificar se compreendeu ou não seu paciente será a comparação de seus próprios sentimentos com as associações e o comportamento de seu paciente. Tal postulado parece ser inspirado na afirmação freudiana de que "todos possuem, em seu próprio inconsciente, um instrumento com que podem interpretar as elocuções do inconsciente das outras pessoas".[113] Mas Heimann levará essa ideia longe demais, chegando a fazer a contratransferência do analista corresponder à natureza dos impulsos inconscientes do paciente e às suas defesas em jogo no momento:

> Se Freud exige do analista que ele reconheça e domine sua contratransferência, isto não autoriza a concluir que a contratransferência é um fator de perturbação, e que o analista deve obrigatoriamente se fazer insensível e isento. Antes disso, é preciso deduzir que ele deve se servir de sua resposta emocional como de uma chave para abrir o inconsciente do paciente.[114]

O que está na base dessa concepção é a ideia de que a análise é uma relação entre dois sujeitos, e a contratransferência é o que se passa na relação do analista com seu paciente.

Foi depois desse artigo de Paula Heimann que muitos autores passaram a abordar a contratransferência nessa mesma direção. Lacan produzirá uma intensa crítica aos teóricos da contratransferência, e encontraremos ao longo de seu seminário diversos comentários sobre artigos desses autores, especialmente Margaret Little, Lucia Tower e Annie Reich. Little criou a noção de resposta total do analista às necessidades de seu paciente e grafou-a com a letra 'R' — 'R', que inclui a contratransferência, mas é mais ampla que ela.[115] Na América Latina, um dos grandes difusores dessa concepção foi Heinrich Racker, cujos estudos sobre técnica psicanalítica chamam a atenção por se centrarem exclusivamente na transferência e na contratransferência, considerada por ele o "eixo do processo psicanalítico".[116]

Para Lacan, a transferência é um fenômeno no qual estão incluídos conjuntamente o sujeito e o psicanalista, e dividi-la em termos de transferência e contratransferência significa elidir aquilo que está em jogo. Nas definições dos autores que enfatizaram a importância da contratransferência, vê-se que o denominador comum é a tendência a conceber a experiência analítica como uma relação dual. Desde o seminário *O eu na teoria de Freud e na técnica da psicanálise*, ao introduzir seu esquema L, Lacan demonstra que a análise não é uma relação dual entre o eu do analista e o eu do analisando, mas sim uma relação ternária, na qual a linguagem, o inconsciente — o Outro — é um terceiro presente-ausente, que precisa ser escutado naquilo que ele determina: o sujeito do inconsciente.

Lacan critica a noção de contratransferência como "uma espécie de imperfeição da purificação do analista na relação com o analisado",[117] que parte precisamente de uma ideia equivocada de que o analista compreende seu paciente. A dimensão intersubjetiva da com-preensão é fortemente criticada por ele, sendo preferível que o analista não compreenda e inclusive não confie em sua própria compreensão, pois o que ele deve alcançar é justo aquilo que não compreende: "É somente na medida em que, decerto, ele sabe o que é o desejo, mas não sabe o que esse sujeito, com quem embarcou na aventura analítica, deseja, que ele está em posição de ter em si, desse desejo, o objeto".[118]

Em "Intervenção sobre a transferência", Lacan faz um original comentário do caso Dora e destaca que a transferência negativa de Dora é uma réplica da contratransferência de Freud: a contratransferência de Freud é entendida por Lacan como a soma de seus preconceitos, como o preconceito veiculado no provérbio: "Tal como o fio para a agulha é a menina para o menino". O caso Dora tem um lugar privilegiado na obra de Freud, pelo fato de ter sido nele que Freud, pela primeira vez, mostra o valor da análise dos sonhos durante o tratamento, e também reconhece o valor nuclear da transferência. O que é essencial ressaltar é que Freud se dá conta da importância do fator transferencial precisamente no momento em que sua contratransferência se presentifica de modo intenso, ou seja, seu pré--conceito de que uma jovem como Dora estaria naturalmente interessada por um homem e jamais por uma mulher, a sra. K. Freud manifesta isso numa nota de rodapé que se tornou famosa, na qual reconhece que falhou ao não ter atribuído importância à corrente homossexual inconsciente de Dora e de todos os neuróticos.

Para dar um novo rumo às elaborações feitas pelos analistas em torno da contratransferência, Lacan formula o conceito de desejo do psicanalista. Com ele, podemos distinguir o desejo do psicanalista — enquanto função analítica — do desejo do sujeito psicanalista, que se interpõe ao exercício do primeiro. O desejo do analista é categorizado por Lacan como "o desejo de obter a diferença absoluta",[119] isto é, de conduzir a análise na direção de isolar os significantes da constelação simbólica de uma posição subjetiva singular.

Um breve e luminoso artigo de Laurence Bataille intitulado "Desejo do analista e desejo de ser analista" permite que se situe com simplicidade o que está em jogo no desejo do psicanalista. Desenvolvendo com um exemplo de sua clínica a tese lacaniana de que "o desejo do psicanalista nada tem a ver com o desejo de ser psicanalista",[120] ela narra uma primeira entrevista com um analisando na qual ela apanhou-se querendo "agir como uma psicanalista", a partir de um pedido que o analisando lhe fez de fogo para acender o cigarro: um psicanalista deve ou não dar fogo ao paciente que o pede? Embora sua resposta ríspida tenha sido, naquele momento, "Certamente não foi para fumar um cigarro que você veio até aqui", ela cedeu a seu pedido. Mas desde a sala de espera, onde ele lia o jornal e pareceu dirigir-lhe um olhar desafiador, até o trajeto pelo corredor, onde ele se detinha olhando tudo demoradamente, ela percebeu que estava num discurso de eu para eu, francamente agressivo, e atribuía a ele uma significação que a visava. O ensinamento que tirou desse encontro no qual precisou analisar sua própria posição subjetiva diante de um novo analisando foi de que,

> cada vez que atribuo ao paciente uma intenção, um pensamento que ele não diz, estou fora da posição de analista. Cada vez que me sinto visada como sujeito pelo paciente, estou fora da posição de analista. Cada vez que tenho vontade de representar alguma coisa para o paciente, ainda que seja representar um analista, estou fora da posição de analista. E, a cada vez, isso deve me advertir de que não é o meu desejo de analista que está em jogo. Mas o paradoxal desse caso é que o desejo que vem mais sutilmente substituir o desejo do analista é o desejo de ser analista: é este último que me induz a adotar atitudes ditas analíticas, a colocar na posição de semblante, em vez do nada, uma imagem de analista.[121]

É querendo agir da maneira como se supõe que um psicanalista deve agir que simplesmente se sai do lugar do analista.

O que é, assim, o desejo do analista? É um desejo que está ligado ao nada como denominador comum de todos os objetos *a*, um desejo que, portanto, está situado além da fantasia, o que ressalta a importância de a análise do analista ter sido levada a seu ponto mais extremo de travessia da fantasia. Ele é necessário ao analista e o funda como operador da prática analítica porque, para ouvir o discurso do analisando sobre seu próprio sintoma e a fantasia que está em jogo nele, é necessário precisamente ter atravessado a própria fantasia que mediatiza o encontro de todo sujeito com o real. O desejo do analista é um desejo sem fantasia, elemento através do qual ele se distingue de todo desejo, pois todo desejo se sustenta numa fantasia.[122] Um dos nomes que Lacan deu ao desejo do analista foi o desejo de saber, isto é, desejo movido pela falta de saber, pela falta de saber fantasístico, pelo não saber que sustenta a operação analítica.[123]

2. Da angústia ao desejo

A angústia é o modo radical sob o qual é mantida a relação com o desejo.

PUBLICADO EM 1919, o ensaio freudiano "O estranho" foi escrito em parte simultaneamente ao *Além do princípio de prazer*, o que pode ser atestado pela referência, em determinado trecho, às questões envolvidas na noção de compulsão à repetição. O tema do artigo já estava presente em 1913 para Freud, o que pode ser igualmente verificado por uma nota de rodapé em *Totem e tabu*, na qual se lê: "Parece que atribuímos uma qualidade estranha a impressões que procuram confirmar a onipotência dos pensamentos e a modalidade animista do pensar em geral, depois de termos atingido uma fase em que, em nosso juízo, já abandonamos tais crenças".[1]

Pares antitéticos

A "essência desse breve estudo"[2] é indicada em primeiro lugar na abordagem linguística que Freud faz, através da qual se depreende que o termo alemão *unheimlich* compreende dois sentidos opostos, antitéticos, representando na língua a figura tão fascinante para Freud da cabeça de Jano, passível de ser encontrada em todas as formações do inconsciente.[3] Repare-se aqui o quanto esse artigo, assim como aquele sobre "A significação antitética das palavras primitivas" (1911), foi importante para Lacan assentar sobre a obra de Freud as bases de sua hipótese do inconsciente estruturado como uma linguagem. Se esse breve artigo aborda a questão das palavras de sentido antitético através de exemplos das línguas arcaicas, *das Unheimliche* adquire um valor de exemplo ainda maior por ser um termo da língua alemã contemporânea e revelar, portanto, que a ocorrência das palavras antitéticas não se restringe de modo algum às línguas arcaicas, mas é um fenômeno linguístico universal.[4]

Assim, vê-se que o artigo composto de três seções tem a primeira delas inteiramente dedicada ao estudo linguístico da palavra alemã *heimlich*, lançando mão de vários dicionários e autores. No léxico do *Wörterbuch der Deutschen Sprache* Freud encontra duas grandes entradas para o termo que repartem a sua significação precisamente em dois campos semânticos opostos: I. Pertencente à casa, não estranho (não alheio), familiar, doméstico, íntimo, amistoso etc.; II. Escondido, oculto da vista, de modo que os outros não consigam saber, sonegado aos outros.

Freud pondera que o que lhe interessa particularmente é descobrir que a palavra *heimlich*, "entre os diferentes matizes de [seu] significado", também "exibe um que é idêntico ao seu oposto, *unheimlich*".[5] Sua conclusão é de que a palavra *heimlich* desenvolveu seu significado seguindo uma ambivalência até finalmente coincidir com seu oposto, *unheimlich*. De algum modo, *unheimlich* é uma variedade de *heimlich*.[6] Em seu estudo sobre o termo, Luiz Hanns assinala algo bastante interessante: há uma espécie de "ponto de torção" entre três diferentes níveis de sentido para o termo *heimlich*: a. Familiar, conhecido; b. Secreto, oculto; c. Inquietante, estranho. Segundo Hanns, o ponto de torção em que o sentido de *heimlich* passa de "familiar e conhecido" para "inquietante e estranho" ocorre precisamente no sentido b: o que é secreto e oculto pode ser familiar para aquele que participa do segredo, mas estranho para os excluídos.[7]

É precisamente nesse sentido que Freud dá ênfase particular à definição do filósofo alemão Friedrich von Schelling, citada por ele, como um verdadeiro mote, quatro vezes ao longo do artigo: *"Unheimlich* é o nome de tudo o que deveria ter permanecido secreto e oculto, mas veio à luz".[8] Entenderemos melhor a ênfase de Freud na definição de Schelling ao percebermos que tudo o que é da ordem do inconsciente se aplica igualmente à frase de Schelling: o que é inconsciente esteve um dia na consciência e é familiar, mas não foi tolerado e sucumbiu ao esquecimento promovido pelo recalcamento. Assim, o retorno do recalcado é o retorno de algo conhecido, embora não devesse ter retornado. Como sublinha Luiz Hanns, "o *das Unheimliche* é um prenúncio inquietante da proximidade e iminência da aparição do recalcado".[9]

Na segunda parte de seu texto, Freud se empenha em abordar o assunto munido dos mais variados instrumentos e escolhe como sua grande referência o original artigo de Ernest Jentsch, "Sobre a psicologia do estranho", de 1906. O artigo de Freud é um diálogo travado com Jentsch sobre os principais pontos por este abordados. Em particular, Freud critica a ênfase posta por Jentsch sobre a ideia de que o estranho é suscitado pelo incerto e pelo indecidível, mas, ainda assim, segue o fio da argumentação de Jentsch bem de perto.

A noção de incerteza psíquica na qual Jentsch vê a explicação para o sentimento de estranheza não é valorizada por Freud. Para Jentsch, as incertezas psíquicas são a causa do surgimento do sentimento de estranheza, o qual é definido por ele do seguinte modo: "*Unheimlich* parece expressar que alguém, para quem algo estranho aparece, não está completamente confortável no contexto, e que esse algo é ou pelo menos parece ser inusitado para ele. Em resumo, a palavra sugere que uma falta de orientação está vinculada com a impressão de estranheza da coisa ou do episódio".[10] É essa falta de orientação, essa verdadeira desorientação, que Jentsch nomeará de sentimento de incerteza. Jentsch fornece a base de sua argumentação no final de seu artigo ao ponderar que "o desejo humano pelo domínio de seu próprio meio ambiente é muito forte. Certezas intelectuais oferecem abrigo psíquico na luta pela existência".[11] Diferentes fatores podem causar desorientação e incerteza: o novo, a ignorância, condições anormais que produzem hipersensibilidade etc.

Jentsch ressalta uma incerteza psíquica em particular, capaz de se tornar a causa do surgimento do sentimento de estranheza e de "desenvolver um afeto geral, regular e forte: a dúvida sobre se um ser aparentemente vivo está realmente vivo" e seu oposto, isto é, "a dúvida sobre se um objeto sem vida talvez de fato esteja com vida".[12] Um tronco de árvore que se mexe como uma cobra, uma figura de cera, um robô em tamanho natural, causam todos eles inquietação, e "quanto mais preciso for o seu mecanismo e quanto mais próximo estiver da natureza a reprodução formal, também mais fortemente o efeito especial aparecerá".[13] Ele se refere igualmente à dúvida sobre o estado animado ou inanimado de algo; vemos que essa dúvida deixa borrada a margem que separa a vida da morte e inclui uma na outra de modo imperceptível. O sentimento de estranheza fica assim muito perto da angústia mesclada com tristeza que muitas pessoas sentem ao entardecer, naquela hora em que o dia ainda não acabou e a noite está apenas começando, o que foi retratado de forma magistral por René Magritte em sua tela *O império das luzes* (1954). Essas regiões de plena ambiguidade parecem ser imagens da angústia de castração, em que o limite — ou dia ou noite — está prestes a se impor, instaurando uma perda irreparável. As figuras de cera criadas por Madame Tussaud dão igualmente ao espectador um sentimento forte de estranheza, proveniente talvez, em sua maior parte, do fato de que ele é levado a se deparar com uma estátua que reproduz com perfeição uma figura humana viva, mas esta é inanimada; ou seja, a realidade inegável de uma percepção é negada, e reside aí uma das características mais singulares do estranho: o estranho está entre o vivo e o morto, entre a vida e a morte.

É justo nesse ponto que Jentsch aborda a literatura e menciona a obra do escritor E.T.A. Hoffmann em particular. Freud cita a passagem do artigo de Jentsch na qual esse autor se refere a Hoffmann:

> Ao contar uma história, um dos recursos mais bem-sucedidos para criar facilmente efeitos de estranheza é deixar o leitor na incerteza se uma determinada figura na história é um ser humano ou um autômato, e fazê-lo de tal modo que a sua atenção não se concentre diretamente nessa incerteza, de maneira que não possa ser levado a penetrar no assunto e esclarecê-lo imediatamente. Isto, como afirmamos, dissiparia rapidamente o peculiar efeito emocional da coisa. E.T.A. Hoffmann empregou repetidas vezes, com êxito, esse artifício psicológico nas suas narrativas fantásticas.[14]

Freud explicita a referência indireta feita por Jentsch à boneca Olímpia, do conto "O homem da areia", mas discorda de que a boneca seja a principal fonte da "inigualável atmosfera de estranheza"[15] da história e atribui esta ao personagem principal, o próprio Homem da Areia — o que arranca os olhos das crianças.

De sujeito a objeto

Diana Rabinovich assinala com agudeza que o momento de surgimento do estranho é aquele em que o sujeito experimenta a sua não autonomia de sujeito, como puro objeto. O exemplo que ela fornece é o de *Drácula*, de Bram Stoker, em que o vampiro tem a característica de não possuir imagem especular. Isso foi retratado pelo cineasta Roman Polanski no filme *A dança dos vampiros*, numa cena em que, no baile dos vampiros, a passagem diante de um espelho revela que um dos dançarinos não tem imagem, e o outro sim. Subitamente se revela que um deles é um vampiro, uma criatura que não possui imagem especular, e é esse momento em que o companheiro de dança, com uma imagem tão familiar — a dança pode ser definida como uma forma privilegiada (e, claro, erótica) de colocar prazerosamente em cena a especularidade narcísica imaginária —, *Heim* advém como *Unheim*. Num breve instante, seus dentes se transformam e os caninos aparecem, e é esse o momento em que o vampiro deixa de ser uma pessoa e se torna vampiro, numa passagem do familiar ao não familiar, ao estranho. Trata-se da mesma pessoa de antes, mas levemente mudada, sendo que essa sutil mudança sugere uma diferença radical — e aí o terror é gerado. Didier-Weill, falando sobre lobisomens, chama a atenção para o fato de que o terror surge precisamente na evidência de que uma transformação lancinante do homem em animal se produz diante do olhar do sujeito:

O que é aterrorizante não é a substituição final da forma humana pela forma estável de um lobo, mas o trabalho de metamorfose que se efetuou diante de nossos olhos e que nos tornou testemunhas de uma espécie de hesitação entre a decisão humana de perseverar na direção do humano e a decisão anônima de seguir em direção ao inumano.[16]

É nesse momento que o sujeito se transforma em algo, deixando de ser um sujeito e se transformando em um objeto, que se manifesta o estranho. O sujeito não é mais uma pessoa — ele é, para o vampiro, apenas uma atraente fonte de sangue. Rabinovich compara o vampiro a Coppelius, de "O Homem da Areia", e assinala que o primeiro é um exemplo mais vantajoso no sentido de que Coppelius quer tirar os olhos de Nathaniel, ao passo que o vampiro quer extrair o sangue de todo o corpo de uma pessoa. Tal passagem da posição de sujeito para a de objeto que causa horror, apontada por Rabinovich, pode servir para ilustrar muito bem o que está em jogo no estranho: a passagem da pulsão de vida para a pulsão de morte. Não à toa, o ensaio sobre o estranho foi escrito por Freud paralelamente ao *Além do princípio de prazer*, no qual surge pela primeira vez a categoria teórica da pulsão de morte.[17]

Em "O Homem da Areia", pode-se ver a tematização desse lugar entre pulsão de vida e pulsão de morte nos personagens que fornecem a base da trama. Nathaniel, o protagonista, oscila entre a sanidade e a loucura desde a infância. Vive perseguido pelo Homem da Areia, que, com o intuito de arrancar seus olhos, se transmuta em diferentes figuras: primeiro o advogado Coppelius e depois o vendedor de barômetros Giuseppe Coppola, ambos horripilantes. Nathaniel vive acossado por forças obscuras, hostis, poderosas e traiçoeiras, descritas para ele por Clara, numa carta, de modo impressionantemente próximo da forma pela qual poderíamos descrever a pulsão de morte, sempre oculta e amalgamada com a pulsão de vida: "Ah, meu querido Nathaniel! Você não acredita que mesmo nas mentes despreocupadas e receptivas pode viver a suspeita de um poder aterrorizante que ameaça nos destruir?".[18]

E o final da história evidencia a segmentação dos personagens que formam o casal em duas dimensões bem distintas, vida e morte, Eros e Tânatos: no final, diz-se que Clara se aliou a Eros e encontrou a felicidade doméstica, casada, com filhos, numa vida serena e envolta de amor:

Muitos anos depois, dizem que Clara foi vista em um lugar distante, de mãos dadas com um belo homem na porta de uma casa de campo, enquanto dois espertos garotinhos brincavam diante dela. Com isso, pelo menos acredita-se que ela tenha encontrado um pouco de felicidade doméstica adequada a sua natureza serena e feliz, uma felicidade que o mórbido Nathaniel nunca lhe daria.[19]

Quanto a Nathaniel, ele é inteiramente dominado pela força de Tânatos: ele se suicida, não sem antes tentar jogar Clara do alto da torre de onde havia avistado Coppelius pela última vez. A pulsão de morte atuou nele em suas duas direções e completou seu ciclo funesto: na direção do objeto — homicídio — e do próprio eu — suicídio.

Lacan valoriza particularmente o tema do duplo para tratar da angústia produzida pelo surgimento do estranho. O duplo causa o sentimento de estranheza precisamente porque ele presentifica o sujeito separado de sua própria subjetividade e tornado objeto do desejo do Outro, e isso é intolerável. Com sua clarividência poética, Clarice Lispector se referiu à angústia como essa sensação de deixar de ser:

> Só que dessa não se morre. Mas tudo, menos a angústia, não? Quando o mal vem, o peito se torna estreito, e aquele reconhecível cheiro de poeira molhada naquela coisa que antes se chamava alma e agora não é chamada nada. E a falta de esperança na esperança. E conformar-se sem se resignar. Não se confessar a si próprio porque nem se tem mais o quê. Ou se tem e não se pode porque as palavras não viriam. Não ser o que realmente se é, e não se sabe o que realmente se é, só se sabe que não se está sendo. E então vem o desamparo de se estar vivo. Estou falando da angústia mesmo, do mal. Porque alguma angústia faz parte: o que é vivo, por ser vivo, se contrai.[20]

A mulher e a mãe

A passagem de sujeito a objeto é passível de ser localizada igualmente na divisão que a mulher pode vivenciar entre a posição de mãe e a posição de mulher. Em seu estudo sobre o masoquismo, Freud já assinalara que as "características da feminilidade" residem nessas duas dimensões: "ser possuído sexualmente e parir".[21] Lacan, por sua vez, disse em *R.S.I.*:

> Um pai só tem direito ao respeito, se não ao amor, se o dito amor, o dito respeito, estiver *père*-vertidamente orientado, isto é, feito de uma mulher ob-jeto pequeno *a* que causa seu desejo, mas o que essa mulher colhe enquanto pequeno *a* nada tem a ver nessa questão. Do que ela se ocupa, são outros objetos pequeno *a*, que são as crianças junto a quem o pai então intervém, excepcionalmente, no bom caso, para manter na repressão.[22]

A partir dessa indicação de Lacan, Jacques-Alain Miller fez elabora-ções importantes sobre essa divisão, destacando que "a criança divide, no sujeito feminino, a mãe e a mulher".[23] Se, por um lado, sempre se enfatizou que o objeto criança, como substituto fálico, preenche o sujeito feminino, por outro, é preciso notar que ele também produz uma divisão. As duas dimensões precisam ser levadas em conta — o preenchimento e a divisão —, pois se a criança preenche mais do que divide, a mãe se angustia mais e deseja pouco. Seguindo Lacan no seminário *A relação de objeto*, Miller fala da criança como "fetiche normal" para a mãe, no caso em que a criança não representa tudo para o desejo da mãe de modo que "seja resguardado o não todo do desejo feminino, e que, portanto, a metáfora infantil não recalque, na mãe, seu ser mulher".[24]

Em seguida, um grupo de trabalho[25] estabeleceu um matema no qual essa divisão fica evidenciada com simplicidade e precisão: a mulher se di-vide entre o homem (para o qual ela é um objeto sexual) e a criança (que constitui para ela seu objeto sexual). Trata-se de "repartir, em torno do Outro barrado que divide o outro materno, a dupla ligação da mulher e da mãe, respectivamente, ao homem e à criança".[26]

$$\underset{\$}{\text{HOMEM}} \longrightarrow \underset{\Diamond}{\text{desejo de}} \longrightarrow \underset{a}{\text{MULHER}} \ \text{\AA} \ \underset{\$}{\text{MÃE}} \longrightarrow \underset{\Diamond}{\text{desejo de}} \longrightarrow \underset{a}{\text{FILHO}}$$

Como sintetiza Teresinha Costa, "a barra colocada entre a mulher e a mãe aponta, na estrutura da família edípica, o furo em torno do qual giram os significantes. Esse furo é a consequência de que não existe A Mulher, nem a mãe-toda, a cada uma delas falta algo".[27] O furo é aquele que se produz a partir da lei da interdição do incesto, o que permite entender que A Mulher não existe em função precisamente dessa lei.

É interessante evidenciar que na linguagem chula o maior dos xingamentos é o "filho da puta", sintagma que associa de forma inesperada os dois polos dessa divisão feminina: o filho e a mulher (no sentido de que a mãe é mulher e tem sexo). Uma derivação cotidiana extremamente comum desse xingamento é o "filho da mãe", que atenua a violência ofensiva do primeiro, fazendo uma referência implícita a ele, mas sem nomeá-lo como tal. Se "filho da puta" de preferência não deve ser enunciado, deve permanecer oculto, a estranheza é o sentimento que surge nessa emergência inesperada da mulher na mãe, aquilo que deveria ter permanecido para sempre recalcado — o desejo edipiano — surge pela presença da mulher na mãe. É possível supor que a matriz fundamental do estranho resida precisamente no surgimento concomitante dessa polaridade que deve permanecer para sempre oculta: mãe/mulher. Ela significa no fundo que só há mãe se houver mulher, uma é decorrência da outra.

São comuns na clínica as lembranças infantis dos sujeitos adultos que narram seu horror quando vieram a saber que "o pai fazia aquilo com a mãe". Assim, para a criança, a percepção da mulher na mãe é traumática por evocar de forma radical seu desejo incestuoso recalcado que jamais deveria vir à luz.

Nesse sentido, o poder do mito da Virgem Maria — da mulher que se tornou mãe sem ter sido mulher para um homem — parece advir dessa cisão radical que ele promove entre a mãe e a mulher para a criança, apaziguando o desejo incestuoso: a mãe de Deus é somente mãe, sem ser mulher. Em sua obra *Psicanálise da religião cristã*, Ernest Jones narra a curiosa lenda, hoje esquecida, mas conservada na tradição da Igreja católica, de que Jesus Cristo foi concebido pela penetração no ouvido da Virgem Maria do sopro do Espírito Santo.[28]

Considerada por Freud uma neurose infantil da humanidade, a religião é uma neurose não apenas por conceber um Pai num lugar onipotente e protetor, mas também por colocar a mãe num lugar puro e isento de sensualidade para a criança. Por outro lado, pode-se supor que a infinita variedade de aparições da Virgem Maria em diferentes imagens de Nossa Senhora talvez revele que o feminino rechaçado na "Santa Maria Mãe de Deus" ressurja nessa pluralidade sem fim, condizente com a impossibilidade de existência de A Mulher: A Virgem Maria não existe, existem Nossas Senhoras.

O filme *Os imorais*, de Stephen Frears, apresenta a relação ambígua estabelecida entre a mãe, Lily, e o filho, Roy. Belíssima, ela tivera seu filho muito jovem, e, já mulher madura, continua deslumbrante e atraente. A ambiguidade se desfaz e o estranho surge quando Lily, para conseguir dele o dinheiro de que precisava para fugir do bandido mafioso que a perseguia por ter sido enganado por ela, tenta seduzi-lo. Tal como na história de Édipo, a morte vem para ele no momento em que a mãe lhe é apresentada igualmente como uma mulher. A mulher na mãe, isto é, o desejo incestuoso, deveria permanecer oculto para sempre.

Por isso, na compreensão lacaniana da angústia, veremos em seguida, quando a mãe se revela mulher, quando o objeto de gozo eclipsa o objeto do desejo, a angústia surge porque a falta — presente no objeto de desejo — falta. A falta é essencialmente ligada à perda do objeto incestuoso, interditado enquanto tal, de tal modo que a mãe jamais venha a se apresentar para o sujeito como mulher. Se isso ocorre, o desejo se aproxima de seu aniquilamento, pois *das Ding* se superpõe ao objeto *a*, e o objeto parcial que sexualiza a pulsão e causa o desejo se acha engolido pela Coisa mortífera.[29]

Durante a realização de *La luna*, o cineasta Bernardo Bertolucci afirmou que o papel do inconsciente tornou-se central em sua reflexão: "Nossas escolhas estão condicionadas pelo inconsciente. Pensei no título da ópera de Verdi, *La forza del destino*, e tive vontade de dar a *La luna* um outro título, *A força do inconsciente*".[30] Nesse filme, Bertolucci tematiza com crueza a dimensão mortífera do incesto: a mãe não só fornece heroína a seu filho, como também mantém uma relação carnal com ele. O aprisionamento do menino à suave luz da lua o afasta da vida e do sol, condenando-o a não possuir uma luz própria e a permanecer no lugar de objeto do desejo da mãe, sem aceder à condição de sujeito.

A lei fundamental, aquela em que a cultura começa e se opõe à natureza, é a lei da interdição do incesto. Por outro lado, o grande achado de Freud é o desejo de incesto — o "desejo essencial".[31] Lacan insiste com veemência na importância dessa descoberta freudiana, de que "o princípio da lei fundamental, da qual todos os desenvolvimentos culturais são apenas as consequências e as ramificações",[32] reside na interdição do incesto. E não se trata de nenhuma regulação natural pelo evitamento da consanguinidade, pois, ao contrário, a endogamia é usada no aprimoramento de raças no mundo animal ou vegetal: "É na ordem da cultura que a lei se exerce. A lei tem como consequência excluir o incesto fundamental, o incesto filho-mãe, que é o que Freud salienta".[33]

Para a criança, a mãe ocupa o lugar de *das Ding*, e a lei de interdição do incesto se situa no nível da relação inconsciente com *das Ding*. Assim como os outros filmes mencionados, o filme *Pecados inocentes*, de Tom Kalin, aborda precisamente o incesto mãe-filho e evidencia o quanto a morte é aliada do gozo incestuoso e o quanto a mãe não pode dirigir a sua face mulher para o próprio filho, sob pena de destruí-lo. O filme narra uma trágica história real ocorrida nos Estados Unidos na década de 1970: herdeiro de uma enorme fortuna construída pelo pai com a indústria da baquelita, Brooks Baekland se casa com Barbara Daly e tem um filho, Tony. Seu pai o despreza, e Tony cresce próximo da mãe, uma mulher imprevisível e descontrolada, que não se sente à altura dos padrões da alta sociedade da qual seu marido faz parte. É relevante que Tony chame os pais sempre pelo nome, e não por "papai" e "mamãe".

Quando de férias na Espanha, Tony começa um namoro com uma jovem, mas seu pai se liga apaixonadamente a ela e se separa rapidamente de sua mãe. Ao ter sua namorada roubada pelo próprio pai, tudo se passa como se agora fosse a vez de ele seguir o exemplo do pai e roubar a mulher dele, sua mãe. Tony chega a afirmar que sente que herdou com essa separação a tarefa de cuidar dela, mas talvez não imaginasse que isso iria tão longe. Sua nova relação amorosa com o belo jovem espanhol Jake não se sustenta sob a presença invasiva de Barbara; ela é seguida de outra relação com um grande amigo da mãe, Sam, e os três acabam indo para a cama juntos. Mais uma vez, a fantasia incestuosa se apresenta na realidade; primeiro na relação entre ele e "o homem" da mãe, em seguida, dele com o "casal". Barbara não põe nenhum limite ao incesto e dá a impressão de querer desviar o filho da homossexualidade se oferecendo a ele como mulher. O desfecho trágico surge quando Tony, durante um episódio de confusão psicótica após terem tido uma relação carnal, a mata com uma punhalada certeira. O fato de tê-la assassinado com uma faca, símbolo do órgão masculino pelo poder de penetração no corpo do outro,[34] revela a um só tempo que a posse da mãe, que a retira de seu lugar de *das Ding* — inatingível — e a coloca no lugar de mulher, transforma o falo num agente mortífero, como se o próprio elemento erótico, ao realizar a fantasia incestuosa, viesse dar lugar à pulsão de morte. Como enfatiza Lacan, "o desejo pela mãe não poderia ser satisfeito, pois ele é o fim, o término, a abolição do mundo inteiro da demanda, que é o que estrutura mais profundamente o inconsciente do homem".[35]

O desejo incestuoso é, sublinho, o verdadeiro segredo que subjaz no fundo da estrutura do estranho. Assim, não achamos nada surpreendente constatar que Freud encerra sua coletânea de exemplos sobre o estranho justamente com a questão do incesto, a qual considera uma "bela confirmação da nossa teoria do estranho".[36] Trata-se do efeito estranho que com frequência os neuróticos do sexo masculino declaram sentir em relação ao órgão sexual feminino: "Esse lugar *unheimlich*, no entanto, é a entrada para o antigo *Heim* [lar] de todos os seres humanos, para o lugar onde cada um de nós viveu certa vez, no princípio".[37] Mencionando o dito popular segundo o qual "o amor é a saudade de casa", Freud conclui então: "Sempre que um homem sonha com um lugar ou um país e diz para si mesmo, enquanto ainda está sonhando, 'Esse lugar é-me familiar, estive aqui antes', podemos interpretar o lugar como sendo os genitais da sua mãe ou o seu corpo. Nesse caso, também, o *Unheimlich* é o que uma vez foi *heimisch*, familiar; o prefixo *un* [in-] é o sinal do recalque".[38]

Talvez se possa pensar que a formulação de Lacan segundo a qual "A Mulher não existe" — a partir da qual ele constrói uma nova lógica da diferença sexual — se enraíza igualmente na interdição do incesto: pois se A Mulher existisse enquanto toda Mulher, ao filho só restaria o desejo incestuoso, não podendo haver a separação entre a mãe e as mulheres.

Silêncio, solidão, escuridão

Um grande mestre do estranho no cinema é David Lynch. Em seus filmes, a trilogia silêncio-solidão-escuridão construída por Freud para falar do estranho é explorada em toda a sua potência.[39] Seus personagens são nitidamente angustiados, e o espectador é igualmente invocado em sua capacidade de se angustiar. Em *Estrada perdida*, a invocação do estranho atinge seu ponto máximo. A tal ponto que os sons que se passam fora da cena contribuem para tornar o clima insólito, e mesmo o latido de um cachorro pode tornar a realidade sumamente sombria. A trilha sonora é feita de sons quase sempre contínuos, que têm a característica de serem familiares e estranhos ao mesmo tempo. O som contínuo — o acorde da mão esquerda do piano, por exemplo — já foi aproximado por Alain Didier-Weill da relação continuamente gozosa entre a mãe e o bebê; enquanto a mão direita, da melodia, se articula com a entrada da lei paterna, com seus cortes que possibilitam a significação fálica.[40] O som contínuo remete, assim, ao gozo do Outro, sem limites; e a melodia, ao gozo sexual, limitado. A canção-tema do filme, "I'm deranged", composta por David Bowie, é um fluxo sonoro desesperado que associa as duas coisas, uma base contínua com um ritmo dramático, enquanto a letra afirma: "Estou enlouquecido".

O filme é atravessado por cenas em que a escuridão vai dominando a imagem e suspendendo lentamente o sentido da narrativa. Poderíamos dizer que se trata, nesses momentos, de um portal de passagem de uma cena para a Outra Cena. Além disso, os personagens entram na escuridão ou saem dela lentamente, talvez querendo sugerir que há algo desconhecido que brota neles mesmos ou no qual eles penetram tateantes.

Dick Laurant é um personagem central — embora ausente, só comparecendo por alusão — do filme, e suas iniciais talvez não escondam a identificação dele com o diretor. Muitos fatos estranhos e sem sentido rondam a existência de Fred, músico de jazz que está vivendo um conflito amoroso com a mulher, Renée: ele ouve no interfone uma voz masculina pronunciar "Dick Laurant está morto", mas não há ninguém à porta. Vídeos deixados à sua porta dentro de um envelope e sem mais explicações mostram que a casa é observada constantemente; pior que isso, que alguém como que sobrevoa o interior da casa à noite e filma tudo. Num dos vídeos, Renée aparece morta esquartejada. A polícia é chamada, mas os investigadores ficam atônitos com o fato de que não há qualquer pista que indique a invasão da casa.

Numa festa, surge um personagem hiperestranho, Mystery Man, que, revelando-se amigo de Dick Laurant e com um olhar fixo que aterroriza (ele não pisca e tem as sobrancelhas raspadas), diz a Fred que está na casa dele naquele momento, e o prova ao ligar para lá e fazê-lo constatar que ele próprio atende ao telefone! Os olhos do Mystery Man são compatíveis com a câmera que filma tudo à noite sem que ninguém veja. Nesse telefonema, Mystery Man diz que entrou na casa de Fred a seu convite: o que seria ele então, sua própria loucura paranoica e assassina? Fred trucidou Renée por ciúme?

Como enfatizou Thierry Jousse, "de todas as películas de Lynch, *Estrada perdida* é a mais assombrosa em virtude da confusão das pistas narrativas e do modo pelo qual permite acumular as hipóteses de interpretação".[41] O próprio Lynch disse que não devemos decodificar o filme, que é uma experiência emocional, sensorial, pela qual devemos nos deixar levar. Jousse assinala a mesma opacidade de significação que o filme constrói, eliminando "todo acesso privilegiado ao sentido".[42] Diante dele, temos duas possibilidades mais imediatas que no fundo se equivalem — ver sentido em tudo e superinterpretar, como o faz Slavoj Žizek,[43] ou não interpretar nada, pois a pletora de sentido acaba se transformando em seu completo esvaimento.

O título do filme foi extraído da fala de um personagem do livro *Night People*, do corroteirista Barry Gifford, que Lynch considerou algo onírico, que evoca todo tipo de coisas em sua cabeça.[44] Tentemos um meio-termo com uma interpretação pontual sobre elementos fortes dessa obra-prima, considerando uma frase do personagem Fred como uma chave de leitura: "Eu gosto de lembrar as coisas da minha forma, não necessariamente do jeito que elas aconteceram". Fred parece enlouquecer de ciúmes de Renée, sua mulher, ele a viu sair do *nightclub* onde toca sax acompanhada de Andy, um antigo amigo, produtor de vídeos pornôs, que ela reencontrou. Na cama, ele se descobre impotente e alucina no rosto de Renée o rosto sombrio daquele homem que se apresentaria a ele depois numa festa, Mystery Man. Fred tem pesadelos em que sua mulher é atacada e morta, o que acontece em seguida na realidade, de modo atroz: ela tem o corpo inteiramente despedaçado. Ele a teria matado numa passagem ao ato movida por um delírio paranoico de ciúmes? Ele não se lembra de nada.

Fred é condenado por assassinato em primeiro grau e preso. Na prisão, ele tem dores de cabeça atrozes que não cessam com medicação; ao contrário, vão aumentando e produzindo uma excrescência em sua testa, como se algo estivesse irrompendo de dentro de sua cabeça. Até que no dia seguinte ele desaparece da cela e, para espanto dos guardas da prisão, no lugar dele surge um jovem, Pete, com semelhante alteração monstruosa na região frontal da cabeça. Tudo se passa como se Pete tivesse atravessado o espaço pela mente de Fred.

Um personagem tem sua vida transplantada para a vida de outro sem qualquer explicação plausível, e a estrada perdida, na qual um carro corre em absoluta escuridão e em altíssima velocidade, faz uma ponte entre elas. Esse homem amanhece na cela de uma prisão hermética, no lugar de outro, sem que nada explique o que ocorreu e deixando os guardas aterrorizados. Os investigadores, no caso dos filmes deixados à porta da casa de Fred e Renée, e os guardas, no caso do aparecimento de Pete no lugar de Fred, não sabem o que dizer sobre fatos que transcendem qualquer explicação. A lei simbólica que eles sustentam fracassa diante de um real inominável.

Agora, a história dá uma guinada e se concentra em Pete. Na oficina, ele recebe a visita de Edy, um mafioso grotesco e ameaçador, acompanhado de capangas mal-encarados que solicitam que ele regule seu Mercedes. Na estrada, o mafioso dá mostras de uma violência terrível, ao se desentender com um motorista que o ultrapassa fazendo um gesto obsceno. Tenebroso, ele enfia seu automóvel na traseira do outro até parar o carro e espancar o motorista com fúria.

Embora hesitante e temeroso, Pete se envolve apaixonadamente com a amante de Edy, uma mulher loura chamada Alice e idêntica à morena Renée — a mesma atriz, Patricia Arquette, faz ambos os papéis. Sua vida começa assim a se misturar com a de Fred, de tal modo que Mister Edy se associa a Mystery Man. Edy agora quer eliminar Pete por ciúme, e, se antes Fred matou Renée por ciúme, pelo mesmo motivo Pete está agora ameaçado de morte. Andy é um novo elo entre as duas vidas — se é que são duas —, e ele é morto por Pete em conchavo com Alice. Eles fogem, e ela lhe diz: "Nós temos que ir para o deserto, baby. Para a cabana do deserto".

O corredor negro de sua casa, a estrada sem luz na qual se precipita "correndo" — tudo parece significar que há um caminho obscuro que leva aos desejos mais violentos e que não podem vir à luz: a estrada perdida do inconsciente. Todo o filme parece mostrar que tudo aquilo que deveria ter permanecido oculto subitamente veio à luz. Aqui o estranho acede ao horror: não se trata mais de uma emergência pontual, mas de uma invasão aterradora do real impossível de ser simbolizado: a relação sexual não existe.

Uma das últimas cenas se passa numa cabana de madeira no deserto. A precariedade da construção num meio tão inóspito só pode ser associada ao reduto da fantasia (cabana) no qual o sujeito se abriga como pode do real (deserto). Pete e Alice se amam no chão de areia, e, quando ele diz a ela "Eu quero você", ela responde com uma expressão facial de gozo: "Você nunca vai me ter". Alice desaparece na cabana, pois a fantasia é o único lugar em que o homem encontra uma mulher. Mas esta não pode ser inteiramente apreendida pela fantasia masculina: há algo nela que escapa ao registro fálico, e a isso o homem não tem acesso.

Angústia e castração

Retorno ao texto de Freud. Atento às indicações literárias de Jentsch, Freud busca igualmente na literatura o apoio para sua abordagem do estranho e prolifera abundantemente a referência às obras literárias: de Dante a Andersen, de Goethe a Grimm, passando por Shakespeare, Heine, Schnitzler, a lista de autores é interminável. Numa pesquisa pormenorizada contamos mais de vinte obras literárias mencionadas direta ou indiretamente. Sua argumentação caminha na direção de articular o surgimento do estranho com o retorno de algum elemento recalcado, ou seja, do comparecimento do inconsciente.

Daí o segundo ponto que constitui a essência de seu estudo: aquele que se refere à angústia, cujo surgimento está relacionado, na primeira concepção freudiana, precisamente ao retorno do recalcado. É nesse sentido que Freud valoriza tanto a formulação de Schelling de que o estranho se refere a tudo aquilo que deveria ter permanecido secreto e oculto, mas veio à luz. A angústia é o que advém juntamente com o retorno do recalcado. Tomemos então a teoria da angústia em Freud, chamando a atenção para o fato de que em alemão o termo *Angst* designa igualmente o sentimento de medo.

O tema da angústia é abordado por Freud, do início ao fim de sua obra, por meio de duas teorias bem delimitadas. Cabe salientar que a tematização da angústia vai de par com a própria criação da psicanálise, uma vez que Freud a aborda como um dos eixos centrais da clínica das neuroses.[45] A primeira teoria da angústia é baseada essencialmente no ponto de vista econômico: trata-se de uma grande quantidade de energia sexual (libido) que invadiu o sujeito, de um grande acréscimo de excitação que se aliviaria precisamente por meio da descarga sexual. Freud vai falar aí de um coito insatisfatório. A angústia é, então, considerada um intenso afeto de desprazer vinculado estritamente à sexualidade.

A segunda teoria da angústia, introduzida por Freud em 1926, no ensaio "Inibições, sintomas e angústia", a considera um verdadeiro sinal de alarme, motivado pela necessidade de o eu se defender diante da iminência de um perigo. Freud introduz nesse momento a noção de "sinal de angústia" ligado ao eu. Trata-se claramente de uma reação à iminência da perda, da separação de um objeto fortemente investido. Logo, essa segunda teoria da angústia representa a reorganização de sua concepção da angústia a partir do momento em que inclui os novos elementos de sua doutrina: o Édipo e a castração.

A angústia surge aqui basicamente como angústia de castração e está ligada à perda e à separação. Freud passará a considerar a angústia, enquanto angústia de castração, um dado universal. Mas não deixará de mencionar, na magistral conferência "Angústia e vida pulsional", três diferentes possibilidades na origem do afeto da angústia: a angústia real, ocasionada por algum evento oriundo do mundo externo; a angústia neurótica, desencadeada por elementos pulsionais provenientes do isso; a angústia de consciência, produzida pelo supereu. Mas a segunda teoria da angústia em Freud está ligada essencialmente ao eu — ponto fundamental que será retomado por Lacan em sua teoria do eu como pertinente à ordem do imaginário. Veremos adiante que, para Lacan, a angústia será considerada um sinal do real que invade a homeostase imaginária do eu.

Desde Freud e depois com Lacan, o trauma é o exemplo príceps do fator desencadeador da angústia. Trauma que pode ser considerado seja em sua vertente ligada aos eventos do mundo externo, seja em sua vertente ligada ao mundo interno, isto é, à pulsão. O trauma é aquilo para o qual o sujeito não possui uma representação simbólica para lidar, algo que se revela como propriamente "inassimilável"[46] pelo sujeito. Desse modo, o trauma rompe o sentido no interior do qual o sujeito se encontra numa homeostase psíquica e introduz uma falta de sentido, um não senso radical. Dito de outro modo, o trauma introduz algo de real — sem sentido — no imaginário, na homeostase dentro da qual o eu tende a se instalar. A esse respeito é interessante notar que, desde seu surgimento mais originário, como o que se pode depreender no estádio do espelho, o eu se apresenta como uma defesa imaginária (narcísica) em relação ao real pulsional.

Por isso as teses de Otto Rank sobre o trauma do nascimento são objeto de uma crítica acentuada por parte de Freud em "Inibições, sintomas e angústia". Rank pretendia atribuir ao trauma do nascimento, que considerava o trauma primordial, um valor precipual. Freud se insurge contra essa concepção, que considera demasiado simplista, e indica uma ordem traumática que pode ser reativada por diferentes situações, desencadeando diversos tipos de angústia em diferentes fases da vida do sujeito. Mas a angústia tem sempre como cenário de fundo o estado de desamparo (*Hilflosigkeit*) psíquico e biológico do lactente, que depende inteiramente do outro para satisfazer suas necessidades (fome e sede), e é impotente para realizar a ação específica que poria fim às tensões internas. Toda vez que esse estado é reproduzido ou aludido advém o que Freud nomeia de angústia automática, um afluxo excessivo de excitações, internas ou externas, as quais o sujeito não tem como dominar.

Angústia e gozo

Lacan irá dedicar todo um ano de seu seminário à angústia, e é precisamente em relação à angústia que ele irá desenvolver, de início, aquilo que considerava uma de suas duas únicas invenções — o objeto *a* —, sendo a outra o conceito de real. Já no seminário sobre a transferência, Lacan afirmou: "O sinal de angústia tem uma ligação necessária com o objeto do desejo. Sua função não se esgota na advertência de ter que fugir. Ao mesmo tempo que realiza essa função, o sinal mantém a relação com o objeto do desejo".[47]

Se Freud aborda a angústia pelo viés da perda ou da simples ameaça de perda do objeto, Lacan vai conceber o advento da angústia precisamente na relação com a proximidade desse objeto. Para Lacan, o que angustia o bebê não é apenas a falta do objeto seio, mas sim que ele o invada. A angústia surge quando algo vem ocupar o lugar da falta de objeto. Ela revela a proximidade da Coisa, *das Ding*, cujo comparecimento representaria um gozo responsável pela morte do desejo e, consequentemente, o aniquilamento do sujeito: só há sujeito do desejo porque há falta.

Aqui a dupla dimensão do objeto *a* responde pelas duas formas de conceber a angústia. Como postula com pertinência Alba Flesler, "o objeto

a escreve uma dupla função: como falta, será causa do desejo; como mais-
-gozar, será objeto do gozo".[48] A angústia sinal, decorrente da ameaça da
perda do objeto, se refere à face causa de desejo do objeto *a*. Já a angústia
automática decorre da invasão de gozo precipitada pela face mais-gozar
do objeto *a*. A primeira tem relação com a ausência, a segunda, com a
presença do objeto.

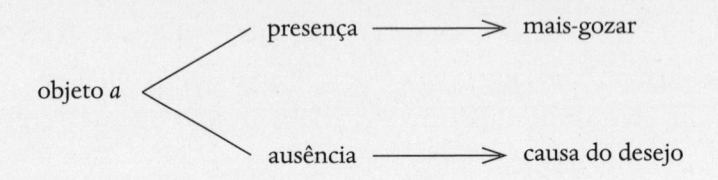

A etimologia da palavra desejo merece especial atenção. Lacan insistiu
muito na equação desejo = falta, e é surpreendente ver que a etimologia
do termo desejo se enraíza na acepção de falta. Oscar Bloch e Walther von
Wartburg, no *Dicionário etimológico da língua francesa* que Lacan invectivava
seus alunos a consultar, indicam que *désirer*, em francês, provém de *deside-
rare*, "lamentar a ausência de alguém, de alguma coisa, donde, 'desejar'".[49]
John Ayto indica que o sentido etimológico subjacente da palavra *desire*
em inglês é algo misterioso. Como *consider*, o termo vem da base latina
sidus, "estrela"; mas a cadeia semântica que remonta de *desire* a *star* não
foi reconstruída com sucesso. Ao menos, diz ele, "parece que antes que a
palavra denotasse 'querer', ela significava 'falta'".[50]

Abordando o termo freudiano *Verblüffung*, traduzido para o francês por
Marie Bonaparte pelo termo que equivale a "sideração", Alain Didier-Weill
mostrou que a passagem da sideração para a luz está implicada na passagem da sideração à de-sideração — "precisamente a origem etimológica
da palavra 'desejo'".[51] Ele chamou igualmente a atenção para o fato de
que desejo provém de *desiderio*, e assinalou que desejar significa deixar
de ficar siderado por algo, ao escolher o apelo simbólico (e não a injunção
superegoica: "Não se deixe siderar") diante do significante siderante: "Lá
onde você estava siderado, torne-se de-siderado".[52]

Em uma obra plena de insights formidáveis extraídos do "saber da língua", Ivonne Bordelois mostra que, segundo a maioria das fontes de etimologia, desejar, termo que vem de *de-siderare*, possui uma formação análoga a *con-siderar*, atividade daquele que caminha orientado pelas estrelas — *sidus* significa "estrela". O termo considerar remete a consultar as estrelas ao pensar ou navegar, isto é, considerar o rumo alinhando o timão de acordo com as estrelas. Na astrologia, a consulta aos astros se realizava para descobrir o destino — que "está escrito nas estrelas" —, e a aplicação prática ligada à navegação veio depois. O sentido de *considerar* veio a se estender para "examinar com respeito e cuidado". Quanto ao desejo, *de-siderare* se aplica àquele

> que deixa de ver seu caminho nas constelações. *De-siderare*, então, é sentir a falta, buscar e não encontrar o destino nas estrelas: os astros não dizem nada, ou não querem dizer nada, ou a pessoa não sabe descobrir isso. Enquanto as estrelas representam o destino inamovível, o desejo, que não sabe lê-lo, é fugaz e contraria seus ditados. O que deseja se alheia do destino serenamente fixado pelos astros, e, na ausência do bem querido e perdido, essa distância duplica seu desassossego e ansiedade.[53]

Impressionante a congruência da significação etimológica com aquela que se desdobra no aparato conceitual da psicanálise: se desejo é, para Lacan, sinônimo de falta, aqui a ideia de perda da orientação celeste se coaduna com a perda do objeto cuja falta causa o desejo.

Lacan irá reler o texto de Freud sobre o *Unheimliche*, o estranho, mostrando que a sensação do estranho e a angústia que ele causa estão relacionadas à proximidade do objeto, quando no familiar acha-se insinuada a presença da Coisa — dito de outro modo, "a sensação do desejo do Outro". A angústia surge quando o Outro demanda uma parte do sujeito, como no conto do Homem da Areia: Nathaniel olhava a boneca mecânica que estava sendo fabricada e à qual faltavam os olhos. O sentimento de estranheza surge para ele quando a demanda caminha na direção de completar a boneca com seus próprios olhos, e a angústia surge dessa demanda que leva a uma castração, no caso, uma mutilação.[54]

Por isso mesmo, Lacan considera a angústia o afeto de base, o afeto por excelência, ou, como ele mesmo diz, o afeto que não engana. A grande gama de afetos existentes — dos quais amor e ódio constituem os dois polos extremos — é uma derivação simbólica e imaginária do afeto real da angústia. No que ela é a insinuação da Coisa e do estranho (o que deveria ter permanecido oculto para sempre), a angústia acarreta a falta de palavras, a radical falta de possibilidade de simbolização e, consequentemente, a necessidade imperiosa de falar. Ela é "aquilo que, do interior do corpo, ex-siste quando há alguma coisa que o desperta, que o atormenta".[55] O conto "Angústia", de Tchékhov, ilustra com agudeza a necessidade de falar por parte do sujeito que, tendo perdido o próprio filho, não encontra ninguém que possa ouvi-lo falar de sua história e de seu sofrimento dilacerante.[56]

Nisso reside a articulação que Lacan faz entre a angústia e o gozo. A entrada do sujeito no mundo simbólico se dá através da perda do gozo, que fica para sempre situado fora da estrutura psíquica. No ato sexual, o sujeito pode dizer "Eu vou gozar" ou "Eu gozei", mas não pode afirmar no presente, "Eu gozo", pois o gozo é precisamente a supressão do verbo, a ausência da palavra, o além (ou aquém) do simbólico. Nesse sentido, a angústia é a insinuação, a evocação — a aproximação — desse gozo real perdido e que, como tal, se revela mortífero para o sujeito, que nasceu justamente ao perdê-lo.

O grito e o gemido no ato sexual podem ser percebidos pela criança como uma violência sem nome perpetrada pelo pai sobre o objeto materno. Freud chega a situar a raiz das fantasias mais primitivas nesses sons advindos do quarto dos pais, aos quais a criança tentará dar alguma significação. Poucas coisas são tão angustiantes quanto o grito. Nada mais emblemático disso do que o grito cantado de Clare Torry em "The great gig in the sky", canção do célebre álbum *The dark side of the moon*, do Pink Floyd, que, ao se tornar o paradigma da união entre o gozo e a dor, entrou para a história da música. Na pintura, as telas *O grito* (1893), de Edvard Munch, e *Estudo do retrato do Papa Inocêncio X de Diego Velázquez* (1953), de Francis Bacon, estampam no grito desesperado o grau máximo a que a angústia pode chegar quando falta o Outro ao qual a palavra se endereça.

Podemos entender isso se estudarmos a relação entre o grito e o gozo, tematizada em estudos recentes de Alain Didier-Weill e Jean-Michel Vivès sobre a pulsão invocante.[57] Na *Odisseia* de Homero, o encontro de Ulisses com as sereias é relatado de modo épico. Seu canto, ao qual Ulisses só pode ter acesso privando-se de atender a seu chamado ao ser amarrado ao mastro do navio pelos companheiros de viagem, é da ordem de um apelo à fusão mortífera do gozo absoluto. O surpreendente é que, ao ser ouvido por ele, o canto das sereias revela não possuir nada de mavioso; ao contrário, é composto de grunhidos horríveis e presentifica a dimensão real da voz como objeto *a*.

Como pondera Vivès, a lenda de Jasão — anterior à *Odisseia* de Ulisses e relatada por Apolônio de Rodes em *Argonautas* —, que parte no navio Argo em busca do velo de ouro acompanhado de cinquenta heróis gregos, permite ilustrar igualmente como o canto, misto de voz e fala, "permite calar a voz ou ao menos torná-la inaudível".[58] Jasão pede a Orfeu que cante e, encantando-os com seu canto, faça com que seus companheiros de viagem fiquem surdos às "perniciosas vozes sirênicas". Mas, como relata Apolônio de Rodes, um deles, Butes, escolhe a voz das sereias e se joga ao mar para ir ao encontro delas. Vivès conclui daí que "esse ao menos um indica que o canto de Orfeu não consegue encantar todos os marinheiros, mantendo-os imunes à voz das sereias. O simbólico da fala poética não recobre integralmente o real da voz".[59] Butes representaria assim uma parte de todos os sujeitos avessa ao simbólico e em busca do gozo absoluto e mortífero.

O conceito de gozo, introduzido por Lacan, terá inúmeras consequências na compreensão de fatos clínicos. Para Lacan, o gozo está ligado à pulsão de morte conceituada por Freud em *Além do princípio de prazer*. Embora para Lacan, segundo algumas precisas indicações de Freud, "toda pulsão seja pulsão de morte",[60] as pulsões sexuais se caracterizam por constituir um poderoso obstáculo à pulsão de morte, no que elas investem os objetos *a* vestidos — revestidos —, com suas roupagens imaginárias construídas simbolicamente para cada sujeito a partir de sua história edípica e de seus inúmeros avatares. Lacan especifica esse ponto essencial:

Não é senão da vestimenta da imagem de si, que vem envolver o objeto causa do desejo, que se sustenta mais frequentemente — é mesmo a articulação da análise — a relação objetal. A afinidade do *a* com seu envolvimento é uma dessas articulações maiores que foram adiantadas pela psicanálise. É para nós o ponto de suspeição que ela introduz essencialmente.[61]

As pulsões sexuais, ruidosas por natureza, fazem anteparo, por meio da fantasia, a esse encontro com o real da Coisa.[62] Os objetos sexuais constituem um poderoso anteparo à Coisa e tratam de parcializar o pulsional e localizar o gozo numa dimensão propriamente sexual porque conectada ao corpo através de seus orifícios. Mas a grande lição de Lacan nesse aspecto foi nos mostrar que, para além dos objetos sexuais cativantes, a pulsão, como vetor único dirigido à morte e ao gozo, se orienta na direção da Coisa em seu caráter mortífero. Como assinala Lacan nas conferências sobre "O saber do psicanalista", "não há outro gozo senão o de morrer".[63]

Exemplo disso na clínica psicanalítica são as toxicomanias graves, nas quais o sujeito abdica de todo e qualquer prazer parcial que lhe seria proporcionado pelos objetos sexuais — i(*a*), e é claro que por objetos sexuais deve-se entender todos os objetos investidos libidinalmente (estudo, trabalho, esporte etc.), e não somente aqueles referentes aos atos propriamente sexuais — em prol do gozo (supostamente) absoluto que lhe é proporcionado pela droga, que funciona no lugar da Coisa.

Outro exemplo que apresenta um caráter universal são as diferentes formas de masoquismo repertoriadas por Freud, nas quais a dimensão prazerosa inerente ao sexual é cooptada pela dor e pelo gozo: no masoquismo erógeno, diretamente pela dor física; no masoquismo feminino, pela fantasia (e frequente encenação) masculina da humilhação atribuída à passividade feminina no ato sexual; e no masoquismo moral, pela diversificação quase infinita das manifestações ligadas ao fracasso, ao sofrimento, à culpa. Embora nos dois últimos tipos a prevalência seja da dor psíquica, o cerne de todos os masoquismos é o masoquismo erógeno, o que nos permite conceber os três masoquismos como verdadeiras bonequinhas russas: a maior, e externa, o masoquismo moral, essencialmente centrado na culpa; a mediana, o feminino, constituído na fantasia; e a menor, interna, o erógeno, que manifesta o núcleo pulsante da pulsão de morte.

O caráter avassalador da angústia provém do fato de que ela presentifica, no seio mesmo da estrutura psíquica, aquilo que foi abandonado em sua própria constituição. Uma série de fenômenos corporais — sensação de despedaçamento corporal — presentes na esquizofrenia atesta aquilo que Lacan designou, na "Apresentação das *Memórias de um doente dos nervos*", como o sujeito do gozo na psicose, em oposição ao sujeito do significante na neurose.[64] Sujeito do gozo, "na medida em que essa expressão tenha sentido",[65] é uma fórmula paradoxal que designa um estágio mítico em que o sujeito ainda não existe. Trata-se aqui, diz Lacan ironicamente, referindo-se a nosso corpo, da "origem sórdida"[66] de nosso ser, que, ao entrar no mundo simbólico e abandonar o sujeito do gozo, se constitui como sujeito do significante. Mas há em todo sujeito uma região que podemos nomear como sua face Butes, que cede ao apelo do gozo mortífero e não hesita em ceder ao chamado das sereias mortíferas.

Os episódios passionais que acometem invariavelmente os sujeitos parecem revelar essa face Butes de cada um. Neles, o sujeito se defronta com um irrefreável empuxo-ao-gozo, e as paixões revelam, de fato, a estrutura do sexual essencialmente enraizada na pulsão de morte, e indicam o quanto o sexual pode se transformar no vetor privilegiado da pulsão de morte. Isso se dá quando o objeto da fantasia se aproxima demasiado da Coisa, tornando as fronteiras entre ambos imprecisa e dando ao sexual seu verdadeiro rumo destrutivo: a relação profunda entre sexo, amor e morte.

Por isso o ódio é o outro lado da moeda que reluz o brilho do amor, o que Lacan denominou com o neologismo *amódio*,[67] palavra-valise que associa amor e ódio: "Não conhecer de modo algum o ódio é não conhecer de modo algum o amor também".[68] Colocar toda a ênfase no amor oblitera a compreensão da estrutura do amódio, como no caso dos cristãos e seus "dilúvios de amor".[69] O mito do amor perfeito está sempre envolto no ódio, e um se demonstra paradoxalmente através do outro. Medeia mata os próprios filhos para vingar um amor traído. Romeu e Julieta constituem o paradigma universal do amor maior ao ter sua realização estraçalhada pelo ódio entre suas famílias. Morrendo em nome de um amor que não sobrevive ao ódio, mostram paradoxalmente que o amor também pode provir do mais puro ódio.

O filme *Lua de fel*, de Roman Polanski, baseado no romance *Lunes de fiel*, de Pascal Bruckner, ilustra à perfeição os desdobramentos mortíferos aos quais o gozo inerente à paixão amorosa pode dar lugar. O escritor Oscar se apaixona perdidamente por Mimi, mulher cuja beleza estonteante toma inteiramente todo o seu desejo. Mas a paixão fulminante que se instalara instantaneamente vai dando lugar aos poucos, à medida mesma que declina, a uma relação sadomasoquista que busca recuperar desesperadamente a intensidade passional diminuída com o tempo.

Um não pode mais viver sem o outro, mas a presença de cada um se torna para o outro uma intensa fonte de ódio porque rememora a vivência da completude perdida. A violência física e mental se instala, e cada um encontra, por sua vez, momentos certos para exercer sobre o parceiro toda a sua maldade. O gozo inerente à experiência passional revela mais uma vez o quanto está próximo da aniquilação do sujeito. A história de Oscar e Mimi é narrada pelo primeiro com detalhes escabrosos a Nigel, a bordo de um cruzeiro, numa viagem que ele faz com a mulher, Fiona. Esse jovem e elegante casal acaba envolvido nessa trama de violência, como se o amor suave e delicado deles escondesse igualmente, tal qual num negativo, uma paixão devastadora e cruel que pode emergir a qualquer momento.

A relação íntima entre amor e ódio deriva da função do amor, de "dar à relação sexual, a esse termo que manifestamente escapa, o seu significado".[70] Perder o amor é perder esse significado que estabiliza poderosamente a relação do sujeito com o objeto do desejo e o confronta com o impossível da relação sexual, donde o *dixit* lacaniano que, declinando a palavra amor no gênero feminino, inscreve o amor no lado do feminino das fórmulas da sexuação: "A verdadeira amor desemboca no ódio".[71] Se o amor dá ao sujeito a ilusão da relação sexual — esse é seu poder —, o ódio é o que rasga essa ilusão, e por isso Freud concebeu o ódio como anterior ao amor, este sendo secundário em relação àquele, na medida em que a ausência da relação sexual é a base real da estrutura.[72]

Ao se agarrar a esse ponto de suspensão que desloca a relação do sujeito com seu objeto do desejo do contingencial para o necessário, o amor aborda o ser como tal e dá a ilusão da existência da relação sexual. Um trágico exemplo de como "a verdadeira amor, o extremo do amor",[73] por se dirigir ao ser, carrega consigo ou atrai o mais puro ódio é o assassinato de John Lennon, que cantou o amor sob todas as formas, seja a individual — a música "Imagine" é o exemplo mais sublime —, seja a coletiva, com a proposta de Paz e Amor sustentada durante toda sua vida e celebrada na canção "Give peace a chance". Os "mind games" que ele e Yoko Ono propuseram, no contexto da utopia do amor que é capaz de unir todas as pessoas, os levaram inclusive a criar um país conceitual — Nutopia —, um país sem terra, sem fronteiras, sem passaportes, apenas pessoas, que seriam todas elas embaixadoras de seu país, cujas leis são apenas as cósmicas.[74]

No auge de sua vida criativa, apenas alguns dias depois de ter lançado, em novembro de 1980, a obra-prima que criou em parceria com Yoko, o álbum *Double fantasy*, John foi assassinado aos quarenta anos com cinco tiros de calibre 38, à queima-roupa, sem qualquer motivo aparente, por Mark David Chapman, de 25 anos. Por terrível ironia, a música que abre o álbum *Double fantasy* se chama "(Just like) Starting over", isto é, "Recomeçando".

A forte imagem da aliança amorosa entre Ocidente e Oriente que esse casal compôs para o inconsciente de sua época foi partida ao meio para sempre. Naquele mesmo dia, ambos haviam posado pela manhã para a fotógrafa Annie Leibovitz, que os mostrou abraçados de modo apaixonado: John nu sobre o corpo de Yoko vestida de preto. Na foto de Leibovitz, a concepção lacaniana do masculino e do feminino pode ser visualizada: se o homem se liga ao Outro sexo pela fantasia de desejo para gozar falicamente, a mulher participa também de outra dimensão de gozo, para além do gozo fálico. John está agarrado com força a seu objeto de amor, enquanto Yoko dirige seu olhar sereno para Outro lugar, não se sabe muito bem qual.

Muitas explicações foram dadas para essa morte que apareceu na capa da revista *Time* com a legenda *"The day that music died"*, desde um complô dos republicanos para eliminar John pela má influência exercida sobre os jovens norte-americanos até o pacto com o diabo que Lennon teria feito para ser famoso, mas que se extinguiria no dia em que se sentisse realmente feliz. Seja considerando Chapman um instrumento do demônio ou da direita americana, é preciso notar que o ódio mortífero se voltou contra um homem que por toda a vida proclamou, como Cristo, o amor. Tudo se passa como se os dilúvios de amor trouxessem com eles tempestades de ódio. O lema "Paz e Amor", brandido nos anos 1960 para fazer oposição à Guerra do Vietnã, não pode jamais ser dissociado do outro lado da mesma moeda, nomeada por Lacan de *amódio*: a guerra e o ódio.[75]

Angústia e o real

A angústia deve, então, ser entendida dentro dessa dialética da entrada do sujeito na ordem simbólica, através da operação que Lacan denominou castração simbólica. Moustapha Safouan pôde afirmar, quanto a isso, numa frase que se pode considerar lapidar sobre o assunto, que a única coisa que acaba com a angústia de castração é… a castração. É somente a castração simbólica que instaura a perda da Coisa e funda o sujeito como sujeito desejante, isto é, referido a uma falta. O desejo é sinônimo de falta e incompletude, da mesma maneira que a pulsão é sinônima de insatisfação em relação ao gozo que ela almeja: "*(I can't get no) Satisfaction!*". O processo da análise revela a importância de poder transformar a vivência da perda em experiência da falta, transformação que traz inúmeras decorrências, entre as quais a separação entre o proibido (recalque) e o impossível (sublimação). Lacan chamou isso de cisão, de separação — de descolamento, precisa ele — entre *a*, objeto imaginário da fantasia, e S($\mathbb{A}$), significante da falta no simbólico — algo que só a psicanálise permite ocorrer, não a psicologia: "O fim do nosso ensino, no que ele persegue o que se pode dizer e enunciar do discurso analítico, é dissociar o *a* e o A, reduzindo o primeiro ao que é do imaginário, e o Outro, ao que é do simbólico".[76]

A tripartição estrutural introduzida por Lacan desde sua conferência pronunciada em julho de 1953 na Sociedade Francesa de Psicanálise, "O simbólico, o imaginário e o real", e, a partir daí, desenvolvida em diferentes direções, é aquela que irá permitir uma compreensão da angústia dentro do quadro clínico destacado por Freud em "Inibições, sintomas e angústia". Lacan abordará o assunto no seminário de 1974-5, *R.S.I.*, no qual pretende rever uma série de questões sob a ótica, recém-introduzida por ele, do nó borromeano.

De S.I.R. a R.S.I., a ordem das letras se alterou, o que revela, por si só, o deslocamento para o real da primazia dada por Lacan no início de seu ensino ao simbólico. Lacan falará agora da propriedade borromeana da estrutura como a radical indissociabilidade dos três registros real, simbólico e imaginário. No centro êx-timo do nó borromeano — ao mesmo tempo interno e externo, que pode ser observado ao transformarmos o nó numa esfera armilar borromeana —, Lacan irá inscrever o objeto *a*, furo em torno do qual a estrutura psíquica borromeana se constrói. Ele irá introduzir aqui a noção de *trou-matisme* — palavra-valise que, ao associar o furo (*trou*) ao trauma (*traumatisme*), revela que o verdadeiro trauma é o furo, e, logo, ele é contingencial: não há como não haver trauma. A noção, essencial para a psicanálise, de "trauma como contingência" é nomeada por Lacan em um de seus escritos,[77] mas já havia sido explicitada por Freud de modo cabal quando afirmou: "Os 'traumas sexuais infantis' foram, de certa forma, substituídos pelo 'infantilismo da sexualidade'".[78]

Nesse seminário, Lacan irá fazer os registros R.S.I. trabalharem em sua propriedade borromeana para destacar três regiões de interseção correspondentes a três formas de gozo em sua relação com o objeto *a*: entre o real e o simbólico, Lacan nomeia o gozo fálico, Jϕ; entre o imaginário e o real, o gozo do Outro, J$\cancel{A}$; e entre o simbólico e o imaginário situa o gozo (*jouissance*) do sentido — *joui-sens*, termo que em francês abarca ainda pela homofonia a dimensão da escuta "*j'oui*" ("eu ouço"). Além disso, Lacan concebe três diferentes invasões de um registro sobre outro para indicar nelas a clássica trilogia clínica freudiana: a invasão do simbólico no real corresponde ao sintoma; a invasão do imaginário no simbólico corresponde à inibição; e a invasão do real no imaginário corresponde à angústia.

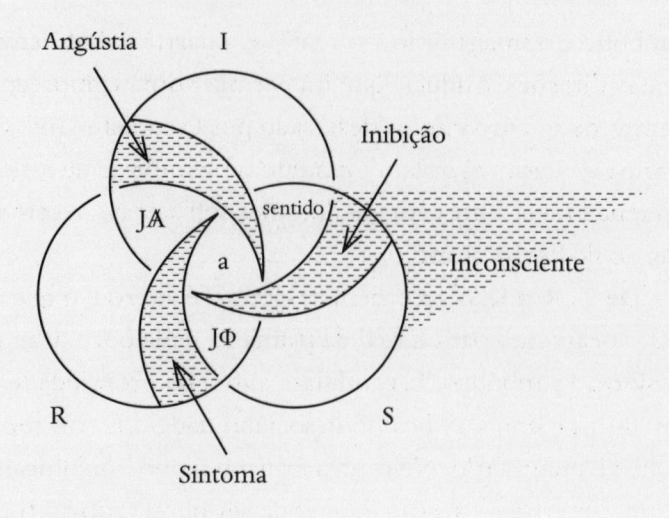

Tais invasões de um registro sobre outro partem de definições depuradas que Lacan fornecerá de cada um desses registros. Elas não estão reunidas em Lacan do modo que se segue, mas uma leitura atenta de seus seminários e escritos desemboca necessariamente nelas. Trata-se de definições precisas, podemos dizer até minimalistas — nos moldes dos últimos seminários de Lacan, que são ao mesmo tempo densos e concisos —, que depuram todos os desenvolvimentos lacanianos anteriores em torno da questão do sentido: o imaginário é definido como da ordem do sentido fechado; o real, Lacan o considera o não-sentido ou não senso, ou seja, o avesso do imaginário; quanto ao simbólico, podemos resumir toda a concepção lacaniana do significante afirmando-o como eminentemente binário (baseado na lógica exposta por Freud em alguns trabalhos e, em especial, em 1911, no artigo "A significação antitética das palavras primitivas") e definindo-o como da ordem do duplo sentido. O próprio Lacan assim o faz no seminário *As formações do inconsciente* ao falar do "duplo sentido radical do significante".[79]

Real: não-sentido

Simbólico: duplo sentido

Imaginário: sentido uno

O simbólico inclui as dimensões da ambiguidade, a anfibologia, o equívoco, o duplo sentido — todos termos que sublinham a estrutura de cabeça de Jano com a qual Freud concebeu as formações do inconsciente; o imaginário é precisamente a amputação do simbólico de sua característica primordial, ele representa a redução desse duplo sentido ao sentido unívoco. Quanto ao real, Lacan dirá que ele é "o estritamente impensável",[80] o *ab-sens*, o sentido enquanto ausente, o sem sentido — todos termos que exaltam a principal característica do real: que ele é impossível de ser simbolizado.

$$\text{Inibição: I} \longrightarrow \text{S}$$
$$\text{Sintoma: S} \longrightarrow \text{R}$$
$$\text{Angústia: R} \longrightarrow \text{I}$$

Outra característica do real deve ser aqui destacada, a irreversibilidade. O real sempre presentifica aquilo que na estrutura psíquica escapa a seu domínio: a flecha do tempo e a morte são seus exemplos mais lídimos; intimamente associadas uma à outra, ambas são irreversíveis. A irreversibilidade fundamental do real ajuda a compreender uma qualidade igualmente essencial do simbólico, a reversibilidade. No campo do simbólico, estamos em cheio no registro do reversível: digo algo hoje que posso desdizer amanhã, e mesmo voltar a afirmar o ponto inicial no terceiro dia. Tratados simbólicos entre as nações podem ser refeitos em momentos diferentes. Tais características de reversibilidade do simbólico e irreversibilidade do real parecem se produzir em torno das diferentes "versões" imaginárias. Assim, quando se afirma que o imaginário é da ordem do sentido, é preciso entender que, quando o sentido se produz, ele se coagula imaginariamente e tende por isso a se cristalizar. Seu grande inimigo é o real, que, ao se apresentar, barra suas pretensões totalitárias. A chance de o imaginário ser salvo do real avassalador é o simbólico, que lhe empresta plasticidade e possibilidade de se reorganizar em novas versões.

Assim, a inibição é o efeito da invasão do simbólico pelo imaginário (I $\longrightarrow$ S), isto é, ela representa a redução máxima do duplo sentido ao sentido unívoco; o sintoma, sendo a invasão do real pelo simbólico

(S ——→ R), tem como paradigma excelente o sintoma histérico, que subverte a anatomia e expressa simbolicamente os dois lados (duplo sentido) do conflito neurótico: a verdade de seu desejo inconsciente e a resistência a ele; a angústia representa a invasão do imaginário pelo real (R ——→ I), isto é, do sentido pelo não-sentido; o trauma implica essa mesma forma de invasão, isto é, a irrupção do não senso radical do real no seio da homeostase de sentido imaginário. Mas, nesse caso, trata-se de um choque extremo, cuja força pode ser devastadora e levar a capacidade de simbolização do sujeito a se deparar com seus limites.

A angústia na histeria, na obsessão e na fobia

Na neurose obsessiva, segundo Freud, o eu foi formado muito precocemente, o que, aliás, lhe permite situar essa constituição precoce do eu como um elemento que poderia responder pela escolha inconsciente dessa neurose.[81] Levando-se em conta a observação freudiana sobre a maior incidência da neurose obsessiva nos sujeitos masculinos e da histeria nos sujeitos femininos — e é claro que nessa bipartição se deve considerar, com Lacan, não apenas a diferença sexual anatômica, mas as posições subjetivas de gozo repertoriadas por ele nas fórmulas quânticas da sexuação —, podemos observar que o obsessivo (o qual afirma, ele próprio, ter sido muito amado pelo Outro), tendo se identificado com o falo imaginário e constituído seu eu com uma consistência extremamente forte, apresentará mecanismos de defesa muito estruturados, em especial aqueles inventariados por Freud: o deslocamento, o isolamento, a supressão do afeto e a anulação retroativa.

Os rituais, os atos e ideias obsessivos funcionam como verdadeiros impedimentos para o surgimento da angústia, posto que visam ligar toda a energia libidinal para sua consecução. O obsessivo não consegue evitar o ritual justo porque sua função é impedir a emergência da angústia, e a supercomplexificação desses rituais se acentua sempre nessa direção e com esse objetivo. Por isso, Freud irá dizer que a angústia precede os sintomas obsessivos, que foram criados precisamente para evitar seu surgimento.

No caso da histeria de conversão, os sintomas histéricos convertem a energia libidinal em sintomas corporais e, por isso, restringem igualmente o aparecimento da angústia. Na histeria, em que prevalece o mecanismo do recalque, a representação recalcada retorna através da conversão, produzindo o sintoma que, ao expressar o desejo, terá revelada na análise a fantasia a ele subjacente. Toda análise de um sintoma (S ⟶ R) consistirá, por isso mesmo, no destacamento de uma fantasia inconsciente (simbólica, portanto) que suporta o desejo. Freud escreveu dois artigos em 1908, "Fantasias histéricas e sua relação com a bissexualidade" e "Algumas observações gerais sobre os ataques histéricos", especialmente para dar relevo a essa relação íntima entre sintoma e fantasia.[82] Jacques-Alain Miller destacou esse binômio clínico essencial passível de ser repertoriado na obra freudiana e no ensino de Lacan.[83]

Tal fantasia ocupa, na neurose, um lugar estrutural e é efeito do recalcamento originário, a partir do qual ela constitui uma tela protetora em relação ao real ao estabelecer a realidade psíquica. Daí Lacan situar o fim da análise como a travessia da fantasia, ou seja, o acesso do sujeito aos elementos simbólicos e imaginários que lhe permitiram fazer face ao real da inexistência da relação sexual. Tal travessia — simbólica, não há outra — é necessária na medida em que, embora salvando o sujeito do real, a fantasia o fixa no imaginário, amputando seu escopo simbólico de versões que fujam às suas fixações de sentido.

Na fobia do pequeno Hans, Freud irá observar que o surgimento da angústia é exatamente aquilo que, por um lado, sucede o surgimento da diferença instaurada entre Hans e a imagem fálica após dois eventos sumamente importantes: primeiro, o nascimento de sua irmã Hanna e, segundo, o advento da excitação sexual, que Lacan menciona como o despertar de seu pênis enquanto real. O surgimento da pulsão e o nascimento da irmãzinha produzem o descolamento de Hans de sua imagem fálica, já que ele ocupou junto a sua mãe o lugar de metonímia do falo imaginário. Por outro lado, a angústia de Hans é sucedida pela constituição do objeto fóbico — o cavalo, no qual Lacan irá isolar um resíduo dessa mesma angústia. Freud e o pai do menino tentam interpretar sem êxito o sentido daquela "mancha negra" no focinho do cavalo, à qual Hans se referia insistentemente para o pai. Lacan dirá que o sentido da "mancha negra" a que se refere Hans é que ela remete à angústia que o objeto fóbico, o cavalo, veio exatamente obliterar. Lacan irá recomendar ainda: procurem em todo objeto fóbico esse elemento de imprecisão, porque ele está sempre presente. Ele remete precisamente ao real da angústia que o objeto fóbico veio tamponar e que insiste, ainda assim, em se apresentar para o sujeito.

A dialética entre sintoma e angústia é central nas neuroses, que se caracterizam pela prevalência maior ou menor, em cada uma delas, de um desses dois elementos. Na histeria de conversão há o surgimento de sintomas e angústia, em diferentes proporções a cada caso, embora a verdadeira histeria de conversão — na qual se produzem sintomas em abundância — não apresente qualquer angústia. Nas histerias de angústia, denominação que Freud introduz para designar a fobia — por ela ser, em todos os outros aspectos, aparentada com a histeria de conversão —, temos uma histeria na qual a angústia é, ao contrário, prevalente, e a sintomatização, pequena ou nula.

Na neurose obsessiva, verifica-se a prevalência do sintoma, que prolifera para produzir o maior evitamento possível da angústia. Os sintomas obsessivos são de dois tipos: os negativos, constituídos por proibições, precauções e expiações, são os mais antigos; os positivos são representados por satisfações substitutivas que aparecem sob disfarces simbólicos. Nessa neurose, há duas atividades do eu que geram sintomas e são substitutas do recalque ou variações dele: a anulação retroativa e o isolamento. A primeira visa fazer desaparecer algo que foi feito e é uma forma de substituir o não dado pelo recalque por um não dado pelo eu apegado às suas relações com a realidade e com a consciência, e que emprega, nessa neurose em particular, todas as suas faculdades intelectuais para esse fim. O isolamento é a destituição do afeto ligado a certa experiência, e suas conexões associativas são suprimidas ou interrompidas. Seu efeito é o mesmo do recalque com amnésia.

Uma palavra sobre a inibição, onipresente nas neuroses, e com a qual Freud abre seu ensaio sobre "Inibições, sintomas e angústia". Ela representa a limitação de uma função do eu — sexual, do comer, da locomoção, do trabalho —, ao passo que no sintoma a função passa por alguma modificação. Sintoma e inibição são como dois lados da mesma moeda. Inibições podem surgir como evitamento de algo que produziria angústia, por isso algumas inibições representam o abandono de alguma função para evitar a angústia que ela desencadearia no sujeito.

3. Luto e culpa

Não há objeto que tenha maior preço que um outro — aqui está o luto em torno do qual está centrado o desejo do analista.

JACQUES LACAN

EM SEU RETORNO A FREUD, Lacan chamou a atenção dos psicanalistas para diversos paradoxos da clínica. Um dos mais fascinantes, apontado por ele no tocante à direção do tratamento analítico, diz respeito à sua concepção de que a resistência é sempre do analista, uma vez que Freud jamais mencionou qualquer coisa a esse respeito e sempre falou do tema em termos de resistência do analisando. Proponho aqui um breve exame dessa questão a partir de dois exemplos clínicos. Tais exemplos permitem, além disso, tematizar a dialética entre culpa e angústia na perspectiva lacaniana.

Recordo apenas, como vimos no início deste volume, que o conceito de resistência surge para Freud pela primeira vez durante a análise de Elisabeth von R., nos *Estudos sobre a histeria*, cuja leitura atenta e guiada por algumas formulações de Lacan nos revela que Freud na verdade nomeia a resistência pela primeira vez precisamente — e apenas quando — ele próprio cessa de resistir. Tudo se passa como se a própria nomeação da resistência fosse permitida exclusivamente pela percepção de Freud de sua própria resistência como analista — o que nos ensina o fato suplementar de que a teoria analítica avança em estrito paralelo às análises. Podemos situar nesse caso a emergência em Freud de um elemento poderoso, que Lacan nomeou o desejo do psicanalista. Assim, o paradoxo que mencionamos acima se articula com outro paradoxo não menos importante ressaltado por Lacan: o desejo do psicanalista é o pivô do tratamento analítico.[1]

No minucioso relato do caso Elisabeth, fica evidenciado que, em plena construção da técnica analítica, e concebendo a resistência essencialmente como resistência à associação, Freud assume a posição da insistência, uma das maneiras pelas quais considero que se pode nomear o que Lacan chamou de desejo do psicanalista. Pois o desejo do psicanalista pode ser definido, com certa simplicidade, como o desejo de que haja análise. E Freud só consegue sustentar esse desejo e insistir na experiência a partir do momento em que ele próprio percebe a singularidade de seu método, isto é, a partir do instante em que vence sua própria resistência, que consistia precisamente em ceder diante da pressão da resistência de sua paciente. Por isso mesmo, Lacan concebe que a resistência é sempre do analista: ao se voltar para a resistência do analisando, por sua vez, o próprio analista passa a resistir, e só faz com que ela cresça cada vez mais.

Culpar o outro

Algum tempo atrás, recebi em análise uma jovem que estava em pleno trabalho de luto pela morte de seu marido, de quem acompanhou o padecimento por mais de um ano, por causa de um câncer de evolução fulminante. Ela contou, nas entrevistas iniciais, que já fazia análise há alguns anos e que decidira mudar de analista porque sua analista anterior, ao cabo de algum tempo passado da morte de seu marido, começou a fazer intervenções que lhe incomodavam enormemente. Ao lhe manifestar sua tristeza profunda, ouvia dela: "Ih! Já vem esse seu lado melancólico!". Quando se revelava muito indignada e ainda uma vez mais em plena crise, a analista lhe perguntava: "Já vai começar com aquele discurso histérico?".

O que se pode observar de saída é que tais intervenções de algum modo desautorizavam o sofrimento dessa mulher, além de insinuarem, simultaneamente, que ela se aproveitava dele para usufruir de uma forma particular de gozo neurótico. Desnecessário dizer que, embora saibamos que Freud desenvolverá a importância da dor na economia psíquica em seu artigo de 1924 sobre "O problema econômico do masoquismo", no qual destacará a vertente masoquista como algo relevante em toda vida pulsional, nada justifica que se lance sobre um analisando em trabalho de luto essa verdade. Fora de hora, só poderá criar, como criou, resistência à análise. Nunca é demais recordar que a importância da dinâmica psíquica na clínica está ligada, para Freud, ao fato de que a intervenção do psicanalista precisa sempre levar em conta as forças em jogo naquele momento para o sujeito, no conflito incessante que se produz entre as forças pulsionais (do isso) e as forças defensivas (do eu). Não cabe jamais ao analista introduzir significações que corram o risco de serem tomadas como injunções superegoicas. O analista deve proceder como o jogador de varetas, que sabe que há uma única vareta negra, misturada a todas as outras, que vale muitos pontos e muitas vezes permite a rápida vitória; mas sabe também que, para atingi-la, deve proceder com prudência, evitando que a precipitação rumo à vitória estrague em definitivo suas possibilidades. Ele precisa se curvar às contingências do avanço de seu analisando, que tem um percurso simbólico a realizar num tempo que, por ser incógnito, requer que o analista saiba, como Lacan, o que significa esperar.

É igualmente digno de nota o fato de que ambas as intervenções parecem ter sido francamente produzidas a partir do saber psicanalítico: a primeira faz referência direta a Freud e sua tematização da relação entre o luto e a melancolia; já a segunda parece citar explicitamente a teoria lacaniana dos quatro discursos. Tomando a teoria como material para suas intervenções, a analista se distanciou, assim, da recomendação freudiana de que a intervenção analítica jamais deve ser sugestiva. Brandindo o saber analítico e abandonando seu lugar de não saber, a analista aplicou a psicanálise de modo selvagem, tal como Freud o demonstrou no artigo de 1911, que abre seu ciclo da técnica.[2] O efeito imediato só poderia ser o da sensação dolorosa de não ter recebido acolhimento da analista para seu terrível sofrimento. Lacan foi igualmente rigoroso em relação a essas recomendações freudianas, e ponderou em uma de suas conferências proferidas nos Estados Unidos: "Em caso algum, uma intervenção psicanalítica deve ser teórica, sugestiva, isto é, imperativa; ela deve ser equívoca".[3]

A analisanda disse que, com o passar do tempo, começou a se sentir sem espaço e sem condições para falar; ela contou que custou a perceber o que acontecia, mas acabou acreditando compreender que sua analista não estava suportando ouvir seu sofrimento. A partir daí decidiu deixar essa análise que, para a analista, nitidamente trazia um real impossível de suportar. De fato, a escuta do analisando em trabalho de luto põe à prova a capacidade do analista de suportar o real. Lacan chegou a definir a clínica analítica como "o real enquanto o impossível de suportar".[4] Nesse sentido, vale citar o testemunho de Irène Diamantis, que confessou a Gérard Querré, seu analisando que perdera um filho de dez anos durante a análise, muito tempo depois de terminada sua análise, o quanto é insuportável para um analista a morte do filho de um analisando.[5]

A jovem fora me procurar impelida pela premência de uma incoercível necessidade de elaborar esse sofrimento, mas mostrava-se imbuída de uma acentuada dúvida de que pudesse realmente prosseguir o trabalho depois da experiência anterior malsucedida. Nesse sentido, pude perceber que, durante bastante tempo, muitas de suas colocações e atitudes eram como uma forma de sondagem de terreno para saber se ali ela poderia vir a fincar as estacas de uma dor inominável e construir com palavras algo em torno dela — tal como o apólogo do oleiro mencionado por Heidegger em sua conferência sobre "A Coisa" e referido por Lacan no seminário *A ética da psicanálise*, no qual se depreende que a confecção do vaso se confunde com a delimitação da borda do vazio.[6]

Logo no início, houve uma vez em que ela mandou uma carta na qual expressava sua impossibilidade de prosseguir e se referia a meu silêncio. Talvez se identificasse com ele e quisesse igualmente calar-se. Deixei passar algum tempo e lhe telefonei, demorei a localizá-la e finalmente consegui lhe dizer que queria que ela voltasse a falar comigo. Esse episódio talvez tenha sido crucial para o desenrolar do tratamento, pois só depois eu percebi que ela parecia ter adquirido ali alguma garantia sobre minha disposição para escutá-la.

Nesse período, ia quando bem entendia às sessões e muitas vezes as desmarcava em cima da hora. Aos poucos, contudo, percebi que ela havia estimado como frequência ideal na sua análise apenas uma vez por semana, mas não me comunicara isso: ela faltava sempre à segunda sessão da semana. Ocorreu-me sugerir a ela que então deveríamos mudar a frequência para uma vez por semana, o que seria mais congruente com suas possibilidades. Mas não o fiz, e só depois percebi que, se eu tivesse colocado as coisas desse modo, teria impedido que, através dessa reiterada falta da segunda sessão, ela demonstrasse algo que precisava expressar: o fato de que sua dor era enorme e que, por isso, não conseguia falar dela duas vezes numa mesma semana. Uma vez por semana ela falava, na outra, sua ausência era a expressão da necessidade de silenciar. Ela precisava demonstrar isso em ato, faltando a uma das sessões, e isso pôde ser dito em uma delas. Sabe-se o quanto manter o silêncio pode ser crucial para o sujeito traumatizado. Alain Didier-Weill ressaltou esse fato exemplificando-o com os relatos feitos por sobreviventes do Holocausto apenas muitos anos depois de terem passado pela extrema violência a que foram submetidos.

Nessa situação e em algumas outras, tive de compreender que, na sua análise, precisaria operar sem qualquer rigidez e tolerar as transgressões mais variadas de determinados preceitos técnicos supostamente padrão. Com certos limites, claro, que dizem respeito ao *primum vivere*, ou seja, ao princípio formulado por Lacan de que é sempre necessário, em primeiro lugar, preservar o vínculo analítico.[7] Quando ela sumia, o que aconteceu uma ou outra vez, e não ia a nenhuma das sessões da semana — o silêncio dominara a cena completamente —, eu lhe telefonava e a convidava a retornar, de algum modo levado a também renovar minha insistência na análise dessa jovem.

Sua ausência parecia expressar também dois importantes aspectos de uma mesma questão: por um lado, ela expressava sua enorme dificuldade de falar de sua dor e sua vontade de se ver livre de todo aquele sofrimento, como se, interrompendo a análise, magicamente desse cabo dele; por outro, ela também manifestava sua interrogação acerca do grau de suportabilidade de seu analista em relação àquele discurso atravessado por uma dor lancinante. Com efeito, pude perceber que, às vezes, eu lhe telefonava logo que ela faltava a alguma sessão; mas, em outros momentos, demorava mais um pouco, e entendi que essa demora maior ou menor dependia precisamente de minha dificuldade, naquele momento, de escutá-la. Como se o analista também precisasse de um tempo, de um descanso, de uma pausa naquele trabalho de simbolização de um real impensável. Assim como quando se lê um livro cuja densidade poética faz com que nos detenhamos em alguns momentos para poder assimilar seu conteúdo mais plenamente, a necessidade de silêncio transbordava então para o lado do analista.

De fato, ouvir essa analisanda foi realmente difícil algumas vezes, decerto porque ela falava continuamente sobre o assunto do qual nós queremos continuamente fugir: a morte. Lacan chegou a dizer com todas as letras para seus ouvintes em um de seus seminários mais tardios: "Ninguém, claro, tem a menor apreensão da morte. Sem o quê, vocês não estariam aí tão tranquilamente".[8] Esse não foi um comentário acidental de Lacan, pois numa das sessões posteriores, do mesmo ano de seminário, ele insistiria nessa dimensão de horror inteiramente inassimilável que a morte produz no aparelho psíquico: "Há outra coisa que poderia vir à ideia, inteiramente não representável, que se chama por um nome que só perturba por causa da linguagem, é a morte. Isso também tapa o buraco. Porque a morte a gente não sabe o que é".[9]

Freud tratou da morte em sua relação com o inconsciente em algumas passagens importantes de sua vasta obra. No ensaio "Reflexões para um tempo de guerra e morte", escrito imediatamente após a deflagração da Primeira Guerra Mundial, ele assevera que "é impossível imaginar nossa própria morte, e, sempre que tentamos fazê-lo, podemos perceber que ainda estamos presentes como espectadores".[10] Assim, no fundo, a morte é irrepresentável, ninguém crê em sua própria morte, e, no inconsciente, estamos certos de nossa imortalidade, pois não há inscrição da morte, assim como não há inscrição da diferença sexual nem ordenação temporal no inconsciente. Claro que há uma relação ineludível entre a inexistência da inscrição da morte no inconsciente e a inexistência nele de referência ao tempo, pois os processos inconscientes são atemporais e não se alteram com a passagem do tempo.[11]

O psicanalista M.D. Magno chegou a colocar no centro de sua original elaboração teórica o aforismo "A morte não há",[12] significando com isso que a morte é — e isso é o que Freud formula em sua virada teórica de 1920, quando introduz a pulsão em sua dimensão mais originária de pulsão de morte — sempre uma aspiração do vivo, um desejo profundo, mas em si mesmo inalcançável: não se alcança a morte em vida, pois se ela for alcançada nós não estamos mais ali. O poeta e músico Cazuza expressou essa verdade em sua canção "Boas novas", ao dizer: "Senhoras e senhores/ trago boas novas/ eu vi a cara da morte/ e ela estava viva — viva!". As lápides que muitos artistas imaginaram para si mesmos, por sua vez, revelam quanto a dimensão da morte só pode ser abordada simbolicamente e, de preferência, com muito humor. Marcel Duchamp mandou inscrever em sua sepultura: "Aliás, são sempre os outros que morrem…". Salvador Dalí por sua vez propôs: "Salvador Dalí está morto, mas não todo".

Quando se ouve um analisando falar insistentemente sobre a perda de um ente querido, o fato é que nossa própria capacidade de fazer o luto é recolocada em ação, temos de algum modo que retomar as lembranças daqueles que amamos — é significativo que a forma do verbo amar na primeira pessoa do plural no indicativo seja a mesma no presente e no passado, como se o amor, uma vez existente, fosse para sempre — e que hoje estão mortos ou distantes de nós. Além disso, temos de nos defrontar com nossa própria finitude e fazer o luto de nossa própria vida. Uma estranha forma de luto antecipado, sobre a qual ponderou Clarice Lispector: "Quando eu morrer, vou ter tanta saudade de mim…". Temos que operar em nós o mais difícil de todos os trabalhos de simbolização e que talvez seja a prova mais radical para um psicanalista: ouvir um discurso sobre a morte, aproximar-se da morte a esse ponto é abordar a dimensão de não senso radical da vida.

Ao mesmo tempo, como é possível conceber a vida sem a morte? Uma não implica a outra? Ir ao cerne da vida não é encontrar a morte, como o discurso lancinante dos místicos postula? "Morro de não morrer", não exclamava santa Teresa de Ávila em seu êxtase poético? O que faz com que não estejamos jamais prontos para a morte? Lacan observa que a morte está do lado da relação limítrofe entre o simbólico e o real, ela remete ao recalque originário, a algo a que não damos jamais sentido — embora tentemos fazê-lo o tempo todo —, e acrescenta que, mesmo que sejamos logicamente capazes de dizer "todos os homens são mortais", não conseguimos nunca imaginar esse "todos".

Essa analisanda não prosseguiu seu tratamento por muito tempo; algumas interrupções seguidas e frequentes acabaram por anunciar uma interrupção definitiva. Contudo, uma parte considerável do luto chegou a ser feita em análise. É digno de nota que ela estabeleceu uma relação altamente culpabilizante com todos aqueles à sua volta após a morte do marido. Culpar a todos veementemente — o chefe dele, os médicos, a família — pelo que o marido passou e pelo que ela própria passava revelou-se uma maneira de suportar minimamente todo aquele sofrimento.

Culpar a si mesmo

De outra feita, fui procurado por uma analisanda que já fizera um período de análise comigo anos antes. Se da primeira vez que me procurou sua demanda estava centrada em torno da grande dificuldade encontrada no relacionamento com uma filha, dessa vez o motivo era cruel: pouco mais de nove meses antes, ela perdera essa mesma filha, aos vinte anos, de morte súbita.

Depois de ter ido falar comigo uma primeira vez, ao retornar ela afirma de saída sua decisão de não continuar, pois não suportava tanta dor ao falar sobre o assunto. A sessão prossegue e, no final, ela me indaga: "Você acha que eu devo continuar vindo?". A resposta do analista é muitas vezes necessária, mas não deve jamais ser simplista e unívoca. Respondi-lhe que acreditava poder ajudá-la e gostaria de ajudá-la, mas ela é que poderia dizer se conseguiria voltar ou não. Eu já ia propondo que deixássemos em aberto seu retorno quando ela quis que marcássemos a próxima sessão. Acredito que, com essa intervenção, pude fazer com que ela se sentisse não só apoiada na possibilidade de retorno (isto é, afirmei minha disposição para escutá-la a respeito de uma vivência tão brutal), como também compreendida na dificuldade que esse retorno implicava. Em suma, sentiu-se reconhecida na gravidade de sua dor quando deixei a ela a decisão final de voltar ou não.

Suas sessões se tornaram frequentes a partir de então. Pude ouvir dela o quanto se sentia culpada pela morte da filha, pelo fato de que esta lhe havia contado, meses antes, que sentira um súbito mal-estar na rua e fora parar num hospital público de madrugada para ser atendida. Ela não valorizara o comentário da filha e se culpava por isso. Sua culpa mergulhava-a numa dor profunda: por que não a ouvira? Por que não levara realmente a sério a queixa?

Pude ouvir dessa analisanda, ainda, o quanto a ausência da filha adquirira, paradoxalmente, uma presença absoluta em sua vida, algo insuportável. Freud já assinalara que é mais fácil fugir dos vivos que dos mortos, porque estes estão em toda parte. Como ouvi de Alain Didier-Weill pessoalmente, quando um sujeito vive a perda de um ente querido, seja através da morte ou de uma separação amorosa (uma das formas mais corriqueiras em que o real da morte marca sua presença na vida),[13] o mais insuportável é não conseguir esquecer aquele fato nem por um só instante: "A dor vem e me toma inteiramente", diz essa analisanda, que me ensinou que o luto de um filho tem um peso de impossibilidade que lhe é inerente — pois como elaborar a morte de alguém a quem se deu a vida? Como admitir que o mais poderoso amor é tão impotente diante da morte? Uma de suas frases é bastante eloquente quanto a isso: "Nunca mais poderei ser mãe para ela", isto é, nunca mais poderá ser aquela que lhe deu a vida. É digno de nota que não haja palavra para nomear aquele que perde um filho: perder o pai ou a mãe é tornar-se órfão, mas perder um filho é tornar-se o quê?

Além disso, o sujeito vive um dilacerante conflito: por um lado, ele deseja ardentemente livrar-se daquele sofrimento, afirma que não aguenta mais, que não vai suportar tanta dor; mas, por outro, teme esquecer a pessoa amada por um único segundo sequer e, desse modo, perpetrar sua morte por uma segunda vez, agora dentro de si mesmo, em sua própria memória. O sujeito sabe que a memória é uma das formas mais privilegiadas de louvar a pessoa amada, de torná-la presente: "Eu me pego procurando minha filha nas ruas, qualquer coisa me faz lembrar dela", diz essa analisanda. E, quando aquela analisanda que faz o luto da perda do marido afirma igualmente "Acho que jamais vou conseguir esquecer isso tudo", ela está dizendo não só que gostaria de esquecer o sofrimento vivido pelo marido, como também, paradoxalmente, que teme que, ao esquecer isso, venha a se esquecer dele.

Assim como Jean-Paul Sartre falou da verdadeira morte, em *Huis clos*, como aquela que advém quando o sujeito é completamente esquecido pelos que continuam vivos, Jorge Luis Borges tratou da importância da memória dizendo que esperava que não se dissesse de sua obra apenas que ela era bela, esperava que algo permanecesse na memória do leitor, uma vez que — disse ele — "neste mundo a beleza é comum".[14] A memória não é comum, ela é a afirmação da vida para além da morte. A beleza é efêmera e também morre. A memória trava uma luta constante com a morte.

Os rituais de enterramento nos quais se pode situar a presença da cultura humana, por mais primitiva que seja, são a prova de que a morte de uma pessoa amada não pode ser vivida apenas como morte física, e seu corpo não pode ser tratado como carniça. A preservação da memória do morto é afirmada no ritual de enterramento, na sepultura, na urna com as cinzas, na lápide na qual se inscreve o nome e o tempo de duração de uma vida, na frase com a qual se pretende resumi-la. Com eles, aquele corpo morto é inscrito para sempre no simbólico — uma maneira de tornar evidente que a linguagem antecede e sucede toda a vida humana. Esse é o verdadeiro sentido do Nome-do-Pai, do significante que situa na linguagem o caráter puramente simbólico do que é transmitido de pai para filho. Se Antígona se insurge contra a lei do Estado defendida por Creonte — que quer aplicar a punição do não enterramento ao corpo de seu irmão Polinices —, isso se dá porque esta nega a lei não inscrita e não inscritível do fundamento da existência humana no simbólico. Nenhum Estado possui uma lei escrita que obrigue o enterramento dos corpos, pois ela não é necessária e já está implícita na estrutura eminentemente simbólica da existência humana.

Culpa e angústia

Em "Luto e melancolia" (1915), escrito um ano após seu artigo sobre o narcisismo, Freud frisa que aquilo que irá desenvolver ali foi baseado exclusivamente em casos nos quais a melancolia revelou-se francamente psicogênica. Ele compara o luto à melancolia, afirmando que as mesmas influências, tais como a perda de um ente querido ou de algo que ocupe um lugar tão importante para um sujeito (como um país, a liberdade ou um ideal) podem ocasionar um estado de luto ou de melancolia. Luto e melancolia apresentam os mesmos traços, com exceção da extraordinária diminuição da autoestima que está presente na melancolia e ausente no luto: um desânimo profundamente penoso, a cessação de interesse pelo mundo externo, perda da capacidade de amar, inibição de toda atividade. Se no luto é o mundo que se torna pobre e vazio, na melancolia é o próprio eu que se revela brutalmente esvaziado. Nela, uma "exacerbada autocrítica" se empenha em atacar violentamente todas as regiões do eu, e Freud acaba por concluir que, se no luto o sujeito sofre uma perda relativa a um objeto, o melancólico aponta para uma perda relativa a seu eu.

Fazendo uma paráfrase da expressão "trabalho do sonho" que ele próprio introduziu, Freud vai denominar "trabalho do luto" o fato de que, no enlutado, toda atividade mental está voltada para a pessoa perdida: o mundo externo sem essa pessoa não tem mais interesse, o sujeito não consegue substituí-la por outra, nem realizar alguma atividade que afaste seus pensamentos dela. Freud vai falar de luto normal e luto patológico para diferenciar luto e melancolia, e afirma que, "onde existe uma disposição para a neurose obsessiva, o conflito devido à ambivalência empresta um cunho patológico ao luto, forçando-o a expressar-se sob forma de autorrecriminação, no sentido de que a própria pessoa enlutada é culpada pela perda do objeto amado, isto é, que ela a desejou".[15] Freud situa esse conflito, devido à ambivalência, como uma precondição da melancolia.

A questão que se coloca a partir desses excertos clínicos foi a da relação entre luto e culpa, no sentido de que a culpa é o fator que dificulta o trabalho do luto, podendo, inclusive, como afirma Freud, levar à melancolia, caso esteja associada a outros fatores.

O que chama a atenção nos dois casos clínicos mencionados é que a culpa se revela presente em ambos, mas de forma oposta. Num deles, a paciente passa a culpabilizar todos à sua volta, como se o mundo fosse responsável pela perda de seu marido. No outro, a paciente se culpabiliza intensamente pela morte da filha. Ambos fazem indagar se a culpa não é algo que surge quase invariavelmente no trabalho do luto: seja na forma de ataque do supereu ao mundo externo como fonte de tanto sofrimento e da perda de um ente querido, seja como forma de atacar o eu que, muitas vezes, se presta a ser alvo de condenações e recriminações.

Assim, qual seria a função da culpa no trabalho do luto? Não seria a de dar sentido — o sentido culpabilizante é um sentido muito pregnante imaginariamente — ao próprio sujeito ou ao mundo à sua volta? A função da culpa não seria, portanto, evitar o confronto com algo que é, por definição, aquilo com o qual não queremos nos defrontar, com a morte enquanto não senso radical, o que Lacan denominou de *trou-matisme*? Nessa perspectiva, ao dar sentido, isto é, ao reconstituir algum imaginário para o sujeito, a culpa teria uma função salutar temporária de produção de um mínimo de homeostase para o aparelho psíquico invadido pelo real traumático da morte. Sendo a angústia, para Lacan, na lógica das inflações dos três registros desenvolvida no seminário *R.S.I.*, como vimos, a invasão do imaginário pelo real (R ⟶ I), vê-se que a culpa é uma tentativa de se proteger da angústia e costurar o rombo produzido pelo real no imaginário do sujeito. Por isso, Lacan já afirmava na conferência de 1953, "O simbólico, o imaginário e o real", que "a culpa é sempre preferida à angústia",[16] pois a culpa "aplaca a angústia no registro da culpabilidade".[17] Podemos entender a articulação entre culpa e angústia através da simples vetorialização entre real e imaginário.

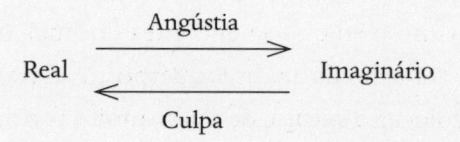

Em *Totem e tabu*, a problemática da culpa inconsciente revela como ela é utilizada para barrar o real cujo poder disruptivo é muito grande. Os filhos matam o pai que gozava de todas as mulheres e em seguida são tomados pelo sentimento de culpa pelo ato parricida cometido. A culpa advém, também nesse caso, como auxílio, para dar um sentido à vida que transcenda a mera busca de gozo posta em ato pelo pai da horda e almejada, no fundo, por parte de cada filho.

Desses exemplos clínicos, procuro retirar alguma reflexão sobre os limites da análise. Questiono se nos casos de busca de análise em pleno luto o sujeito — e também o analista — não é confrontado com uma dificuldade suplementar na experiência. Pois nesses casos é possível ver com clareza que o trabalho da análise pode ser identificado com o próprio trabalho do luto, na medida em que ambos são simbolizações da experiência da perda originária do objeto, e na medida, igualmente, em que o luto coloca de forma radical o problema geral do objeto enquanto perdido. Apenas que, no caso da análise durante o luto, o trabalho acha-se catalisado de forma muito incisiva por algo que constitui o próprio núcleo de sua experiência, e, desse modo, o trabalho do luto corre o risco de se apossar inteiramente do terreno do trabalho da análise. Pois a análise é, no fundo, um luto que não é cooptado pelo impacto traumatizante produzido pela perda de objeto atual. No trabalho da análise está também em jogo a elaboração da perda do objeto, mas esta se passa de forma indireta, num período muito mais longo do que o exigido pelo luto e sem a dor tão intensa ocasionada pela perda efetiva do objeto amado.

Aprendemos com Freud que a resistência em análise não é um fator concreto, palpável, mas sim um elemento lábil, insinuante, que é capaz de se valer de todo e qualquer elemento estrutural para operar. O exemplo da transferência como resistência talvez seja o mais evidente disso, pois mostra a resistência se valendo do próprio motor da análise para produzir obstáculos. E se, para Freud, a resistência opera tanto mais fortemente quanto mais próximo o sujeito se encontra do núcleo de sua neurose, pergunto-me se o trabalho da análise superposto ao trabalho do luto não tem como efeito colocar o sujeito, de saída, muito proximamente situado em relação a esse núcleo de falta radical. Dito de outro modo, quando análise e luto se superpõem, a soma de real pode se tornar excessiva para o trabalho de simbolização?

A experiência tem mostrado que tais análises são possíveis por um período de tempo mais ou menos curto, e o sujeito em seguida necessita se afastar para poder suportar sua dor. Creio que cabe ao analista considerar a dinâmica subjetiva da forma mais humilde e ponderada, não querendo levar a análise muito adiante e até onde ela não poderia ir. Pois o sujeito, afastando-se da análise, como que se afasta de algo mortífero que se tornou insuportável. Como se precisasse esquecer minimamente a morte para poder continuar a viver, o que o luto em análise não lhe permite. O problema que se coloca aqui para o analista é: até onde insistir na experiência nesses casos? Embora o desejo do analista se traduza em primeiro lugar pela insistência de que haja análise, Lacan chegou a ponderar, em suas "Conferências norte-americanas", que não se deve levar uma análise longe demais — quando o sujeito pensa que ele está feliz de viver, é o suficiente.[18]

Na década de 1980, um psicanalista didata da IPA, vindo aos jornais para declarar que os psicanalistas lacanianos estavam destruindo[19] a psicanálise, comentou que, para a formação psicanalítica, os médicos estavam mais bem preparados que os outros profissionais porque tinham convívio com a morte. É enganoso ver as coisas desse modo, pois a morte com a qual o médico tem contato é a morte não subjetivada do discurso médico e da qual o médico, de fato, precisa se defender continuamente para exercer seu ofício. Ao contrário, a morte que está em jogo para a psicanálise é a morte subjetivada, isto é, vivida como experiência de castração e que requer, por isso mesmo, uma condição subjetiva particular — de castração — do analista. Mas o que seria essa subjetivação da morte?

A possibilidade da morte

Ainda é muito viva para mim a lembrança de um jovem que morreu aos 31 anos, após um longo e inacreditável périplo de doenças raras causadas pela síndrome de imunodeficiência adquirida. Seu percurso subjetivo ao longo dessa vivência trágica ensinou-me coisas fundamentais. De início, ele fora assoberbado pelo cuidado dos amigos, que viam nele, com razão, alguém que precisava de todas as formas de carinho e apoio. Mas aos poucos as coisas se inverteram, e as pessoas à sua volta começaram a procurá-lo não mais porque ele necessitava delas, mas porque elas, sim, passaram a necessitar dele: ele irradiava uma alegria serena, um contentamento com as coisas simples da vida, ele passou a se despojar radicalmente de tudo o que era secundário, só lhe importava o momento presente. Poder-se-ia dizer que ele passara a *estar sendo* continuamente, e sua presença era um alento para aqueles que sofriam as agruras do dia a dia, pois as banalizava e afirmava a importância do essencial. Esse sujeito fora lançado algumas vezes à beira da morte e dali retornara: a morte passou a contar para ele constantemente, e, assim, a vida readquiriu força e premência surpreendentes. Um de seus mais próximos amigos, para falar desse processo que todos presenciavam com enorme surpresa, escreveu o seguinte poema que transcrevo aqui por sintetizar a experiência que todos observavam à volta dele:

SAMUEL SENDO

Samuel sendo é uma lição.

Pois, para ele, tudo virou dádiva.
Súbito, a vida tornou-se o que ela é: dádiva.
Dádiva divina, contínua salvação.

Samuel transformou-se em revelação.
Tornou-se o que todos aspiram tornar-se:
Complexidade serena, saturada de paixão.

Aprende-se todo o tempo com Samuel.
Aprende-se a simplicidade, a graça:
Abrir mão da sofreguidão.

Pois para ele tudo é beleza, tudo é bom.
Samuel sendo desposou tudo.
Samuel sendo desposou todos.

Aprende-se sobre um tempo com Samuel.
Aprende-se o dançar, o cantar, o sorrir:
Nenhum ato de recriminação.

Pois para ele não há mal.
Seu olhar só vê o que justifica o ver:
O mar, as montanhas, o amanhecer.

Aprende-se sobre um instante com Samuel.
Aprende-se o caminhar, o calar, o ouvir:
O persistir na absoluta indagação.

Pois para Samuel só há vulcão.
Seu olhar só vê o que realiza máxima erupção:
O deserto, a floresta, o inverno, o verão.

Samuel sendo é uma lição.

Samuel sendo tornou-se criança.
Encarnou a completa separação.
Só quis das coisas sua criação.

De fato, o que era talvez mais espantoso no que esse jovem transmitia a todos à sua volta era a aceitação da morte sem qualquer espécie de culpabilização, nem dele mesmo nem dos outros. O seu exemplo traz à tona o fato de que, quando a morte é subjetivada, passa a ser aceita sem culpabilização de qualquer espécie, e o não-sentido que ela implica pode ser assimilado no próprio contexto do sentido da vida. Conta-se de Clarice Lispector que, uma vez, numa festa, todos conversavam, e ela, que estava calada, de repente levantou-se e disse: "Já vou indo, já que não vamos falar da morte". Não há vida sem morte — esse talvez seja um dos principais ensinamentos que uma análise pode dar a um sujeito.

Freud mantinha sempre em mente a ideia da possibilidade da morte. Seu analisando norte-americano Smiley Blanton contou em seu diário de análise que, ao pagar adiantado as sessões que ainda ia ter em determinado período com Freud (por conseguir comprar dólares, que Freud preferia, e não querer mantê-los em seu hotel), ouviu dele: "Você tem que me prometer que pedirá o dinheiro de volta à minha família em caso de minha morte prematura". Na segunda vez em que ouviu isso, Blanton deve ter tomado bastante coragem para indagar a Freud se ele tinha algum motivo para achar que ia morrer em breve. Freud respondeu que fora recentemente ao médico por um problema cardíaco leve que não sugeria maiores preocupações, mas acrescentou: "Penso na possibilidade da morte todos os dias. É uma boa prática".[20]

Tempo de vida

Quando alguém quer se separar de uma pessoa, costuma afirmar: "Preciso de um tempo". "Pedir um tempo" costuma ser, na verdade, uma forma de se reposicionar na vida, de fazer uma pausa para reavaliar tudo e recomeçar ou mesmo chegar ao fim. Nada pode ferir mais a pessoa amada que pedir um tempo: o amor se quer fora do tempo, ele é a própria abolição do tempo, os amantes são eternos como os diamantes, e o amor é para sempre. Costuma-se falar de "tempo de vida" para prognosticar certas doenças; curioso que essa expressão seja uma forma de falar da morte. Diante da expectativa de morte, o sujeito quer mais tempo — de vida.

O filme *Blade Runner, o caçador de androides*, de Ridley Scott, baseado no romance de ficção científica *Androides sonham com ovelhas elétricas?*, de Philip K. Dick, narra a saga de um grupo de androides de última geração Nexus-6 que se rebelou quanto às suas funções em Marte e retorna à Terra em busca de prolongar seu tempo de vida. Eles já haviam sido expulsos da Terra e agora tinham de ser "aposentados", maneira eufemística de dizer que seriam exterminados.

No fim da guerra mundial Terminus, a maioria dos habitantes da Terra havia emigrado para os mundos-colônia interplanetários, mas alguns, como o caçador de recompensas Rick Deckard, optaram por permanecer numa São Francisco tomada por chuva ácida e coberta pela poeira radioativa que dizimou animais e plantas. Nesse mundo caótico, o cândido sonho de Deckard era possuir um animal verdadeiro — um raríssimo e quase impossível luxo.

A última geração de androides era dotada de inteligência que incluía uma memória infantil artificial, que lhes impedia definitivamente de saber se eram ou não replicantes. Assim, construídos como seres humanos perfeitos e maravilhosos, fascinantes pela radiante beleza e extrema inteligência, ultraviolentos por sua força espetacular e capacidade física ilimitada, os androides tinham, contudo, uma programação rígida quanto ao tempo de vida: quatro anos. Saber que se vai morrer é algo que faz parte do lado trágico da vida humana, mas ter uma data marcada para deixar a existência é intolerável até mesmo para um robô.

Deslumbrante pela estarrecedora força de suas imagens, *Blade Runner* deslumbra ainda pela força poética do enredo: a saga desses androides vai se tornando aos poucos tão semelhante à vida humana que eles e os humanos acabam se tornando indiscerníveis. Não é mais apenas o corpo que os faz semelhantes, mas também sua alma.

Ao receber uma negativa de Tyrell, o poderosíssimo engenheiro que o criou, para alterar em seu mecanismo a duração da vida, e ouvindo dele que era impossível alterar essa configuração preestabelecida, Roy Batty, o androide-chefe, esmaga com as próprias mãos o crânio de Tyrell. O ser criado esmaga o cérebro de seu próprio criador; se o androide teve seu tempo de existência predeterminado por ele, por sua vez lhe impõe agora a hora da morte. Porque vida e tempo se mesclam e se tornam uma coisa só, o amor — Eros, vida que se perpetua — se quer infinito e desconhece qualquer limite temporal. Por isso, quando seu criador lhe diz "Você foi o melhor de tudo que criei e amei", ele redargui: "Se você me amasse, me faria eterno".

A cena final, de grande força poética, conhecida como "Lágrimas na chuva", mostra como o androide desenvolveu até mesmo a aptidão exclusivamente humana de atender a uma súplica. Surpreendentemente, ele salva seu próprio caçador da morte iminente e, com a força de braços super-humanos, evita sua queda mortal do alto de um arranha-céu. Com sua capacidade vital se esvaindo como uma bateria que tem a carga esgotada, Roy aproveita os últimos instantes de vida para falar sobre sua existência excepcional àquele homem que acabara de salvar: "Eu vi coisas que vocês nunca acreditariam. Naves de ataque em chamas perto da borda de Órion. Faróis brilhando na noite perto do portal Tannhäuser". Ele faz uma pausa e, antes de se apagar, lastima, mas acolhe — como um verdadeiro homem — a sua própria finitude: "E todos esses momentos vão se perder no tempo, como lágrimas na chuva... Hora de morrer".

O androide salva-o e, ao mesmo tempo, salvando o que possuía de humano, salva a si mesmo. Ele quer transmitir algo e assim ficar na memória do outro, única forma de se projetar para além da própria morte. Ao criá-lo, os homens lhe deram essa vida excepcional que ele precisa testemunhar diante de seu criador. Roy se tornou como um ser humano que, diante do mistério da existência e da exuberância da vida, precisa cantar com Mercedes Sosa "Gracias a la vida". Roy entendeu que, como se pode depreender da obra de Freud, é dever humano preservar a vida.

"*I want more life*", a fala de Roy quando encontra Tyrrell, pode muito bem ser ouvida como a fala de qualquer ser humano diante da iminência da morte: "Eu quero mais vida". Mais, ainda.

PARTE III

Reinventar a prática

1. A invenção da clínica estrutural

EMBORA NÃO SE ENCONTRE na obra de Sigmund Freud a noção de estrutura clínica, introduzida na teoria psicanalítica pelo ensino de Jacques Lacan, pode-se evidenciar não apenas que o criador da psicanálise concebeu a ideia de uma tripartição estrutural desde as primeiras formulações teórico-clínicas na década de 1890, como também que seu mais arguto leitor se valeu disso para estabelecê-la, na esteira de sua concepção do inconsciente estruturado como uma linguagem: "O que cria a estrutura é a maneira pela qual a linguagem emerge no início num ser humano. É isso, em última análise, o que nos permite falar de estrutura".[1] A íntima relação entre linguagem e estrutura aparece de forma soberba no célebre aforismo de Lacan "O inconsciente é estruturado como uma linguagem", mas encontra-se explicitada com simplicidade na bela conferência proferida por ele, pouco antes da publicação de seus *Escritos*, num colóquio sobre o estruturalismo, ocorrido na Johns Hopkins University, em Baltimore, em outubro de 1966:

> O inconsciente está estruturado como uma linguagem. Que quer dizer isso? Para ser mais preciso, há aqui uma redundância, pois para mim "estruturado" e "como uma linguagem" significam exatamente a mesma coisa. Estruturado significa minha fala, meu léxico etc., que é exatamente o mesmo que linguagem.[2]

Foi ao retornar às formulações de Freud nesse campo que Lacan, no início de seu ensino, estabeleceu a relação entre estruturas clínicas e mecanismos de defesa, todos eles isolados por Freud em sua relação com uma determinada estrutura: o recalque (*Verdrängung*) para a neurose, a renegação (*Verleugnung*) para a perversão e a foraclusão (*Verwerfung*) para a psicose. Como na obra de Freud tais mecanismos surgem num *work in progress* que os relaciona às estruturas mencionadas, farei aqui balizamentos introdutórios sobre eixos principais e momentos fortes desse trabalho de construção teórica, cujas vicissitudes desembocaram no estabelecimento da chamada clínica estrutural.

A abertura do artigo "Fantasias histéricas e sua relação com a bissexualidade", escrito em 1908, no início do período em que Freud se debruçou exclusivamente sobre o estudo da fantasia — que localizo entre 1906 e 1911 e denomino de "ciclo da fantasia" —,[3] estampa de modo inegável o mapeamento de três grandes dimensões no vasto campo da clínica psicanalítica:

> Estamos familiarizados com as invenções delirantes do paranoico acerca da grandeza ou dos sofrimentos do seu próprio eu, que aparecem em formas bem típicas e quase monótonas. Conhecemos também, através de numerosos relatos, as raras cenas pelas quais certos perversos obtêm sua satisfação sexual na ideia ou na realidade. Mas talvez seja novidade, para alguns leitores, que formações psíquicas análogas estão presentes regularmente em todas as psiconeuroses, em particular na histeria, e que podemos demonstrar terem elas — as chamadas fantasias histéricas — importantes ligações com a causação dos sintomas neuróticos.[4]

Como sublinhou Laéria Fontenele, nesse trecho "podemos observar tanto a definição diferencial entre os modos de defesa na paranoia, na perversão e na neurose quanto as maneiras pelas quais o eu significa a si mesmo e à realidade, apontando para diferentes estruturas".[5] De fato, a questão da realidade — continuamente bipartida por Freud entre realidade interna e realidade externa, realidade subjetiva e realidade objetiva, realidade psíquica e realidade material — é uma referência central que o leva a atribuir à fantasia um estatuto primordial, passível de ser traduzido nos seguintes termos: na psicose, há a prevalência do delírio, um tipo particular de fantasia; na perversão, prepondera a busca do gozo sexual — segundo Lacan, a "vontade de gozo"[6] —, seja na fantasia ou na realidade; e na neurose predominam a fantasia e seus inúmeros derivados, privilegiadamente os sintomas, mas igualmente os sonhos e as demais formações do inconsciente, por meio das quais a satisfação pulsional se realiza de modo indireto.

Veremos que a distinção dessa tripartição estrutural, implícita para Freud desde seus trabalhos inaugurais, só apresenta maiores consequências teóricas com o estabelecimento da chamada segunda tópica, em artigos escritos na esteira de "O eu e o isso": "Neurose e psicose", "A perda da realidade na neurose e na psicose" e "Fetichismo", todos os quatro da década de 1920. Na verdade, porém, esse bloco de textos é a retomada, à luz das inovações trazidas pela segunda tópica, de investigações feitas muito antes, em dois célebres artigos inaugurais: "As psiconeuroses de defesa" e "Novos comentários sobre as psiconeuroses de defesa", ambos dos anos 1890.

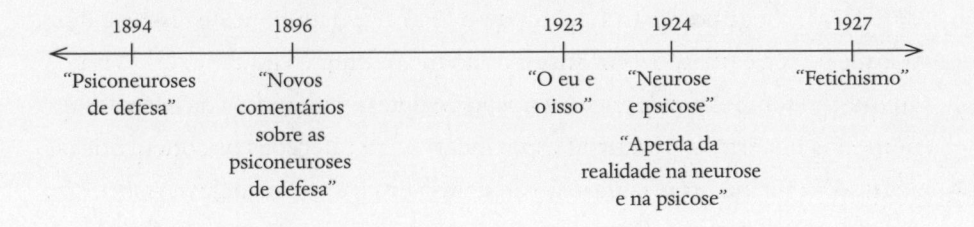

1894-96: *Abwehr* e *Verdrängung*

Comecemos a leitura de "Psiconeuroses de defesa" e "Novos comentários sobre as psiconeuroses de defesa" por dois comentários gerais. Note-se, em primeiro lugar, que eles sucedem os escritos iniciais de Freud sobre a histeria, desenvolvidos entre 1886 e 1893. Nesse período, cabe enfatizar três produções surpreendentemente precursoras, escritas em curto intervalo de tempo: o ensaio intitulado "O tratamento psíquico (mental)" (1890), o livro *Sobre a concepção das afasias* (1891) e o artigo "Um caso de cura pelo hipnotismo" (1892). Além disso, vale observar que, entre os artigos de 1894 e 1896, Freud redigiu *Projeto para uma psicologia*, espécie de vasto plano piloto da teoria psicanalítica.

Ao introduzir a noção de psiconeuroses de defesa para tratar da histeria, das obsessões e fobias, e de certas psicoses alucinatórias, Freud reúne essas afecções sob um mesmo denominador comum, a defesa (*Abwehr*), que aparece nelas como um mecanismo fundamental. Tal noção preserva sua importância ao longo da obra freudiana, como se pode ver em "Inibições, sintomas e angústia" (1926), já de sua fase final, na promoção da ideia de "restauração do velho conceito de defesa", na invocação da necessidade de uma noção geral de defesa que fosse englobante, cujo alcance incluísse, ao lado do recalcamento, outros "métodos de defesa", e na ênfase no estabelecimento de "uma ligação íntima entre certas formas de defesa e determinadas afecções".

Observe-se ainda que, mesmo tendo considerado o recalcamento um caso particular da defesa, Freud defende, em "Análise terminável e interminável", de 1937, a sua singularidade em relação aos demais processos defensivos. Segundo Jean Laplanche e Jean-Baptiste Pontalis, isso se deu porque o recalcamento é constitutivo do inconsciente enquanto tal.[7] Freud, ao mesmo tempo que destacou a noção de defesa, situando-a na base dos fenômenos histéricos, procurou especificar outras afecções psiconeuróticas, segundo a forma própria da ação de defesa em cada uma delas. Assim, em *Estudos sobre a histeria* afirmou que diversas afecções neuróticas provinham dos diversos procedimentos nos quais o eu se comprometia para libertar-se da incompatibilidade com a sua representação.

Lembremos que, nesse momento (1894-95), Freud distinguia três tipos de histeria — de defesa, hipnoide e de retenção —, determinando a primeira como o protótipo das psiconeuroses de defesa. E o que se pode observar é que tal distinção lhe serviria apenas para, primeiro, limitar e, em seguida, descartar totalmente o papel do estado hipnoide com relação à função da defesa. Em suas palavras: "Coisa curiosa: na minha própria experiência, nunca encontrei verdadeira histeria hipnoide; todos os casos que comecei a tratar se transformaram em histeria de defesa".[8] Ele, igualmente, poria de lado a noção de uma histeria de retenção (na qual supostamente os afetos não puderam ser ab-reagidos devido a circunstâncias externas), ao observar que, "na base da histeria de retenção, há um elemento de defesa que transformou todo o processo em fenômeno histérico".[9] Novamente, Laplanche e Pontalis notam, com justa razão, que a expressão "histeria de defesa" desaparece depois de *Estudos sobre a histeria*.[10] Tudo se passou, portanto, como se ela tivesse sido introduzida apenas para que a noção de defesa prevalecesse sobre a de estado hipnoide. Alcançado esse resultado — ver na defesa o processo fundamental da histeria, estender o modelo do conflito defensivo às outras neuroses —, o sintagma "histeria de defesa" perdeu a sua razão de ser.

Com efeito, o termo "defesa" se apresenta pela primeira vez em "As psiconeuroses de defesa", trabalho em que Freud empreende uma teorização mais vasta que engloba estados patológicos diferentes, tendo sido precisamente esse o conceito que lhe permitiu estabelecer uma teoria psicológica da histeria, das psicoses alucinatórias e das fobias e obsessões. Ele se refere à aceitação geral dos estudiosos em admitir uma divisão da consciência na histeria, ainda que divergissem quanto à origem dessa divisão. Para Pierre Janet, tratava-se de uma fraqueza inata da capacidade de sínteses psíquicas e, para Joseph Breuer, da existência de "estados hipnoides" nos quais as ideias emergentes se encontravam excluídas da comunicação associativa com o resto da consciência. Para Breuer, portanto, a divisão da consciência na histeria não era mais, como para Janet, primária, e sim secundária e adquirida.

Freud contrapõe a essas duas teorias a afirmação de que a divisão do conteúdo da consciência na histeria resultava da vontade do sujeito. Tratava-se, para ele, de uma participação ativa do sujeito ou, como ele mesmo diz, de "um ato voluntário do paciente [...] um esforço de vontade cujo motivo pode ser especificado".[11] Aqui é introduzido o que se define em *Estudos sobre a histeria* como uma "motivação inconsciente" e que responde pelo tipo de histeria que Freud chamará de "histeria de defesa", para distingui-la da histeria hipnoide e da histeria de retenção, ou seja, daquelas nas quais, como vimos, havia uma falta de reação aos estímulos traumáticos. Freud salienta — e essa observação foi essencial naquele momento de seu percurso — que sua histeria de defesa era "adquirida", tal como a histeria hipnoide de Breuer, e não inata, como na concepção de Janet, podendo-se notar aqui todo um projeto para a concepção de uma teoria puramente psicológica. O que se passa na histeria de defesa é precisamente uma incompatibilidade na vida ideativa do sujeito, ou seja, "seu eu foi confrontado com uma experiência, uma ideia ou um sentimento que suscitavam um afeto tão aflitivo que o sujeito devia esquecê-lo, porque não confiava em sua possibilidade de resolver a contradição entre a ideia incompatível e seu eu por meio da atividade de pensamento".[12]

O modo pelo qual Freud descreve o "processo geral" comum à histeria, à fobia e à obsessão é extremamente interessante, uma vez que ele, em última análise, formula que nesses casos não houve foraclusão: "A tarefa que o eu se coloca, em sua atitude defensiva, de tratar a representação incompatível simplesmente como '*non-arrivé*' não pode ser cumprida. Tanto os traços de memória como o afeto referente à ideia lá estão de uma vez por todas e não podem ser erradicados".[13] O que o eu faz então é tornar essa ideia fraca, privando-a do afeto com que está carregada, sendo esse o momento a partir do qual os processos se diferenciam em cada uma das estruturas clínicas.

Na histeria, a ideia incompatível é tornada inócua pelas transformações do acúmulo de excitação em alguma coisa somática — o que Freud chama, pela primeira vez, de "conversão", acrescentando que o fator característico da histeria não é a divisão da consciência, mas a "capacidade de conversão", ou seja, uma "aptidão psicofísica de transpor grandes somas de excitação para a inervação somática".[14] Quanto às obsessões e fobias, ele introduz o seguinte mecanismo: a ideia incompatível é separada do afeto que a acompanha e permanece na consciência isolada de qualquer associação; o afeto, por sua vez, torna-se livre e se liga a ideias que não são incompatíveis como a primeira; no entanto, graças a essas "falsas conexões", tais ideias se tornam obsessivas, passam a representar um substituto da ideia sexual incompatível e assumem o lugar que esta ocupava na consciência.

Trata-se de um mecanismo bastante semelhante ao que Freud apresenta em *A interpretação dos sonhos*, em 1900, ao abordar a censura, que opera retirando o investimento de significantes de elevado valor psíquico, a fim de investir em significantes de baixo valor psíquico. Na neurose obsessiva, todavia, as ideias incompatíveis dizem respeito precisamente à vida sexual do sujeito, e as novas ideias investidas passam a ter valor de verdadeiras ideias fixas. Como Freud sublinha, há empenho e uma tentativa de defesa por parte do sujeito em relação a tais ideias que podem ser evidenciadas no que ele diz, residindo aqui a formulação princeps do recalcamento, igualmente concebido por Lacan como um ativo "não querer saber" por parte do sujeito.[15]

Freud ressalta ainda que tais processos operavam "fora da consciência"[16] do sujeito, embora a teoria ainda não dispusesse de meios para explicar como isso ocorria. Mesmo que, de forma significativa, a palavra "inconsciente" já houvesse aparecido três vezes no verbete sobre a histeria, que ele escrevera para a Enciclopédia Villaret em 1888,[17] faltava-lhe o *conceito* de inconsciente. Nessa mesma medida, insinua-se, daí em diante, uma especulação tateante sobre a natureza do inconsciente, evidentemente ainda em estado germinal: "Talvez fosse mais correto dizer que tais processos não são absolutamente de natureza psíquica, mas processos físicos, cujas consequências psíquicas, que se expressam pelos termos 'separação da ideia de seu afeto' e 'falsa conexão' deste último, tinham de fato ocorrido".[18]

Nos pacientes em que ideias obsessivas e ideias sexuais de caráter aflitivo se apresentavam concomitantemente, Freud descreve um processo de "defesa perpétua" que se erige em relação às ideias sexuais, as quais por sua vez não cessam de emergir. No caso das fobias, a angústia de origem sexual podia se ligar àquelas fobias primárias da espécie humana (de animais, de escuro, de tempestade) ou ainda a coisas que são associadas inequivocamente ao sexual (micção, defecação), mesmo que de forma geral (sujeira, contágio).

A defesa obsessiva, assim, é tida como menos "econômica" do que a histérica, uma vez que nela o afeto se acha inalterado, não diminui, e apenas a ideia é recalcada e expulsa da lembrança. Freud observa que nas fobias e obsessões as alterações se davam na esfera psíquica, enquanto na histeria atingiam a inervação somática, fazendo com que nelas ocorressem os sintomas extraordinários que caracterizam a formação de um grupo psíquico independente. Um dos exemplos que fornece em seguida chama

a atenção, visto que ele não somente ressalta a dificuldade diagnóstica que
às vezes se instala entre as ideias obsessivas e as ideias delirantes, como
também fala de "psicose de esmagamento ou de avassalamento" (*Überwäl-
tigungspsychose*) como um caso decorrente de uma simples intensificação.[19]
Trata-se de um dos momentos em que se lê na obra freudiana a noção de
uma possível continuidade entre neurose e psicose, ou seja, de transposição
entre estruturas diferentes, interrogada igualmente por Lacan ao final de
seu ensino.

Os exemplos fornecidos por Freud demonstram que começava a se
impor, de modo decisivo, a importância da sexualidade na etiologia das
neuroses, algo fortemente destacado dois anos depois nos "Novos comentários sobre as psiconeuroses de defesa", em continuidade com esse artigo.
Em seguida, ele aborda as psicoses alucinatórias, em que observa — à diferença da histeria, das fobias e obsessões, nas quais a defesa contra a ideia
incompatível separava-a de seu afeto — a ocorrência de "uma espécie de
defesa muito mais poderosa e bem-sucedida".[20] Nessas psicoses, o eu vai
rejeitar (*verwerfen*, foracluir) a ideia incompatível juntamente com seu afeto,
e comporta-se como se a ideia jamais lhe tivesse ocorrido. Mas o sujeito, a
partir do momento em que o consegue, vê-se numa situação que só pode
ser qualificada como "confusão alucinatória".[21]

Ou seja, Freud associa intimamente tal tipo de defesa, surgida como
um procedimento de rejeição radical da ideia incompatível, à ocorrência
da alucinação (psicose alucinatória). Com isso, de certo modo, situa *avant
la lettre* o que Lacan descreve, no seminário de 1955-6, como o mecanismo
específico da psicose, a saber, a foraclusão: o que foi foracluído do simbólico, do registro da linguagem, retorna no real, vale dizer, no fenômeno
alucinatório. No texto de Freud, o eu, por se defender da ideia incompatível
que se acha inseparavelmente ligada a um fragmento da realidade, também
acaba por se destacar, parcial ou completamente, da realidade.

Ora, é precisamente a defesa contra uma experiência sexual de caráter traumático que é enfatizada em 1896 nos "Novos comentários sobre
as psiconeuroses de defesa". Como o conceito de inconsciente ainda não
havia sido elaborado, vê-se a etiologia das psiconeuroses ser atribuída à

ação de um trauma ocorrido na tenra infância: tanto na histeria quanto na obsessão, Freud sublinha a ocorrência de uma cena traumática em que o sujeito ocupa uma posição passiva, ainda que, na obsessão, trate-se, num primeiro plano, de uma posição de atividade sexual, e sempre subsista um substrato de sintomas histéricos que podem ser reportados à passividade que precede a ação prazerosa ativa.

A ênfase na "defesa como o ponto nuclear no mecanismo psíquico das neuroses em questão"[22] é ainda maior, e Freud se vale indiscriminadamente dos termos "defesa" e "recalcamento". No caso da histeria, repara que "não são as próprias experiências que agem traumaticamente, mas o seu reviver como uma lembrança depois que o sujeito entrou na maturidade sexual".[23] O que ele situou, em "Psiconeuroses de defesa", como uma espécie de "disposição histérica" se esclarece então como algo próprio a um trauma sexual na infância. Em suas palavras, "o 'recalque' da lembrança de uma experiência sexual aflitiva, que ocorre em idade mais madura, só é possível para aqueles que podem ativar o traço de memória de um trauma da infância".[24]

Por fim, nesse segundo momento, Freud ainda fala de sedução e de trauma em relação à etiologia sexual das neuroses, mas é precisamente uma reviravolta nessa concepção que se produz em seguida, quando ele, com base na compreensão da importância da ação da fantasia inconsciente, passa da concepção do trauma sexual à concepção propriamente analítica do sexo como algo traumático.[25]

1924: *Verdrängung* e *Verwerfung*

Chama a atenção nos textos de Freud da década de 1920 o estabelecimento de uma distinção entre neurose e psicose, com base na então recente introdução da segunda tópica em "O eu e o isso", de 1923, o que, no segundo artigo de 1924 aqui destacado, "A perda da realidade na neurose e na psicose", desemboca na diferenciação entre neurose e psicose, à luz da distinção entre fantasia e delírio. Toda argumentação freudiana é estabelecida a partir do conflito entre o eu e as demais instâncias psíquicas, e, já no final do primeiro artigo daquele ano, "Neurose e psicose", há uma primeira menção à questão da clivagem do eu, em termos que prefiguram o que constitui a essência do artigo "Fetichismo".

Considero essa distinção das estruturas clínicas a partir do lugar ocupado pela fantasia em cada uma delas crucial para o entendimento teórico-clínico. Contudo, para esclarecê-lo é preciso retomar o trajeto feito por Freud. Além disso, nota-se que sua tentativa de distinguir com precisão o mecanismo operante na psicose, nessa série de artigos, não pôde prescindir de uma elaboração em torno de uma terceira estrutura clínica: a perversão. Saliente-se ainda que, no interregno desses questionamentos, Freud produziu seu notável artigo "A denegação", de 1925, sobre o qual Lacan se deteve longamente, ao outorgar a ele um estatuto primordial para o estudo dos mecanismos de constituição do sujeito. O percurso de Freud nessa busca conceitual parece obedecer ao seguinte trajeto, cujo termo final foi acrescentado por Lacan:[26]

Defesa $\longrightarrow$ Recalque $\longrightarrow$ Denegação $\longrightarrow$ Renegação $---\rightarrow$ Rejeição
(*Abwehr*) (*Verdrängung*) (*Verneinung*)   (*Verleugnung*) (*Verwerfung*)

$$\downarrow$$

Foraclusão
(Lacan)

Em "Neurose e psicose", Freud desenvolve uma distinção muito simples entre os dois quadros, valendo-se da relação que o sujeito entretém com a realidade: na neurose, essa relação se mantém; na psicose, não. Na dialética introduzida por Freud, o eu ocupa um lugar de mediação dos conflitos entre o isso e suas exigências pulsionais imperiosas, de um lado, e o mundo externo e suas interdições igualmente imperiosas, do outro. Em outras palavras, o eu se situa na interseção entre dois mestres poderosos e irascíveis: ambos não admitem ser contrariados, e ele, portanto, vê-se obrigado a executar a árdua tarefa de conciliar o inconciliável.

Na neurose, trata-se de um conflito localizado entre o eu e o isso: o eu não admite a satisfação de certas reivindicações pulsionais oriundas do isso, e se o faz é porque se alia às exigências impostas pelo mundo externo. Na psicose, por sua vez, o conflito se estabelece entre o eu e o mundo externo, posto que tudo ocorre como se o eu cedesse amplamente às invectivas do isso e afrouxasse, de maneira radical, seu vínculo com o mundo externo. Freud resume assim essa dupla possibilidade de conflitos: "A neurose é o resultado de um conflito entre o eu e o isso, ao passo que a psicose é o desfecho análogo de um distúrbio semelhante nas relações entre o eu e o mundo externo".[27] A distinção dos conflitos que se passam na neurose e na psicose pode ser resumida esquematicamente do seguinte modo:

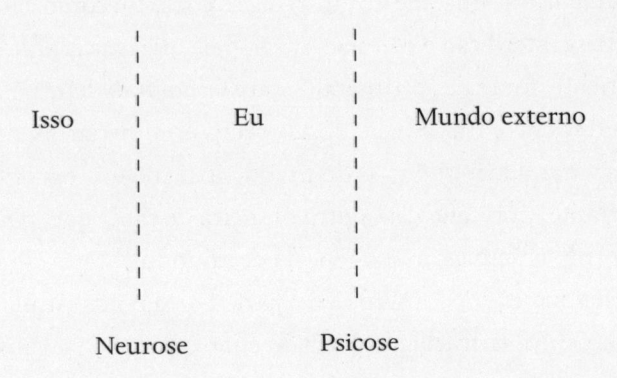

Aqui, vale abrir um parêntese para destacar o quanto Freud, nesse artigo, insiste na ideia de que o eu é essencialmente uma unidade, aspecto para o qual Lacan contribuiria de modo decisivo com sua teorização sobre o estádio do espelho.[28] Nesse momento de constituição embrionária do eu, pinçado por Lacan nos estudos psicológicos descritivos de Henri Wallon, o bebê se apodera com intensa alegria — Lacan utiliza o termo "júbilo" — de uma unidade corporal que não possuía até então. Tal vivência precoce de uma unidade corporal, que em geral se dá entre os seis e os dezoito meses de idade, ainda não acompanhada (e na verdade bastante distante) do pleno domínio motor, é a fonte de uma alienação constitutiva do eu numa imagem de plenitude que não corresponde ao real da maturação biológica do corpo. Essa imagem, todavia, permite à criança não apenas criar um perfil imaginário em que as vivências angustiantes do corpo espedaçado anteriores a esse momento se apaziguam, como também prefigurar uma potência futura com a qual poderá se afirmar junto ao outro e no mundo externo.

No caso da neurose, Freud observa a operação do mecanismo do recalque, com o consequente retorno do recalcado. Lacan, a esse respeito, chega a afirmar que o recalcado e o retorno do recalcado se equivalem, haja visto nada podermos saber sobre o recalcado que jamais retorna: "O recalque e o retorno do recalcado são uma só e mesma coisa, o direito e o avesso de um só e mesmo processo".[29] O sintoma, decorrente do rechaço de alguma moção pulsional pelo eu, passa a constituir, tal como a pulsão parcial, algo que ameaça e prejudica a "unidade do eu".[30] Ele se constitui como a resultante do conflito entre a interdição e o desejo, razão pela qual sua manifestação será, paradoxalmente, fonte de sofrimento e satisfação. A dialética observada revela que o eu se encontra assujeitado às ordens do supereu, as quais, por sua vez, se originaram de influências do mundo externo que encontraram nele uma importante representação, outra maneira de dizer que, nessa dialética de forças intrassubjetivas, as exigências do mundo externo se mostraram mais fortes do que as exigências pulsionais do isso. Freud resume esse estado de coisas nas neuroses de transferência dizendo que "o eu entrou em conflito com o isso, a serviço do supereu e da realidade".[31]

Já na psicose, sobressai a perda dos vínculos com o mundo externo. Quer na amência de Meynert (confusão alucinatória aguda), em que não há nem mesmo a percepção do mundo externo, quer na esquizofrenia, em que ocorre a combinação dos distúrbios intelectuais e afetivos, o rumo tomado pelo processo psicótico leva à hebetude afetiva, isto é, à perda de qualquer participação no mundo externo. Freud situa as gêneses da neurose e da psicose num único e mesmo plano: em ambas, trata-se precisamente da não realização de algum desejo infantil muito poderoso. Para ele, o efeito patogênico particular a cada uma dessas afecções resultava exclusivamente ou de o eu se tornar dependente do mundo externo e tentar silenciar o isso (neurose), ou de o eu ser vencido pelo isso e arrancado da realidade (psicose).

Em seguida, Freud sustenta que a estrutura do supereu é compósita e possui elementos do isso e do mundo externo, constituindo "um modelo ideal daquilo a que visa o esforço total do eu: uma reconciliação entre os seus diversos relacionamentos dependentes".[32] Nessa mesma direção, Lacan não apenas observa, comicamente, que não devemos jamais esquecer que o supereu é um "super eu" — Freud chegara a defini-lo como o próprio núcleo do eu —, como também assevera que o supereu, além de ser uma instância de interdição, é responsável por ordenar o sujeito a gozar.

Adicionalmente, Freud toma a melancolia, considerada por ele uma neurose narcísica, como fruto do conflito entre o eu e o supereu, o que nos permite acrescentar um elemento ao esquema anterior:

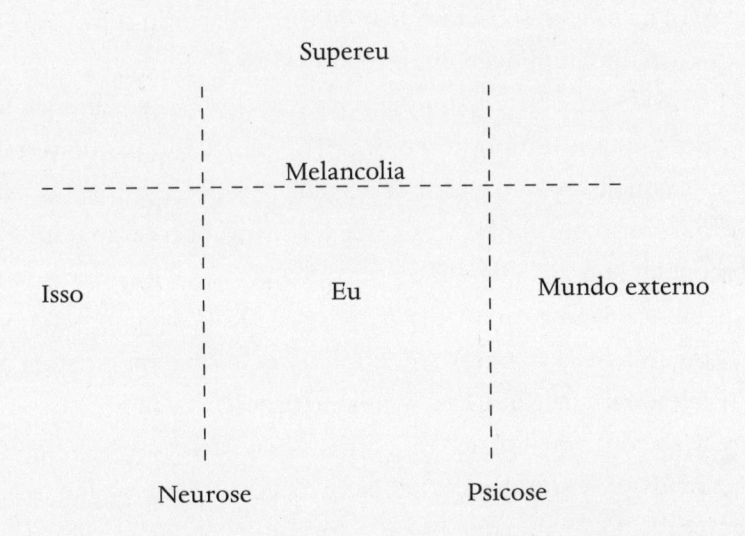

Mas o que faz, nesse conflito do eu com as outras instâncias psíquicas, o desfecho pender para um lado ou para o outro? Há duas questões em jogo. Uma econômica, por meio da qual se revela a dialética das diferentes forças atuantes, e outra relacionada ao que ocorre com o eu, ou seja, à maneira pela qual, nas palavras de Freud, este evita "uma ruptura em qualquer direção, deformando-se, submetendo-se a usurpações em sua própria unidade e efetuando até mesmo, talvez, uma clivagem ou divisão de si próprio".[33] Freud, assim, conclui "Neurose e psicose" defendendo a necessidade de saber qual seria "o mecanismo, análogo ao recalcamento, por cujo intermédio o eu se desliga do mundo externo",[34] vale dizer, o mecanismo de defesa específico da psicose.

Como sublinha Moustapha Safouan, a fórmula a respeito da perda da realidade proposta nesse primeiro artigo de 1924 é tão facilmente desmentida pela observação que Freud não tardou a retificá-la num segundo artigo escrito apenas alguns meses depois,[35] e cujo título já chama a atenção para isso: "A perda da realidade na neurose e na psicose".[36] A formulação anterior, de que se evita a perda da realidade na neurose mas não na psicose, é substituída pela afirmação de que, em ambas, há de fato uma perda da realidade e a prevalência da realidade psíquica: na neurose, sob a forma de fantasia e na psicose sob a forma de delírio, entendido como uma tentativa de reconstruir a realidade psíquica fantasística.

Freud desenvolve então uma nova distinção entre neurose e psicose, disposta em dois tempos diferentes. Na neurose, o primeiro tempo diz respeito àquele em que o eu, a serviço da realidade, se dispõe ao recalque de uma moção pulsional. Mas o que a constitui propriamente é o tempo subsequente, no qual, depois do conflito entre o eu e o isso, e do recalque aí operante, há tanto uma "reação" contra o recalque quanto o consequente fracasso deste. Dito de outro modo, esse segundo tempo define o retorno do recalcado e é nele que Freud indica a ocorrência de um "afrouxamento da relação com a realidade".[37]

A neurose, assim, passa a ser definida como "o resultado de um recalque fracassado",[38] algo que Freud já formulara no "Rascunho K", de 1896, e apresentara em "Novos comentários sobre as psiconeuroses de defesa", ao falar do "fracasso da defesa" como equivalente ao retorno do recalcado. Recalcamento e retorno do recalcado são os dois tempos da neurose, e Freud retoma o conhecido exemplo de sua paciente Elisabeth von R. para formular a diferença básica entre os mecanismos em jogo na neurose e na psicose. Em seus termos, o pensamento ocorrido a Elisabeth no enterro de sua irmã, "Agora meu cunhado está livre e pode se casar comigo", foi recalcado e teve como consequência uma paralisia histérica. Caso se tratasse de uma psicose, a reação a esse pensamento "teria sido uma foraclusão (*Verwerfung*) do fato de que a irmã morrera"[39] e a consequente alucinação de sua presença.

Tal compreensão do mecanismo de recalque e da dialética entre o eu e o isso na neurose pode ser esquematizada da seguinte maneira:

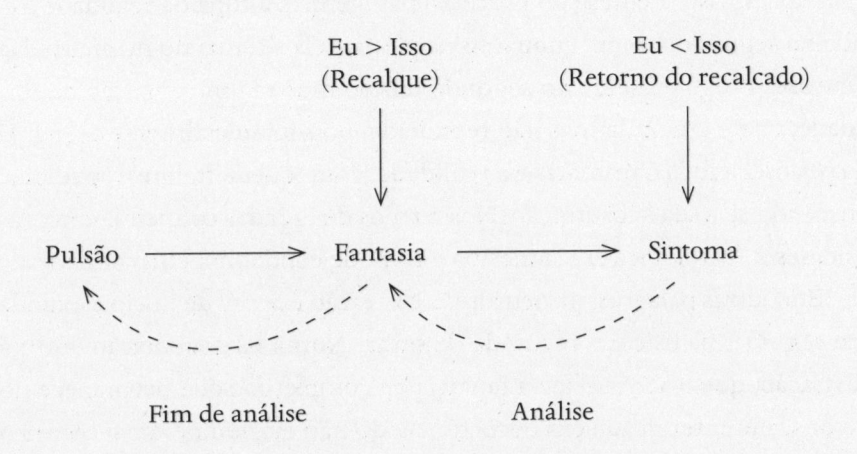

Vê-se no gráfico, entre parênteses, que a análise de um sintoma implica o desvelamento da fantasia subjacente a ele.[40] E mais: o que Lacan situa na dimensão do fim da análise tem a ver com a travessia da fantasia e com o deparar-se com a pulsão situada além dela, tendo sido esse o sentido da questão formulada por ele aos analistas a respeito do que seria a relação do sujeito com a pulsão após o término da análise.[41]

No que concerne à psicose, Freud observa que o segundo tempo em jogo visa criar uma nova realidade e, como na neurose, "serve ao desejo de poder do isso, que não se deixará ditar pela realidade".[42] Neurose e psicose constituem expressões da indisposição (ou incapacidade) do isso de adaptar-se às exigências da realidade, podendo as diferenças existentes entre elas, no que tange à relação com a realidade, ser apresentadas do seguinte modo:

Neurose		Psicose	
Primeiro tempo: Obediência inicial	⟶ Segundo tempo: Fuga	Primeiro tempo: Fuga	⟶ Segundo tempo: Tentativa de remodelamento

Na neurose, a ênfase do processo patogênico, a fuga da realidade, reside no segundo tempo, enquanto na psicose ela se situa no primeiro. Na neurose, a fuga presente no segundo tempo mostra uma evitação da realidade, que é ignorada mas não repudiada, pois foi inicialmente aceita. Já na psicose, a fuga é primária e a realidade, consequentemente, repudiada, buscando-se a sua substituição. Nos termos de Freud, a primeira etapa das psicoses é "patológica em si mesma e só pode conduzir à enfermidade".[43]

Em outras palavras, na neurose, a castração é aceita de início e evitada em seguida; na psicose, recusada de saída. Numa há conciliação entre a castração, que é admitida, e a fantasia de completude que permanece no inconsciente, recalcada em decorrência do não erigido pelo pai contra a completude do gozo incestuoso. Noutra, a castração é recusada de forma primária, segundo um processo chamado por Lacan de foraclusão (*Verwerfung*) do Nome-do-Pai/ do não do pai (*nom*, nome, e *non*, não, são homófonos em francês).

Vemos, dessa maneira, que todo esse artigo de Freud conflui para enfatizar a importância da fantasia na constituição do sujeito. Sua onipresença manifesta o fato de que, na neurose, também há uma tentativa de "substituir uma realidade desagradável por outra que esteja mais de acordo com os desejos do indivíduo".[44] A fantasia é situada como um elemento verdadeiramente estrutural e Freud, retomando o que desenvolvera em "Formulações sobre os dois princípios do funcionamento mental", de 1911, considera-a "um domínio que ficou separado do mundo externo real na época da introdução do princípio de realidade", acrescentando que "é desse mundo de fantasia que a neurose haure o material para suas novas construções de desejo, e geralmente encontra esse material pelo caminho da regressão a um passado real mais satisfatório".[45]

Na psicose, o mundo da fantasia também é fonte para uma tentativa de construir uma nova realidade, mas nela o novo mundo imaginário "tenta se colocar no lugar da realidade externa".[46] Embora Freud não empregue o termo "delírio", entende-se que este se define pela emergência de uma fantasia não referida ao princípio de realidade, ou seja, de uma fantasia que não passa pelo teste de realidade. Ao novo mundo imaginário que, na neurose, se liga a um fragmento da realidade — diferente daquele contra o qual o sujeito se defende, conferindo-lhe uma significação simbólica — acrescenta-se, na psicose, a questão da substituição da realidade fantasística pelo delírio.

1923-7: *Verleugnung*

Em 1927, apenas três anos após a escrita da dupla de artigos sobre a neurose e a psicose acima abordados, Freud redige o seu texto princeps sobre o fetichismo, no qual torna o mecanismo da renegação[47] (*Verleugnung*) responsável pela divisão do eu. Aqui, é essencial notar que Freud, ao postular que esse mecanismo opera tanto na perversão quanto na psicose, distingue duas formas de renegação — ou seja, a renegação opera nessas duas estruturas clínicas de formas diversas: na perversão se produz, assim como no recalque próprio à neurose, uma perda parcial da realidade, ao passo que na psicose não se dá essa manutenção parcial do reconhecimento da realidade.[48]

Em "Fetichismo", ao analisar o que se passara anteriormente na dialética entre o eu e o isso na neurose e na psicose, Freud cita o caso de dois meninos, de dois e dez anos de idade, que escotomizaram (o termo, introduzido por Édouard Pichon e adotado por René Laforgue, designa a exclusão inconsciente de uma realidade externa do campo da consciência) a parte da realidade que dizia respeito à morte de seus respectivos pais, mas não desenvolveram uma psicose. O menino de dez anos, ao ser chamado para o jantar, disse: "Eu entendo que papai tenha morrido, só não entendo por que ele não vem para o jantar". A questão examinada por Freud é, no fundo, saber como a realidade pode ser renegada sem que se desvele uma posição psicótica do sujeito. Assim, ele compara essa renegação, que poderíamos chamar de "normal", com aquela dos fetichistas, que renegam a castração feminina, bem como pondera que, nas crianças, esse mecanismo é extremamente frequente, sem que deflagre um processo propriamente patológico: "Fora apenas uma determinada corrente em sua vida mental que não reconhecera a morte daqueles; havia outra corrente que se dava plena conta desse fato. A atitude que se ajustava ao desejo e a atitude que se ajustava à realidade existiam lado a lado".[49]

Freud, portanto, postula a renegação na psicose, na perversão e na "normalidade" (leia-se, na neurose) e admite que sua estrutura é a mesma nas duas últimas. Aliás, em "A perda da realidade na neurose e na psicose" ele enunciara algo semelhante, ainda que não o tenha associado à perversão: o sadio corresponderia à associação de uma tentativa de alterar a realidade (como na psicose) com a aceitação e o não repúdio dessa mesma realidade (como na neurose), vale dizer, entre o primeiro tempo da neurose e o segundo tempo da psicose.

Ora, essa consideração se aproxima muito da ideia, desenvolvida na base do mecanismo da perversão em "Fetichismo", acerca de duas correntes que caminham lado a lado sem se influenciarem. Só que aqui essas duas correntes "se influenciam" e inclusive se associam! De acordo com Freud, o mecanismo da renegação, cuja estrutura de linguagem foi pinçada por Octave Mannoni na frase "Eu sei, mas mesmo assim...",[50] não parece ser, como tal, específico da perversão, possuindo caráter universal.

Observe-se então que à dialética da submissão do eu ao isso (psicose) ou ao mundo externo (neurose) acrescenta-se uma terceira posição, correspondente precisamente à perversão (fetichismo) ou a um mecanismo comum na infância, a renegação, em que a divisão se instaura no próprio eu e este, sem se tornar servo do isso ou da realidade externa, pretende fazer com que duas tendências opostas convivam: aquelas pertinentes ao desejo e aquelas próprias à realidade, sendo que a divisão agora se instaura no próprio eu.

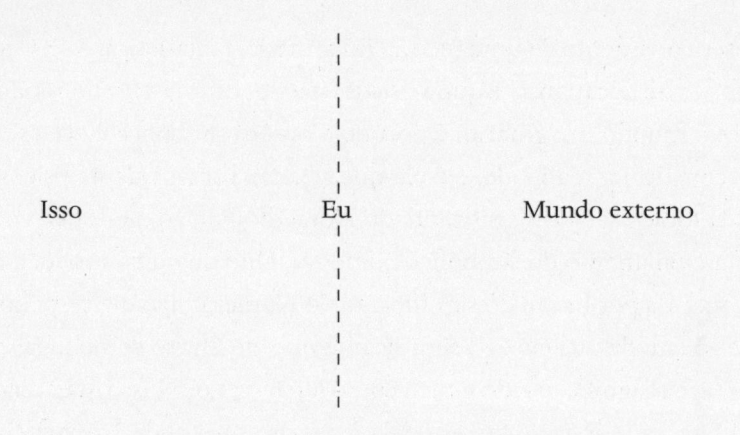

Isso   Eu   Mundo externo

Tal posição comparece na construção de um objeto fetiche que visa conciliar, a um só tempo, a negação e a afirmação da castração: ele tampona a castração, mas sua existência só faz confirmá-la. O exemplo fornecido por Freud é o de um traje atlético "que também podia ser usado como calção de banho e, cobrindo inteiramente os órgãos genitais, ocultava a distinção entre eles".[51] Na análise desse objeto fetiche, evidenciou-se que isso significava afirmar, simultaneamente, que as mulheres eram e não eram castradas, e que também se podiam castrar os homens.

O final do artigo freudiano de 1927 é, em última instância, um questionamento a respeito do vigor da renegação na psicose: "Posso me ater à expectativa de que, numa psicose, uma daquelas correntes — a que se ajustava à realidade — esteja realmente ausente".[52] Compreende-se assim que, ao buscar uma distinção entre neurose e psicose, Freud não pôde deixar de abordar a temática da perversão, tendo tal questão, isto é, a vigência de um mesmo mecanismo na psicose e na perversão, sido retomada em dois textos de 1938, publicados postumamente: o artigo inacabado "A clivagem do eu no processo de defesa" e o ensaio "Esboço de psicanálise".

Para Lacan, a psicose não se define pela mera prevalência do mundo imaginário. Ao investigar o que constituiria o "traço essencial da psicose",[53] ele diz: "A distinção entre a realização do desejo recalcado no plano simbólico na neurose, e no plano imaginário na psicose, já é bastante satisfatória, mas ela não nos satisfaz. Por quê? Porque uma psicose não é simplesmente isso, não é o desenvolvimento de uma relação imaginária, fantasística, com o mundo exterior".[54] Se Lacan insiste que a psicose não se resume à predominância de um novo mundo imaginário, é porque a ordem simbólica é precisamente o que constitui a realidade, e é ela que se acha subvertida na psicose, por meio da foraclusão do significante do Nome-do-Pai, ao qual se deve o próprio funcionamento do simbólico como tal. Dito de outro modo, a definição fornecida por Lacan do significante do Nome-do-Pai diz respeito justamente ao fato de que ele é "o significante que, no Outro como lugar do significante, é o significante do Outro como lugar da Lei".[55] Isso quer dizer que, sem o Nome-do-Pai — "falta que dá à psicose sua condição essencial" —, o Outro simbólico não opera como simbólico e tende ora a se imaginarizar (como na paranoia), ora a se realizar (como na esquizofrenia).

Desse modo, os remanejamentos do imaginário na psicose são — e não poderiam deixar de sê-lo — essencialmente tributários de uma alteração na estrutura do simbólico. A subordinação do imaginário (registro psíquico responsável pela imagem do corpo e pelo eu) ao simbólico (registro da linguagem) — denominada por Lacan de precedência do simbólico[56] — remonta à lição trazida por ele com o estádio do espelho, no qual se explicita que a criança só se assegura de que a imagem no espelho é a de seu próprio corpo, a partir do momento em que o adulto o ratifica pela palavra. Entre o eu e o outro, ou entre o eu e sua imagem especular, a presença do Outro, da linguagem, é necessária — outra maneira de dizer que o imaginário, na espécie humana, não se sustenta por si só e necessita do simbólico para se constituir.

Realidade, fantasia e delírio

Vê-se o quanto a noção de realidade é um obstáculo à teorização freudiana. Como formula Lacan, "o que aparece diante de nosso olhar é o caráter problemático do que Freud coloca sob o termo de realidade",[57] uma vez que, tanto na neurose quanto na psicose, ele demonstra o caráter central operado por uma perda da realidade em prol da fantasia, na primeira, ou do delírio, na segunda. Fantasia e delírio constituem as formas de realidade mais corriqueiramente passíveis de serem apreendidas, levando-nos a cogitar, com Freud, que a realidade psíquica é aquela que desempenha papel decisivo e dá a última palavra diante do impossível inerente ao real.

Um exemplo do uso equivocado da noção de "sentido de realidade" pode ser encontrado no trabalho "A relação da formação perversa com o desenvolvimento do sentido da realidade" de Edward Glover, em que o autor, ao associar as categorias de objeto total e amor genital à de realidade, estabelece uma associação entre as estruturas clínicas e a obtenção de determinado grau do sentido de realidade:

> As perversões ajudam a preservar o montante de sentido de realidade já alcançado, o que representa, no longo prazo, um sacrifício de liberdade para a função libidinal adulta, ao passo que as neuroses muitas vezes permitem à função libidinal adulta obter um grau de liberdade suplementar, ao preço de certa inibição das relações com a realidade, e as psicoses frequentemente apresentam uma aparente liberdade da função libidinal adulta, acompanhada de graves perturbações do sentido de realidade.[58]

Parece-me claro que, ao formular a ideia de uma perda da realidade tanto na neurose quanto na psicose, Freud relativiza completamente a própria noção de realidade, que passa a designar muito mais a realidade psíquica de cada sujeito do que a realidade compartilhada e dita objetiva. Nesses termos, foi no sentido de retificar os questionamentos freudianos sobre a noção de realidade que Lacan introduziu a dimensão do real, o registro do que, por pertencer ao para além do simbólico e do imaginário, não tem qualquer representação possível. O real é "o impensável", o "sem sentido", ao passo que a realidade, para Lacan, é feita de uma trama simbólico-imaginária, isto é, de palavras e imagens que se articulam para fazer frente ao impossível de ser representado do real. Esse real designa o mundo externo — que é, de fato, uma de suas melhores designações — e também as regiões do mundo interno que são irrepresentáveis, como as pulsões. Lacan atribui aos planetas (que não falam) o pertencimento à ordem do real, ao lado dos quais podemos

acrescentar a morte, o trauma, a angústia e tudo o mais que escapa radicalmente ao registro da nomeação pela linguagem.

A fantasia, para Lacan, que se vale da apreensão freudiana de seu lugar
precípuo no aparelho psíquico, constitui o "enquadre da realidade", ou
seja, ela é uma "janela para o real", da qual o sujeito "extrai segurança".[59]
Sua função é realçada inúmeras vezes ao longo do ensino de Lacan, por
exemplo quando ele diz: "A realidade [...] é comandada pela fantasia como
aquilo em que o sujeito se realiza em sua própria divisão",[60] haja vista ser
a fantasia o motor da realidade psíquica — a do sujeito dividido, sujeito
do desejo atravessado pela falta, barrado do gozo em sua própria constituição e, por isso mesmo, aspirando à completude. Lacan fala inclusive do
sujeito do gozo, em oposição ao sujeito do significante, designando com o
primeiro o sujeito na psicose e com o segundo o sujeito na neurose.

Quanto ao delírio, trata-se de uma tentativa mais ou menos exitosa
do psicótico de reconstituir a trama da fantasia fundamental que não se
instaurou para ele, e, assim, de reatar os laços com o outro, vale dizer, de
refazer os laços sociais que sua posição eminentemente autística rejeita. Ao
tentar reconstituir esses laços por intermédio do delírio, o psicótico busca,
no fundo, refazer a trama da fantasia inconsciente com os meios de que
dispõe — um simbólico destituído de seu valor eminentemente simbólico,
do significante da Lei, do Nome-do-Pai. Nesse caso, o que se produz é,
pode-se dizer, uma subespécie da fantasia, o delírio, entendido como uma
"fantasia" que pode ser altamente imaginarizada (no caso da paranoia) ou
altamente realizada, no sentido do real lacaniano (na esquizofrenia). Os
efeitos maciços produzidos na linguagem delirante de cada um desses tipos
clínicos são evidentes e já foram circunscritos pela psiquiatria ao estabelecer a distinção entre os delírios sistematizados, próprios à paranoia, e os
delírios não sistematizados, presentes nas esquizofrenias.

Nesses termos, opor fantasia e delírio para abordar neurose e psicose
pode nos fornecer elementos mais precisos das estruturas, nos quais se vê
que a fantasia está para a neurose assim como o delírio está para a psicose.
Ambos ocupam o mesmo lugar em cada uma dessas estruturas, razão pela
qual talvez seja preferível não falar de fantasia na psicose.

2. O lugar do analista[1]

> O que nos importa aqui é o psicanalista em sua relação com o saber do sujeito suposto, não secundária, mas direta. É claro que, do saber suposto, ele nada sabe.
>
> JACQUES LACAN

LACAN AFIRMOU QUE cada analista deve reinventar a psicanálise. É preciso ressaltar que Lacan falou de reinvenção, e não de recriação: a psicanálise foi criada por Freud, e dizer que ela deve ser reinventada não significa, como apontou Alain Didier-Weill, que deva ser recriada. Tal afirmação faz eco a outro dito de Lacan, que salientou também que a psicanálise é intransmissível. Tudo indica que, na psicanálise, intransmissibilidade e reinvenção estão intimamente ligadas e, mais ainda, que uma deve muito à outra. Mas se esse intransmissível deve ser submetido à capacidade de reinvenção do analista, isso significa que esse nó de intransmissibilidade constitui a dimensão essencial da psicanálise.

Talvez possamos dizer que a reinvenção parece fazer parte da própria psicanálise, e é nesse sentido que devemos refletir sobre a maneira pela qual ela foi reinventada ao longo de toda a sua existência e, particularmente, na nossa época. O que a experiência da psicanálise apresenta hoje de verdadeiramente novo? E o que se mantém inalterado, preservado na sua estrutura? De fato, à primeira vista, a clínica atual parece não ter mais nada em comum com aquela que inaugurou a prática analítica. Também podemos nos perguntar o que pode ser exigido do analista em cada sessão em termos de reinvenção pontual, ou seja, de improvisação.

O setting estabilizado

O quadro no interior do qual se desenrola uma análise, classicamente chamado de setting analítico, sempre foi considerado aquele no interior do qual as transformações subjetivas se produzirão. Mas tal exigência de estabilidade do setting tornou-se cada vez mais rígida com o tempo e, nesse quesito, conquistou seu apogeu nos protocolos impostos pela IPA norte-americana. Isso foi abordado com humor pela jornalista Janet Malcolm em seu livro *Psicanálise: a profissão impossível*, no qual ela mostra que a procura de um padrão formal com tanta rigidez forçou os analistas a buscar uma impessoalidade total no que diz respeito ao ambiente analítico. Malcolm conta uma história do psicanalista entrevistado por ela repetidas vezes: um dia ele entra em uma loja de roupas masculinas e, impulsivamente, compra um terno cinza. Algum tempo depois, ele entende o impulso que o levou a fazer isso: em uma festa da Sociedade Psicanalítica de Nova York, ele se dá conta de repente de que todos os analistas estavam vestindo um terno exatamente igual ao seu.

O psicanalista Donald Meltzer, que teve muita influência na psicanálise argentina e brasileira, julgava que a tarefa principal do analista na sessão era a criação do "quadro", considerando que devia ser simples para poder ser estável. A simplicidade para Meltzer significava a manutenção de uma ordem e de regras rígidas no que concerne ao pagamento, ao consultório, às roupas, aos modos de expressão e ao comportamento do analista. Ele acreditava que o analista devia controlar o quadro analítico para "permitir o desenvolvimento do tratamento sem que nenhuma realidade externa nele intervenha".[2]

Contudo, por realidade externa devemos compreender também a subjetividade do analista. E é interessante sublinhar que, se a construção de um quadro radicalmente neutro visa "neutralizar" a interferência da subjetividade do analista, na medida em que ela se apoia demasiadamente na dimensão imaginária dessa neutralidade, ela esquece a verdadeira neutralidade requisitada ao analista, a simbólica. A fixidez do setting, a preocupação com a aparência de neutralidade, desloca a dimensão simbólica inerente ao lugar do analista, que deve ser, esta sim, preservada.

Curiosamente, é no contexto da análise de orientação kleiniana que podemos ver o analista dar livre curso à sua imaginação interpretativa, de maneira tal que sua clínica parece a aplicação técnica de uma psicologia psicanalítica bastante estéril, na medida em que esquece a dimensão daquilo que Lacan denomina "verdade em seu estado nascente". Para Lacan, ao contrário, a intervenção do analista não significa a introdução desmesurada de sentido, mas acima de tudo sua suspensão, uma vez que o neurótico já está mergulhado numa pletora de sentido.

Uma situação clínica narrada por Laurence Bataille serve para ilustrar com especial fineza de que modo essa ênfase no sentido produz, de fato, um radical deslocamento do analista de seu lugar. Tal deslocamento se evidencia com clareza quando o desejo do analista é substituído pelo desejo de ser analista.[3]

Pode-se concluir que o medo de sair do lugar do analista, isto é, de não intervir como analista, manifesta sempre, paradoxalmente, o deslocamento do lugar do objeto que lhe é próprio na transferência e a entrada em uma posição subjetiva qualquer, em particular a posição do "analista". Fica evidenciado também como a preocupação com a dimensão imaginária da estabilização do setting parece surgir, no fundo, como uma defesa contra esse medo.

Freud e o real da experiência

Em relação ao tema do setting analítico, a leitura do livro *Como Freud trabalhava*, de Paul Roazen, pode ser bastante instrutiva. Após ter entrevistado 25 pacientes de Freud sobre a forma como ele se conduzia em suas análises, Roazen conclui que Freud foi "antifreudiano", uma vez que foi "capaz de se permitir liberdades técnicas tão ousadas quanto aquelas que criticava em seus adversários". Preocupado em mostrar como ele "não seguia na prática os ideais que recomendava para os outros",[4] Roazen prolifera exemplos nessa direção.

Mas todos os exemplos que ele se esmera em repertoriar, exaustiva-mente, pecam pela falta de conhecimento da prática analítica — Roazen não era clínico, e sim historiador. Não é difícil ver o quanto faz falta a Roazen o conhecimento do ensino de Lacan, o que o mantém na impos-sibilidade de compreender que Freud não era um sujeito suposto saber — Freud sabia. Quando alguém procurava Freud para se tratar, ele não procurava um psicanalista, mas a psicanálise, o que é bastante diferente — e Freud não somente o sabia, como também não fingia que não era isso que se passava! Lacan o afirmou com todas as letras:

> O fato de que Freud, no que concerne ao que é do inconsciente, era legitima-mente o sujeito que a gente poderia supor saber põe à parte tudo que foi da relação analítica, quando engajada por seus pacientes, com ele. Ele não foi somente o sujeito suposto saber. Ele sabia, e nos deu esse saber em termos que se podem dizer indestrutíveis, uma vez que, depois que foram emitidos, suportam uma interrogação que, até o presente, jamais foi esgotada.[5]

Desses exemplos podemos sublinhar o quanto a tripartição real, sim-bólico e imaginário, introduzida por Lacan na psicanálise desde 1953,[6] pode fazer falta aos analistas. Roazen não parece valorizar o fato de que, como criador da psicanálise, para Freud a psicanálise era um laboratório contínuo, e suas próprias regras deviam estar submetidas continuamente à investigação. Um episódio passado nas reuniões da Sociedade das Quar-tas-Feiras, comentado por Alain Didier-Weill, permite situar a posição de Freud como analista Um da série dos analistas.[7]

Em uma reunião da sociedade que inaugurou os encontros entre os analistas na sala de espera do consultório de Freud, na Berggasse 19, Otto Rank apresentou suas teorias sobre o trauma do nascimento. Os alunos de Freud começaram a criticá-las, afirmando que elas não estavam de acordo com a teoria freudiana. Freud não dizia nada e, quando foi interrogado por um de seus discípulos sobre o que pensava a respeito, respondeu: "Eu não sei. Precisarei de tempo para me pronunciar sobre esses novos temas que acabo de ouvir". Como concluiu Alain Didier-Weill, o verdadeiro mestre do analista deve ser o real da experiência; os discípulos de Freud responderam em referência à teoria freudiana, mas Freud não tinha a teoria freudiana para responder às questões colocadas pelo real da experiência. Octave Mannoni chamou a atenção igualmente para a consequência dessa dissimetria entre Freud e seus discípulos: "Freud tinha a sorte de não ter ninguém a imitar. Hoje, um analista encontra-se nessa situação paradoxal: se ele se identifica com Freud, torna-se alguém que não tem ninguém a imitar. Nem mesmo Freud".[8] Nessa mesma linha de argumentação sobre a necessária desidentificação requerida do analista, Lacan soltou uma *boutade* para seus alunos: "Façam como eu, não me imitem".

A questão do setting não teve para Freud a mesma importância que assumiu para os pós-freudianos, particularmente os kleinianos. Em suas recomendações técnicas, Freud jamais é peremptório ou dogmático; ao contrário, ele deixa sempre aberta para cada analista a busca de um estilo próprio no qual possa encontrar — e criar — não um setting, mas um lugar de analista que seja essencialmente discursivo, o que será especificado por Lacan em seu ensino.

A imaginarização do setting analítico ideal representou um certo deslocamento feito pelos pós-freudianos — da posição do analista para o ambiente analítico — em relação ao pensamento transmitido por Freud em seus escritos técnicos. Para Freud, é preciso depurar a subjetividade do analista em favor do tratamento no qual se deve fazer emergir o sujeito do analisando.

É sempre interessante observar que há elementos do setting freudiano que foram universalizados, mesmo quando não são condições indispensáveis para a análise, como o divã e a posição do analista fora do campo visual do analisando. Claro que os motivos pelos quais Freud valoriza o uso do divã implicam uma dimensão técnica: o encorajamento da fala sem a preocupação com a crítica do outro, em geral presentificada pelo olhar que facilmente carrega em si um caráter superegoico;[9] a suspensão do uso do aparelho motor, que aproxima o estado do analisando ao estado do sonhador. Além disso, é interessante ver que Freud fornece também uma motivação inteiramente pessoal para o uso do divã, dizendo que este o protege do olhar dirigido a ele continuamente.

Lacan e o discurso psicanalítico

É certo que o divã favorece e otimiza ao extremo a análise, na medida em que produz um curto-circuito no imaginário em jogo na relação face a face e, assim, concede um lugar proeminente ao simbólico, à fala do analisando e à escuta analítica. Lacan faz um trocadilho em francês no qual estabelece uma relação do divã com a associação livre — o *dire-vain*, dizer-vão. A noção de setting deve ser repensada para dar lugar a uma compreensão mais ampla dos elementos fundamentais em jogo na análise, o que Lacan pôde desenvolver com sua teoria dos quatro discursos e a noção de discurso psicanalítico.

Vemos como a formulação de Lacan do discurso psicanalítico é um ponto de chegada fundamental de toda a sua reflexão sobre o lugar do analista. O analisando como tal está situado no discurso da histérica, cuja estrutura é a do sujeito ($\mathbb{S}$) que busca um mestre (S_1) para qué ele produza saber (S_2) sobre o objeto do desejo (a).

$$\frac{\mathbb{S}}{a} \longrightarrow \frac{S_1}{S_2}$$

O psicanalista responde de um lugar que implica uma rotação discursiva tal que o saber buscado pela histérica no outro, tomado como mestre, será buscado agora no próprio sujeito. Se para a histérica o outro é o mestre, para o analista o outro é o sujeito. É preciso salientar que o discurso psicanalítico tem essa característica notável de ser o único discurso que trata o outro como um sujeito:

$$\frac{a}{S_2} \longrightarrow \frac{\mathbb{S}}{S_1}$$

O que Lacan nomeia como passe, como efeito produzido pela análise, remete à fundação mesma da psicanálise, quando Freud passou do discurso da histérica para o discurso psicanalítico por meio de uma rotação discursiva de um discurso ao outro. Porém Lacan vai ainda mais longe, e diz que qualquer rotação discursiva que se produza nos quatro discursos implica a ação do discurso psicanalítico.

Com Lacan, o analista pode valorizar, de um lado, o liame discursivo e, de outro, sua posição de objeto na direção do tratamento, sem contudo transformá-la em uma espécie de espantalho analítico que expulsa da análise muitos pacientes que se ressentem de um acolhimento frio por parte do analista. Na verdade, o analista se vê dividido em duas posições diferentes, que podem ser lidas no binômio da esquerda do discurso psicanalítico a/S_2: a posição do Outro, isto é, do intérprete que cita o saber verdadeiro ou interroga sua negação na fala do analisando; e a posição do objeto, isto é, a do silêncio, que faz o analisando falar.

Rumo ao laboratório psicanalítico

Lacan transformou os últimos anos de sua prática analítica em um verdadeiro laboratório de pesquisa.[10] Podemos estender essa observação para compreender que todo analista constrói pouco a pouco, à medida que sua experiência cresce, um laboratório psicanalítico onde cada tratamento representa uma pesquisa a ser realizada. É notório que todos os analistas, no início de sua prática, têm uma forte tendência a se conformar mais rigidamente às disposições técnicas tradicionais, que ajudam a protegê-lo para não sair do lugar do analista. Com a experiência trazida pelo tempo de prática, o analista passa a poder prescindir da rigidez técnica e a ordenar sua experiência pela ética da análise — a ética centrada no desejo.

Com as diversas experiências adquiridas em seu laboratório clínico particular, o analista se familiariza pouco a pouco com o fato de que ele pode falar muito mais com seus analisandos, rir com eles, questioná-los e formular uma ideia, sem temer cair na dimensão da sugestão ou do atendimento à demanda. Se a sugestão deve ser evitada, é exclusivamente na medida em que oblitera a transferência, mas a completa mudez e a posição defensiva do analista são igualmente uma fonte de resistência que pode se tornar fatal para a continuidade do trabalho analítico. Não podemos exigir do analisando que se adapte ao dispositivo analítico; antes de mais nada, é o dispositivo que deve se adaptar a ele.

A lenda de Procusto já foi referida por Octave Mannoni para ilustrar esse gênero de prática, na qual o dispositivo e a técnica são impostos ao analisando.[11] A lenda grega é a de um bandido que vivia na serra de Elêusis, próxima a Atenas. Em sua casa, ele tinha uma cama de ferro de seu exato tamanho, para a qual convidava generosamente todos os viajantes a se deitarem. Contudo, se os hóspedes fossem mais altos, ele amputava-os no comprimento apenas para ajustá-los à cama, e os de pequena estatura eram esticados (Procusto significa "o esticador") também com o nobre objetivo de atingirem o comprimento adequado. Seu reinado de terror terminou quando foi capturado pelo herói ateniense Teseu, que, em sua última aventura, prendeu Procusto lateralmente em sua própria cama e cortou-lhe a cabeça e os pés, aplicando-lhe o mesmo suplício que infligia a seus pobres hóspedes. Nos casos em que o analisando não se adapta, é frequente que o analista procustiano pontifique do alto de sua sabedoria analítica que o paciente resiste à análise!

Recentemente vimos surgir novas formas de consulta psicanalítica, feitas por meio virtual através de um dispositivo, como por telefone ou por computador. A respeito desse assunto, precisamos ter cuidado, na minha opinião, para que essas aparentes inovações não firam de modo algum a dimensão discursiva posta em cena pelo dispositivo analítico, uma vez que nele se trata da manutenção no primeiro plano da fala e da escuta, e, portanto, da aposta da presença do sujeito do inconsciente no discurso.

Para melhor apreender que há limites para a inovação do dispositivo, basta observar que nunca se considerou a instauração da análise por escrito como um dispositivo válido. Embora Freud tenha feito a análise de Schreber a partir de sua escrita e utilizado a *Gradiva* de Jensen para tratar do sonho e da fantasia, sabemos que não é possível a análise por escrito. Conheço pelo menos o caso de um sujeito que solicitou isso a Lacan, e a resposta que recebeu foi: "Espero você no meu consultório em Paris". A escrita estabiliza o sentido, impedindo a ambiguidade e o duplo sentido inerentes à fala, ela significa uma ruptura do dispositivo da associação livre e da ênfase na enunciação do sujeito, e não no enunciado. Como Lacan sublinhou, "é o equívoco, a pluralidade de sentido que favorece a passagem do inconsciente no discurso".[12]

Por outro lado, a reinvenção da psicanálise encontra às vezes impasses muito graves que ameaçam sua existência e sua ética. A redução da sessão analítica ao seu corte e a abolição completa da dimensão interpretativa da clínica, promovidas por alguns analistas, chocam-se com violência contra o dispositivo freudiano e retiram da experiência analítica toda a sua riqueza. Elas são tributárias da utilização sistemática de sessões de duração chamadas curtas, ultracurtas e mesmo pontuais. Além disso, há quem não hesite em difundi-las como a verdadeira psicanálise de orientação lacaniana!

Trata-se da clínica dita do real, que, curiosamente, induz jovens analistas em formação a aceitarem submeter-se a análises nas quais eles quase não têm tempo para falar — incongruência monumental para quem se situa na orientação freudiana e lacaniana. A ideia veiculada pelos seus defensores é que o sentido não importa, e que o corte e o real devem ser produzidos em não importa qual segmento da fala do analisando. Para essa concepção, a psicanálise se encontra hoje em uma época de prática pós-interpretativa. Não é difícil ver como essa concepção fere completamente o dispositivo freudiano da associação livre.

Feeling e timing — a arte de improvisar

Eu associo às reflexões que acabei de expor um questionamento sobre a dimensão da improvisação na experiência analítica. Aliás, a simples menção do tema "improviso em psicanálise" parece operar uma verdadeira interpretação para o analista em sua prática, jogando luz no que parecia obscuro e nomeando alguma coisa que permanecia sem nominação. De repente, ele se dá conta de que toda a prática parece curvar-se ante essa noção que implica a sustentação de uma invenção e a reinvenção permanentes por parte do analista. Poderíamos chegar a postular que a improvisação na análise não é pontual, mas que ela rege toda a prática!

Improvisar é um termo que adquire sentido no domínio das artes — improvisa-se na música, mas também no teatro e em várias formas de representação pública — e da oratória — fala-se de um "discurso improvisado". Então, improvisar implica a presença do Outro, espectador ou ouvinte, situado numa posição de receptor de algo que surpreende porque é inesperado. Improvisar tem também o sentido de alguma coisa que é realizada de última hora, por exemplo, "improvisar um almoço"; e, portanto, se aproxima da dimensão lacaniana do momento de concluir do tempo lógico.

Nós psicanalistas nos damos conta de que, como nas artes, na psicanálise a improvisação está sujeita a regras, e, se é possível improvisar, isso ocorre na medida em que existe uma trilha anterior subjacente passível de ser entrelaçada de várias maneiras. Na improvisação, trata-se de entrelaçar o conhecido com o desconhecido, e dar lugar ao desconhecido pode ser compreendido como dar lugar ao inconsciente. Mas o inconsciente não precisa que lhe demos espaço, ele o toma de todo modo. Quer o queiramos, quer não, o inconsciente se faz presente e revela que, quando o sujeito fala, há alguma coisa que fala através dele e apesar dele.

A ideia de improvisação em psicanálise parece nos aproximar do próprio núcleo da clínica analítica, em que a surpresa está presente no processo de uma maneira tal que ela produz efeitos tanto no analisando quanto no analista. Na medida em que o analista opera pelo não saber — e não pelo saber —, a dimensão da surpresa e do espanto constitui uma parte essencial da experiência. E diante das manifestações do inconsciente, o analista fica tão surpreso quanto seu paciente.

Essas manifestações podem ser de dois gêneros: diretas e fulgurantes, o que é um tanto raro, quando o inconsciente surge como um rasgo no discurso consciente, por um lapso, por exemplo; ou indiretas e em geral muito sutis, quando o inconsciente se insinua pelo que Freud nomeou de representações intermediárias, isto é, aquelas que fazem parte do discurso consciente e, ao mesmo tempo, servem para a expressão do inconsciente pelo viés das homofonias.[13]

As representações intermediárias constituem a maior parte do material discursivo que, numa análise, abre a via para o inconsciente; elas exigem um feeling, uma grande sensibilidade do analista em relação ao inconsciente, uma abertura própria a isso que no discurso do sujeito faz uma encruzilhada com o discurso do Outro. Ou seja, significa uma abertura para a improvisação, na medida em que ela é requerida quando o inconsciente se insinua no discurso do sujeito, e o analista deve, naquele momento mesmo, decidir sobre sua intervenção, para não perder a verdade em seu estado nascente. Assim, é igualmente necessário que o analista tenha timing.

A improvisação em toda parte

Do lado do analisando, não ficamos tão surpresos ao perceber que, na regra da associação livre à qual o analisando é submetido pelo processo analítico, a improvisação é onipresente; essa regra poderia ser nomeada "regra de improvisação livre". Poderíamos também, parafraseando Freud, dizer que o que é pura improvisação para o eu significa para o isso a busca de manifestação plena. O analisando é submetido a dar livre curso à sua fala, dissociando-a do pensamento consciente, que censura, julga e seleciona. Segundo Freud, o objetivo da associação livre é a produção de derivados do recalcado.

Nesse sentido, Lacan pôde notar que a associação livre não é de modo algum livre, uma vez que está submetida à sobredeterminação inconsciente — nós a chamaríamos, de preferência, uma "associtação". Ao apontar a relação íntima, indissociável entre saber e verdade no discurso psicanalítico, Lacan isolou duas dimensões possíveis da interpretação: o enigma e a citação. O enigma manifesta uma prevalência da verdade, impossível de ser toda dita, sobre o saber; ele está do lado da enunciação — ao passo que a citação, situada do lado do enunciado, mostra a prevalência do saber sobre a verdade, quando o analista não faz nada além de citar o que o sujeito está dizendo.[14] Octave Mannoni sublinhou com agudeza o quanto a interpretação reduzida a um mínimo — "Ouça bem o que você disse" — pode ser eficaz ao fazer o sujeito ouvir a ambiguidade de suas próprias palavras numa dada direção em que o desejo se apresenta.[15]

Também é preciso notar que o dispositivo analítico instaura uma nova relação discursiva, em que o discurso do sujeito não é interrompido, como no diálogo, esse sim regido pela interrupção. O sujeito é, assim, levado a dizer o que ele tem a dizer e o que ninguém mais poderia dizer em seu lugar. É talvez nessa medida que Lacan indica a possibilidade de o discurso psicanalítico fazer face ao discurso capitalista: se para o capitalismo ninguém é insubstituível, para a psicanálise ninguém é substituível.

Do lado do analista, tudo indica que a improvisação também é dominante, mesmo quando o silêncio do analista se impõe como a mais frequente de suas possibilidades de manifestação: ele escolhe o momento de intervir e de fazer silêncio, o que significa que o silêncio do analista não é automático, mas concebido como uma atividade relacionada à fala. Os fundamentos da regra que rege sua escuta — a atenção flutuante ou equiflutuante — visam estabelecer uma sintonia com o inconsciente, dando atenção a tudo o que é dito sem privilegiar qualquer elemento em jogo. A atenção flutuante é tributária da temporalidade lógica do inconsciente: o que o analisando enuncia não possui sentido imediatamente, mas só-depois, *Nachträglich*, quando os enraizamentos inconscientes da fala do sujeito são passíveis de se articular à fala consciente.

A escuta analítica está, portanto, submetida à temporalidade da fala do analisando. Quando estabelece as regras para a interpretação dos sonhos, Freud indica que o sentido do sonho provém dos elementos que, como autênticas chaves de leitura, precedem e sucedem a narrativa do sonho. Isso quer dizer que o sentido não é todo dado de uma vez, mas é construído só-depois, e às vezes em várias sessões.

Certamente fica a sensação de que, na análise, o Outro é o responsável pela improvisação, e que cabe ao analista a responsabilidade de não fugir da improvisação do Outro. Impossível não estabelecer uma ligação entre a liberdade da associação livre e aquela do jazz, em que a *jam session* — atividade musical em que os músicos tocam improvisando, sem qualquer preparação ou arranjo prévio — ocupa o lugar de um verdadeiro laboratório de pesquisa. Penso em Miles Davis e Weather Report (todos os seus músicos tocaram durante certo tempo com Miles). Seria preciso também pensar no quanto a formação musical pode fazer parte da formação analítica, no sentido de que o analista precisa desenvolver um feeling no que diz respeito à maneira como ele deve (ou pode) intervir no discurso do analisando. Lacan comentou ao menos uma vez: "Seria preciso alguma vez — não sei se jamais terei tempo — falar da música, nas margens".[16] Uma questão se coloca em meio a várias outras: poderíamos aproximar a interpretação e o corte em psicanálise das noções de improvisação idiomática e não idiomática na música? A primeira segue o estilo e o gênero para criar uma melodia, uma harmonia, um ritmo ou uma textura nova; a segunda propõe a ruptura com o que está estabelecido.

A relação entre as duas evoca o agudo raciocínio estabelecido por Thomas Kuhn entre o pensamento convergente e o pensamento divergente. Convidado por psicólogos a participar de um congresso sobre o estimulante tema "O talento na criação científica", Kuhn pôde desenvolver a ideia de que não é apenas a capacidade de pensar de uma forma divergente (noção de pensamento divergente defendida pelos psicólogos presentes) nem também a capacidade de ter um pensamento convergente (noção introduzida por ele em oposição à primeira) o que importa. O importante é a capacidade de manter constantemente uma "tensão essencial" entre essas duas formas de pensamento.

Seu raciocínio supõe que, se a aptidão para divergir conta muito para criar na ciência (pensamento divergente), por outro lado, é preciso conhecer profundamente a disciplina na qual se quer inovar (pensamento convergente). E, finalmente, é a tensão surgida entre essas duas formas de pensamento que, essa sim, cabe sustentar.[17] A formulação de Kuhn sobre o *modus operandi* da investigação científica em sua busca de produzir um saber novo sobre o real é, no meu entender, precisamente o que qualifica a posição do analista em cada sessão de psicanálise que ele conduz: a tensão psicanalítica essencial entre saber constituído e saber verdadeiro.[18]

Improvisar tem também na linguagem coloquial a conotação de fazer alguma coisa malfeita, de uma "forma improvisada", significando assim que, no fundo, não temos os meios ideais necessários para realizá-la plenamente. Trata-se de uma adaptação, ou mesmo de um pastiche, de uma tentativa frustrada, mal-acabada de fazer alguma coisa. Podemos conectar essa significação do termo à dimensão duas vezes enunciada por Freud do "impossível psicanalisar".

Mas para psicanalisar nos faltam sempre os plenos meios! Tudo se passa como se tivéssemos sempre que improvisar para poder fazer face a esse "impossível psicanalisar", no sentido de que é impossível cobrir todo o real da experiência com o simbólico. É como se o real em jogo na experiência analítica impedisse que ela seja ordenada de modo absoluto, e que a improvisação se tornasse, então, a regra, e não a exceção. A dimensão da improvisação é exigida do analista justamente nos momentos em que a experiência se confronta com o real da estrutura.

A noção lacaniana da interpretação como *Witz* mostra no fundo que, diante do real e do imaginário, a transfiguração simbólica — no sentido da recuperação da dimensão ambígua inerente ao simbólico — se impõe. A noção de corte da sessão, introduzida por Lacan em sincronia com a noção de tempo lógico, parece uma tentativa de se aproximar o máximo possível desse real da estrutura. Mas evidentemente ela não pode ser concebida como recobrindo toda a experiência da análise.

No seminário *Os quatro conceitos fundamentais da psicanálise*, justamente em um momento no qual foi exigido de Lacan reinventar a teoria freudiana por meio dessa noção dos "quatro conceitos fundamentais" — momento em que sofria um processo que conduziria à sua expulsão da casa fundada por Freud, a IPA —, ele circunscreve o real na categoria do impossível e observa como a experiência analítica se passa em um campo onde o real domina a cena.

O analista como semblante do objeto *a*, última versão fornecida por Lacan do lugar do analista, funciona como uma convocação à improvisação e à reinvenção constantes do analista. Encontramos aqui um outro sentido do verbo improvisar, isto é, experimentar, testar, o qual poderíamos conectar ao vigoroso dizer de Lacan: "Eu estou no trabalho do inconsciente".[19]

3. O desejo de despertar

Em *As viagens de Freud*, Marlene Belilos informa que Freud, ao pôr os pés fora de casa para viajar, experimentava a sensação de que uma força criativa irrompia dentro dele, uma força incontrolável que surgia mal ele se afastava de sua cidade.[1] Em carta a Fliess de 11 de março de 1900, o próprio Freud afirma: "Tenho um ódio por assim dizer pessoal em relação a Viena e, ao contrário do gigante Anteu, reúno novas forças a cada vez que meu pé não mais toca o solo de minha cidade".[2] Tal observação aparentemente anódina nos leva a pensar sobre o poder cerceador que algumas representações possuem, uma vez que nos inserem em nossa realidade psíquica mais consistente e bem constituída, ao passo que se distanciar delas parece abrir uma via para a irrupção do novo, do desconhecido e, em suma, do real.

Algo desperta em nós quando saímos de nossa cidade e de nossa própria casa! O significante "viajar", com seu vasto campo semântico, atesta em nossa língua o ato de libertação mental que se produz na própria ideia de viagem. Certa vez, Van Gogh escreveu numa carta ao irmão que sempre se sentia como um viajante que ia a algum lugar e a algum destino.[3] Além disso, não se pode negar que o "sair de casa", o "viajar", implica sempre uma espécie de recuperação transitória do nomadismo perdido por nossa espécie. Ainda que se possa dizer que a humanidade nasceu no mesmo momento em que surgiu a casa, quando um hominídeo teve a ideia de um refúgio, ou se abrigou numa gruta, Apollinaire nos lembra que "é preciso viajar para longe amando a própria casa".[4] De fato, o ato de viajar pode ser considerado uma das formas de despertar mais valorizadas pelo sujeito. "Navegar é preciso, viver não é preciso", lema da liga hanseática, foi difundido na língua portuguesa por seu poeta maior, Fernando Pessoa.

Impossível não lembrar as associações que Freud faz entre a casa e o corpo, e entre a imagem do corpo e o eu. Sair de casa se enraizaria então no inconsciente, com a ideia de sair de si mesmo, dos próprios limites. Como ao se saltar (como a menina que pula corda), ao se bater asas (como a sensação de liberdade que irrompe no peito do viajante naquele átimo de segundo em que sente que o avião deixa de tocar o solo), ao se abrir portas (como no filme *Imagine*, em que, num salão todo branco, John Lennon canta seu mais belo poema enquanto Yoko Ono abre, uma a uma, inúmeras portas). São as torres de vigia do eu que parecem se liquefazer momentaneamente. Em outras palavras, sair de casa parece se ligar inconscientemente a ultrapassar umbrais, como na instalação que Christo e Jeanne-Claude fizeram no Central Park, em Nova York, em 2005: ao caminhante se oferecia a oportunidade de vencer um novo portal a cada quatro passos dados ao longo de quase quarenta quilômetros.[5]

Despertar o desejo

O eu, todavia, vem imediatamente se fechar outra vez sobre a tênue abertura do sujeito, como se observa no momento da festa carioca do réveillon. A abertura ocasionada pela passagem do ano, pela fugidia transição cujo sentido real nos escapa, é acompanhada pela festa religiosa que outorga seu sentido mais pleno à travessia do ano que expõe o real inapreensível. Os rituais do candomblé, as oferendas, os pedidos feitos às divindades testemunham o quanto a falha do sujeito é tragada pelo sentido (imaginário) do eu e sua demanda de amor. Em "O acontecimento da escuta e a escuta como acontecimento", Giancarlo Ricci relembrou uma passagem em que Freud associa o despertar aos fogos de artifício, que consideramos a melhor imagem para representar a fugacidade inerente a ele: o despertar é como um fogo de artifício preparado por horas e depois consumido num instante. Miguel de Unamuno já indicara a função do réveillon:

O tempo que se vai sem possibilidade de retornar e que, em sua marcha, tudo deforma e transforma é tema para a meditação em todos os dias do ano, mas aparentemente os homens consagraram a ela sobretudo o último dia dele e o primeiro do ano seguinte, ou como o tempo chega. E ele chega e parte sem que seja sentido.[6]

No conto "O relatório da coisa", de Clarice Lispector, a personagem central se refere a um relógio despertador cuja marca é Sveglia, que em italiano significa "desperta". Ao longo da divertida narrativa, que se desenrola em torno da busca de "viver o essencial",[7] Sveglia se transforma numa qualidade que ela passa a atribuir ou não às coisas, pessoas e sensações: existem aquelas que despertam, ou não.

Parece haver, todavia, forte inclinação no sujeito a prosseguir dormindo e sonhando, tal qual o relato de Tsao Hsue-Kin sobre o "Sonho infinito de Pao Yu", transmitido por Jorge Luis Borges.[8] Pao Yu, nome que quer dizer "Precioso Jade", sonhou que encontrava um jovem chamado Pao Yu, que, por sua vez, sonhava com um jovem chamado Pao Yu. Como num jogo de espelhos, a cada vez que um deles desperta, o faz dentro do sonho do outro, e assim o sonho prossegue de modo interminável, sendo impossível sair dele.

A obra de Freud é uma proposta para desconstruir os sentidos dados, abrir portas e viajar no desconhecido — pode-se dizer que é, essencialmente, uma obra sobre o despertar. Como pondera Peter Gay, "a psicanálise, tal como Freud a desenvolveu em meados dos anos 1890, foi uma emancipação da hipnose".[9] Nascida do abandono da hipnose, a psicanálise se impôs lentamente a Freud como uma experiência de "des-hipnose". Após o estágio com Jean-Martin Charcot em Paris e o contato com Hippolyte Bernheim, de quem traduziu um livro para o alemão, ele se desinteressou muito rapidamente da hipnose, talvez porque tenha descoberto o quanto o sujeito, desde sempre e sem sabê-lo, está hipnotizado. O método analítico, ao acionar a associação livre, supõe a possibilidade de acesso do sujeito aos significantes fundadores de sua história, os S_1, que estiveram na origem de sua própria constituição.[10]

Ao se constituir pelo poder imperativo desses significantes, o sujeito sofre uma espécie de hipnose e se ancora neles e em seus objetos primordiais, de tal forma que sua própria constituição implica uma fixação da fantasia, ou seja, o caráter absolutamente limitado que esta impõe ao desejo. Dito de outro modo, a fantasia possui uma dupla face: instaura o desejo, mas, ato contínuo, aprisiona-o no amor e no gozo.[11] Nas palavras de Anne Dunand, "a fantasia é construída de modo a proteger o sujeito do desejo do Outro, e subsequentemente rouba dele o que quer que experimente que não se adapte a esse molde".[12]

A experiência analítica, centrada para Lacan na travessia da fantasia, representa, no fundo, a possibilidade de expansão desses moldes excessivamente rígidos, por meio dos quais o sujeito constitui sua relação com o mundo à volta e com seus semelhantes. Ela não romperá esses moldes, mas os tornará flexíveis; não os desconstituirá, mas tornará presente a face estranha (*unheimlich*) daquilo que lhe é familiar. Como ponderei em outro lugar, transformará a prisão domiciliar da fantasia num domicílio do desejo, no qual passa a vigorar o regime prisional semiaberto: agora, embora não abandone sua fantasia fundamental, o sujeito não é mais dominado por ela. Ela continuará sendo sua referência, mas perderá o poder que exercia sobre ele outrora.[13]

A psicanálise é a operação de despertar o desejo por meio da travessia da fantasia, que, ao sustentá-lo, o aprisiona,[14] podendo-se supor que o que aciona essa operação, como veremos, é o desejo de despertar.

Vencer a "angústia de viajar" talvez tenha desempenhado em Freud um papel bem maior do que se imagina na construção da psicanálise. Não se deve esquecer que o verbo "partir" é uma das formas de designar o morrer. Assim, pode-se observar na clínica a ocorrência de múltiplos sintomas relacionados ao ato de viajar, como determinada analisanda o revela. Quando viaja, ela sente-se sem energia, esvaziada e com absoluta falta de interesse, querendo apenas dormir. Sua sensação é de despertencimento, de "se ter deixado": as ligações, as identidades são abandonadas para trás, suas âncoras, casa, trabalho, amigos, cidade. Ela se sente vazia: "Eu fico aqui, quem está indo é outra pessoa". Ao retornar, fica bem novamente, e tudo indica que quando ela vai, "vai", e quando volta, "volta".

O desejo de dormir

A psicanálise é uma forma particular de operar com o campo do sentido diametralmente oposta à da religião.[15] Por isso, a longa travessia teórica freudiana parece ter se realizado numa direção muito precisa, que desemboca na desconstrução da ilusão religiosa, como se lê em *O futuro de uma ilusão*, de 1927. Nesse ensaio, Freud estabelece um longo diálogo em torno da religião com o pastor Oskar Pfister, um de seus discípulos mais eminentes, e acaba por arguir sobre a necessidade de a humanidade ultrapassar a ideia religiosa, num verdadeiro "despertar intelectual"[16] das massas. Nossa hipótese é que a religião aciona o desejo de dormir, e a psicanálise, por sua vez, na condição de operação centrada no despertar do desejo, deflagra o desejo de despertar. Assim, se o despertar é efeito da travessia da fantasia, trata-se essencialmente, na psicanálise, de despertar o desejo.

Antes de 1927, Freud trata de aspectos relativos ao despertar exclusivamente no âmbito da prática analítica. Em 1900, em *A interpretação dos sonhos*, ele descobre que o sonho está a serviço do sono e que o desejo de dormir sustenta, no fundo, todo e qualquer sonho. Para conseguir seu intento, esse desejo se alia a outros desejos e deles se utiliza, razão pela qual a função do sonho seria, essencialmente, a de "guardião do sono".[17] O sonho, nesses termos, é a realização de um desejo que se liga a um desejo infantil não realizado.

Muito antes de Lacan formular que "o desejo de dormir é de fato o maior enigma",[18] Freud já se debruçara sobre ele. Numa famosa carta a Fliess, ele conjectura que sonhamos para não ter de acordar, porque queremos dormir. "Tanto barulho para fazer uma omelete!", diz. Estranho desejo esse, situado por Freud — enfatiza Lacan — além da mera necessidade de dormir.

Vejamos mais detalhadamente como Freud investiga com elevado interesse a relação entre o sono e o sonho. Ele assinala, em primeiro lugar, que todos os sonhos ocorrem quando estamos dormindo, ou seja, o ato de sonhar representa a vigência da vida mental durante o sono, aspecto que

Lacan enfatizaria ao dizer que o inconsciente é um trabalhador ideal, um trabalhador encarniçado que trabalha o tempo todo, inclusive enquanto dormimos.[19] Ao questionar por que a vida mental não conseguiria dormir jamais, Freud assevera: "porque existe algo que não quer conceder paz à mente. Os estímulos incidem sobre a mente e ela deve reagir a eles. Um sonho, pois, é a maneira como a mente reage aos estímulos que a atingem no estado de sono".[20] Assim, ele formula que os sonhos constituem uma reação a um estímulo — externo ou interno — que perturba o sono: o sonho, no fundo, é o guardião do sono.

Quanto ao sono, trata-se de um estado no qual o sujeito retira o interesse do mundo externo, mantendo-se afastado de seus estímulos durante um terço de sua vida. Sua finalidade biológica parece ser a recuperação, que, aliás, se impõe com frequência e exige muito tempo. Freud leva sua análise e suas analogias bem longe:

> Nossa relação com o mundo, ao qual viemos tão a contragosto, parece incluir também nossa impossibilidade de tolerá-lo ininterruptamente. Assim, de tempos em tempos, nos retiramos para o estado de pré-mundo, para a existência dentro do útero. A todo custo conseguimos para nós mesmos condições muito parecidas com aquelas que então possuíamos: calor, escuridão e ausência de estímulos. Alguns se embrulham, formando densa bola, e, para dormir, assumem uma postura muito parecida com a que ocupavam no útero. Parece que o mundo não possui completamente nem mesmo aqueles dentre nós que são adultos; [possui] apenas dois terços: um terço de nós ainda é como se não fora nascido.[21]

A vida, portanto, é fonte de um cansaço tão intenso que exige pausas tão longas quanto repetidas. Sabemos como os distúrbios do sono podem ser patogênicos ou derivados de estados acentuadamente patológicos, bastando que se veja o modo indefectível pelo qual eles se exacerbam no início das psicoses, constituindo verdadeiro sinal de alarme de uma irrupção violenta do real.[22] A insônia renitente anuncia o surto. Freud, aliás, chamou a atenção para o enigma do sono: sua duração em nossa espécie, a que se pode acrescentar seu caráter monofásico; sua necessidade prolongada; e sua associação com a vivência subjetiva da morte — o sono eterno ou o descanso final.

Nas depressões acentuadas, esses distúrbios podem muitas vezes assumir uma força cuja grande proporção permite ao sujeito se esquivar da vida desperta de modo insistente. O sono intenso das depressões assinalaria o quanto nelas se trata de um amortecimento brutal do desejo, o que levou Lacan a falar de covardia moral. Quanto ao sonambulismo, este parece ser a condição própria à neurose ou talvez a sua face mais transparente.

O retiro temporário da vida propiciado pelo sono é em geral salutar e necessário, mas isso não quer dizer, de modo algum, que o sujeito acordado está realmente desperto. Como formulou Lacan, "o inconsciente é muito exatamente a hipótese de que a gente não sonha somente quando dorme".[23]

Em 1974, numa esplêndida fala dirigida de improviso a Catherine Millot, e anotada por ela em detalhes, Lacan desenvolveu algumas ideias em relação ao desejo de dormir,[24] das quais faço um apanhado. Millot pergunta a Lacan: "O desejo de morte deve ser situado do lado do desejo de dormir ou do desejo de despertar?",[25] e ele, problematizando a própria noção de desejo de morte, responde que a morte é a coisa menos pensável que existe. Para Lacan, não existe consciência da morte, e o fato de que a linguagem fale da morte não prova que o homem tenha qualquer conhecimento dela.[26]

A linguagem continua algo bastante ambíguo, pois supre a ausência da relação sexual e, desse modo, mascara a morte, ainda que seja capaz de exprimi-la como uma espécie de desejo profundo. É pelo recalque da não relação sexual que a linguagem nega a morte. O despertar total, que consistiria em apreender o sexo, pode assumir a forma da consequência do sexo, isto é, a morte — o sexo e a morte são solidários. A morte está do lado do despertar e cabe à vida sonhar com o despertar absoluto. Nós, no entanto, nunca despertamos, apenas sonhamos com o despertar total e com a morte. Se os desejos sustentam os sonhos, a morte é um despertar que participa do sonho, uma vez que o sonho está ligado à linguagem.

Fantasia: sonho acordado

Posteriormente, no período situado entre 1906 e 1911, que denomino de "ciclo da fantasia",[27] Freud se empenhará em ir ao núcleo do sonho — núcleo que nada mais é do que a fantasia inconsciente que sustenta o desejo — e então se debruçar durante muitos anos em torno da associação entre pulsão sexual e fantasia. Ao cabo desse período, ele cria sua teoria do princípio de prazer, responsável por reger o aparelho psíquico. A busca de satisfação é busca de homeostase, e o princípio de prazer, por intermédio da ação contínua da fantasia, regula o desprazer pela redução das tensões internas do aparelho psíquico. Dito de outro modo, a insatisfação inerente à própria pulsão tem como corolário imediato a contínua atividade do fantasiar. O fato de que a atividade do fantasiar seja universal e ininterrupta revela que o sujeito, mesmo acordado, está "sonhando", e que se está dormindo, a fantasia reside no núcleo de seus sonhos; acordado, ele tem uma atividade de pensar intensamente fantasística que é igualmente regida pelo princípio de prazer.

O final do ciclo da fantasia é significativamente sucedido por uma das mais surpreendentes descobertas de Freud, segundo a qual o delírio psicótico não é a manifestação da doença, como uma grande parcela da psiquiatria crê até hoje, mas sim uma tentativa de curá-la. O delírio visa suprir a função salutar da fantasia, que falha na psicose: a de freio, de filtro do empuxo-ao-gozo da pulsão de morte.

Seguindo sugestão de Barbara Low, Freud chama o princípio que rege aquilo que extrapola o princípio de prazer de princípio de Nirvana — a tendência radical ao zero, à aniquilação total das tensões internas do aparelho psíquico — e o distingue do princípio de constância, que regeria o princípio de prazer em sua tendência a manter a tensão interna constantemente baixa, embora bem distante do ponto zero que designa a morte. Por isso, Lacan nomeia esse ponto zero de forma diferente, chamando de gozo o que Freud chama de morte. Toda teoria lacaniana do gozo é tributária da renovação empreendida por Freud em sua compreensão mais profunda do aparelho psíquico a partir de 1920, como se pode ler nesta formulação: "O caminho para a morte nada mais é do que aquilo que se chama gozo".[28]

Cabe, assim, assinalar a peculiaridade do termo "nirvana" empregado por Freud para designar o princípio que rege o aparelho psíquico em seu vetor mais fundamental. Em *O futuro de uma ilusão*, ele parece atingir um ponto essencial de sua descoberta, ao se valer da oposição discursiva que estabelece entre psicanálise e religião. Ambas são grandes rivais, se opõem de forma absoluta e se contradizem radicalmente. Se a religião visa a produção de um sentido imaginário (S-I), no qual o amor encontra sua morada mais bem construída, a psicanálise é uma experiência em que o sentido importa por ser efeito de sentido real, como formula Lacan no seminário de 1974-5, *R.S.I.* O que caracteriza a religião é o fato de que ela exclui o real de seu discurso, por meio das noções ligadas às ideias de vida após a morte e vida eterna, com as quais a morte é banida e o amor do Pai todo-poderoso reina soberano. É nisso que reside o poder da religião, a invocação do amor do Pai onipotente que salva do real. A psicanálise, em vez disso, inclui continuamente o real em sua operação de castração simbólica. Para a psicanálise, o simbólico é atravessado pelo real; para a religião, pelo imaginário.

A questão do sentido

Uma interessante comparação surge ao abordarmos o problema da religião a partir da perspectiva psicanalítica, a que diz respeito à verdadeira oposição que pôde ser estabelecida por Freud entre a psicanálise e a religião, ambas surgindo como propriamente antagônicas. Apresentaremos resumidamente as perspectivas freudiana e lacaniana sobre a questão, para em seguida apenas indicarmos nosso ponto de vista: trata-se, nessa oposição entre psicanálise e religião, de uma questão discursiva que pode ser resumida na forma diversa com que psicanálise e religião lidam com o problema do sentido.

Com *O futuro de uma ilusão*, Freud deu início a uma série de ensaios que assumiriam fundamental importância em sua obra mais tardia. Nesse livro, Freud aborda o problema da origem da religião considerando as ideias religiosas como verdadeiras ilusões provenientes sobretudo da necessidade de defesa dos homens contra as forças superiores da natureza. Freud situa a raiz da religião no estado de desamparo vivido pela criança na primeira infância, estado que, sendo revivido pelo adulto nas mais diversas circunstâncias ao longo da vida, e não mais podendo este contar agora com a proteção outrora oferecida pelos pais (mais particularmente pelo pai), requer a crença na figura de um Pai protetor onipotente. Assim, o segredo da força das ideias religiosas reside, para Freud, no fato de que elas constituem "realizações dos mais antigos, fortes e prementes desejos da humanidade".[29]

Freud estabelece uma radical oposição entre a ciência e a religião e afirma que o acesso ao conhecimento científico é sempre inevitavelmente acompanhado pelo abandono das ideias religiosas. Tal oposição é ainda mais bem explicitada dois anos mais tarde, em *O mal-estar na cultura*, quando Freud cita versos de Goethe — "Aquele que tem ciência e arte/ tem também religião;/ o que não tem nenhuma delas,/ que tenha religião!"[30] —, para em seguida comentar: "Esses dois versos, por um lado, traçam uma antítese entre a religião e as duas mais altas realizações do homem, e, por outro, asseveram que, com relação ao seu valor na vida, essas realizações e a religião podem representar-se ou substituir-se mutuamente".[31]

A religião constitui assim, para Freud, uma espécie de neurose da infância da humanidade, mais precisamente a "neurose obsessiva universal da humanidade",[32] e, tal como a neurose obsessiva das crianças, surgiu do complexo de Édipo e do relacionamento com o pai. Assim sendo, os ensinamentos religiosos constituem verdadeiras "relíquias neuróticas", como Freud mesmo as denomina.[33] É nessa medida que ele observa que entre os crentes devotos vigora uma suprema defesa contra a neurose pessoal, mas isso à custa da "aceitação da neurose universal" representada pela religião.[34]

Contudo, uma das coisas que mais chamam a atenção nesse ensaio de Freud é sua postura quanto ao destino a ser dado a essa ilusão universal da humanidade representada pela religião, postura, aliás, que se acha insinuada no próprio título do ensaio. Desse modo, não há qualquer dúvida para Freud de que a ciência deve vir a deslocar a religião do lugar que ela ocupa:

> O afastamento da religião está fadado a ocorrer com a fatal inevitabilidade de um processo de crescimento, e nos encontramos exatamente nessa junção, no meio dessa fase de desenvolvimento. Nosso comportamento, portanto, deveria modelar-se no de um professor sensato que não se opõe a um novo desenvolvimento iminente, mas que procura facilitar-lhe o caminho e mitigar a violência de sua irrupção.[35]

Sabemos que Freud almejava incluir a psicanálise no interior do quadro teórico das ciências, e, assim sendo, o deslocamento que ele propõe, na verdade, é o da religião pela psicanálise: "provavelmente chegou a hora, tal como acontece num tratamento analítico, de substituir os efeitos do recalcamento pelos resultados da operação racional do intelecto".[36]

Não é preciso insistir aqui na veemência com que Freud defendia seu racionalismo, fato que já foi sobejamente salientado por Lacan em inúmeras ocasiões.[37] Nesse sentido, apenas a título de exemplo, uma passagem de "O Moisés de Michelangelo" é extremamente elucidativa, pois Freud aí afirma: "Uma inclinação mental em mim, racionalista ou talvez analítica, revolta-se contra o fato de comover-me com uma coisa sem saber por que sou assim afetado e o que é que me afeta".[38] O que surpreende é que *O futuro de uma ilusão* seja um dos poucos textos em que se pode ver Freud franca e mesmo confessadamente otimista, pois ele chega a ponderar com seu interlocutor imaginário que, se, por um lado, os homens são assim, por outro, isso não quer dizer que eles tenham de ser assim. Nesse sentido, após ter atribuído precisamente à educação religiosa o "deprimente contraste entre a inteligência radiante de uma criança sadia e os débeis poderes intelectuais do adulto médio",[39] Freud assevera: "estamos justificados ao ter esperanças no futuro — a de que talvez exista, ainda a ser desenterrado, um tesouro capaz de enriquecer a cultura, e a de que vale a pena fazer a experiência de uma educação não religiosa".[40]

Desse modo a religião é, em suma, para Freud, um infantilismo a ser superado: "Os homens não podem permanecer crianças para sempre; têm de, por fim, sair para a 'vida hostil'. Podemos chamar isso de 'educação para a realidade'".[41] Tal expressão, poderíamos traduzi-la hoje por "educação para o real", cuja meta principal reside justamente na diminuição do mal-estar na cultura, pois os homens, "afastando suas expectativas em relação a um outro mundo e concentrando todas as energias liberadas em sua vida na Terra, provavelmente conseguirão alcançar um estado de coisas em que a vida se tornará tolerável para todos e a cultura não mais será opressiva para ninguém".[42] Não é com outras palavras senão estas que Freud finaliza seu ensaio: "Não, nossa ciência não é uma ilusão. Ilusão seria imaginar que aquilo que a ciência não nos pode dar, podemos conseguir em outro lugar".[43]

O "otimismo" ativo manifestado por Freud contrasta com o "pessimismo" confesso de Lacan quanto a essas questões, sobretudo se tomarmos a *Entrevista para a imprensa* (de 29 de outubro de 1974, no Centre Culturel Français, em Roma), dada antes do VII Congresso da Escola Freudiana de Paris em Roma, em 1964, e também seu texto intitulado *A terceira*, lido nesse mesmo congresso.[44] Na entrevista, Lacan fala das relações nada amistosas entre a psicanálise e a religião como relações de exclusão: ou uma ou outra, isto é, "se a religião triunfar, o que é mais provável, … isso será sinal de que a psicanálise fracassou".[45] Lacan acrescenta ainda que "o mais normal é que a psicanálise fracasse, pois aquilo de que se ocupa é algo muito, muito difícil",[46] afirmando, ainda mais peremptoriamente, que "a psicanálise não triunfará sobre a religião; a religião é indestrutível. A psicanálise não triunfará: sobreviverá ou não".[47]

O motivo que Lacan fornece para atribuir imenso poder à religião, que acabará por levá-la, segundo ele, a triunfar sobre muitas outras coisas além da psicanálise, reside no fato de as ideias religiosas poderem dar sentido a qualquer coisa, "um sentido à vida humana, por exemplo".[48] Nessa medida, Lacan assevera que, "desde o começo, tudo o que é religião consiste em dar um sentido às coisas que outrora eram as coisas naturais".[49] Quanto à psicanálise, Lacan a considera um sintoma que se destina a ser recalcado pelo sentido religioso precisamente, enquanto a religião "é feita para curar os homens, isto é, para que eles não se deem conta daquilo que não anda".[50]

O "pessimismo" de Lacan concernente ao futuro da psicanálise é ainda mais flagrante quando ele pondera que a psicanálise não detém nenhuma chave do futuro e apenas "terá sido um momento privilegiado durante o qual se terá tido uma visão bastante justa do que eu chamo num discurso de o falasser".[51]

Em *A terceira*, Lacan volta a falar do sintoma nos seguintes termos: "O sentido do sintoma não é aquele com que se o nutre para sua proliferação ou extinção, o sentido do sintoma é o real".[52] Sublinhemos aqui essas duas expressões empregadas por Lacan — sentido religioso e sentido real — na medida em que ambas representam paradigmas da questão do sentido tal como esta pode ser isolada na religião e na psicanálise.

Neurose obsessiva e religião

O que se pode observar é que há uma equivalência discursiva estrutural entre neurose obsessiva e religião, sobre a qual Freud insistia desde os primórdios de sua descoberta. Seu artigo sobre "Atos obsessivos e práticas religiosas" é exemplar quanto a isso. Nele, estabelecendo um rigoroso paralelismo entre os "cerimoniais" dos neuróticos obsessivos e os atos sagrados dos rituais religiosos, Freud observa que, embora a neurose obsessiva pareça "uma caricatura, ao mesmo tempo cômica e triste, de uma religião particular"[53] "é justamente essa diferença decisiva entre o cerimonial neurótico e o religioso que desaparece quando penetramos, com o auxílio da técnica psicanalítica de investigação, no verdadeiro significado dos atos obsessivos".[54] O que se verifica na análise é que, longe de serem tolos e absurdos, "todos os detalhes dos atos obsessivos possuem um sentido, servem a importantes interesses da personalidade e expressam experiências ainda atuantes e pensamentos investidos com afeto".[55]

Na verdade, trata-se, para Freud, desde o início de sua descoberta, de desvelar o sentido dos sintomas neuróticos. Assim, nos atos obsessivos, "tudo tem sentido e pode ser interpretado", e a origem desse sentido, residindo em motivações inconscientes, faz com que "a pessoa que obedece a uma compulsão o faça sem compreender-lhe o sentido, ou, pelo menos, o sentido principal".

Freud afirma que a neurose obsessiva é o correlato patológico da formação de uma religião, e considera "a neurose uma religiosidade individual e a religião uma neurose obsessiva universal".[56] A semelhança essencial entre neurose e religião consiste, para Freud, na renúncia às pulsões, enquanto a principal diferença reside na natureza dessas pulsões — na neurose elas são exclusivamente sexuais em sua origem, ao passo que na religião procedem de fontes egoístas que também apresentam, contudo, um componente sexual.[57]

A questão do sentido sempre foi central para a psicanálise, pois, desde a sua origem, ela foi apresentada por Freud como uma prática discursiva cujo cerne se instaura em torno dessa questão. Freud parte dessa ótica em seu trabalho analítico com as pacientes histéricas, visando trazer à luz o sentido inconsciente subjacente aos sintomas.

Mas muito cedo Freud amplia o espectro de ação de sua abordagem para estendê-lo àqueles fenômenos que não configuram alguma patologia e se acham onipresentes em todo sujeito humano — sonhos, chistes, atos falhos, esquecimentos etc. Quanto a estes, trata-se igualmente, para ele, de poder resgatar o sentido a eles inerente, embora ocultado pela ação deformadora da censura. Sua descoberta revela, por detrás de tais ocorrências banais, a ação contínua de um desejo que é carreado por uma fantasia sexual inconsciente, de cunho primordialmente infantil, cuja significação a análise permite fazer emergir. Simplesmente toda a teoria freudiana orbita, em última instância, em torno da questão do sentido; e podemos depreender melhor o alcance dessa afirmativa se nos debruçarmos sobre o problema da religião.

Se neurose e religião são discursos que se aproximam precisamente pela forma que lidam com o sentido, psicanálise e religião se opõem pelo motivo contrário. Ou seja, há uma espécie de bipolarização extrema quanto aos modos de frequentação do sentido, a neurose e a religião permanecendo numa referência constante ao sentido dado (fechado) e a psicanálise numa referência ao sentido novo (por vir). Dito de outro modo, para a psicanálise o sentido é significante, enquanto para a religião ele é sígnico. Enquanto o discurso religioso, ao excluir o real de seu campo, encerra-se em si mesmo (sentido fechado), a psicanálise lida com o sentido de forma oposta (sentido aberto), ao incluir em seu campo discursivo o real.

É assim que a interpretação psicanalítica procede ao desvelamento do sentido inconsciente, oculto para o sujeito, de seus sintomas. O sintoma vigora para o sujeito precisamente na medida em que o sentido permanece em seu caráter sígnico, ou seja, preso a um sentido fechado, já dado. Dito de outro modo, o sintoma vigora na neurose no lugar mesmo do sujeito, elidindo-o como tal, ao passo que a tarefa da psicanálise surge justamente como a reinclusão, na estrutura discursiva, do sujeito partido entre os significantes. Acrescente-se também que é na prisão ao sentido dado que reside a fonte do racismo e da segregação, nas suas mais variadas manifestações. Lacan veio a observar que, nas guerras religiosas, tão frequentes na história da humanidade, um sentido determinado pretende se impor ao outro.

Daqueles que a tradição sempre considerou os quatro caminhos do homem — Arte, Ciência, Filosofia e Religião —, a psicanálise mantém com os três primeiros uma experiência de troca recíproca. Freud não só via na Arte um testemunho do inconsciente, como também a Ciência sempre foi igualmente uma fonte de contribuição para a psicanálise. Quanto à Filosofia, esta também apresentou formulações que estiveram na gênese do advento da psicanálise, como Lacan sublinhou a respeito de René Descartes. Assim, apenas a Religião é um discurso que ocupa um lugar de rivalidade absoluta com a psicanálise, porquanto ambas representam modos inteiramente antinômicos de lidar com o sentido.

Místicos

Uma curiosa questão se apresenta, sobre a relação entre o religioso e o místico. Freud se ocupou apenas do primeiro, mas Lacan deu atenção também ao segundo e se refere com reverência às obras de Angelus Silesius, são João da Cruz e santa Teresa de Ávila. No seu primeiro seminário, por exemplo, ele cita um dístico do *Peregrino querubínico*, de Silesius:

> Contingência e essência
> Homem. Torna-te essencial: porque quando o mundo passa
> A contingência se perde e o essencial subsiste

Lacan o assimila à experiência do término da análise, "de um crepúsculo, de um declínio imaginário do mundo, e até de uma experiência no limite da despersonalização".[58] Ocorre, diz ele, que "o contingente cai — o acidental, o trauma, os obstáculos da história —, e é o ser que vem então a se constituir".[59]

Tudo indica que o místico se encontra no núcleo de toda religião, mas esta o envolve com um discurso que, ao contrastar com ele, amortece toda a sua força. A religião parece constituir uma espécie de defesa (neurótica obsessiva) em relação ao místico. Lacan associa aos discursos místicos a mais radical experiência do gozo Outro, do gozo suplementar, gozo próprio ao feminino e situado mais além do gozo fálico. Mais essencialmente, ele considera que a poesia oriunda da experiência mística é, "em suma, o que se pode ler de melhor".[60] Seus exemplos são: santa Teresa de Ávila, que, ao repetir seu refrão "morro de não morrer", inclui a morte na vida de forma drástica, e são João da Cruz, que enaltece o não saber ao dizer: "Penetrei onde não soube e fiquei não o sabendo, toda a ciência transcendendo".[61]

A questão que proponho, então, é esta: como pode emergir no seio mesmo do discurso religioso a mais radical experiência de despertar transmissível pelo ato poético? Se a religião opera o fechamento do campo do sentido — Freud a compara com a neurose obsessiva, afirmando inclusive que ela é a neurose obsessiva da humanidade —, os místicos não seriam aqueles que reabrem com igual força esse campo do sentido?

A grande arte barroca — e aqui me refiro especialmente à original teorização que a psicanalista Denise Maurano vem construindo sobre a relação entre a psicanálise e o barroco[62] — não seria igualmente um efeito da mesma necessidade de reinclusão do real numa experiência de discurso que se afirma com base em dogmas? Pense-se no ritual da missa, seu caráter monótono, repetitivo, linear, sem surpresas — salvo talvez pelo sermão, no qual o padre tem liberdade para falar fora do protocolo, para dizer palavras suas sobre algum tema candente do momento ou sobre os presentes. Inibido, o comportamento comedido dos fiéis contrasta com o meio ambiente excessivo, voluptuoso, erótico, convulsionante dos templos barrocos, chegando a níveis extremos, como no caso das obras-primas de Bernini, em Roma — Lacan chega a dizer que a estátua de santa Teresa em êxtase, na igreja de Santa Maria dela Vittoria, goza. Do mesmo modo, a estátua da beata Ludovica Albertoni, toda contorcida em seu leito de mármore, com tecidos que escorrem e fingem que o mármore não é pedra, mas seda ou algodão. Pense-se nesse confronto, nessa oposição extrema que se dá entre, de um lado, a postura dos fiéis e dos pastores e, de outro, o lugar que lhes é oferecido como cena. No Rio de Janeiro um bom exemplo é o mosteiro de São Bento, cujas paredes são absolutamente recobertas por adornos de madeira dourada retorcida e figuras de anjos que clamam, ao som do canto gregoriano, pelo excesso.

Ética do desejo de despertar

O desejo de despertar não possui nada de natural. Ele é oposto à tendência homeostática e, logo, fantasística do princípio de prazer, e se conecta ao além do princípio de prazer. Desse modo, implica a abertura para o novo e a criação, permanecendo tributário da vertente criacionista da pulsão de morte. Em outras palavras, o desejo de despertar é correlato à travessia da fantasia que reside no núcleo de todo sonho, que, por sua vez, veicula o desejo de dormir.

O pesadelo talvez seja a irrupção no mundo do sono de um forte desejo de despertar, banido rapidamente, já que o sujeito na maioria das vezes se apressa em acordar. O real inerente ao pesadelo é expresso pela língua, que o associa a algo de animal.[63] Como assinala Jorge Luis Borges,[64] a palavra pesadelo em inglês, *nightmare*, literalmente, a "égua da noite", sugeriu a Victor Hugo a metáfora *le cheval noir de la nuit*, "o cavalo negro da noite", que podemos considerar igualmente a fonte do "cavalo azul e a madrugada", de Lorca. Em alemão, *Alptraum*, pesadelo, faz alusão ao elfo ou íncubo que oprime o sonhador e lhe impõe imagens horrendas. Cada idioma produz o que necessita, afirma Borges, aproximando-se da descoberta da psicanálise, para a qual o inconsciente se diz um pouco em cada língua, nos enraizamentos significantes produzidos em cada uma delas pelos termos de seu léxico.

A cultura, cujas manifestações constituem para Lacan um freio em relação ao gozo, é constituída de produções que se distribuem em duas grandes vertentes: uma consiste naquelas que veiculam o desejo de dormir (repetição em sua dimensão simbólica de *automáton*); a outra constitui aquelas que propagam o desejo de despertar (repetição em sua dimensão real de *tychê*). A cultura parece ser construída com base no adormecimento, e, pontualmente, o despertar surge em seu interior, de forma inevitável.

As obras de arte, de forma geral, são as que furam os filtros fantasísticos de uma cultura em determinado momento, apontando para uma dimensão para além deles. É preciso, a esse respeito, frisar que nem toda produção artística é uma obra de arte, no sentido de que ela deve ser considerada à luz da psicanálise: uma produção simbólico-imaginária que aponta para o real que a sustenta e, portanto, ultrapassa-a. Por exemplo, o indicador em muitas telas de Leonardo da Vinci, que, apontando para além da imagem da própria tela, sugere o real que sustenta a sua existência simbólico-imaginária. Como formulou Tania Rivera, temos duas dimensões da imagem: a imagem-muro e a imagem-furo. A primeira é "tranquilizadora e nos recentra", a segunda "nos põe em questão e problematiza a realidade".[65] Há manifestações artísticas na cultura que veiculam nitidamente o desejo de dormir e são impulsionadas por ele, mas a grande obra de arte implica a ruptura, o corte, a abertura para o novo, introduzindo no simbólico e no imaginário algo de inédito e inaudito: a imagem-furo.

Nesses termos, a obra de arte opera uma contínua travessia da fantasia, e os diferentes movimentos artísticos nada mais são que a subversão da fantasia dominante em determinada cultura. Claro que em seguida haverá a assimilação da obra de arte no amplo escopo da cultura, mas no ato de seu nascimento ela é pura ruptura e carreia o não senso do real.

Não é preciso insistir no fato de que a experiência analítica opera da mesma forma: ao visar a travessia da fantasia, que sustentava para o sujeito seus sintomas, tanto na dimensão do sofrimento quanto na dimensão do gozo — duas faces da mesma moeda —, ela confronta o sujeito com o real da pulsão. Dito de outro modo, a travessia da fantasia percorre o simbólico do saber inconsciente para atingir seu núcleo real, o ponto de não saber, a partir do qual surge um novo sujeito.

Cabe, por fim, perguntar por que a psicanálise tem intensa conexão com a literatura e a arte, haja vista ser inegável que, desde Freud, ela se nutre da produção de escritores, poetas, artistas plásticos e cineastas. Tudo indica que a psicanálise encontra nessa produção o núcleo de sua reflexão, pois em sua experiência o psicanalista recolhe as formações do inconsciente que se aproximam dos "testemunhos do inconsciente"[66] com os quais ele se depara na obra do artista. Além disso, talvez seja o desejo de despertar aquilo que o psicanalista isola no criador e que ele próprio reconhece como muito próximo de seu desejo de psicanalista.

O desejo do psicanalista, nomeado igualmente por Lacan como desejo de saber, é aquele que entroniza na prática da análise, a cada momento, a mesma posição do criador. Estando este, ao que parece, movido pelo desejo de despertar, o psicanalista dá um passo na mesma direção e aciona o desejo de despertar o desejo de despertar. A duplicação de tal desejo de despertar talvez possa ser compreendida como a parte mais essencial do desejo do psicanalista, pois ela é responsável por levar uma análise até seu término. A ética da psicanálise, concebida por Lacan como ética do desejo, pode ser assim estendida para uma dimensão ética do desejo de despertar.

O desejo e o vazio da Coisa

No seminário *A ética da psicanálise*, Lacan retoma a descrição originalíssima que Freud faz do primeiro encontro da criança com seu próximo — *Neben-*

mensch —, por exemplo, a mãe. O próximo instaura uma clivagem entre a Coisa (*das Ding*) e o que aparece como seu semelhante, à sua imagem. Freud assinala que o complexo do próximo se divide em dois elementos, um dos quais se impõe por sua estrutura constante como Coisa (*das Ding*), e o outro pode ser compreendido por um trabalho de recordação, pode ser ligado a uma informação vinda do corpo próprio.[67] Há assim no próximo, para além daquilo que é compreendido em minha imagem, um vazio impenetrável que funda a própria divisão do sujeito. A Coisa primordial constitui uma presença externa e interna do estrangeiro no sujeito, ela não é boa nem má, e é como tal que ela orienta o desejo.

É nesse sentido que o seminário *A ética da psicanálise* esclarece a questão sobre o que é o desejo, e sua antecedência em relação ao seminário *A transferência* é digna de nota, uma vez que neste último Lacan assinala a importância do desejo do psicanalista na constituição da transferência. Como assevera Philippe Julien, quando Lacan fala de puro desejo, não se trata de um desejo puro — no sentido de que haveria desejos puros e impuros —, mas sim do desejo em seu estado nascente, desvinculado de qualquer objeto.[68] Trata-se da sua relação com a Coisa e de sua independência em relação a todo e qualquer objeto.

É igualmente nesse sentido que Lacan tematiza a sublimação no contexto da ética da psicanálise vinculando-a à pulsão de morte. A fórmula à qual Lacan chega, ao final do seminário — "Não ceder sobre o desejo que te habita" —, deve ser referida assim a essa dimensão radical do desejo destacada dos objetos, ao objeto enquanto falta radical que opera como causa do desejo. Por isso a ética da psicanálise se distingue das éticas tradicionais. Ela não é a ética do Bem Supremo, que supõe uma harmonia natural na qual o bem implica a felicidade que é buscada por todos. Ela não promove a ponderação implícita no sentido da medida, da prudência e do temperamento, em oposição ao excesso, à despesa e à violência das paixões. Essa concepção harmônica é tributária do princípio de prazer e não leva em conta o que vai além dele, que aparece precisamente na figura do herói — que exerce seu desejo para além do bem e da felicidade e revela o limite da ética social do bem.

O desejo está relacionado com o para além do princípio de prazer, com a pulsão de morte, e não se restringe à ordem do serviço de bens, o que leva a uma relativização dos ideais de felicidade. A referência a Antígona é aqui fundamental: é sua figura que surge na assunção do seu ser-para-a-morte. Se Lacan considera que Antígona nos faz ver "o ponto de vista que define o desejo",[69] é na medida em que ela representa a figura do herói que não abre mão de seu desejo. O desejo é tomado aqui em sua acepção freudiana, ele é inconsciente: "Se a análise tem um sentido, o desejo nada mais é do que aquilo que suporta o tema inconsciente, a articulação própria do que faz com que nos enraizemos num destino particular".[70]

Movido pela falta, o desejo é sempre desejo de outra coisa, daí a qualidade nitidamente metonímica de seu objeto, o que produz o deslocamento incessante de um objeto para outro. Tal relação intrínseca do desejo com a falta de objeto se expressa do modo mais excelso na onipresença da atividade do fantasiar que, ao apontar em seu horizonte para uma conquista ainda não realizada, sempre apresenta ao desejo uma alternativa para sua constante insatisfação.

Freud designou a fantasia como uma reserva natural, e entronizou-a ao se referir com toda ênfase ao sintagma "fantasia do desejo". A fantasia acena continuamente ao desejo com a aspiração à completude, que, contudo, jamais ocorre. Lacan insiste inúmeras vezes na relação indissociável entre o desejo e a fantasia, ressalvando que há, a seu ver, um desejo, um só, que não é sustentado pela fantasia: o desejo do psicanalista — desejo inédito que é o único passível de promover a travessia da fantasia do analisando, por ser dela fruto.

Notas

Introdução [pp. 13-8]

1. Esse era o nome original do Seminário de 1964 de Lacan, posteriormente publicado sob o título *Os quatro conceitos fundamentais da psicanálise*.
2. J. Lacan, "Índice ponderado dos principais conceitos", in *Escritos*, p.908.
3. Desde 2000, portanto, chamo a atenção para o inconsciente real, ao qual se passou a dar muito relevo posteriormente.
4. Por isso me empenhei, paralelamente, na organização de um livro no Brasil e de uma revista na França que colocaram essas dimensões no primeiro plano: A. Quinet e M.A.C. Jorge (Orgs.), *As homossexualidades na psicanálise na história de sua despatologização*, e J. Barbier e M.A.C. Jorge (Orgs.), *Insistance — Art, Psychanalyse, Politique*, n.12: "Séxualité, diversité".
5. H. Nunberg e E. Federn (Orgs.), *Les premiers psychanalystes*.

PARTE I: O poder da palavra

1. O método psicanalítico [pp. 21-78]

1. S. Freud, "Artigos sobre hipnotismo e sugestão, introdução do editor inglês", in *AE*, vol.I, p.69; *ESB*, vol.I, p.105. As edições mais modernas já inserem este texto no vol. VII das *Obras completas*. As referências à obra de Freud serão feitas, neste livro, tanto à edição argentina da Amorrortu Editores (doravante *AE*) quanto à edição brasileira da Imago (doravante *ESB* — Edição Standard Brasileira das *Obras completas de Sigmund Freud*), cuja tradução sigo, com leves interferências quando necessário.
2. S. Freud, "A história do movimento psicanalítico", in *AE*, vol.XIV, p.14; *ESB*, vol.XIV, p.25.
3. M. Foucault, "Le jeu de Michel Foucault", p.79.
4. S. Freud, "Tratamento psíquico (ou mental)", in *AE*, vol.I, p.115; *ESB*, vol.VII, p.297.
5. Ibid. Destaquem-se as aspas que Freud aplica à palavra "meras".
6. J. Lacan, "Função e campo da fala e da linguagem em psicanálise", in *Escritos*, p.270.
7. S. Freud, "Tratamento psíquico (ou mental)", in *AE*, vol.I, p.116; *ESB*, vol.VII, p.298.
8. Referência implícita à derradeira e fascinante obra de Darwin, publicada em 1872, *A expressão das emoções no homem e nos animais*, citada por Freud em outros momentos importantes de sua obra.

9. S. Freud, "Tratamento psíquico (ou mental)", in *AE*, vol.i, p.119; *ESB*, vol.vii, p.301.

10. Ibid., in *AE*, vol.i, pp.123-4; *ESB*, vol.vii, p.306.

11. Ibid., in *AE*, vol.i, p.125; *ESB*, vol.vii, p.308.

12. H.F. Ellenberger, *Histoire de la découverte de l'inconscient*, p.124.

13. Ibid.

14. E. Roudinesco e P.M. Johansson, "Apresentação", in O. Andersson, *Freud precursor de Freud*, p.17.

15. O. Andersson, *Freud precursor de Freud*, p.75.

16. Apud A. de Mijolla, *Freud et la France*, p.21.

17. S. Freud, "Carta de 1º de abril de 1915", in Freud-Lou Andreas-Salomé, *Correspondência completa*, p.44.

18. Apud A. de Mijolla, *Freud et la France*, p.30.

19. S. Freud, "Relatório sobre meus estudos em Paris e Berlim", in *AE*, vol.i, p.10; *ESB*, vol.i, p.42.

20. Ibid., in *AE*, vol.i, p.13; *ESB*, vol.i, p.45.

21. M. Gauchet e G. Swain, *El verdadero Charcot*, p.9.

22. P. Gay, *Freud, uma vida para o nosso tempo*, p.63.

23. S. Freud, "Análise terminável e interminável", in *AE*, vol.xxiii, p.228; *ESB*, vol. xxiii, p.257.

24. S. Freud, "Tratamento psíquico (ou mental)", in *AE*, vol.i, p.126; *ESB*, vol.vii, p.309.

25. S. Freud, "Hipnose", in *AE*, vol.i, p.138; *ESB*, vol.i, pp.155-6.

26. S. Freud, "Tratamento psíquico (ou mental)", in *AE*, vol.i, p.127; *ESB*, vol.vii, pp.309--10.

27. Ibid., in *AE*, vol.i, p.127; *ESB*, vol.vii, p.310.

28. S. Freud, "Hipnose", in *AE*, vol.i, p.138; *ESB*, vol.i, p.155.

29. S. Freud, "Resenha de *Hipnotismo* de Auguste Forel", in *AE*, vol.i, p.109; *ESB*, vol.i, p.148. O grifo é de Freud.

30. F.A. Mesmer, *Mémoire sur la découverte du magnétisme animal*, p.49s. Cf. J. Thuillier, *Franz Anton Mesmer ou l'extase magnétique*, p.86s; H.F. Ellenberger, *Histoire de la découverte de l'inconscient*, pp.87-101; Hegel, *Le magnétisme animal*.

31. S. Freud, "Prefácio à tradução de *Suggestion* de Bernheim", in *AE*, vol.i, p.88; *ESB*, vol.i, p.126.

32. S. Freud, "Prefácio à segunda edição alemã (1896) de *Suggestion* de Bernheim", in *AE*, vol.i, pp.92-3; *ESB*, vol.i, p.131.

33. S. Freud, "Psicologia de grupo e análise do eu", in *AE*, vol.xviii, p.85; *ESB*, vol. xviii, p.114.

34. Ibid., in *AE*, vol.xviii, pp.85-6; *ESB*, vol.xviii, p.115.

35. J. Lacan, "Posição do inconsciente no Congresso de Bonneval", in *Escritos*, p.854.

36. J. Lacan, *O Seminário*, livro 20, *Mais, ainda*, p.45.

37. T. Lamote, *La scientologie déchiffrée par la psychanalyse*.

38. H.F. Ellenberger, *Histoire de la découverte de l'inconscient*, p.87.

39. Ibid., p.89.

40. Ibid., p.96.

41. Cf. o capítulo "Franz Mesmer" na obra de Stefan Zweig, *A cura pelo espírito*.

42. S. Freud, "Tratamento psíquico (ou mental)", in *AE*, vol.i, p.129; *ESB*, vol.vii, p.312.

43. J. Lacan, *O Seminário*, livro 11, *Os quatro conceitos fundamentais da psicanálise*, pp.139 e 142.

44. M.A.C. Jorge, *Fundamentos da psicanálise de Freud a Lacan*, vol.2, *A clínica da fantasia*, capítulo "Sintoma e fantasia".

45. S. Freud, "Tratamento psíquico (ou mental)", in *AE*, vol.i, p.132; *ESB*, vol.vii, p.316.

46. Se o amor é comparado por Freud ao estado hipnótico, pode-se concluir que a hipnose constitui uma resistência tão grande à psicanálise quanto o amor de transferência pode representar uma poderosa forma de resistência durante o tratamento analítico.

47. E. Roudinesco, *História da psicanálise na França*, vol.i, p.162.

48. S. Freud, "Tratamento psíquico (ou mental)", in *AE*, vol.i, p.132; *ESB*, vol.vii, p.315.

49. S. Freud, "Esboço de psicanálise", in *AE*, vol.xxiii, p.177; *ESB*, vol.xxiii, p.204.

50. S. Ferenczi, "Sugestão e psicanálise", in *Obras completas, Psicanálise I*, p.228.

51. Ibid., p.222.

52. S. Freud, "A história do movimento psicanalítico", in *AE*, vol.xiv, pp.61-2; *ESB*, vol.xiv, pp.78-9.

53. Ibid.

54. J. Lacan, "A direção do tratamento e os princípios de seu poder", in *Escritos*, p.592.

55. J.-A. Miller, "Puntuaciones sobre 'La dirección de la cura'", in *Conferencias porteñas*, vol.2, p.182.

56. C. Lévi-Strauss, "A eficácia simbólica", pp.215-36. Esse ensaio foi dedicado, aliás significativamente, ao psicanalista Raymond de Saussure (filho do criador da linguística estrutural, Ferdinand de Saussure), discípulo de Freud, que prefaciou seu livro *O método analítico*.

57. Ibid., p.217.

58. Ibid.

59. Ibid., p.223.

60. Ibid., p.225.

61. Ibid., pp.225-6.

62. Ibid., p.228.

63. Ibid.

64. J. Lacan, *O Seminário*, livro 22, *R.S.I.*, lição de 10 dez. 1974.

65. C. Lévi-Strauss, "A eficácia simbólica", p.228.

66. Ibid., pp.228-9.

67. M. Klein, "A importância de formação de símbolos no desenvolvimento do ego".

68. J. Lacan, *O Seminário*, livro 1, *Os escritos técnicos de Freud*, p.83. Cf. N.P. Ferreira, "A precedência simbólica: Melanie Klein, Lacan e o caso Dick".

69. J.-A. Miller, "Indicações biobibliográficas", in J. Lacan, *Nomes-do-Pai*, p.89.

70. M. Zafiropoulos, *Lacan et Lévi-Strauss ou le retour à Freud 1951-1957*, p.67.

71. Ibid., p.66.

72. C. Lévi-Strauss, "A eficácia simbólica", pp.234-5.

73. J. Lacan, "O estádio do espelho como formador da função do eu tal como nos é revelada na experiência psicanalítica", in *Escritos*, p.100.

74. J. Lacan, "O simbólico, o imaginário e o real", in *Nomes-do-Pai*, p.12.

75. C. Lévi-Strauss, "A eficácia simbólica", p.230.

76. Ibid., p.235.

77. J. Lacan, *O mito individual do neurótico*.

78. C. Lévi-Strauss, "A eficácia simbólica", p.236.

79. J. Forrester, *A linguagem e as origens da psicanálise*, pp.36-7.

80. Dicionário médico organizado por Albert Villaret em dois volumes: *Handwörterbuch der gesamten Medizin*, Sttutgart, 1888: A-H; 1890: I-Z.

81. Freud afirma que as alterações psíquicas, fundamento do estado histérico, ocorrem inteiramente na esfera da "atividade cerebral inconsciente, automática"; que "o desenvolvimento dos distúrbios histéricos muitas vezes exige um período de incubação, ou melhor, de latência, durante o qual a causa desencadeante continua produzindo efeitos no inconsciente"; e, ainda no resumo que finaliza o texto, quando pondera que o excesso de estímulos na mente histérica "é distribuído por representações conscientes ou inconscientes". S. Freud, "Histeria", in *AE*, vol.1, pp.54, 58, 63; *ESB*, vol.1, pp.90, 94, 100. Em seu ensaio sobre o livro freudiano das afasias, Luiz Alfredo Garcia-Roza chama a atenção para o fato de que o termo "inconsciente" é utilizado aqui na forma substantiva (*das Unbewusst*); cf. L.A. Garcia-Roza, *Sobre as afasias*, in S. Freud, *Sobre a concepção das afasias*, p.171.

82. S. Freud, "Tratamento psíquico (ou mental)", in *AE*, vol.1, p.115; *ESB*, vol.VII, p.297.

83. J. Forrester, *A linguagem e as origens da psicanálise*, p.37.

84. F. Scherrer, *S. Freud est-il l'auteur de l'article Aphasie (1888)?*, p.163.

85. P. Gay, *Freud, uma vida para o nosso tempo*, p.65.

86. Henri Ellenberger retificou a lenda difundida por muitos autores de que a exposição de Freud sobre a histeria masculina tinha sido extremamente mal recebida pelos médicos da Sociedade Médica. Os fatos comprovam o contrário, e a lenda parece ser necessária para a construção da figura do "herói mítico que traz à humanidade um dom inestimável, mas que é rejeitado e desprezado". H. Ellenberger, "La conférence de Freud sur l'hystérie masculine (Vienne, le 15 octobre 1886)", in *Médecines de l'âme — essais d'histoire de la folie et des guérisons psychiques*, pp.207-25.

87. F. Scherrer, *S. Freud est-il l'auteur de l'article Aphasie (1888)?*, p.165.

88. O. Mannoni, "A psicanálise e a ciência", in *Um espanto tão intenso*, p.155.

89. S. Freud, "Um caso de cura pelo hipnotismo", in *AE*, vol.1, p.156; *ESB*, vol.1, p.178.

90. O artigo significou para Freud um marco importante em sua descoberta do inconsciente. Freud fará referência a ele inúmeras vezes nos trabalhos que publicou depois de 1911, assim como incluirá notas de rodapé referenciando-se a ele também em reedições de trabalhos anteriores a 1911. Cf. M.A.C. Jorge, *Fundamentos da psicanálise de Freud a Lacan*, vol.1, *As bases conceituais*, capítulo "Freud e os pares antitéticos".

91. Em tradução livre: "Todo homem digno desse nome/ Tem no coração uma Serpente amarela,/ Instalada como num trono,/ Que, se ele diz 'Quero', responde: 'Não'". Outro famoso poema de Baudelaire me parece ainda mais enfático quanto a expressar o conflito inerente aos pares antitéticos da cabeça de Jano, com a qual Freud gostava de definir o conflito psíquico inarredável do sujeito do inconsciente: *"Je suis la plaie et le couteau!/ Je suis le soufflet et la joue!/ Je suis les membres et la roue,/ Et la victime et le bourreau"*. C. Baudelaire, "Héautontimoroumenos" (Em tradução livre: "Eu sou a ferida e a faca!/ Eu sou o tapa e a cara!/ Sou os membros e a roda,/ E a vítima e o carrasco".), in *Oeuvres complètes*, p.91.

92. M.A.C. Jorge, "Freud e os pares antitéticos", in *Fundamentos da psicanálise de Freud a Lacan*, vol.1, *As bases conceituais*.

93. S. Freud, "Um caso de cura pelo hipnotismo", in *AE*, vol.1, p.155; *ESB*, vol.1, p.177.

94. Ibid., in *AE*, vol.1, p.160; *ESB*, vol.1, p.183.

95. S. Freud, "Alguns pontos para um estudo comparativo das paralisias motoras orgânicas e histéricas", in *AE*, vol.1, p.209; *ESB*, vol.1, p.237.

96. J. Breuer, "Caso 1: *Fräulein* Anna O.", in S. Freud, *AE*, vol.II, p.58; *ESB*, vol.II, pp.77-8.

97. Ibid., in *AE*, vol.II, p.68; *ESB*, vol.II, p.89.

98. J. Lacan, *O Seminário*, livro 1, *Os escritos técnicos de Freud*, p.17.

99. S. Freud, "Caso 2: *Frau* Emmy von N.", in *AE*, vol.II, p.81; *ESB*, vol.II, p.104.

100. Ibid., in *AE*, vol.II, p.83; *ESB*, vol.II, p.105.

101. Ibid., in *AE*, vol.II, p.77; *ESB*, vol.II, p.99.

102. S. Freud, "Caso 3: *Miss* Lucy R.", in *AE*, vol.II, p.125; *ESB*, vol.II, p.155.

103. Ibid., in *AE*, vol.II, p.139; *ESB*, vol.II, p.171.

104. S. Freud, "Caso 4: Katharina", in *AE*, vol.II, p.144; *ESB*, vol.II, p.177.

105. P. Mieli, "Os tempos do trauma", in *Sobre as manipulações irreversíveis do corpo e outros textos psicanalíticos*, p.30.

106. P. Gay, *Freud, uma vida para o nosso tempo*, p. 81.

107. S. Freud, "Caso 5: *Fräulein* Elisabeth von R.", in *AE*, vol.II, p.155; *ESB*, vol.II, p.188.

108. Ibid., in *AE*, vol.II, pp.153-4; *ESB*, vol.II, p.187.

109. É também justificando-se quanto a isso que Freud abre a discussão do caso. Ibid., in *AE*, vol.II, p.174; *ESB*, vol.II, p.209.

110. S. Freud, "Caso 5: *Fräulein* Elisabeth von R.", in *AE*, vol.II, p.154; *ESB*, vol.II, p.188.

111. Ibid., in *AE*, vol.II, p.179; *ESB*, vol.II, p.214.

112. S. Freud, "Caso 3: *Miss* Lucy R.", in *AE*, vol.II, p.134; *ESB*, vol.II, p.164.

113. J. Lacan, *O Seminário*, livro 1, *Os escritos técnicos de Freud*, p.309.

114. S. Freud, "A psicoterapia da histeria", in *AE*, vol.II, p.276; *ESB*, vol.II, p.326.

115. J. Lacan, *O Seminário*, livro 20, *Mais, ainda*, p.9.

116. M.A.C. Jorge, *Fundamentos da psicanálise de Freud a Lacan*, vol.1, *As bases conceituais*, pp.87-91.

117. S. Freud, "Caso 5: *Fräulein* Elisabeth von R.", in *AE*, vol.II, p.155; *ESB*, vol.II, p.188.

118. J. Lacan, *O Seminário*, livro 17, *O avesso da psicanálise*, p.122.

119. S. Freud, "Caso 5: *Fräulein* Elisabeth von R.", in *AE*, vol.II, p.160; *ESB*, vol.II, p.194. O grifo é meu.

120. M. Safouan, "Elogio à histeria", in *Estudos sobre o Édipo*, p.217.

121. S. Freud, "Caso 5: *Fräulein* Elisabeth von R.", in *AE*, vol.II, p.160; *ESB*, vol.II, p.194.

122. J.-A. Miller, "A propósito dos quatro conceitos fundamentais da psicanálise (Sobre o Seminário XI de Jacques Lacan)", p.22.

123. S. Freud, "Caso 5: *Fräulein* Elisabeth von R.", in *AE*, vol.II, p.163; *ESB*, vol.II, p.197.

124. Ibid., in *AE*, vol.II, p.163; *ESB*, vol.II, pp.197-8.

125. S. Freud, "A psicoterapia da histeria", in *AE*, vol.II, pp. 277-8; *ESB*, vol.II, p.328.

126. S. Freud, "Caso 5: *Fräulein* Elisabeth von R.", in *AE*, vol.II, p.167; *ESB*, vol.II, p.202.

127. S. Freud, *A interpretação dos sonhos*, in *AE*, vol.IV, p.157; *ESB*, vol.IV, p.154.

128. Ibid., in *AE*, vol.IV, pp.159-60; *ESB*, vol.IV, pp.156-7.

129. S. Freud, "Caso 5: *Fräulein* Elisabeth von R.", in *AE*, vol.II, pp.167-8; *ESB*, vol.II, pp.202-3.

130. A noção de insistência é tematizada de modo profundo e original no artigo de A. Didier-Weill "Por um lugar de insistência", in M.A.C. Jorge (Org.), *Lacan e a formação do psicanalista*.

131. S. Freud, "Caso 5: *Fräulein* Elisabeth von R.", in *AE*, vol.II, p.171; *ESB*, vol.II, p.206.

132. J. Lacan, "A direção do tratamento e os princípios de seu poder", in *Escritos*, p.630.

133. P. King e R. Steiner (Orgs.), *As controvérsias Freud-Klein 1941-45*.

134. J.-A. Miller (Org.), *Le transfert négatif*, p.59.

135. S. Freud, "Caso 5: *Fräulein* Elisabeth von R.", in *AE*, vol.II, p. 193; *ESB*, vol.II, pp.230-1.

136. J. Lacan, *O Seminário*, livro 20, *Mais, ainda*, p.25.

137. Ibid., p.26.

138. Ibid., pp.28-9.

139. S. Freud, "A psicoterapia da histeria", in *AE*, vol.II, p.270; *ESB*, vol.II, p.319.

140. Ibid., in *AE*, vol.II, p.298; *ESB*, vol.II, p.351, grifos do original.

141. Ibid., in *AE*, vol.II, p.306; *ESB*, vol.II, p.360, grifos do original.

142. Ibid., in *AE*, vol.II, p.286; *ESB*, vol.II, p.336.

143. Ibid., in *AE*, vol.II, p.285; *ESB*, vol.II, p.336.

144. Ibid., in *AE*, vol.II, p.272; *ESB*, vol.II, pp.321-2.

145. Ibid., in *AE*, vol.II, pp.273-4; *ESB*, vol.II, p.323, grifos do original.

146. S. Freud, "O método psicanalítico de Freud", in *AE*, vol.VII, p.238; *ESB*, vol.VII, p.258.

147. Ibid.

148. Ibid., in *AE*, vol.VII, p.238; *ESB*, vol.VII, p.259.

149. Ibid., in *AE*, vol.VII, pp.238-9; *ESB*, vol.VII, p.259.

150. Ibid., in *AE*, vol.VII, p.240; *ESB*, vol.VII, p.260.

151. Ibid., in *AE*, vol.VII, p.239; *ESB*, vol.VII, p.259.

152. Ibid., in *AE*, vol.VII, p.240; *ESB*, vol.VII, p.260.

153. Ibid., in *AE*, vol.VII, pp.240-1; *ESB*, vol.VII, p.261.

154. S. Freud, "Sobre a psicoterapia", in *AE*, vol.VII, p.252; *ESB*, vol.VII, p.273. O grifo é de Freud.

155. E. Carreira (Org.), *Os escritos de Leonardo da Vinci sobre a arte da pintura*, p.78.
156. S. Freud, "Sobre a psicoterapia", in *AE*, vol.vii, p.250; *ESB*, vol.vii, pp.270-1.
157. Ibid., in *AE*, vol.vii, p.250; *ESB*, vol.vii, p.271.
158. E. Carreira (Org.), *Os escritos de Leonardo da Vinci sobre a arte da pintura*, p.75.
159. S. Freud, "Sobre a psicoterapia", in *AE*, vol.vii, p.250; *ESB*, vol.vii, p.271.
160. J. Lacan, "A direção do tratamento e os princípios de seu poder", in *Escritos*, p.595. Ver também B. Milan, "A direção da cura e os princípios de seu poder", in *Revirão*, n.2, p.115.
161. J. Lacan, "Conférences et entretiens dans des universités nord-americaines", *Scilicet*, 6/7, p.35.
162. Ibid., p.36.
163. S. Freud, "Sobre a psicoterapia", in *AE*, vol.vii, p.252; *ESB*, vol.vii, p.272.
164. S. Freud, "Sobre a psicogênese de um caso de homossexualismo feminino", in *AE*, vol. xviii, p.13; *ESB*, vol. xviii, p.18.
165. J.-A. Miller, "Duas dimensões clínicas: sintoma e fantasia", in *Percurso de Lacan: Uma introdução*, p.93.
166. C. Soler, "O intratável", in J. Forbes (Org.), *Psicanálise ou psicoterapia*, p.111.
167. E. Roudinesco e M. Plon, *Dicionário de psicanálise*, p.625.
168. E. Roudinesco, *O paciente, o terapeuta e o Estado*, p.43.
169. Ibid., pp.44-5.
170. G. Ricci, *As cidades de Freud*, p.125.
171. G. Wittenberger e C. Tögel (Orgs.), *Las circulares del "Comité Secreto", vol.1: 1913--1920*, p.7.
172. J. Lacan, "Alocução sobre as psicoses da criança", in *Outros escritos*, p.364.
173. Cf. M. Safouan, *A transferência e o desejo do analista*, p.132.
174. G. Ricci, *As cidades de Freud*, p.156.
175. Aparentemente em oposição ao que afirmara mais de uma vez sobre a coincidência entre a pesquisa e o tratamento. Cabe entender que Freud reserva um lugar especial ao processo de teorização como consequente e posterior ao da própria pesquisa que é realizada no tratamento analítico.
176. S. Freud, "As perspectivas futuras da terapêutica psicanalítica", in *AE*, vol.xi, p.134; *ESB*, vol.xi, p.128. Dirá Freud mais tarde, em um de seus artigos sobre técnica: "A coincidência de investigação e tratamento no trabalho analítico é sem dúvida um dos títulos de glória deste último". Cf. S. Freud, "Conselhos ao médico sobre o tratamento psicanalítico", in *AE*, vol.xii, p.114; *ESB*, vol.xii, p.152.
177. S. Freud, "As perspectivas futuras da terapêutica psicanalítica", in *AE*, vol.xi, p.135; *ESB*, vol.xi, p.129.
178. Ibid., in *AE*, vol.xi, p.136; *ESB*, vol.xi, p.130.
179. Ibid.
180. Ibid.
181. J. Lacan, *O Seminário*, livro ii, *Os quatro conceitos fundamentais da psicanálise*, pp.218-9.

182. Refiro-me aqui à observação de Lacan segundo a qual onde há sujeito suposto saber há transferência. Cf. J. Lacan, *O Seminário*, livro 11, *Os quatro conceitos fundamentais da psicanálise*, p.220.

183. S. Freud, "As perspectivas futuras da terapêutica psicanalítica", in *AE*, vol.xi, p.139; *ESB*, vol.xi, p.133.

184. J. Lacan, "Proposição de 9 de outubro de 1967 sobre o psicanalista da Escola", in *Outros escritos*, p.251.

2. O ciclo da técnica [pp.79-130]

1. J. Lacan, *O Seminário*, livro 1, *Os escritos técnicos de Freud*, p.17.

2. J. Lacan, *O Seminário*, livro 5, *As formações do inconsciente*, pp.469-70.

3. S. Freud. "Sobre o início do tratamento (Novas recomendações sobre a técnica da psicanálise i)", in *AE*, vol.xii, p.125; *ESB*, vol.xii, p.164.

4. J. Lacan, *O Seminário*, livro 1, *Os escritos técnicos de Freud*, p.21.

5. M.D. Magno, "Texto da orelha da primeira edição da versão brasileira", in J. Lacan, *O Seminário*, livro 11, *Os quatro conceitos fundamentais da psicanálise*.

6. R. Magritte, *Les citations de Magritte*, citação 2.18.

7. C. Soler, "O intratável", in J. Forbes (Org.), *Psicanálise ou psicoterapia*, p.112.

8. E. Roudinesco, *O paciente, o terapeuta e o Estado*, p.144.

9. S. Freud, "Psicanálise selvagem", *AE*, vol.xi, p.225; *ESB*, vol.xi, p.211.

10. M.A.C. Jorge, "Discurso e liame social: apontamentos sobre a teoria lacaniana dos quatro discursos", in D. Rinaldi e M.A.C. Jorge (Orgs.), *Saber, verdade e gozo*.

11. J. Lacan, *O Seminário*, livro 11, *Os quatro conceitos fundamentais da psicanálise*, p.260.

12. Ibid., livro 7, *A ética da psicanálise*, p.382.

13. J. Lacan, "A direção do tratamento e os princípios de seu poder", in *Escritos*, p.598.

14. J. Lacan, "Função e campo da fala e da linguagem em psicanálise", in *Escritos*, p.241.

15. S. Freud, "O manejo da interpretação de sonhos na psicanálise", in *AE*, vol.xii, p.88; *ESB*, vol.xii, p.122.

16. Ibid., in *AE*, vol.xii, p.88; *ESB*, vol.xii, p.123.

17. Ibid., in *AE*, vol.xii, p.90; *ESB*, vol.xii, p.124.

18. S. Blanton, *Diario de mi análisis con Freud*, p.33.

19. S. Freud, "O manejo da interpretação de sonhos na psicanálise", in *AE*, vol.xii, p.90; *ESB*, vol.xii, p.124.

20. J. Lacan, *O Seminário*, livro 1, *Os escritos técnicos de Freud*, p.307.

21. Ibid., p.322.

22. S. Freud, "Carta de 31/12/1911", in W. McGuire (Org.), *Freud/Jung, correspondência completa*, p.541.

23. C.G. Jung, "Carta de 19/2/1912", in W. McGuire (Org.), *Freud/Jung, correspondência completa*, p.553.

24. S. Blanton, *Diario de mi análisis con Freud*, p.22.

25. M.G. Blanton, "Prefácio", inibid., p.xi.

26. Ibid., p.xii.

27. "A transferência como tempo de fechamento ligado ao engano do amor". J. Lacan, "Résumé rédigé pour l'annuaire de l'École pratique des Hautes Études, 1965", in *Le Séminaire*, livre 11, *Les quatre concepts fondamentaux de la psychanályse*, quarta capa.

28. S. Freud, "A dinâmica da transferência", in *AE*, vol.xii, p.102; *ESB*, vol.xii, p.139.

29. Alguns anos antes, Freud já havia utilizado uma expressão semelhante, "regra principal da psicanálise", na terceira conferência pronunciada na Universidade Clark, nos Estados Unidos.

30. N. Markman, "Psicanálise com bebês e crianças pequenas: intervenções precoces e invenções possíveis", Seminário no Corpo Freudiano Seção Rio de Janeiro, 30 abr. 2011, anotações pessoais.

31. J. Lacan, *O Seminário*, livro 1, *Os escritos técnicos de Freud*, p.52.

32. Ibid., p.62.

33. Ibid., p.63.

34. Ibid., p.66.

35. Ibid., p.65.

36. S. Freud, "Recomendações aos médicos que exercem a psicanálise", in *AE*, vol. xii, p.111; *ESB*, vol.xii, p.149.

37. Ibid., in *AE*, vol.xii, p.112; *ESB*, vol.xii, p.150.

38. Cf. B. Milan, "Notas do tradutor", nota 5, in J. Lacan, *O Seminário*, livro 1, *Os escritos técnicos de Freud*, p.334.

39. P. Picasso, "'Não procuro, encontro' ou 'Não tento fazer, faço'", in *Opção Lacaniana*, n.30, p.75s. Lacan o menciona nos Seminários 7 e 11. Já no Seminário 25, ele inverteria o dito significativamente: "Atualmente, não encontro, procuro".

40. Ibid., p.77.

41. L. Wittgenstein, *Anotações sobre as cores*, pp.17 e 61.

42. S. Freud, "Recomendações aos médicos que exercem a psicanálise", in *AE*, vol. xii, p.112; *ESB*, vol.xii, p.150.

43. Ibid., p.62.

44. Ibid., p.322.

45. P.-L. Assoun, *Dictionnaire des oeuvres psychanalytiques*, p.319.

46. S. Freud, "Recomendações aos médicos que exercem a psicanálise", in *AE*, vol. xii, p.114; *ESB*, vol.xii, p.152.

47. Ibid., in *AE*, vol.xii, p.114; *ESB*, vol.xii, p.153.

48. J. Lacan, "Da psicanálise em suas relações com a realidade", in *Outros escritos*, p.352.

49. J. Lacan, *O Seminário*, livro 5, *As formações do inconsciente*, p.97.

50. Ibid., p.97.

51. S. Freud, "Recomendações aos médicos que exercem a psicanálise", in *AE*, vol. xii, p.115; *ESB*, vol.xii, p.154.

52. Ibid.

53. Ibid., in *AE*, vol.xii, p.117; *ESB*, vol.xii, p.157.

54. E. Roudinesco, *História da psicanálise na França, a batalha de cem anos*, vol.1, p.83s.

55. S. Freud, "Sobre o início do tratamento", in *AE*, vol.xii, p.125; *ESB*, vol.xii, p.164.

56. Ibid.

57. J. Lacan, "Ouverture de la section clinique", in *Ornicar?*, n.9, p.12.

58. Esses medicamentos devem a classificação de neurolépticos "à síndrome que Delay e Denicker descreveram no início dos anos 1950, quando se começou a utilizar a clorpromazina. [A síndrome] foi denominada síndrome neuroléptica e se caracterizava por tranquilidade emocional, lentidão psicomotora e indiferença afetiva". G. Jorge, *Psicofarmacología para psicólogos y psicoanalistas*, p.59.

59. S. Freud, "Sobre o início do tratamento", in *AE*, vol.xii, p.126; *ESB*, vol.xii, p.166.

60. H. Deutsch, "Un type de pseudo-affectivité ('comme si')"; "Quelques formes de troubles affectifs et leur relation à la schizophrénie", in *Les "comme si" et autres textes (1933-1970)*.

61. S. Freud, "Sobre o início do tratamento", in *AE*, vol.xii, p.131; *ESB*, vol.xii, p.172.

62. Ibid., in *AE*, vol.xii, p.132; *ESB*, vol.xii, p.173.

63. Ibid.

64. Ibid., in *AE*, vol.xii, p.134; *ESB*, vol.xii, pp.174-5.

65. Ibid., in *AE*, vol.xii, p.134; *ESB*, vol.xii, p.176.

66. J. Lacan, *O Seminário*, livro 11, *Os quatro conceitos fundamentais da psicanálise*, p.102.

67. J.-M. Vivès, *A voz na clínica psicanalítica*, p.13.

68. A. Didier-Weill, *Os três tempos da lei*, p.42.

69. Ibid., p.20.

70. R. Barthes, *La chambre claire*.

71. R. Barthes, *Fragmentos de um discurso amoroso*, p.33.

72. S. Freud, "Sobre o início do tratamento", in *AE*, vol.xii, p.135; *ESB*, vol.xii, p.177.

73. Ibid., in *AE*, vol.xii, p.136; *ESB*, vol.xii, p.177.

74. Interessa lembrar que o cinema — imagem em movimento — surgiu na mesma época que a psicanálise, ambos sendo "rigorosamente contemporâneos". Cf. T. Rivera, *Cinema, imagem e psicanálise*, p.11.

75. O. Mannoni, "O que é associar livremente?", in *Um espanto tão intenso*, p.79.

76. S. Freud, "Sobre o início do tratamento", in *AE*, vol.xii, p.137; *ESB*, vol.xii, p.178.

77. J. Lacan, *O Seminário*, livro 5, *As formações do inconsciente*, p.43.

78. J. Lacan, *O Seminário*, livro 1, *Os escritos técnicos de Freud*, pp.309 e 322.

79. M. Safouan, *A transferência e o desejo do analista*, p.132

80. S. Freud, "Sobre o início do tratamento", in *AE*, vol.xii, p.138; *ESB*, vol.xii, p.180.

81. J. Lacan, "Conférences et entretiens dans des universités nord-américaines", *Scilicet*, 6/7, p.34.

82. S. Freud, "Sobre o início do tratamento", in *AE*, vol.xii, p.140; *ESB*, vol.xii, p.182.

83. Ibid., in *AE*, vol.xii, pp.140-1; *ESB*, vol.xii, p.183.

84. J. Lacan, *O Seminário*, livro 22, *R.S.I.*, lição de 10 dez. 1974.

85. S. Freud, "Sobre o início do tratamento", in *AE*, vol.xii, p.143; *ESB*, vol.xii, p.186.

86. "A questão do amor é assim ligada à do saber". J. Lacan, *O Seminário*, livro 20, *Mais, ainda*, p.122.

87. P.-L. Assoun, *Dictionnaire des oeuvres psychanalytiques*, p.1174.

88. Ibid.

89. J. Lacan, *O Seminário*, livro 11, *Os quatro conceitos fundamentais da psicanálise*, p.51.

90. Ibid.

91. Ibid., p.124.

92. S. Freud, "Recordar, repetir, elaborar", in *AE*, vol.xii, p.152; *ESB*, vol.xii, p.197.

93. É. Laurent, *Entre transferencia y repetición*, p.67.

94. J. Lacan, "Intervenção sobre a transferência", in *Escritos*, p.224.

95. J. Lacan, "Posição do inconsciente", in *Escritos*, p.863.

96. S. Freud, "Recordar, repetir, elaborar", in *AE*, vol.xii, p.152; *ESB*, vol.xii, p.196. O grifo é de Freud.

97. Ibid., in *AE*, vol.xii, p.156; *ESB*, vol.xii, p.201.

98. Ibid.

99. S. Freud, "A dinâmica da transferência", in *AE*, vol.xii, p.105; *ESB*, vol.xii, p.143.

100. Ibid.

101. S. Freud, "Recordar, repetir, elaborar", in *AE*, vol.xii, p.154; *ESB*, vol.xii, p.199.

102. Ibid., in *AE*, vol.xii, p.155; *ESB*, vol.xii, p.199.

103. Ibid., in *AE*, vol.xii, p.155; *ESB*, vol.xii, pp.199-200.

104. Ibid., in *AE*, vol.xii, p.155; *ESB*, vol.xii, p.200.

105. Ibid., in *AE*, vol.xii, p.154; *ESB*, vol.xii, p.199.

106. Ibid., in *AE*, vol.xii, p.152; *ESB*, vol.xii, p.197.

107. Ibid., in *AE*, vol.xii, p.153; *ESB*, vol.xii, p.197.

108. J. Lacan, *O Seminário*, livro 11, *Os quatro conceitos fundamentais da psicanálise*, p.56.

109. S. Freud, "Recordar, repetir, elaborar", in *AE*, vol.xii, p.153; *ESB*, vol.xii, p.198.

110. J. Sandler, C. Dare, A. Holder, *O paciente e o analista*, p.86.

111. E.L.A. Sousa, "Compulsão à repetição", in P. Kaufmann, *Dicionário enciclopédico de psicanálise*, pp.448-53.

112. S. Freud, "Sobre a tendência universal à depreciação na esfera do amor", in *AE*, vol.xi, p.182; *ESB*, vol.xi, p.171.

113. J. Lacan, "O aturdito", in *Outros escritos*, p.487.

114. Desenvolvemos a relação entre pulsão e repetição no capítulo "Sintoma e fantasia" do vol.2 desta obra, *A clínica da fantasia*.

115. S. Freud, "Recordar, repetir, elaborar", in *AE*, vol.xii, p.150; *ESB*, vol.xii, pp.194-5.

116. J. Lacan, "A direção do tratamento e os princípios de seu poder", in *Escritos*, p.630.

117. J. Laplanche e J.B. Pontalis, *Vocabulaire de la psychanalyse*, p.305.

118. S. Freud, "Recordar, repetir, elaborar", in *AE*, vol.xii, p.157; *ESB*, vol.xii, p.202.

119. O. Fenichel, *Problèmes de la technique psychanalytique*, apud P.-L. Assoun, *Dictionnaire des oeuvres psychanalytiques*, p.1175.

120. J. Lacan, *O Seminário*, livro 1, *Os escritos técnicos de Freud*, p.197.

121. M. Augé, *Les formes de l'oubli*, p.78.

122. S. Freud, *A Psycho-analytic Dialogue*. Carta de Freud de 4 mar. 1915, p.213.

123. S. Freud, "A dinâmica da transferência", in *AE*, vol.xii, p.97; *ESB*, vol.xii, p.133.

124. P.-L. Assoun, *Dictionnaire des oeuvres psychanalytiques*, p.1162.

125. S. Freud, "Observações sobre o amor transferencial", in *AE*, vol.xii, p.165; *ESB*, vol.xii, p.211.

126. J. Lacan, *O Seminário*, livro 11, *Os quatro conceitos fundamentais da psicanálise*, p.176.

127. S. Freud, "Observações sobre o amor transferencial", in *AE*, vol.xii, pp.165-6; *ESB*, vol.xii, p.211

128. Ibid., in *AE*, vol.xii, p.166; *ESB*, vol.xii, p.212.

129. Ibid., in *AE*, vol.xii, p.164; *ESB*, vol.xii, p.210.

130. Ibid., in *AE*, vol.xii, p.167; *ESB*, vol.xii, p.213.

131. M. Safouan, "Elogio à histeria", in *Estudos sobre o Édipo*, p.216.

132. S. Freud, "Observações sobre o amor transferencial", in *AE*, vol.xii, p.168; *ESB*, vol.xii, p.214.

133. J. Lacan, "A direção do tratamento e os princípios de seu poder", in *Escritos*, p.602.

134. M. Safouan, "Elogio à histeria", in *Estudos sobre o Édipo*, p.218.

135. J. Lacan, *O Seminário*, livro 10, *A angústia*, p.197.

136. Ibid., p.199.

137. A. Flesler, *A psicanálise de crianças e o lugar dos pais*, p.64.

138. J. Lacan, *O Seminário*, livro 20, *Mais, ainda*, p.122.

139. R. Voltolini, *Educação e psicanálise*.

140. J. Lacan, *O Seminário*, livro 20, *Mais, ainda*, p.11.

141. Ibid., p.64.

142. Ibid., p.83.

143. Cf. M.A.C. Jorge, *Fundamentos da psicanálise de Freud a Lacan*, vol.2, *A clínica da fantasia*, parte I.

3. O desejo do analista [pp.131-75]

1. A. Vanier, *Lacan*, p.110.

2. J. Lacan, *O Seminário*, livro 7, *A ética da psicanálise*, p.51.

3. P.-L. Assoun, *Dictionnaire des oeuvres psychanalytiques*, p.752.

4. R. Mezan, *Freud, pensador da cultura*.

5. S. Freud, *O mal-estar na cultura*, in *AE*, vol.xxi, p.74; *ESB*, vol.xxi, p.93.

6. J. Lacan, *O Seminário*, livro 7, *A ética da psicanálise*, p.382.

7. M. Safouan, *Lacaniana, les séminaires de Jacques Lacan, 1953-1963*, p.155.

8. S. Freud, "Conferência xxvii: Transferência", in *AE*, vol.xvi, p.394; *ESB*, vol.xvi, p.506.

9. Ibid.

10. S. Freud, "Linhas de progresso na terapia analítica", in *AE*, vol.xvii, p.160; *ESB*, vol.xvii, p.208.

11. J. Lacan, "A direção do tratamento e os princípios de seu poder", in *Escritos*, p.592.

12. Ibid., p.602.

13. S. Freud, "Conferência XXVII: Transferência", in *AE*, vol.XVI, p.394; *ESB*, vol.XVI, p.506.

14. Ibid., in *AE*, vol.XVI, p.395; *ESB*, vol.XVI, p.507.

15. Ibid.

16. Ibid.

17. Na carta a Fliess de 19 de setembro de 1901: "Recebi seu cartão poucas horas antes de minha partida. Deveria agora escrever-lhe sobre Roma, mas é difícil. Ela foi esmagadora também para mim e, como você sabe, foi a realização de um desejo há muito acalentado. Não só subornei a fonte de Trevi, como fazem todos, mas também — e isso eu mesmo inventei — mergulhei a mão na Bocca della Verità, em Santa Maria Cosmedin, e jurei voltar". J.M. Masson, *A correspondência completa de Sigmund Freud para Wilhelm Fliess (1887-1904)*, p.450. Essa escultura traz a crença de que alguém que minta não poderia enfiar a mão no furo da boca porque ela se fecharia.

18. S. Freud, *Estudos sobre a histeria*, in *AE*, vol.II, p.309; *ESB*, vol.II, p.363.

19. S. Freud, "Um obstáculo no caminho da psicanálise", in *AE*, vol.XVII, pp.131-2; *ESB*, vol.XVII, pp.174-5.

20. S. Freud, "O tabu da virgindade", in *AE*, vol.XI, p.195; *ESB*, vol.XI, p.184.

21. S. Freud, *O mal-estar na cultura*, in *AE*, vol.XXI, p.III; *ESB*, vol.XXI, p.136.

22. S. Freud, "Linhas de progresso na terapia analítica", in *AE*, vol.XVII, p.155; *ESB*, vol.XVII, p.201.

23. Ibid., in *AE*, vol.XVII, pp.156-7; *ESB*, vol.XVII, pp.203-4.

24. J. Lacan, "Conférences et entretiens dans des universités nord-américaines", *Scilicet*, 6/7, p.21.

25. S. Ferenczi, "Dificuldades técnicas de uma análise de histeria", in *Obras completas — Psicanálise III*, p.5.

26. Ibid., p.7.

27. S. Freud, "Linhas de progresso na terapia analítica", in *AE*, vol.XVII, p.158; *ESB*, vol. XVII, p.205, grifo de Freud.

28. Ibid., in *AE*, vol.XVII, pp.159-60; *ESB*, vol.XVII, p.207.

29. S. Freud, *História do movimento psicanalítico*, in *AE*, vol.XIV, p.62; *ESB*, vol.XIV, p.79.

30. Ibid.

31. Ibid., in *AE*, vol.XIV, p.63; *ESB*, vol.XIV, pp.81-2.

32. K.R. Eissler, "Notes on the history of lay analysis", in *Medical Orthodoxy and the Future of Psychoanalysis*, p.36.

33. G.M. Abroms, M.H. Miller, N.S. Greenfield, "American academic psychiatry and organized psychoanalysis", in I. Galdston (Org.), *Psychoanalysis in present-day psychiatry*, p.39.

34. P.-L. Assoun, *Dictionnaire des oeuvres psychanalytiques*, p.1129.

35. Ibid., p.1126.

36. A. Vanier, *Lacan*, p.61.

37. S. Freud, *A questão da análise leiga*, in *AE*, vol.xx, p.177; *ESB*, vol.xx, p.215.

38. Ibid., in *AE*, vol.xx, p.176; *ESB*, vol.xx, p.214.

39. J.F. Goethe, *Fausto*, p.68.

40. S. Freud, *A questão da análise leiga*, in *AE*, vol.xx, p.230; *ESB*, vol.xx, p.278.

41. Ibid., in *AE*, vol.xx, p.232; *ESB*, vol.xx, p.281.

42. Ibid., in *AE*, vol.xx, p.238; *ESB*, vol.xx, p.288.

43. Ibid., in *AE*, vol.xx, p.240; *ESB*, vol.xx, p.291.

44. Henry Krutzen contabilizou nove menções a ela nos seminários. Cf. *Jacques Lacan — Séminaire 1952-1980 — Index référentiel*, s/p.

45. J. Lacan, *O Seminário*, livro 11, *Os quatro conceitos fundamentais da psicanálise*, p.174.

46. C. Melman, "O enigma do recalque", in *Novos estudos sobre a histeria*, p.51.

47. S. Freud, "Cinco lições de psicanálise", in *AE*, vol.xi, p.50; *ESB*, vol.xi, p.50.

48. C. Melman, "O enigma do recalque", pp.50-1.

49. J. Lacan, "Proposição de 9 de outubro de 1967 sobre o psicanalista da Escola", in *Outros escritos*, p.259.

50. C. Soler, *Variáveis do fim da análise*, p.58.

51. S. Freud, "Cinco lições de psicanálise", in *AE*, vol.xi, pp.49-50; *ESB*, vol.xi, pp.49-50.

52. Ibid., in *AE*, vol.xi, p.50; *ESB*, vol.xi, p.50.

53. Ibid., in *AE*, vol.xi, p.49; *ESB*, vol.xi, p.49.

54. Ibid., in *AE*, vol.xi, p.50; *ESB*, vol.xi, p.50.

55. S. Freud, "Conferência xxxi: A dissecção da personalidade psíquica", in *AE*, vol.xxii, p.74; *ESB*, vol.xxii, p.102.

56. J. Lacan, "A Coisa freudiana ou sentido de um retorno a Freud em psicanálise", in *Escritos*, p.418.

57. E. Roudinesco, "Lacan, a peste", in *Em defesa da psicanálise*, p.81.

58. Ibid.

59. S. Freud, "Conferência xxxi: A dissecção da personalidade psíquica", in *AE*, vol.xxii, p.72; *ESB*, vol.xxii, p.98.

60. S. Freud, "Recomendações aos médicos que exercem a psicanálise", in *AE*, vol.xii, p.118; *ESB*, vol.xii, p.158.

61. Ibid.

62. P. Julien, *O estranho gozo do próximo*, capítulos 5 e 6.

63. Já se falou em "matrimônio psicomusical" entre Paul McCartney e John Lennon.

64. M.A.C. Jorge, *Fundamentos da psicanálise de Freud a Lacan*, vol.2, *A clínica da fantasia*, pp.108-9.

65. P. Gay, *Freud, uma vida para o nosso tempo*, p.555.

66. Ibid., p.556.

67. S. Freud, "Dr. Sándor Ferenczi (em seu 50º aniversário)", in *AE*, vol.xix, p.289; *ESB*, vol.xix, p.335.

68. Ibid., in *AE*, vol.xxii, p.227; *ESB*, vol.xxii, p.278.

69. P. Roazen, "Considérations sur les conférences de Freud à l'université Clark", p.37.

70. M.A.C. Jorge, "A bela diferente", in *Sexo e discurso em Freud e Lacan*, pp.105s.

71. D. Chauvelot, *Por amor a Freud*, p.85.

72. C. Azouri, "J'ai réussi là où le paranoïaque échoue", p.105.

73. Apud D. Chauvelot, *Por amor a Freud*, p.85.

74. H. Leupold-Löwenthal, "Notas sobre 'Análisis terminable e interminable' de Sigmund Freud", in J. Sandler (Org.), *Estudio sobre el "Análisis terminable e interminable" de Sigmund Freud*, p.61.

75. J. Lacan, "Variantes do tratamento-padrão", in *Escritos*, p.342.

76. S. Freud, "Conferência xxviii: Terapia analítica", in *AE*, vol.xvi, p.412; *ESB*, vol. xvi, p.528.

77. S. Freud, "Conferência xxvii: Transferência", in *AE*, vol.xvi, p.396; *ESB*, vol.xvi, p.508.

78. S. Ferenczi, "O problema do fim da análise", in *Obras completas*, vol.iv, p.19.

79. S. Freud, "Análise terminável, análise interminável", in *AE*, vol.xxiii, p.220; *ESB*, vol.xxiii, p.248.

80. Ibid., in *AE*, vol.xxiii, p.220; *ESB*, vol.xxiii, pp.248-9.

81. Ibid., in *AE*, vol.xxiii, p.229; *ESB*, vol.xxiii, p.258.

82. Ibid., in *AE*, vol.xxiii, p.237; *ESB*, vol.xxiii, p.267.

83. S. Ferenczi, "O problema do fim da análise", p.20.

84. S. Freud, "Análise terminável, análise interminável", in *AE*, vol.xxiii, p.233; *ESB*, vol.xxiii, pp.262-3.

85. Ibid., in *AE*, vol.xxiii, p.233; *ESB*, vol.xxiii, p.263.

86. S. Ferenczi, "O problema do fim da análise", p.17.

87. D. Rabinovich, *La teoría del yo en la obra de Jacques Lacan*, pp.88-9.

88. S. Ferenczi, "O problema do fim da análise", p.18.

89. Ibid.

90. S. Freud, "Análise terminável, análise interminável", in *AE*, vol.xxiii, pp.239; *ESB*, vol.xxiii, p.270.

91. Ibid., in *AE*, vol.xxiii, p.237; *ESB*, vol.xxiii, p.267.

92. J. Sandler, C. Dare e A. Holder, *O paciente e o analista*, p.26.

93. H. Hartmann, *Psicologia do ego e o problema da adaptação*, p.5.

94. S. Freud, "Análise terminável, análise interminável", in *AE*, vol.xxiii, p.244; *ESB*, vol.xxiii, p.276.

95. Ibid., in *AE*, vol.xxiii, p.245; *ESB*, vol.xxiii, p.276.

96. Ibid., in *AE*, vol.xxiii, p.245; *ESB*, vol.xxiii, p.277.

97. S. Ferenczi, "O problema do fim da análise", p.21.

98. S. Freud, "Análise terminável, análise interminável", in *AE*, vol.xxiii, p.249; *ESB*, vol.xxiii, p.281.

99. S. Ferenczi, "O problema do fim da análise", p.21.

100. Cf. M.A.C. Jorge, "Lacan e a estrutura da formação psicanalítica", in M.A.C. Jorge (Org.), *Lacan e a formação do psicanalista*, pp.85-104.

101. J. Lacan, "Proposição de 9 de outubro sobre o psicanalista da Escola", in *Outros escritos*, pp.249-50.

102. S. Ferenczi, "O problema do fim da análise", p.22.

103. Cf. à pp.144ss. minha abordagem das possibilidades de o sujeito deparar-se com a pulsão de modo novo, que não implique o recalque.

104. Cf. M.A.C. Jorge. *Fundamentos da psicanálise de Freud a Lacan*, vol.2, *A clínica da fantasia*, p.122.

105. S. Freud, "Construções em análise", in *AE*, vol.xxiii, p.260; *ESB*, vol.xxiii, p.292.

106. J. Laplanche e J.-B. Pontalis, *Vocabulaire de la psychanalyse*, p.99.

107. J.-A. Miller, "Marginália de 'Construções em análise'", p.93.

108. S. Freud, "Construções em análise", in *AE*, vol.xxiii, p.261; *ESB*, vol.xxiii, p.293.

109. Ibid.

110. Ibid., in *AE*, vol.xxiii, pp.262-3; *ESB*, vol.xxiii, p.295.

111. P.-L. Assoun, *Dictionnaire des oeuvres psychanalytiques*, p.323.

112. S. Freud, "Construções em análise", in *AE*, vol.xxiii, p.262; *ESB*, vol.xxiii, p.294.

113. Ibid., in *AE*, vol.xxiii, p.263; *ESB*, vol.xxiii, p.296.

114. Ibid., in *AE*, vol.xxiii, p.263; *ESB*, vol.xxiii, p.295.

115. M.A.C. Jorge, "Aprender a aprender. Lacan e a supervisão psicanalítica", in M.A.C. Jorge (Org.), *Lacan e a formação do psicanalista*, p.285.

PARTE II: **A ética do desejo**

1. **A direção da análise** [pp.179-230]

1. J. Lacan, "O simbólico, o imaginário e o real", in *Nomes-do-Pai*, p.12.

2. J. Lacan, "Função e campo da fala e da linguagem em psicanálise", in *Escritos*, p.244.

3. Ibid., p.246.

4. Posteriormente, Lacan chegará a falar da "recusa do conceito" em jogo nos desvios teóricos. Cf. *O Seminário*, livro 11, *Os quatro conceitos fundamentais da psicanálise*, p.24.

5. J. Lacan, "Função e campo da fala e da linguagem em psicanálise", in *Escritos*, p.248.

6. Ibid., p.290.

7. M.A.C. Jorge, *Fundamentos da psicanálise de Freud a Lacan*, vol.2, *A clínica da fantasia*, p.46.

8. J. Lacan, "Função e campo da fala e da linguagem em psicanálise", p.271. Observe-se o fato nada anódino de que o livro sobre os chistes é a única obra de Freud que traz o termo "inconsciente" em seu título.

9. Ibid., p.270.

10. Ibid., p.282.

11. S. Freud, *A psicopatologia da vida cotidiana*, in *AE*, vol.vi, p.13; *ESB*, vol.vi, p.23.

12. J. Lacan, "Função e campo da fala e da linguagem em psicanálise", p.268.

13. Ibid., p.269.

14. Ibid., p.253.

15. Ibid., p.258.

16. Ibid., p.303.

17. Ibid., p.300.

18. Ibid., p.301.

19. J.-A. Miller, "Puntuaciones sobre 'La dirección de la cura'", in *Conferencias porteñas*, vol.2, p.182.

20. J. Lacan, "A direção do tratamento e os princípios de seu poder", in *Escritos*, p.603.

21. Ibid., p.592.

22. Ibid., pp.592-3.

23. Ibid., p.621.

24. S. Freud, *Esboço de psicanálise*, in *AE*, vol.xxiii, p.174; *ESB*, vol.xxiii, p.200.

25. É. Laurent, "La lógica de las entradas en análisis", p.7.

26. M. Mannoni, *A primeira entrevista em psicanálise*, p.103.

27. J. Lacan, *O Seminário, livro 8, A transferência*, p.262.

28. Ibid., p.261.

29. Ibid., pp.70-1.

30. Ibid., p.195.

31. Ibid., p.188.

32. Ibid., p.188.

33. J. Lacan, *O Seminário, livro 1, Os escritos técnicos de Freud*, p.308.

34. M.A.C. Jorge, *Fundamentos da psicanálise de Freud a Lacan*, vol.1, *As bases conceituais*, capítulo "Freud e os pares antitéticos".

35. J. Lacan, *O Seminário, livro 1, Os escritos técnicos de Freud*, p.314.

36. Ibid., p.315.

37. Ibid., p.316.

38. Ibid.

39. J. Lacan, "Variantes do tratamento-padrão", in *Escritos*, p.364.

40. Como tão bem sabia fazer em suas palestras o místico indiano Jiddu Krishnamurti.

41. S. Freud, *Sobre o início do tratamento (Novas recomendações sobre a técnica da psicanálise I)*, in *AE*, vol.xii, p.125; *ESB*, vol.xii, p.164.

42. J. Lacan, *O Seminário, livro 11, Os quatro conceitos fundamentais da psicanálise*, pp.142-3.

43. J. Lacan, "Proposição de 9 de outubro de 1967 sobre o psicanalista da Escola", in *Outros escritos*, pp.252-3.

44. J.-A. Miller, "Tres para el mohíno: sobre el significante de la transferencia", in É. Laurent et alii, *El significante de la transferencia*, pp.70-1.

45. É. Laurent, "La lógica de las entradas en análisis", p.32.

46. Ibid.

47. J. Lacan, "Proposição de 9 de outubro de 1967 sobre o psicanalista da Escola", p.254.

48. J. Lacan, *O Seminário, livro 1, Os escritos técnicos de Freud*, p.309.

49. Daí a importância da postura assumida pelos analistas na cultura, pois é a partir dela que se estabelece inicialmente um embrião de transferência com a psicanálise.

50. Esse vetor nasce no inconsciente e não pode ser dominado; por isso Lacan aboliu a categoria do analista didata como o único capaz de conduzir análises que formam um analista. Uma análise só se revela "didática" depois, e todo analista pode conduzir uma análise até o seu fim, no qual surge um novo analista.

51. J. Lacan, *O Seminário*, livro 11, *Os quatro conceitos fundamentais da psicanálise*, p.167.

52. M.A.C. Jorge, "Aprender a aprender — Lacan e a supervisão psicanalítica", in M.A.C. Jorge (Org.), *Lacan e a formação do psicanalista*.

53. Cf. M.A.C. Jorge, "Discurso e liame social: apontamentos sobre a teoria lacaniana dos quatro discursos", in D. Rinaldi e M.A.C. Jorge (Orgs.), *Saber, verdade e gozo*.

54. J. Lacan, "Posição do inconsciente", in *Escritos*, p.854.

55. Referido por J.-M. Vivès, "A melomania ou a voz do objeto de paixões", in *A voz na psicanálise*.

56. J. Lacan, "Proposição de 9 de outubro de 1967 sobre o psicanalista da Escola", p.254.

57. J. Lacan, *O Seminário*, livro 11, *Os quatro conceitos fundamentais da psicanálise*, pp.218-9.

58. Lacan afirma diversas vezes ao longo de seu ensino: "Evitem compreender!".

59. J. Lacan, "Conférences et entretiens dans des universités nord-américaines", *Scilicet*, 6/7, p.13.

60. M.D. Magno, *Senso contra censo da obra de arte*, p.70.

61. J. Lacan, "Intervenção sobre a transferência", in *Escritos*, p.218.

62. J. Lacan, "A direção do tratamento e os princípios de seu poder", in *Escritos*, p.602. Cf. N.P.Ferreira e M.A. Motta, *Histeria, o caso Dora*.

63. D. Rabinovich, *El deseo del psicoanalista*, p.10.

64. B. Milan, "Adeus Doutor", in *Teatro dramático*, p.60.

65. J. Lacan, "De uma questão preliminar a todo tratamento possível da psicose", in *Escritos*, p.590.

66. J. Lacan, *O Seminário*, livro 22, *R.S.I.*, lição de 18 mar. 1975.

67. J. Lacan, "Função e campo da fala e da linguagem em psicanálise", in *Escritos*, p.266.

68. J. Lacan, *O Seminário*, livro 3, *As psicoses*, p.275.

69. J. Lacan, *O Seminário*, livro 2, *O eu na teoria de Freud e na técnica da psicanálise*, p.80.

70. Ibid., p.81.

71. Ibid., p.74.

72. J. Lacan, "Função e campo da fala e da linguagem em psicanálise", in *Escritos*, p.266.

73. J. Lacan, "A psicanálise e seu ensino", in *Escritos*, p.446.

74. M. Silvestre, "El saber del psicoanalista (Un comentario de 'Variantes de la cura-tipo')", in É. Laurent et alii., *El significante de la transferencia*, p.35.

75. J. Lacan, "A psicanálise e seu ensino", p.440.

76. E. Roudinesco, *História da psicanálise na França*, vol.2, pp.290s.

77. Ibid., p.291.

78. J. Lacan, "Variantes do tratamento-padrão", in *Escritos*, p.326.

79. Ibid., p.339. Relembro a esse respeito que, ainda estudante de medicina, frequentando um curso de extensão de psiquiatria e psicanálise, pude ouvir de um psica-

nalista da IPA, numa aula sobre a interpretação, que "o analista pode interpretar tanto mais quanto mais ele souber".

80. Ibid., p.351.

81. Ibid., p.359.

82. Ferenczi, "Elasticidade da técnica psicanalítica", p.26.

83. J. Lacan, "Variantes do tratamento-padrão", p.361.

84. Ibid.

85. Ibid., p.360.

86. J. Lacan, "A direção do tratamento e os princípios de seu poder", in *Escritos*, p.601.

87. Cf. o presente livro, capítulo "O ciclo da técnica".

88. J. Lacan, "A Coisa freudiana", in *Escritos*, p.420.

89. Ibid., pp.420-1.

90. J. Lacan, "Intervenção sobre a transferência", in *Escritos*, p.215.

91. J. Lacan, *O Seminário*, livro 8, *A transferência*, p.19.

92. J. Lacan, "Proposição de 9 de outubro de 1967 sobre o psicanalista da Escola", p.252.

93. R.D. Laing, *Laços*, p.19.

94. J. Lacan, "Variantes do tratamento-padrão", p.336.

95. J. Lacan, "Função e campo da fala e da linguagem em psicanálise", in *Escritos*, p.292.

96. J. Lacan, *O Seminário*, livro 2, *O eu na teoria de Freud e na técnica da psicanálise*, p.156.

97. Ibid.

98. Ibid., p.155.

99. Ibid., p.125.

100. Ibid., p.81.

101. Ibid., p.74.

102. Ibid., p.221.

103. Ibid., p.224.

104. Ibid., p.172.

105. Ibid., p.287.

106. S. Freud, "As perspectivas futuras da terapêutica psicanalítica", in *AE*, vol.XI, p.136; *ESB*, vol.XI, p.130.

107. Ibid.

108. S. Freud e S. Ferenczi, *Correspondência*, vol.I, p.280.

109. "Acredito que um artigo sobre 'contratransferência' seja extremamente necessário; claro que não poderíamos publicá-lo, teríamos que fazer circularem cópias entre nós mesmos." S. Freud e C.G. Jung, *Correspondência* completa, carta de Freud a Jung de *31 dez. 1911*, p.542.

110. P. Heimann, "A propos du contre-transfert", in P. Heimann et alii, *Le contre-transfert*, p.23.

111. Ibid., p.24. Lacan já criticara essa mesma noção de "situação analítica" diversas vezes, por exemplo, no *Seminário 8, A transferência*, onde critica todo esse esforço

feito nos últimos anos para organizar aquilo que se passa no tratamento analítico em torno da noção de situação analítica. Para Lacan, essa situação ou não existe ou é bem falsa, por isso ele fala de uma *pretensa* situação.

112. Ibid., p.25.

113. S. Freud, "A disposição à neurose obsessiva", in *AE*, vol.xii, p.340; *ESB*, vol.xii, p.402.

114. P. Heimann, "A propos du contre-transfert", p.28.

115. M. Little, "'R' — la réponse totale de l'analyste aux besoins de son patient", in P. Heimann et alii, *Le contre-transfert*, p.49.

116. H. Racker, *Estudos sobre técnica psicanalítica*, p.14.

117. J. Lacan, *O Seminário*, livro 8, *A transferência*, p.197.

118. Ibid., p.195.

119. J. Lacan, *O Seminário*, livro 11, *Os quatro conceitos fundamentais da psicanálise*, p.260.

120. J. Lacan, "Discurso na Escola Freudiana de Paris", in *Outros escritos*, p.276.

121. L. Bataille, "Desejo do analista e desejo de ser psicanalista", in *O umbigo do sonho*, pp.14-5.

122. Cf. M.A.C. Jorge, *Fundamentos da psicanálise de Freud a Lacan*, vol.2, *A clínica da fantasia*, capítulo "Sintoma e fantasia".

123. E uma das melhores maneiras de se pensar aquilo que pode constituir um verdadeiro laço entre analistas numa instituição psicanalítica parte precisamente desse desejo de saber. Cf. M.A.C. Jorge, "O desejo de saber como laço entre analistas. Um comentário sobre 'Nota italiana'", in M.A.C. Jorge (Org.), *Lacan e a formação do psicanalista*, p.249.

2. Da angústia ao desejo [pp.231-65]

1. S. Freud, *Totem e tabu*, in *AE*, vol.xiii, pp.89-90; *ESB*, vol.xiii, p.109.

2. S. Freud, "O estranho", in *AE*, vol.xvii, p.240; *ESB*, vol.xvii, p.300.

3. Cf. M.A.C. Jorge, *Fundamentos da psicanálise de Freud a Lacan*, vol.1, *As bases conceituais*, capítulo "Freud e os pares antitéticos".

4. Cf. Ibid; e também C. Melman, *Estrutura lacaniana das psicoses*, capítulo "O sentido antitético das palavras primitivas: sobre a ironia"; C. Melman, *Novos estudos sobre o inconsciente*, capítulos 6 e 7.

5. S. Freud, "O estranho", in *AE*, vol.xvii, p.224; *ESB*, vol.xvii, p.282.

6. Ibid., in *AE*, vol.xvii, p.226; *ESB*, vol.xvii, p.283.

7. L. Hanns, *Dicionário comentado do alemão de Freud*, p.231.

8. S. Freud, "O estranho", in *AE*, vol.xvii, pp.224-6, 241; *ESB*, vol.xvii, pp.281-3, 301.

9. L. Hanns, *Dicionário comentado do alemão de Freud*, p.239.

10. E. Jentsch, "Sobre a psicologia do estranho", p.1.

11. Ibid., p.8.

12. Ibid., p.4.

13. Ibid., p.5.

14. S. Freud, "O estranho", in *AE*, vol.xvii, p.227; *ESB*, vol.xvii, p.284.

15. Ibid., in *AE*, vol.xvii, p.227; *ESB*, vol.xvii, p.285.

16. A. Didier-Weill, *Os três tempos da lei*, p.60.

17. Cf. M.A.C. Jorge, *Fundamentos da psicanálise de Freud a Lacan*, vol.2, *A clínica da fantasia*, capítulo "A pulsão de morte: segunda subversão freudiana".

18. E.T.A. Hoffmann, "O Homem da Areia", in B. Tavares (Org.), *Freud e o estranho*, p.265.

19. Ibid.

20. C. Lispector, *"Angina pectoris da alma"*, in *A descoberta do mundo*, p.228.

21. S. Freud, "O problema econômico do masoquismo", in *AE*, vol.xix, p.170; *ESB*, vol.xix, p.206.

22. J. Lacan, *O Seminário*, livro 22, *R.S.I.*, lição de 21 jan. 1975.

23. J.-A. Miller, "A criança entre a mulher e a mãe", *Opção Lacaniana*, 21, p.8.

24. Ibid., p.9.

25. Composto por Philippe Lacadée, de Bordeaux, Bernard Nominé, de Pau, e Marie--Jean Sauret, de Toulouse.

26. M.-J. Sauret, *O infantil e a estrutura*, pp.40-1.

27. T. Costa, *Édipo*, p.73.

28. E. Jones, *Psicanálise da religião cristã*, p.60.

29. Cf. M.A.C. Jorge, *Fundamentos da psicanálise de Freud a Lacan*, vol.2, *A clínica da fantasia*, capítulo "A pulsão de morte: Segunda subversão freudiana".

30. B. Bertolucci, "Entrevista", no encarte do DVD *La luna*.

31. J. Lacan, *O Seminário*, livro 7, *A ética da psicanálise*, p.86.

32. Ibid., p.87.

33. Ibid.

34. S. Freud, "Simbolismo nos sonhos", in *AE*, vol.xv, p.141; *ESB*, vol.xv, p.185.

35. J. Lacan, *O Seminário*, livro 7, *A ética da psicanálise*, p.87.

36. S. Freud, "O estranho", in *AE*, vol.xvii, p.244; *ESB*, vol.xvii, p.305.

37. Ibid.

38. Ibid.

39. Ibid., in *AE*, vol.xvii, p.246; *ESB*, vol.xvii, p.307. Cf. também S. Leite, *Angústia*, capítulo "Silêncio, solidão, escuridão: as faces do desamparo". Os primeiros versos da magnífica canção de Gilberto Gil "Se eu quiser falar com Deus" enunciam surpreendentemente a mesmíssima trilogia freudiana sobre o estranho: "Se eu quiser falar com Deus,/ Tenho que ficar a sós,/ Tenho que apagar a luz,/ Tenho que calar a voz".

40. Comunicação pessoal ao autor.

41. T. Jousse, *David Lynch*, p.75.

42. Ibid., p.76.

43. S. Žižek, "David Lynch ou a arte do sublime ridículo", in *Lacrimae rerum*, p.123s.

44. C. Rodley (Org.), *Lynch on Lynch*, p.221.

45. S. Leite, *Angústia*, p.42.

46. J. Lacan, *O Seminário*, livro 11, *Os quatro conceitos fundamentais da psicanálise*, p.57.

47. J. Lacan, *O Seminário*, livro 8, *A transferência*, p.352.

48. A. Flesler, *A psicanálise de crianças e o lugar dos pais*, p.26.

49. O. Bloch e W. von Wartburg, *Dictionnaire étymologique de la langue française*, p.189.

50. J. Ayto, *Dictionary of Word Origins*, p.166.

51. A. Didier-Weill, *Os três tempos da lei*, p.118.

52. Ibid., p.311.

53. I. Bordelois, *Etimología de las pasiones*, pp.120-1.

54. M. Safouan, "Conferências cariocas", in *Revirão — Revista da Prática Freudiana*, n.1, p.79.

55. J. Lacan, *O Seminário*, livro 22, *R.S.I.*, lição de 17 dez. 1974.

56. Cf. S. Leite, *Angústia*, pp.63-4.

57. Cf. A. Didier-Weill, *Invocações*. J.-M.Vivès (Org.), *Les enjeux de la voix en psychanalyse dans et hors la cure*.

58. J.-M. Vivès, *A voz na clínica psicanalítica*, p.83.

59. Ibid.

60. J. Lacan, *O Seminário*, livro 11, *Os quatro conceitos fundamentais da psicanálise*, p.195.

61. J. Lacan, *O Seminário*, livro 20, *Mais, ainda*, p.125.

62. Cf. M.A.C. Jorge, *Fundamentos da psicanálise de Freud a Lacan*, vol.2, *A clínica da fantasia*, parte II.

63. J. Lacan, *Le savoir du psychanalyste*.

64. J. Lacan, *"Apresentação das* Memórias de um doente dos nervos", in *Outros escritos*, p.221.

65. J. Lacan, *O Seminário*, livro 10, *A angústia*, p.192.

66. J. Lacan, "De uma questão preliminar a todo tratamento possível da psicose", in *Escritos*, p.589.

67. Em francês, *hainamoration*, que associa *haine*, ódio, e *énamoration*, enamoramento.

68. J. Lacan, *O Seminário*, livro 20, *Mais, ainda*, p.120.

69. Ibid.

70. Ibid., p.64.

71. Ibid., p.200.

72. M.A.C. Jorge, *Fundamentos da psicanálise de Freud a Lacan*, vol.1, *As bases conceituais*, pp.193s.

73. J. Lacan, *O Seminário*, livro 20, *Mais, ainda*, p.200.

74. Encarte do CD *Mind Games*, de John Lennon, Apple, 1973, p.3.

75. Cf. M.A.C. Jorge, *Fundamentos da psicanálise de Freud a Lacan*, vol.1, As bases conceituais, anexo "Futebol, a guerra na vida cotidiana".

76. J. Lacan, *O Seminário*, livro 20, *Mais, ainda*, pp.111-2.

77. J. Lacan, "Subversão do sujeito e dialética do desejo no inconsciente freudiano", in *Escritos*, p.826.

78. S. Freud, "Meus pontos de vista sobre o papel desempenhado pela sexualidade na etiologia das neuroses", in *AE*, vol.VII, p.266; *ESB*, vol.VII, p.287.

79. J. Lacan, *O Seminário*, livro 5, *As formações do inconsciente*, p.256.
80. J. Lacan, *O Seminário*, livro 22, *R.S.I.*, lição de 10 dez. 1974.
81. S. Freud, "A disposição à neurose obsessiva", in *AE*, vol.xii, p.344; *ESB*, vol.xii, p.408.
82. Cf. M.A.C. Jorge, *Fundamentos da psicanálise de Freud a Lacan*, vol.2, *A clínica da fantasia*, capítulo "Sintoma e fantasia".
83. J.-A. Miller, "Duas dimensões clínicas: sintoma e fantasia", in *Percurso de Lacan: Uma introdução*.

3. Luto e culpa [pp.266-84]

1. J. Lacan, *O Seminário*, livro 11, *Os quatro conceitos fundamentais da psicanálise*, pp.218-9.
2. Cf. capítulo "O ciclo da técnica".
3. J. Lacan, "Conférences et entretiens dans des universités nord-américaines", *Scilicet*, 6/7, p.35.
4. J. Lacan, "Ouverture de la section clinique", p.11.
5. G. Querré, "Analyse finie, analyse infinie".
6. M. Heidegger, "A coisa", in *Ensaios e conferências*; J. Lacan, *O Seminário*, livro 7, *A ética da psicanálise*, p.151.
7. J. Lacan, "A direção do tratamento e os princípios de seu poder", in *Escritos*, p.602.
8. J. Lacan, *O Seminário*, livro 22, *R.S.I.*, lição de 18 fev. 1975.
9. Ibid., lição de 8 abr. 1975.
10. S. Freud, "Reflexões para os tempos de guerra e morte", in *AE*, vol.xiv, p.290; *ESB*, vol.xiv, p.327.
11. S. Freud, "O inconsciente", in *AE*, vol. xiv, p.184; *ESB*, vol.xiv, p.214.
12. M.A.C. Jorge, "Plerôme: Freud à nouveau".
13. Cf. M.A.C. Jorge, capítulo "Clínica da separação", in *Fundamentos da psicanálise de Freud a Lacan*, vol.2, *A clínica da fantasia*.
14. J.L. Borges, *Elogio da sombra*, p.3.
15. S. Freud, "Luto e melancolia", in *AE*, vol.xiv, p.283; *ESB*, vol.xiv, p.248.
16. J. Lacan, "O simbólico, o imaginário e o real", in *Nomes-do-Pai*, p.33.
17. Ibid., p.43.
18. J. Lacan, "Conférences et entretiens dans des universités nord-américaines", *Scilicet*, 6/7, p.15.
19. O termo "destruir" pode significar igualmente sua antítese: quando se diz que um jogador "destrói em campo", por exemplo, está se dizendo que ele é um craque... Como esse psicanalista foi o mesmo que, tempos depois, seria denunciado por ter acobertado um médico torturador em formação com ele, não fica nada difícil saber quem estava destruindo de fato a psicanálise.
20. S. Blanton, *Diario de mi análisis con Freud*, p.44.

PARTE III: **Reinventar a prática**

1. A invenção da clínica estrutural [pp.287-308]

1. J. Lacan, "Conférences et entretiens dans des universités nord-américaines", in *Scilicet*, n. 6/7, p.13.
2. J. Lacan, "Da estrutura como intromistura de um pré-requisito de alteridade e um sujeito qualquer", p.200.
3. M.A.C. Jorge, *Fundamentos da psicanálise de Freud a Lacan*, vol. 2, *A clínica da fantasia*, capítulo "O ciclo da fantasia".
4. S. Freud, "Fantasias histéricas e sua relação com a bissexualidade", in *AE*, vol.ix, p.141; *ESB*, vol.ix, p.163.
5. L. Fontenele, "Estrutura e estruturas clínicas: Fundamentos freudianos no ensino de Jacques Lacan", p.22.
6. J. Lacan, "Kant com Sade", in *Escritos*, p.784.
7. J. Laplanche e J-B. Pontalis, *Vocabulaire de la psychanalyse*, p.392.
8. S. Freud e J. Breuer, "Estudos sobre a histeria", in *AE*, vol.ii, p.291; *ESB*, vol.ii, p.342.
9. Ibid., in *AE*, vol.ii, p.292; *ESB*, vol.ii, p.343.
10. J. Laplanche e J-B. Pontalis, *Vocabulaire de la psychanalyse*, p.181.
11. S. Freud, "As psiconeuroses de defesa", in *AE*, vol.iii, p.48; *ESB*, vol.iii, pp.58-9.
12. Ibid., in *AE*, vol.iii, p.49; *ESB*, vol.iii, pp.59-60.
13. Ibid., in *AE*, vol.iii, p.50; *ESB*, vol.iii, pp.60-1.
14. Ibid., in *AE*, vol.iii, p.52; *ESB*, vol.iii, p.63.
15. J. Lacan, *O Seminário*, livro 20, *Mais, ainda*, p.9.
16. S. Freud, "As psiconeuroses de defesa", in *AE*, vol.iii, p.54; *ESB*, vol.iii, p.65.
17. Freud afirma que as alterações psíquicas, fundamento do estado histérico, ocorrem raramente na esfera da "atividade cerebral inconsciente, automática"; assevera que "o desenvolvimento dos distúrbios histéricos muitas vezes exige um período de incubação, ou melhor, de latência, durante o qual a causa desencadeante continua produzindo efeitos no inconsciente"; e ainda, no resumo que finaliza o texto, pondera que o excesso de estímulos na mente histérica "é distribuído por representações conscientes ou inconscientes" (cf. A. Villaret, *Handwörterbuch der gesamten Medizin*, vol.i, pp.54, 58, 63). Luiz Alfredo Garcia-Roza, em seu estudo sobre o ensaio de Freud "Sobre as afasias", chama a atenção para o fato de o termo "inconsciente" já ser utilizado aí em sua forma substantiva, das *Unbewußte* (L.A. Garcia-Roza, "As afasias de 1891", p.140).
18. S. Freud, "As psiconeuroses de defesa", in *AE*, vol.iii, p.54; *ESB*, vol.iii, p.66.
19. Ibid.
20. Ibid., in *AE*, vol.iii, p.59; *ESB*, vol.iii, p.71.
21. Ibid.
22. S. Freud, "Novos comentários sobre as psiconeuroses de defesa", in *AE*, vol.iii, p.163; *ESB*, vol.iii, p.187.

23. Ibid., in *AE*, vol.iii, p.165; *ESB*, vol. iii, p.165.

24. Ibid., in *AE*, vol.iii, p.167; *ESB*, vol. iii, p.167.

25. S. Freud, "Meus pontos de vista sobre o papel desempenhado pela sexualidade na etiologia das neuroses", in *AE*, vol.vii; *ESB*, vol.vii. Ver também M.A.C. Jorge, "Freud: Da sedução à fantasia", in *Sexo e discurso em Freud e Lacan*.

26. Ressalte-se que Lacan pinçou o termo alemão *Verwerfung* de passagens da obra de Freud que tratam da psicose, em especial o caso do Homem dos Lobos.

27. S. Freud, "Neurose e psicose", in *AE*, vol.xix, p.155; *ESB*, vol.xix, p.189.

28. J. Lacan, "O estádio do espelho como formador da função do eu", in *Escritos*.

29. J. Lacan, *O Seminário*, livro 3, *As psicoses*, p.75.

30. S. Freud, "Neurose e psicose", in *AE*, vol.xix, p.156; *ESB*, vol.xix, p.190.

31. Ibid.

32. Ibid., in *AE*, vol.xix, p.157; *ESB*, vol.xix, p.192.

33. Ibid., in *AE*, vol.xix, p.158; *ESB*, vol.xix, p.193.

34. Ibid., in *AE*, vol.xix, p.159; *ESB*, vol.xix, p.193.

35. É igualmente significativo que, entre esses dois artigos, Freud tenha escrito um de seus textos clínicos mais importantes, "O problema econômico do masoquismo", no qual estende a vigência do masoquismo para além do domínio estrito da perversão.

36. Cf. M. Safouan, "Da foraclusão", in *Estudos sobre o Édipo*, p.102.

37. S. Freud, "A perda da realidade na neurose e na psicose", in *AE*, vol.xix, p.193; *ESB*, vol.xix, p.229.

38. Ibid.

39. Ibid., in *AE*, vol.xix, p.194; *ESB*, vol.xix, p.230.

40. Cf. também M.A.C. Jorge, *Fundamentos da psicanálise de Freud a Lacan*, vol. 2, *A clínica da fantasia*, p.63.

41. Ver também a p.145 do presente volume.

42. S. Freud, "A perda da realidade na neurose e na psicose", in *AE*, vol.xix, p.195; *ESB*, vol.xix, p.231.

43. Ibid., in *AE*, vol.xix, p.196; *ESB*, vol.xix, p.233.

44. Ibid.

45. Ibid.

46. Ibid.

47. As diferentes traduções adotadas no Brasil em épocas diversas para o termo alemão *Verleugnung* são: recusa, renegação e desmentido.

48. André Bourguignon retomou a dupla dimensão da renegação (*Verleugnung*) num formidável estudo sobre a genealogia desse conceito na obra de Freud (cf. A. Bourguignon, "O conceito de renegação em Freud: Alucinação negativa, renegação da realidade e escotomização").

49. S. Freud, "Fetichismo", in *AE*, vol.xxi, p.151; *ESB*, vol.xxi, p.183.

50. Ver O. Mannoni, "Eu sei, mas mesmo assim...".

51. E. Roudinesco, *Sigmund Freud na sua época e em nosso tempo*, p.373. Trata-se do caso inédito do jovem milionário norte-americano Carl Liebman.

52. S. Freud, "Fetichismo", in *AE*, vol.xxi, 151; *ESB*, vol.xxi, pp.183-4.

53. J. Lacan, *O Seminário*, livro 3, *As psicoses*, p.133.

54. Ibid., p.126.

55. J. Lacan, "De uma questão preliminar a todo tratamento possível da psicose", in *Escritos*, p.590.

56. N.P. Ferreira, "A precedência simbólica: Melanie Klein, Lacan e o caso Dick", p.7.

57. J. Lacan, *O Seminário*, livro 7, *A ética da psicanálise*, pp.31-2.

58. E. Glover, "The Relation of Perversion-Formation to the Development of Reality-Sense", p.498.

59. J. Lacan, "Proposição de 9 de outubro de 1967 sobre o psicanalista da Escola", in *Outros escritos*, p.259.

60. J. Lacan, "Da psicanálise em suas relações com a realidade", in *Outros escritos*, p.357.

2. O lugar do analista [pp.309-22]

1. Uma primeira versão deste capítulo foi publicada em francês sob o título "Réinvention, surprise et improvisation: la place de l'analyste", na revista *Cliniques Méditerranéennes*, n.93.

2. C.D. García, "Un tabou", p.57

3. L. Bataille, "Desejo do analista e desejo de ser psicanalista", in *O umbigo do sonho*, pp.13-5. Ver pp.228-9 do presente volume para o relato do caso.

4. P. Roazen, *Como Freud trabalhava*, p.21.

5. J. Lacan, *O Seminário*, livro 11, *Os quatro conceitos fundamentais da psicanálise*, p.220.

6. J. Lacan, "O simbólico, o imaginário e o real", in *Nomes-do-Pai*.

7. Considerar Fliess o analista Zero permite compreender que o analista Um, Freud, também teve originariamente seu analista. Ver André, 1984; cf. também Porge, 1998.

8. O. Mannoni, "O divã de Procusto", in *Um espanto tão intenso*, p.90.

9. "O olhar se presta especialmente à condenação superegoica." A. Didier-Weill, *Os três tempos da lei*, p.70.

10. E. Roudinesco, *Jacques Lacan, esboço de uma vida, história de um sistema de pensamento*, p.360.

11. O. Mannoni, "O divã de Procusto", pp.81s. A lenda de Procusto foi igualmente referida por Lacan ao falar dos "procustos norte-americanos". J. Lacan, "A psicanálise e seu ensino", in *Escritos*, p.442.

12. J. Lacan, "Conférences et entretiens dans des universités nord-américaines", in *Scilicet*, 6/7, p.36.

13. M.A.C. Jorge, "Relatório" do I Congresso de Convergencia, Paris, 2-4 fev. 2001".

14. J. Lacan, *O Seminário*, livro 17, *O avesso da psicanálise*, pp.33-5.

15. O. Mannoni, "Sobre a interpretação", in *Isso não impede de existir*, pp.79-80.

16. J. Lacan, *O Seminário*, livro 20, *Mais, ainda*, p.158.

17. T. Kuhn, "A tensão essencial: tradição e inovação na investigação científica", in *A tensão essencial*.

18. M.A.C. Jorge, "A tensão psicanalítica essencial", in H. Caldas e S. Altoé (Orgs.), *Psicanálise, universidade e sociedade*.

19. J. Lacan, "L'Autre manque", p.11.

3. O desejo de despertar [pp.323-43]

1. Cf. M. Bèlilos, *Les voyages de Freud*; G. Ricci, *As cidades de Freud*.

2. J.M. Masson (Org.), *A correspondência completa de Sigmund Freud para Wilhelm Fliess (1887-1904)*, p.404. Na mitologia grega, Anteu era extremamente forte quando estava em contato com o chão (ou com Terra, sua mãe), mas se tornava extremamente fraco se levantado ao ar. Assim, Hércules descobre que só poderia derrotá-lo deixando-o suspenso no ar até ele morrer.

3. V. van Gogh, "Carta 656, de 6 de agosto de 1888", in *Cartas a Théo*.

4. Citado por J. Cortázar como epígrafe in *O jogo da amarelinha*, história na qual as personagens se dividem entre sua vida em Paris e sua origem em Buenos Aires.

5. Christo e Jeanne-Claude, *The Gates*. Central Park, New York City, 1979-2005.

6. M. de Unamuno, "Al correr de los años", in *El espejo de la muerte y otros relatos novelescos*, p.88.

7. C. Lispector, "O relatório da coisa", in *Onde estivestes de noite?*, p.77.

8. J.L. Borges, *Livro dos sonhos*, p.13.

9. P. Gay, *Freud, uma vida para o nosso tempo*, p.63.

10. São precisamente esses S_1 que surgem no lugar da produção do discurso psicanalítico formulado por Lacan.

11. Cf. M.A.C. Jorge, *Fundamentos da psicanálise de Freud a Lacan*, vol.2, *A clínica da fantasia*, capítulo "Os dois polos da fantasia".

12. A. Dunand, "O término da análise 11", in Richard Feldstein, Bruce Fink e Maire Jaanus (Orgs.). *Para ler o "Seminário 11 de Lacan"*, p.270.

13. Cf. M.A.C. Jorge, *Fundamentos da psicanálise de Freud a Lacan*, vol.2, *A clínica da fantasia*, pp.94s.

14. O termo "prisão" aqui empregado não é anódino. Não à toa Lacan assevera: "Um objeto que pode assumir também, com relação ao sujeito, esse valor essencial que constitui a fantasia fundamental. O próprio sujeito se reconhece ali como detido, ou, para lembrar-lhes uma noção mais familiar, fixado". (*O Seminário*, livro 8, *A transferência*, p.172).

15. Ibid., p.201.

16. S. Freud, *O futuro de uma ilusão*, in *AE*, vol.xxi, p.39; *ESB*, vol.xxi, p.53.

17. S. Freud, *A interpretação dos sonhos*, in *AE*, vol.v, p.660; *ESB*, vol.v, p.717.

18. J. Lacan, *O Seminário*, livro 17, *O avesso da psicanálise*, p.54.

19. J. Lacan, *Televisão*, p.31.

20. S. Freud, "Conferência v: Dificuldades e abordagens iniciais", in *AE*, vol.xv, p.81; *ESB*, vol.xv, p.112.

21. Ibid., in *AE*, vol.xv, p.80; *ESB*, vol.xv, p.111.

22. H. Ey, P. Bernard e C. Brisset, *Manual de psiquiatria*, p.92.

23. J. Lacan, "Une pratique de bavardage", in *Ornicar*, n.19, p.5

24. J. Lacan, "Désir de mort, rêve et réveil", in *L'Âne*, n.3, p.3.

25. Ibid.

26. No Seminário 22, Lacan pondera: "Há outra coisa que poderia vir à ideia, inteiramente não representável, que se chama com um nome que só perturba por causa da linguagem, é a morte.... Porque a morte, a gente não sabe o que é." (J. Lacan, *O Seminário*, livro 22, *R.S.I.*, lição de 8 abr. 1975).

27. M.A.C. Jorge, *Fundamentos da psicanálise de Freud a Lacan*, vol.2, *A clínica da fantasia*, capítulo "O ciclo da fantasia".

28. J. Lacan, *O Seminário*, livro 17, *O avesso da psicanálise*, p.16.

29. S. Freud, *O futuro de uma ilusão*, in *AE*, vol.xxi, p.30; *ESB*, vol.xxi, p.43.

30. Apud S. Freud, *O mal-estar na cultura*, in *AE*, vol.xxi, p.74; *ESB*, vol.xxi, p.93.

31. Ibid.

32. S. Freud, *O futuro de uma ilusão*, in *AE*, vol.xxi, p.43; *ESB*, vol.xxi, p.57.

33. Ibid., in *AE*, vol.xxi, p.44; *ESB*, vol.xxi, p.58.

34. Ibid.

35. Ibid., in *AE*, vol.xxi, p.43; *ESB*, vol.xxi, p.57.

36. Ibid., in *AE*, vol.xxi, p.44; *ESB*, vol.xxi, p.58.

37. Por exemplo, na conferência *Freud no século*. J. Lacan, *O Seminário*, livro 3, *As psicoses*, pp.264-77.

38. S. Freud, "O Moisés de Michelangelo", in *AE*, vol.xiii, p.217; *ESB*, vol.xiii, p.253.

39. S. Freud, *O futuro de uma ilusão*, in *AE*, vol.xxi, p.46; *ESB*, vol.xxi, p.61.

40. Ibid., in *AE*, vol.xxi, p.47; *ESB*, vol.xxi, pp.62-3.

41. Ibid., in *AE*, vol.xxi, p.48; *ESB*, vol.xxi, p.64.

42. Ibid., in *AE*, vol.xxi, p.49; *ESB*, vol.xxi, p.64.

43. Ibid., in *AE*, vol.xxi, p.55; *ESB*, vol.xxi, p.71.

44. Ambos os textos de Lacan foram publicados originalmente nas *Lettres de l'École Freudienne de Paris*.

45. J. Lacan, "Conférence de presse", p.7.

46. Ibid., p.7.

47. Ibid., p.13.

48. Ibid., p.14.

49. Ibid.

50. Ibid., p.18.

51. Surge aqui a grande questão, tal como a coloca Alain Didier-Weill, de saber se a psicanálise terá um destino semelhante ao do discurso trágico, cuja rápida existência de cem anos marcou uma transição essencial na história da cultura ocidental

que, no entanto, não impediu que ele em seguida desaparecesse. Cf. A. Didier-
-Weill. *Fim de uma análise, finalidade da psicanálise.*

52. J. Lacan, "La troisième", p.186.

53. S. Freud, "Atos obsessivos e práticas religiosas", in *AE*, vol.ix, p.103; *ESB*, vol.ix, p.123.

54. Ibid.

55. Ibid., in *AE*, vol.ix, p.103; *ESB*, vol.ix, p.124.

56. Ibid., in *AE*, vol.ix, p.109; *ESB*, vol.ix, p.130.

57. Ibid.

58. J. Lacan, *O Seminário*, livro 1, *Os escritos técnicos de Freud*, p.265.

59. Ibid.

60. J. Lacan, *O Seminário*, livro 20, *Mais, ainda*, p.103.

61. São João da Cruz, *Cântico espiritual e outros poemas*, p.57.

62. D. Maurano, *Torções, a psicanálise, o barroco e o Brasil.*

63. Nessa mesma direção já sublinhei anteriormente o quanto a linguagem coloquial e chula se refere a animais toda vez que se trata de nomear algo referente ao campo do sexual. M.A.C. Jorge, "O real e o sexual: do inominável ao pré-conceito", in A. Quinet e M.A.C. Jorge, *As homossexualidades na psicanálise*, p.19.

64. J.L. Borges, *Livro dos sonhos*, p.6.

65. T. Rivera, *Cinema, imagem e psicanálise*, p.8.

66. Cf. M.A.C. Jorge, *Fundamentos da psicanálise de Freud a Lacan*, vol.4, *O laboratório do analista*, capítulo "Testemunhos do inconsciente".

67. S. Freud, "Projeto de psicologia", in *AE*, vol.i, p.432; *ESB*, vol.i, p.502.

68. P. Julien, *Le retour a Freud de Jacques Lacan*, p.107.

69. J. Lacan, *O Seminário*, livro 7, *A ética da psicanálise*, p.300.

70. Ibid., p.383.

Referências bibliográficas

Abraham, Hilda C. e Ernst L. Freud (Orgs.). *A Psycho-analytic Dialogue: The Letters of Sigmund Freud and Karl Abraham — 1907-1926*. Londres, The Hogarth Press e The Institute of Psycho-Analysis, 1965.

Andersson, Ola. *Freud precursor de Freud*. São Paulo, Casa do Psicólogo, 2000.

André, Serge. "Wilhelm Fliess, 1858-1928 — L'analyste de Freud?", in *Ornicar?*. Paris, Navarin, n.30, 1984.

Assoun, Paul-Laurent. *Dictionnaire des oeuvres psychanalytiques*. Paris, PUF, 2009.

Augé, Marc. *Les formes de l'oubli*. Paris, Payot, 1998.

Ayto, John. *Dictionary of Word Origins*. Nova York, Arcade, 1990.

Azouri, Chawki. *"J'ai réussi là où le paranoïaque échoue"*. Paris, Denoël, 1991.

Barbier, J. e Marco Antonio Coutinho Jorge (Orgs.), *Insistance — Art, Psychanalyse, Politique*, n.12: "Séxualité, diversité". Tolouse, Érès, 2017.

Barthes, Roland. *La chambre claire: Note sur la photographie*. Paris, Gallimard/Seuil, 1980.

_____. *Fragmentos de um discurso amoroso*. Rio de Janeiro, Francisco Alves, 1981.

Bataille, Laurence. *O umbigo do sonho: Por uma prática da psicanálise*. Rio de Janeiro, Zahar, 1988.

Baudelaire, Charles. *Oeuvres complètes*. Paris, Seuil, 1968.

Bèlilos, Marlene (Org.). *Les voyages de Freud*. Nice, Z'Éditions, 1996.

Blanton, Smiley. *Diario de mi análisis con Freud*. Buenos Aires, Corregidor, 1974.

Bloch, Oscar e Walther von Wartburg. *Dictionnaire étymologique de la langue française*. Paris, PUF, 1996.

Bordelois, Ivonne. *Etimología de las pasiones*. Buenos Aires, Libros del Zorzal, 2006.

Borges, Jorge Luis. *Elogio da sombra*. Porto Alegre, Globo, 1971.

Bourguignon, André. "O conceito de renegação em Freud: alucinação negativa, renegação da realidade e escotomização" (1980), in *O conceito de renegação em Freud e outros ensaios*. Rio de Janeiro, Zahar, 1991.

Breuer, Joseph e Sigmund Freud. "Estudios sobre la histeria" (1893-95), in *Obras completas*. Buenos Aires, Amorrortu, 1996.

Carreira, Eduardo (Org.). *Os escritos de Leonardo da Vinci sobre a arte da pintura*. Brasília/São Paulo, Editora da UnB/Imprensa Oficial do Estado, 2000.

Cesarotto, Oscar. *No olho do Outro: O "Homem da Areia" segundo Hoffmann, Freud e Gaiman*. São Paulo, Iluminuras, 1996.

Chauvelot, Diane. *Por amor a Freud*. Rio de Janeiro, Forense Universitária, 1997.

Christo e Jeanne-Claude. *The Gates. Central Park, New York City, 1979-2005*. Köln, Taschen, 2005.

Cortázar, Julio. *O jogo da amarelinha*. Rio de Janeiro, Civilização Brasileira, 1970.

Costa, Teresinha. *Édipo*. Rio de Janeiro, Zahar, 2010.

Darwin, Charles. *A expressão das emoções no homem e nos animais*. São Paulo, Companhia das Letras, 2000.

Deutsch, Helene. *Les "comme si" et autres textes (1933-1970)*. Paris, Seuil, 2007.

Didier-Weill, Alain (Org.). *Fim de uma análise, finalidade da psicanálise*. Rio de Janeiro, Zahar, 1993.

_____. "L'esprit de l'Inter-Associatif". *Bulletin de l'Inter-Associatif de Psychanalyse*. Paris, n.3, set. 1994.

_____. *Os três tempos da lei*. Rio de Janeiro, Zahar, 1997.

_____. *Invocações: Dionísio, Moisés, São Paulo e Freud*. Rio de Janeiro, Companhia de Freud, 1999.

_____. *Lacan e a clínica psicanalítica*. Rio de Janeiro, Contra Capa, 2012.

Didier-Weill, Alain e Moustapha Safouan (Orgs.). *Trabalhando com Lacan: Na análise, na supervisão, nos seminários*. Rio de Janeiro, Zahar, 2009.

Dunand, Anne. "O término da análise ii", in Richard Feldstein, Bruce Fink e Maire Jaanus (Orgs.). *Para ler o "Seminário 11" de Lacan*. Rio de Janeiro, Zahar, 1997.

Eissler, Kurt R. "Notes on the history of lay analysis", in *Medical Orthodoxy and the Future of Psychoanalysis*. Nova York, International Universities Press, 1965.

Ellenberger, Henri F. *Histoire de la découverte de l'inconscient*. Paris, Fayard, 1994.

_____. *Médecines de l'âme: Essais d'histoire de la folie et des guérisons psychiques*. Paris, Fayard, 1995.

Ey, Henri, Paul Bernard e Charles Brisset. *Manual de psiquiatria*. Rio de Janeiro, Masson do Brasil, 1981.

Ferenczi, Sándor. *Obras completas, Psicanálise I, II, III, IV*. São Paulo, Martins Fontes, 1991.

Ferreira, Nadiá Paulo. "A precedência simbólica: Melanie Klein, Lacan e o caso Dick". *Documentos*. Rio de Janeiro, Corpo Freudiano do Rio de Janeiro, n.11, 1999.

_____. *A teoria do amor*. Rio de Janeiro, Zahar, 2004.

_____. *Amor, ódio e ignorância: Literatura e psicanálise*. Rio de Janeiro, Rios Ambiciosos, 2005.

Ferreira, Nadiá Paulo e Marcus Alexandre Motta. *Histeria: O caso Dora*. Rio de Janeiro, Zahar, 2014.

Flesler, Alba. *A psicanálise de crianças e o lugar dos pais*. Rio de Janeiro, Zahar, 2012.

Fontenele, Laéria. "Estrutura e estruturas clinicas: fundamentos freudianos no ensino de Jacques Lacan" (2014), in Ferreira, Nadiá Paulo e Julia Cristina Tosto Leite (Orgs.). *Clínica e estrutura*. Rio de Janeiro, Contra Capa, 2014.

Forrester, John. *A linguagem e as origens da psicanálise*. Rio de Janeiro, Imago, 1983.

Foucault, Michel. "Le jeu de Michel Foucault". *Ornicar?*. Paris, Lyse, n.10, 1977.

Freud, Sigmund. *Edição standard brasileira das obras psicológicas completas de Sigmund Freud*. Rio de Janeiro, Imago, 1972-80, 24 vols.

Freud, Sigmund. *Obras completas*. Buenos Aires, Amorrortu, 1996, 24 vols.

_____. *Sobre a concepção das afasias: Um estudo crítico*. Rio de Janeiro, Zahar, 2014.

Freud, Sigmund e Lou Andreas-Salomé. *Correspondência completa*. Rio de Janeiro, Imago, 1975.

Freud, Sigmund e Carl Gustav Jung. *Correspondência completa*. Rio de Janeiro, Imago, 1976.

Freud, Sigmund e Sándor Ferenczi. *Correspondência*, vol.i, t.i, 1908-11. Rio de Janeiro, Imago, 1994.

Galdston, Iago (Org.). *Psychoanalysis in Present-day Psychiatry*. Nova York, Brunner/Mazel, 1969.

García, C.D. "Un tabou", in *La séance analytique: Des enjeux éthiques de la clinique*. Paris, Seuil, 2000.

Garcia-Roza, Luiz Alfredo. "As afasias de 1891" (1991), in Freud, Sigmund. *Sobre a concepção das afasias: Um estudo crítico*. Rio de Janeiro, Zahar, 2014.

Gauchet, Marcel e Gladys Swain. *El verdadero Charcot: Los caminos imprevistos del inconsciente*. Buenos Aires, Nueva Visión, 1997.

Gay, Peter. *Freud, uma vida para o nosso tempo*. São Paulo, Companhia das Letras, 1989.

Glover, Edward. "The Relation of Perversion-Formation to the Development of Reality-Sense" (1933), in *International Journal of Psycho-analysis*, vol. xiv. Londres, pp.486-504.

Goethe, Johann Wolfgang von. *Fausto*. Tradução de Jenny Klabin Segall. Belo Horizonte/São Paulo, Itatiaia/Edusp 1981.

Hanns, Luiz. *Dicionário comentado do alemão de Freud*. Rio de Janeiro, Imago, 1996.

Hartmann, Heinz. *Psicologia do ego e o problema da adaptação*. Rio de Janeiro, Biblioteca Universal Popular, 1968.

Hegel. *Le magnétisme animal*. Paris, puf, 2005.

Heidegger, Martin. *Ensaios e conferências*, 3.ed. Petrópolis, Vozes, 2006.

Heimann, Paula et alii. *Le contre-transfert*. Paris, Navarin, 1987.

Jentsch, Ernest. "Sobre a psicologia do estranho". Separata.

Jones, Ernest. *Psicanálise da religião cristã*. Rio de Janeiro, Guanabara, 1934.

Jorge, Graciela. *Psicofarmacología para psicólogos y psicoanalistas: La importancia de una derivación temprana*. Buenos Aires, Letra Viva, 2005.

Jorge, Marco Antonio Coutinho. "Roteiro do Pleroma: outra passagem de Freud". *Clínica Psicanalítica*. Rio de Janeiro, Aoutra, n.3, 1988, pp.117-98.

_____. *Sexo e discurso em Freud e Lacan*. Rio de Janeiro, Zahar, 1988.

_____. "Freud: da sedução à fantasia", in *Sexo e discurso em Freud e Lacan*. Rio de Janeiro, Zahar, 1988.

_____. "Plerôme: Freud à nouveau". Conferência na Maison de l'Amérique Latine, Paris, 13 fev. 1989, inédita.

_____. "Discurso e liame social: apontamentos sobre a teoria lacaniana dos quatro discursos", in Doris Rinaldi e Marco Antonio Coutinho Jorge (Orgs.), *Saber, verdade e gozo: Leituras de "O Seminário, livro 17" de Jacques Lacan*. Rio de Janeiro, Rios Ambiciosos, 2002.

Jorge, Marco Antonio Coutinho. "Relatório do 1 Congresso de Convergencia (Paris, 2-4 fev. 2001)". *Documentos*, ano IX, n.20, Rio de Janeiro, Corpo Freudiano Escola de Psicanálise, Seção Rio de Janeiro, 2003.

_____. (Org.). *Lacan e a formação do psicanalista*. Rio de Janeiro, Contra Capa, 2006.

_____. "Testemunhos do inconsciente", in Márcia Mello de Lima e Marco Antonio Coutinho Jorge (Orgs.). *Saber fazer com o real: Diálogos entre psicanálise e arte*. Rio de Janeiro, Companhia de Freud, 2009.

_____. "A tensão psicanalítica essencial", in Heloísa Caldas e Sonia Altoé (Orgs.). *Psicanálise, universidade e sociedade*. Rio de Janeiro, Companhia de Freud, 2011.

_____. "Apresentação: das afasias à histeria" (2014), in Freud, Sigmund. *Sobre a concepção das afasias: Um estudo crítico*. Rio de Janeiro, Zahar, 2014.

_____. "Réinvention, surprise et improvisation: la place de l'analyste". *Cliniques Méditerranéennes*. Toulouse, Érès, n.93, 2016.

_____. *Fundamentos da psicanálise de Freud a Lacan*, vol.1, *As bases conceituais*. Rio de Janeiro, Zahar, 3ª ed. revista e ampliada, 2022.

_____. *Fundamentos da psicanálise de Freud a Lacan*, vol.2, *A clínica da fantasia*. Rio de Janeiro, Zahar, 2ª ed. revista e ampliada, 2022.

_____. *Fundamentos da psicanálise de Freud a Lacan*, vol.4, *O laboratório do analista*. Rio de Janeiro, Zahar, 2022.

Jousse, Thierry. *David Lynch*. Paris, Cahiers du Cinéma Sarl, 2010.

Julien, Philippe. *Le retour a Freud de Jacques Lacan: L'application au miroir*. Paris, E.P.E.L., 1990.

_____. *O estranho gozo do próximo: Ética e psicanálise*. Rio de Janeiro, Zahar, 1996.

Kauffmann, Pierre. *Dicionário enciclopédico de psicanálise: O legado de Freud e Lacan*. Rio de Janeiro, Zahar, 1996.

Klein, Melanie. "A importância da formação de símbolos no desenvolvimento do ego", in *Amor, culpa e reparação — e outros trabalhos 1921-1945*. Rio de Janeiro, Imago, 1996.

Krutzen, Henry. *Jacques Lacan: Séminaire 1952-1980, Index référentiel*. Paris, Anthropos, 2000.

Kuhn, Thomas. "A tensão essencial: tradição e inovação na investigação científica", in *A tensão essencial*. Lisboa, Edições 70, 1989.

Lacan, Jacques. "Conférence de presse", 29 out. 1974, Centre Culturel Français, Roma, in *Lettres de l'École Freudienne de Paris*, n.16, nov. 1975.

_____. "La troisième", in *Lettres de l'École Freudienne de Paris*, n.16, nov. 1975.

_____. "Conférences et entretiens dans des universités nord-américaines". *Scilicet*. Paris, Seuil, n.6-7,1976.

_____. "Da estrutura como intromistura de um pré-requisito de alteridade e um sujeito qualquer" (1966), in Macksey, Richard e Donato, Eugenio (Orgs.). *A controvérsia estruturalista: As linguagens da crítica e as ciências do homem*. São Paulo, Cultrix, 1976.

Lacan, Jacques. "Ouverture de la section clinique", in *Ornicar?*. Paris, Lyse, n.9, 1977.

_____. *O Seminário, livro 1, Os escritos técnicos de Freud*. Rio de Janeiro, Zahar, 1979.

_____. *O Seminário, livro 11, Os quatro conceitos fundamentais da psicanálise*. Rio de Janeiro, Zahar, 1979.

_____. "Une pratique de bavardage", in *Ornicar?*. Paris, Lyse, n.19, 1979.

_____. "L'Autre manque", *Ornicar?*. Paris, Lyse, n.20-1. 1980.

_____. "Désir de mort, rêve et réveil". *Magazine L'Âne*. Paris, Navarin, n.3, 1981.

_____. *O Seminário, livro 20, Mais, ainda*. Rio de Janeiro, Zahar, 1982.

_____. *O Seminário, livro 2, O eu na teoria de Freud e na técnica da psicanálise*. Rio de Janeiro, Zahar, 1985.

_____. *O Seminário, livro 3, As psicoses*. Rio de Janeiro, Zahar, 1985.

_____. "Conferencia en Ginebra sobre el síntoma", in *Intervenciones y textos 2*. Buenos Aires, Manantial, 1991.

_____. *O Seminário, livro 7, A ética da psicanálise*. Rio de Janeiro, 1991.

_____. *O Seminário, livro 8, A transferência*. Rio de Janeiro, Zahar, 1992.

_____. *O Seminário, livro 17, O avesso da psicanálise*. Rio de Janeiro, Zahar, 1992.

_____. *Televisão*. Rio de Janeiro, Zahar, 1993.

_____. "Algumas reflexões sobre o eu", *Papéis*. Rio de Janeiro, Corpo Freudiano, n.2., 1995.

_____. *O Seminário, livro 4, A relação de objeto*. Rio de Janeiro, Zahar, 1995.

_____. *Escritos*. Rio de Janeiro, Zahar, 1998.

_____. *O Seminário, livro 5, As formações do inconsciente*. Rio de Janeiro, Zahar, 1999.

_____. *Outros escritos*. Rio de Janeiro, Zahar, 2003.

_____. *Nomes-do-Pai*. Rio de Janeiro, Zahar, 2005.

_____. *O Seminário, livro 10, A angústia*. Rio de Janeiro, Zahar, 2006.

_____. *O mito individual do neurótico*. Rio de Janeiro, Zahar, 2008.

_____. *O Seminário, livro 6, O desejo e sua interpretação*. Rio de Janeiro, Zahar, 2016.

_____. *Le savoir du psychanalyste*. Inédito.

_____. *O Seminário, livro 22, R.S.I*. Inédito (mimeo).

_____. *O Seminário, livro 25, O momento de concluir*. Inédito.

_____. "Résumé rédigé pour l'annuaire de l'École pratique des Hautes Études, 1965", in *Le Séminaire*, livre 11, *Les quatre concepts fondamentaux de la psychanalyse*, 1973, quarta capa.

Laing, Ronald. *Laços*. Petrópolis, Vozes, 1986.

Lamote, Thierry. *La scientologie déchifrée par la psychanalyse: La folie du fondateur L. Ron Hubbard*. Toulouse, Presses Universitaires du Mirail, 2011.

Laplanche, Jean e Jean-Baptiste Pontalis. *Vocabulaire de la psychanalyse*. Paris, PUF, 1967.

Laurent, Éric. *Entre transferencia y repetición*. Buenos Aires, Atuel/Anáfora, 1994.

_____. "La lógica de las entradas en análisis", *Freudiana*, n.15. Barcelona, Escuela Europea de Psicoanálisis Catalunya, 1995.

Laurent, Éric et alii. *El significante de la transferencia*. Buenos Aires, Manantial, 1987.

Leite, Sonia. *Angústia*. Rio de Janeiro, Zahar, 2011.

Lévi-Strauss, Claude. "A eficácia simbólica", in *Antropologia estrutural*. Rio de Janeiro, Tempo Brasileiro, 2003.

Lispector, Clarice. *Onde estivestes de noite?*. Rio de Janeiro, Nova Fronteira, 1980.

_____. *A descoberta do mundo*. Rio de Janeiro, Nova Fronteira, 1984.

Magno, M.D. *Senso contra censo da obra de arte etc.: Arte e psicanálise*. Rio de Janeiro, Tempo Brasileiro, 1975.

Magritte, René. *Les citations de Magritte*. Bruxelas, Musée Magritte, 2009.

Malcolm, Janet. *Psicanálise: A profissão impossível*. Rio de Janeiro, Zahar, 1983.

Mannoni, Maud. *A primeira entrevista em psicanálise*. Rio de Janeiro, Campus, 1981.

Mannoni, Octave. "Eu sei, mas mesmo assim..." (1969), in *Chaves para o imaginário*. Petrópolis, Vozes, 1973.

_____. *Isso não impede de existir*. Campinas, Papirus, 1991.

_____. *Um espanto tão intenso: A vergonha, o riso, a morte*. Rio de Janeiro, Campus, 1992.

Markman, Nora. "Psicanálise com bebês e crianças pequenas: intervenções precoces e invenções possíveis". Seminário no Corpo Freudiano, Seção Rio de Janeiro, 30 abr. 2011, anotações pessoais.

Masson, Jeffrey Moussaieff (Org.). *A correspondência completa de Sigmund Freud para Wilhelm Fliess (1887-1904)*. Rio de Janeiro, Imago, 1986.

Maurano, Denise. *Para que serve a psicanálise?*. Rio de Janeiro, Zahar, 2003.

_____. *Torções: A psicanálise, o barroco e o Brasil*. Curitiba, CRV, 2011.

McGuire, William (Org.). *Freud/Jung: Correspondência completa*. Rio de Janeiro, Imago, 1976.

Melman, Charles. *Novos estudos sobre a histeria*. Porto Alegre, Artes Médicas, 1985.

_____. *Estrutura lacaniana das psicoses*. Porto Alegre, Artes Médicas, 1991.

_____. *Novos estudos sobre o inconsciente*. Porto Alegre, Artes Médicas, 1994.

Mesmer, Franz Anton. *Mémoire sur la découverte du magnétisme animal*. Paris, Allia, 2006.

Mezan, Renato. *Freud, pensador da cultura*. São Paulo, Brasiliense, 1990.

Mieli, Paola. *Sobre as manipulações irreversíveis do corpo e outros textos psicanalíticos*. Rio de Janeiro, Contra Capa, 2002.

_____. "Uma nota sobre a diferenciação estrutural freudiana entre neurose e perversão" (1994), in Quinet, Antonio e Jorge, Marco Antonio Coutinho (Orgs.). *As homossexualidades na psicanálise na história de sua despatologização*. São Paulo, Segmento Farma, 2013.

Mijolla, Alain de. *Freud et la France*. Paris, PUF, 2010.

Milan, Betty. "A direção da cura e os princípios de seu poder". *Revirão — Revista da Prática Freudiana*. Rio de Janeiro, Aoutra, n.2, out. 1985.

_____. *Teatro dramático*. São Paulo, Giostri, 2015.

Miller, Jacques-Alain. *Percurso de Lacan: Uma introdução*. Rio de Janeiro, Zahar, 1987.

_____. "Marginália de 'Construções em análise'", in *Opção Lacaniana*, n.17, nov. 1996.

_____. "A criança entre a mulher e a mãe", *Opção Lacaniana*. São Paulo, Escola Brasileira de Psicanálise, n.21, 1997.

Miller, Jacques-Alain. "A propósito dos quatro conceitos fundamentais da psicanálise (Sobre o *Seminário XI* de Jacques Lacan)", *Papéis*, ano x, n.10. Corpo Freudiano Escola de Psicanálise, Seção Rio de Janeiro, ago. 2004.

_____ (Org.). *Le transfert négatif*. Paris, Navarin, 2005.

_____ *Conferencias porteñas*, t.2. Buenos Aires, Paidós, 2009.

Picasso, Pablo. "'Não procuro, encontro' ou 'Não tento fazer, faço'", in *Opção Lacaniana*. São Paulo, Eolia, n.30, abr. 2001.

Porge, Erik. *Freud/Fliess: Mito e quimera da auto-análise*. Rio de Janeiro, Zahar, 1998.

Querré, Gerard. "Analyse finie, analyse infinie", in *Bulletin de la SIHPP*, *"Adieu à Irène Diamantis (1942-2014)"*, 15 fev. 2014.

Quinet, Antonio e Marco Antonio Coutinho Jorge (Orgs.). *As homossexualidades na psicanálise na história de sua despatologizacão*. São Paulo, Segmento Farma, 2013.

Rabinovich, Diana S. *La teoría del yo en la obra de Jacques Lacan*. Buenos Aires, Manantial, 1986.

_____. "O psicanalista entre o mestre e o pedagogo". *Dizer, Boletim da Escola Lacaniana de Psicanálise*. Rio de Janeiro, n.4, jun. 1991.

_____. *El deseo del psicoanalista: Libertad y determinación en psicoanálisis*. Buenos Aires, Manantial, 1999.

_____. "Conferência sobre o Seminário de Caracas", Rio de Janeiro, Instituto de Psiquiatria, 22 nov. 2000, inédita.

Racker, Heinrich. *Estudos sobre técnica psicanalítica*. Porto Alegre, Artes Médicas, 1986.

Ricci, Giancarlo. *As cidades de Freud: Itinerários, emblemas e horizontes de um viajante*. Rio de Janeiro, Zahar, 2005.

_____. "O acontecimento da escuta e a escuta como acontecimento", in D. Maurano, H. Neri e Marco Antonio Coutinho Jorge (Orgs.), *Dimensões do despertar na psicanálise e na cultura*. Rio de Janeiro, Contra Capa, 2011.

Rivera, Tania. *Cinema, imagem e psicanálise*. Rio de Janeiro, Zahar, 2008.

Roazen, Paul. *Como Freud trabalhava: Relatos inéditos de pacientes*. São Paulo, Companhia das Letras, 1999.

_____. "Considérations sur les conférences de Freud à l'université Clark". *Le Coq--Héron*. Paris, Érès, n.207, 2011.

Rodley, Chris (Org.). *Lynch on Lynch: Revised Edition*. Londres, Faber and Faber, 2005.

Roudinesco, Elisabeth. *História da psicanálise na França: A batalha dos cem anos*. Rio de Janeiro, Zahar, 1988-9, 2 vols.

_____. *Jacques Lacan: Esboço de uma vida, história de um sistema de pensamento*. São Paulo, Companhia das Letras, 1994.

_____. *O paciente, o terapeuta e o Estado*. Rio de Janeiro, Zahar, 2005.

_____. *Em defesa da psicanálise*. Rio de Janeiro, Zahar, 2009.

_____. *Sigmund Freud na sua época e em nosso tempo*. Rio de Janeiro, Zahar, 2016.

Roudinesco, Elisabeth e Michel Plon. *Dicionário de psicanálise*. Rio de Janeiro, Zahar, 1998.

Rudge, Ana Maria. *Trauma*. Rio de Janeiro, Zahar, 2009.

Safouan, Moustapha. *Estudos sobre o Édipo*. Rio de Janeiro, Zahar, 1979.

_____. "Conferências cariocas". *Revirão — Revista da Prática Freudiana*. Rio de Janeiro, Aoutra, n.1 1985.

_____. *A transferência e o desejo do analista*. Campinas, Papirus, 1991.

_____. *Lacaniana: Les séminaires de Jacques Lacan: 1953-1963*. Paris, Fayard, 2001.

Sandler, Joseph, Christopher Dare e Alex Holder, *O paciente e o analista: Fundamentos do processo psicanalítico*. Rio de Janeiro, Imago, 1977.

Sandler, Joseph (Org.). *Estudio sobre el "Análisis terminable e interminable" de Sigmund Freud*. Madri, Tecnipublicaciones, 1989.

São João da Cruz, *Cântico espiritual e outros poemas*. Lisboa, Assírio e Alvim, 1982.

Sauret, Marie-Jean. *O infantil e a estrutura: Conferências em São Paulo, 29-31 ago. 1997*. São Paulo, Escola Brasileira de Psicanálise, 1998.

Scherrer, Ferdinand. *Freud est-il l'auteur de l'article Aphasie (1888)? Remarques et réflexions à propos de la contribution de Freud au dictionnaire médical de Villaret, 1888-1891. Essaim.* Ramonville Saint-Agne, Érès, n.9, 2002.

Sechehaye, Marguerite A. "La réalisation symbolique". *Revue Suisse de Psychologie et de Psychologie Appliquée*, n.12, suplemento. Berna, Médicales Hans Huber, s/d.

_____. *Journal d'une schizophrène*. Paris, PUF, 1950.

Soler, Colette. *Variáveis do fim da análise*. Campinas, Papirus, 1995.

_____. "O intratável", in Jorge Forbes (Org.). *Psicanálise ou psicoterapia*. Campinas, Papirus, 1997.

Tavares, Braulio. *Freud e o estranho: Contos fantásticos do inconsciente*. Rio de Janeiro, Casa da Palavra, 2007.

Thuillier, Jean. *Franz Anton Mesmer ou l'extase magnétique*. Paris, Robert Laffont, 1988.

Unamuno, Miguel de. "Al correr los años", in *El espejo de la muerte y otros relatos novelescos*. Barcelona, Editorial Juventud, 1965.

Van Gogh, Vincent. "Carta 656 de 6 de agosto de 1888", in *Cartas a Théo*. Porto Alegre, L&PM, 1986.

Vanier, Alain. *Lacan*. São Paulo, Estação Liberdade, 2005.

Villaret, Albert. *Handwörterbuch der gesamten Medizin*, vol.1. Stuttgart, 1888.

_____. *Handwörterbuch der gesamten Medizin*, vol.2, I-Z. Stuttgart, 1890.

Vivès, Jean-Michel (Org.). *Les enjeux de la voix en psychanalyse dans et hors la cure*. Grenoble, Presses Universitaires de Grenoble, 2002.

_____. *A voz na clínica psicanalítica*. Rio de Janeiro, Contra Capa, 2012.

_____. "A melomania ou a voz objeto de paixões", in M.E. Maliska (Org.), *A voz na psicanálise*. Curitiba, Juruá, 2015.

Voltolini, Rinaldo. *Educação e psicanálise*. Rio de Janeiro, Zahar, 2011.

Wittenberger, Gerhard e Christfried Tögel (Orgs.). *Las circulares del "Comité Secreto"*, vol.1: *1913-1920*. Madri Síntesis, 2002.

Wittgenstein, Ludwig. *Anotações sobre as cores*. Lisboa, Edições 70, 1987.

Zafiropoulos, Markos. *Lacan et Lévi-Strauss où le retour à Freud, 1951-1957*. Paris, PUF, 2003.

Žižek, Slavoj. *Lacrimae rerum: Ensaios sobre cinema moderno*. São Paulo, Boitempo, 2009.

Zweig, Stefan. *A cura pelo espírito*. Rio de Janeiro, Zahar, 2017.

Filmes

Blade Runner, o caçador de androides (*Blade Runner*, 1982), de Ridley Scott.

Camelos também choram (*Die Geschichte vom weinenden Kamel*, 2003), de Byambasuren Davaa e Luigi Falorni.

Céu que nos protege, O (*The Sheltering Sky*, 1990), de Bernardo Bertolucci.

Dança dos vampiros, A (*Dance of the Vampires*, 1967), de Roman Polanski.

De olhos bem fechados (*Eyes Wide Shut*, 1999), de Stanley Kubrick.

Dr. Mesmer, o feiticeiro (*Mesmer*, 1994), de Roger Spottiswoode.

Entre elas (*Sister, My Sister*, 1994), de Nancy Meckler.

Estrada perdida (*Lost Highway*, 1997), de David Lynch.

Imorais, Os (*The Grifters*, 1990), de Stephen Frears.

La luna (1979), de Bernardo Bertolucci.

Lua de fel (*Bitter Moon*, 1992), de Roman Polanski.

Mestre, O (*The Master*, 2012), de Paul Thomas Anderson.

Nunca te vi, sempre te amei (*84 Charing Cross Road*, 1987), de David Jones.

Pecados inocentes (*Savage Grace*, 2007), de Tom Kalin.

Pianista, O (*The Pianist*, 2002), de Roman Polanski.

Relatos selvagens (*Relatos salvages*, 2014), de Damián Szifrón.

Coleção Transmissão da Psicanálise

Não Há Relação Sexual
Alain Badiou

Fundamentos da Psicanálise
de Freud a Lacan
(4 volumes)
Marco Antonio Coutinho Jorge

Histeria e Sexualidade

Transexualidade
Marco Antonio Coutinho Jorge;
Natália Pereira Travassos

Por Amor a Freud
Hilda Doolittle

A Criança do Espelho
Françoise Dolto e J.-D. Nasio

O Pai e Sua Função em Psicanálise
Joël Dor

Introdução Clínica à
Psicanálise Lacaniana
Bruce Fink

A Psicanálise de Crianças
e o Lugar dos Pais
Alba Flesler

Freud e a Judeidade
Betty Fuks

A Psicanálise e o Religioso
Philippe Julien

O Que É Loucura?

Simplesmente Bipolar
Darian Leader

5 Lições sobre a
Teoria de Jacques Lacan

9 Lições sobre Arte e Psicanálise

Como Agir com um
Adolescente Difícil?

Como Trabalha um Psicanalista?

A Depressão É a Perda de uma Ilusão

A Dor de Amar

A Dor Física

A Fantasia

Os Grandes Casos de Psicose

A Histeria

Introdução à Topologia de Lacan

Introdução às Obras de Freud,
Ferenczi, Groddeck, Klein, Winnicott,
Dolto, Lacan

Lições sobre os 7 Conceitos
Cruciais da Psicanálise

O Livro da Dor e do Amor

O Olhar em Psicanálise

Os Olhos de Laura

Por Que Repetimos os Mesmos Erros?

O Prazer de Ler Freud

Psicossomática

O Silêncio na Psicanálise

Sim, a Psicanálise Cura!
J.-D. Nasio

Guimarães Rosa e a Psicanálise
Tania Rivera

A Análise e o Arquivo

Dicionário Amoroso da Psicanálise

O Eu Soberano

Freud — Mas Por Que Tanto Ódio?

Lacan, a Despeito de Tudo e de Todos

O Paciente, o Terapeuta e o Estado

A Parte Obscura de Nós Mesmos

Retorno à Questão Judaica

Sigmund Freud na sua Época
e em Nosso Tempo
Elisabeth Roudinesco

O Inconsciente a Céu Aberto
da Psicose
Colette Soler

1ª EDIÇÃO [2022] 1 reimpressão

ESTA OBRA FOI COMPOSTA POR MARI TABOADA EM DANTE PRO E
IMPRESSA EM OFSETE PELA GRÁFICA PAYM SOBRE PAPEL PÓLEN DA
SUZANO S.A. PARA A EDITORA SCHWARCZ EM JANEIRO DE 2025